舒晋瑜　著

中国女性作家访谈录

中国文史出版社

图书在版编目（CIP）数据

中国女性作家访谈录 / 舒晋瑜著 . -- 北京 : 中国文史出版社，2023.11
ISBN 978-7-5205-4233-3

Ⅰ . ①中… Ⅱ . ①舒… Ⅲ . ①女作家—访问记—中国—现代 Ⅳ . ① K825.6

中国国家版本馆 CIP 数据核字 (2023) 第 152344 号

责任编辑：方云虎

出版发行：中国文史出版社
社　　址：北京市海淀区西八里庄路 69 号院　　邮编：100142
电　　话：010-81136606　81136602　81136603（发行部）
传　　真：010-81136655
印　　装：廊坊市海涛印刷有限公司
经　　销：全国新华书店
开　　本：16 开
印　　张：33.75
字　　数：406 千字
版　　次：2024 年 1 月北京第 1 版
印　　次：2024 年 1 月第 1 次印刷
定　　价：98.00 元

如何记下我们时代女作家的文学生活

张 莉

读《中国女性作家访谈录》，会想到"众语喧哗"这个词。从宗璞、贺捷生、凌力、叶文玲到王安忆、铁凝、林白、迟子建、邵丽、鲁敏、乔叶，这本访谈录里涵盖了"20后""30后""40后""50后""60后""70后"作家，六代女作家济济一堂，她们中有茅盾文学奖得主，有鲁迅文学奖得主以及全国各地重要文学奖得主，她们中有许多人担任全国人大代表、全国政协委员，是在我阅读视野里的采访女作家数量最全的深具文学品质的访谈录。

读访谈录，我多次想到，这是另一种意义上的当代女性文学史。之所以这样说，原因在于这部访谈录和高头讲章的文学史的重要不同在于，每位作家在访谈录里诚挚而鲜活地表达着她们对当代文学生活的理解，对艺术创作美学的理解，是每一位女作家个人声音的传达。30个访谈有如30幅画卷，徐徐展开，从画卷中可以看到女作家们每个人的不同气质、不同追求，看到她们各自的独特性。比如，当宗璞说"我想表达我这个时代"时，她的确写下的是90多年来她所历经的时代风雨；当贺捷生说，"用半个世纪追随一场风暴"的时候，其实是另一种女性视角的写作；而凌力，则希望"历史小说要写历史上可能发生的一切"，叶文玲的写作是"我追寻生命的暖色"，霍达则"从来没有奢望过经典"……每一个题目都采用了作家最直接但又最贴近她们文学追求的表达，如"人生凄凉，但我注入了

1

温情"（叶广芩），"我愿这世上的一切诚实坦白"（张抗抗），"我对自己的进步是满意的"（王安忆），"凭吊的何止是一个传奇"（蒋韵），"我希望保持一种探索的姿态"（赵玫），"我属于自虐型的作家"（徐小斌），"书写雪域高原的精神生活"（马丽华），"冒险是我的命运，我乐在其中"（残雪），"写作慢慢地走向自然王国"（范小青），"我想构建纸上的杭州"（王旭烽），"从未停止过对写作高度与深度的探索"（池莉）……

这些题目中，有作家们对文学的理解，也有着她们对人生的看法。"文学最终要向世界传达体贴之情"（铁凝），"我的世界是童话世界"（陈祖芬），"写作是自我成长的一部分"（林白），"穿越表层生活的维度才是我创作的源泉"（陈染），"当作品染上岁月的风霜"（迟子建），"'越轨的笔致'冲破思想的牢笼"（叶弥），"写出对乡村的那份情感和期许"（尹学芸），"与时代同行，为生民立传"（徐坤），"表现'世俗'是我的宿命"（葛水平），"任何一种经历都不会被浪费"（邵丽），"我终于等来了这一刻"（魏微），乔叶"永远保持诚实的写作态度"，"为创作者的生命之河作传"（鲁敏）……

这些题目都是她们对于自我文学世界与文学主张的讲述，这些主张与讲述，共同构成了当代女性文学叙述的河流，开阔、辽远，波光闪闪，那是未曾被全面认识但也需要被全面认识的中国女性文学的多个面向。

读这些访谈，有如与每一位作家围炉夜话。这些访谈是温暖的，有情谊的。想到本书的作者，那位温和的与谈人舒晋瑜，很显然，作家们愿意向她袒露心事，平易亲和但又有敏锐感受力的与谈人，是这部对谈录有春风化雨般魅力的原因。访谈者要和作家有共同的旨趣，同时也要保有个体思考的独立性，只有在此基础上，访谈才能既言之有物，又引人遐思。这也构成了我对这部女性访谈录的另一个理解，这是女性访谈者和女性作家们共同呈现的在场。这种在场既是一种现场，同时也是一种深谈，是同时代女作家面对同时代读者的最诚挚表达。

什么是好的访谈呢？我以为，好的访谈其实是一种导体与渡引，是一个隐性的交互平台，在这个开放的平台里，我们听作家说起何为好作家，哪些是作家的追求和愿景，哪些是她们的遗憾和不足……归根结底，对谈的目的在于加深读者和作品、读者和作家之间的沟通与对话。换言之，好的对谈不仅鲜活传达作家的文学理念、文学探索，也将激发同行、普通读者的参与热情，使他们有话要说，渴望阅读、渴望表达。好的对谈并非高高在上、不食人间烟火的工作，它和普通读者在一起。

想到访谈录这一形式的重要性。20年前，我在做博士论文《中国现代女性写作发生》研究时，极为渴望看到100年前那些女作家对自我生活之路、对自我创作之路的讲述，但关于这方面的材料极少，我们对作家形象的勾勒匮乏而单一——而今访谈录越来越丰富，越来越多样，为我们了解作家风格和形象提供了生动而多面的路径。当然，好的对谈录不仅与作家本人的讲述有关，对访谈者的要求也甚高，她／他要有能力引领对谈者深入文本和文学的内部——访谈者对文学的理解与认识，决定了对谈录是否只流于家常。很显然，《中国女性作家访谈录》的每一篇对谈，都为我们刻下了既日常同时也深具文学品质的作家画像，它为我们了解女作家创作提供了重要材料，也为研究当代文学提供了宝贵史料。

想到和晋瑜的第一次见面，那已经是10多年前了，那时候我还在天津，后来便成为了朋友。而真正的工作关系则是在2022年，《小说风景》获得第八届鲁迅文学奖之后，她约我做访谈，还记得她列出了很多问题。这些问题让我意识到她不仅是我的朋友，更是我作品的专业读者。我想，这不仅是我，也是各位作家们的共同感受，我的意思是，访谈录看起来轻松、活泼、好看，但它充满了智性含量，背后付出的工作极为繁重。

在被问到如何做出专业而又好看的对谈时，舒晋瑜有一个回答："没有别的诀窍，就是下笨功夫。看书、做功课，至少要了解作家的代表作，然后才能发现问题，提出问题。采访徐小斌，她谈到自己写《炼狱之花》受到法国电影《花开花落》的影响，我就找来这部电影看。采访贾平凹，我几乎看了他所有的代表作，包括他的散文及各种访谈。因为这些名家接受的采访不计其数，能够愿意接受采访，内心已经建立起对记者工作的信任和支持。然而此时再提出他们答了无数次的问题，却很有可能使得采访索然无味。不扎扎实实做好功课，采访就没有内涵，作家提不起兴致答，读者读来也会寡淡。这是几年前的访谈了，今日读来，依然感慨，我想，这是为何有那么多作家愿意和晋瑜对话，愿意在她面前诚挚坦率表达的原因吧。也在那个访谈里，她提到自己1999年从事访谈工作，想来今年已经是24年。一个人几乎将自己最宝贵的时光全部交予访谈时光，这真是令人尊重。我也想说，这本书里，饱含了晋瑜对文学的理解、对生活的理解，这部访谈录里，记下了我们时代优秀的访谈者的精神生活。

感谢晋瑜的信任，使我在此书出版之前便有机会通读每一位女作家的访谈，也使我有机会了解到这些女作家们不曾为人所知的心灵生活。期待更多的读者读到它。

2023 年 11 月 28 日

（张莉，北京师范大学文学院副院长，女性文学研究学者）

目 录

宗　璞：我想表达我这个时代 / 1

贺捷生：用半个世纪追随一场风暴 / 27

凌　力：历史小说要写历史上可能发生的一切 / 40

叶文玲：我追寻生命的暖色 / 56

陈祖芬：我的世界是童话世界 / 76

霍　达：从来没有奢望过经典 / 88

叶广芩：人生凄凉，但我注入了温情 / 102

张抗抗：我愿这世上的一切诚实坦白 / 115

毕淑敏：我精心搭建想象中的世界 / 138

王安忆：我对自己的进步是满意的 / 158

蒋　韵：凭吊的何止是一个传奇 / 181

赵　玫：我希望保持一种探索的姿态 / 196

徐小斌：我属于"自虐型"的作家 / 210

马丽华：书写雪域高原的精神生活 / 231

残　雪：冒险是我的命运，我乐在其中 / 247

范小青：写作慢慢地走向自然王国 / 269

王旭烽：我想建构纸上的杭州 / 285

池　莉：从未停止过对写作高度与深度的探索 / 301

铁　凝：文学最终要向世界传达体贴之情 / 322

林　白：写作是自我成长的一部分 / 344

陈　染：穿越表层生活的维度才是我创作的源泉 / 362

迟子建：当作品染上岁月的风霜 / 378

叶　弥："越轨的笔致"冲破思想的牢笼 / 392

尹学芸：写出对乡村的那份情感和期许 / 408

徐　坤：与时代同行，为生民立传 / 428

葛水平：表现"世俗"是我的宿命 / 445

邵　丽：任何一种经历都不会被浪费 / 459

魏　微：我终于等来了这一刻 / 472

乔　叶：永远保持诚实的写作态度 / 490

鲁　敏：为创造者的生命之河作传 / 509

跋：大树必将成林 / 529

宗璞：我想表达我这个时代

　　宗璞，1928年生于北京。毕业于清华大学外文系，退休于中国社会科学院外国文学研究所。著有4卷本长篇小说《野葫芦引》(《南渡记》《东藏记》《西征记》《北归记》)，中短篇小说《红豆》《三生石》，散文《西湖漫笔》《奔落的雪原》，童话《寻月记》《花的话》《总鳍鱼的故事》等。其中，《东藏记》获得第六届茅盾文学奖。

┃采访手记┃

"我最想做的事情是周游世界。可是如今我只能卧游!"88岁的宗璞说话间朗声大笑,看不出丝毫倦意。她想到唐河父亲的纪念馆去看看。2011年就建造的冯友兰纪念馆,参观的人很多,可她一直没有去过;世界上许多地方她都想去,桂林、希腊……她笑着说,自己只能梦游世界。

实际上,她有过一次中风,为了防止身体再出问题,中风恢复些时,她做的第一件事就是先把未竟的小说结尾写好。

近年来,她的各种作品集源源不断,北京大学出版社推出她的《风庐散记》,海豚出版社出版了她的童话。她在《关于琴谱的悬赏》《寻月记》《花的话》《总鳍鱼的故事》等作品中,细腻生动地为读者展现了孩子纯洁天真的内心世界。她说,自己很喜欢写童话,写的时候觉得自由,不为现实生活拘泥,全凭想象。

"我这一生,一个求真一个求美。我一直在想,在民国时候常常提的真善美,现在好像不大提了。"宗璞说。她希望历史能够真实,不要瞎编乱造;希望艺术创作能够真的像个艺术品,不是很粗糙的一堆。

曾经有人问她,为什么写小说?她说,不写对不起在身边凝固的历史;为什么写散文?不写对不起胸中的感受;为什么要写童话?不写对不起脑子里的梦;为什么要写诗?不写对不起耳边歌唱的音符。

现在聊可告慰的是,她写了自己想要写的长篇小说。"看我和它谁先到终点吧。生命剩下的已经不多了。"语气既风趣洒脱,又有些许悲凉。

少年时,宗璞读到东坡一首《行香子》,最后一句是"几时归去,作个闲人,对一张琴,一壶酒,一溪云",她觉得这正是自己理想的生活。可是现实生活的纷扰,让她永远也过不上那样的日子。

现在的宗璞，自我评价是"一只蚂蚁"，她的写作则像蚂蚁在爬，写一天病两天。可是如果不写完很不甘心。于是每天卧床之余，她仍会坚持一个小时坐在电脑前，继续写作。

她在很小的时候就开始背诵诗词。童年的阅读为宗璞日后的文学创作打下了扎实的基础

问：能谈谈童年阅读对您的影响吗？

宗璞：我小时候的阅读分成三个部分：

一是背诗词。我5岁开始上小学，父亲会给我选一些诗，每天早晨背上书包在母亲床前背了再去上学；那会儿背白居易的诗多一些，像《长恨歌》《百炼镜》都背过，因为白居易的诗容易上口。父亲对我有要求，规定每天背多少，但是容易完成，我也很有兴趣，一点儿都不吃力。父亲从来不讲，他主张书读千遍，其义自见。

二是儿童读物。那时候读了《格林童话》《爱丽丝漫游仙境》，还有一套少年儿童读物的文库，其中改写的《西游记》非常好读。从前我看的《西游记》很烦琐，一上来就是"有诗为证"。

三是成人读物。那个时候看书也是囫囵吞枣，但是我在八九岁时读《红楼梦》，读了很感动，看到林黛玉死的那章，哭得不得了。还有一些别的书，在小孩子中很流行，比如清代俞曲园改编的《七侠五义》，再就是《隋唐》《小五义》，也读《水浒》《荡寇志》。

问：这些诗词对您有怎样的影响？

宗璞：大致说起来，诗词对我来说非常重要，诗词是我的好朋友，是我的终身伴侣。我父亲晚年时也常背杜甫的诗，现在我也常读。现在很多学校倡导小孩子背诗词，应该鼓励，中国是诗的国家，诗词是中华民族的瑰宝。

冯友兰先生常年专注在纯粹的精神世界，从不为俗物分心，因为在他生命的不同阶段都有贤淑女性静静地辅佐

问：您如何评价父亲？

宗璞：他是自由主义的教育家，几十年如一日，始终在北大、清华、联大维护和贯彻那些教育理念：学术至上、为学术而学术、思想自由、兼容并包等。他认为大学要培养的是"人"而不是"器"。器是供人使用的，知识和技能都可以供人使用，技术学校就能做到。大学则是培养完整灵魂的人，有清醒的脑子和热烈的心，有自己辨别事物的能力，承担对社会的责任，对已往及现在所有的有价值的东西都可以欣赏。

问：《冯友兰论教育》引起很大反响，您如何看待父亲的教育思想？

宗璞：我想可以概括成三点：一是教育出什么样的人，应该是合格的人，而不是器，是有独立头脑、通晓古今中外事情、能自己做出判断的人，而不是供人使用的工具；第二点是大学的职能，我父亲非常善于把复杂的事情用简单的话说出来，他用四个字概括大学的职能，这四个字是"继往开来"，就是说，大学的职能不仅是传授已有的知识，还要创造新知识，我觉得清华的传统，就是富有创造性，清华校箴"人文日新"就有"开来"的意思；第三点，怎样办大学呢？大学不是教育部的一个司，大学是自行继续的专家集团，就是自己管理自己，懂得这个事情的人有权发言，一般的人不要发言。

问：冯友兰先生晚年曾打算写一本《余生札记》，把哲学之外的各样趣味杂感写进去，但是这本书最终没有写成。

宗璞：我猜想这本书里会有"论文学""论诗词""论音乐"等等，大概还会有一篇讲《红楼梦》的文字，父亲曾高度赞扬《红楼梦》的语言，便是三等仆妇的话也都很有节奏，耐人寻味，而且符合讲话人的身份。一次在饭桌上，父亲边吃饭边谈论《儿女英雄传》，说这本书思想不行，但描写有特点。他讲到十三妹的出场，和以往旧小说的出场完全不同，有现代西方小说的手法，不是先自报家门，而是在描写中逐渐交代人物；讲到邓九公洗胡子，认为写得很细，很传神。那时我太没有先见之明，应当记下来。父亲对诗、对词曲、对音乐，都有很好的意见。父亲曾说：如果一个人对中国哲学和西方哲学都懂，他会喜欢中国哲学；如果一个人对中国古典音乐和西方古典音乐都懂，他会喜欢西方古典音乐。

宗璞的创作充满诗意，追求意境，强调诚、雅，"雅"发其外，"诚"守其内

问：1948 年您在《大公报》发表处女作《A.K.C.》。您是怎么走上文学创作道路的？

宗璞：我发表的第一篇文章其实是一篇写滇池月光的散文，15 岁写的，现在找不到，就把 19 岁发表的短篇《A.K.C.》算第一次发表作品。之前 17 岁还写过一篇小说。

问：1957 年《红豆》发表在《人民文学》，引起很大的震动。您当时的文学创作，起点很高，也比较顺利吧？

宗璞：当时我所在的《文艺报》在 5 楼，《人民文学》在 4 楼。有一天我拿着稿子去找涂光群，不久就发表了。后来《红豆》被打上"毒草"的标签，无奈搁笔，这一搁就是 14 年。"文革"结束后才陆续写了《弦上的梦》《三生石》《我是谁？》……在中国写小说不容易。50 年代我下放回来后写了篇小文章《第七瓶开水》，下笔写了第一句话：天下的母亲都爱自己的儿子。后来一想，不行，这不

是人性论吗？要批判的，赶紧改掉了。但这句话我却永远记住了。后来我发明了"心硬化"这个词，就是说在革命中，人人要硬下心肠来说假话。但不管怎么说，我还是要坚持，把我的小说写完。父亲写完了他的《新编》，我也能写完我的东西。

问：在童话中，您的很多作品如《关于琴谱的悬赏》《寻月记》《花的话》《总鳍鱼的故事》等，细腻生动地为读者展现了孩子纯洁天真的内心世界。您的童话内涵很丰富，也很深刻，不仅是给孩子看的。在童话的写作过程中，您是怎样的心态？

宗璞：我很喜欢写童话，他们给我出了专集，写的时候觉得自由，不为现实生活拘泥，全凭想象。

问：您的作品一向追求"诚"和"雅"的品质？

宗璞："诚乃诗之本，雅为诗之品"是金代诗人元好问的诗句，后来郭绍虞先生将之总结为"诚"和"雅"，没有真性情，就写不出好文章。但要做到"诚"，就要能够正视生活的很多问题。"雅"便是文章的艺术性，这只能靠改，不厌其烦地改。

她决定写一部长篇小说来表现知识分子身上所体现的民族风骨，否则对不起那个时代

问：写作《野葫芦引》的起因是什么？为什么会从"文革"的叙述转向抗战题材？

宗璞：50年代的时候，我就想写一部反映中国读书人在抗日战争时期的生活的长篇小说。《红豆》被打上"毒草"的标签，此后十多年我一直没动笔。直到"文革"结束后才开始写作。抗战这段历史对我童年和少年时代的影响太深了。另外，我想写父兄辈的历史。在《宗璞文集》前头我写了几句话，我说，"写小说，不然对不

起沸腾过随即凝聚在身边的历史"。

问：《野葫芦引》是在写作之初就拟定4卷吗？这4卷的创作过程中，经历了什么？

宗璞：从写《东藏记》开始，我视网膜脱落，头晕频频发作，半边身子麻痹，在助手的帮助下口述成文，7年才写完。

《南渡记》写完，我父亲去世了。《东藏记》写完，我先生去世了。对人生，我觉得自己好像懂得越来越多了。一个小说写这么长时间，我觉得对小说是一件好事，因为作者经历的更多了。在最初两年写的时候，情调是较明朗的，后来经历越来越多，对人生的态度也有一些变化。现在我设计的《北归记》的结尾，和我最初想的略有不同，不过总的来说，基本设计改动不大。在经历了"文革"以后，对世界的总的看法已经定了。不过，经历了更多死别，又经历了一些大事件，对人生的看法更沉重了一些，对小说结局的设计也更现实，更富于悲剧色彩。

问：这么多年过去，小说的人物也都有了变化。回顾这些作品的创作，您是一种什么样的心情？

宗璞：我写得很苦，实在很不潇洒。但即使写得泪流满面，内心总有一种创造的快乐。小说里的人物都慢慢长大，孟灵己出场的时候10岁，回去的时候19岁了，而且经历了西征的战争、李家大女儿的死、凌雪妍的死，尤其是玮玮的死，这都影响她成长的过程。有人说我每本书要死一个人，我想生活就是这样，一面向前走一面就要消失，旧的消失然后又有新的。

问：王蒙曾经说，《野葫芦引》"喷发着一种英武，一种凛然正气，一种与病弱之躯成为对比的强大与开阔"。

宗璞："野葫芦"是一段源自真实生活的动人故事，是小说，也是历史。七七事变后，一大批教授、学者在战火硝烟中跋山涉水，把西南边陲造就成保存中华民族文化命脉的"圣地"，在物质极其艰苦的条件下，他们精神富有，理想不灭。

问：《野葫芦引》中，知识分子在面对抗战与投身抗战的过程中，在羁绊中成长、在实践中不断地摸索，最终完成了自身的蜕变。《野葫芦引》中出现的几代知识分子也各有不同。您怎么评价知识分子在中国历史中的地位和影响？

宗璞：我写《南渡记》《东藏记》，还是把知识分子看作中华民族的脊梁，必须有这样的知识分子，这个民族才有希望。那些读书人不可能都是骨子里很不好的人，不然怎么来支撑和创造这个民族的文化！

我一直在琢磨"清高"和"自私"的问题，这两者的界限怎么划分？比如庄子，看上去庄子好像是无情的，可是他其实是最有情、最真情的。比如说鲁迅，讽刺、揭露，骂人很厉害，可是这些底下是一种真情。如果写东西到了完全无情的地步了，那就是"刻薄"。

问：您的作品中知识分子的优良传统品格（自强不息、刚毅进取的人生观；强烈社会使命感的价值观；"发乎情，止乎礼"的道德观；"修身以立道"的修养观；恬淡洒脱的个性，等等）在今天，仍然是知识分子精神建构中可以汲取的精神资源宝库。

宗璞：有评论者认为我书中的知识分子形象，体现了"漂泊与坚守"，很多知识分子的人生似乎都与这个主题相关吧。那时人的精神境界和现在距离很大，以致有人认为我写的人不够真实。他们很难想象，会有人像书中人物那样，毁家纾难，先公后私。其实，对于那一代人的品格，我写得还不够。我写这部书，是要寻找一种担当的精神，任何事情要有人做，要有人担当，也就是责任感。在担当起责任的时候，是不能只考虑个人得失的，这是很自然而然的事情。

问：《西征记》直接描写了抗日正面战场的悲壮，格局很大，人物众多。女作家写战争题材似乎不能算是有优势。您以为呢？为什么要写战争题材？

宗璞：我是必须要写，不得不写。因为：

第一，西南联大先后毕业学生共2000多人，从军者800余人，当时别的大学如重庆中央大学，从军的也很多，从军抗日是他们的爱国行动，如果不写上这一笔，就是不完整的。

第二，滇西战役是中华民族抗日战争的一次重要战役，十分辉煌，长时间被埋没，被歪曲。抗日老兵被审查，流离失所，翻译官被怀疑是特务，他们徽章上的号码被说成是特务编号。把这段历史从尘封中磨洗出来，是我的责任。

第三，从全书人物的发展看，走上战场，也是必然的。玮玮在北平沦陷后，就憋足了劲要去打日本。

第四，我的哥哥冯钟辽于1943年志愿参加中国远征军，任翻译官，那年他19岁。随着战事的推移，他用双脚从宝山走到畹町，这段历史对我有一种亲切感。现在用各种方式写这段历史的人已经很多了，但《西征记》是独特的，我是尽心而已。我看见一篇评论说，这样一部作品，没有出现在充满豪气的男儿笔下，倒是宗璞写出来了，令人惊叹。我很感动，还要继续努力。

问：的确，您的小说一般都充满诗意，但是《西征记》中写到了远征军、美军飞行员、游击队等，有一股侠气，不像出自女作家之手。

宗璞：我现在是老弱病残都占全了，可若是只看书，我相信你想不到是我这样一个老人写的。我为此自豪。也有读者告诉我，《西征记》有一种侠气。我十分同意这个看法。

问：写这卷书，最大的困难是什么？

宗璞：最大的困难是写战争。我经历过战争的灾难，但没有亲身打过仗。凭借材料，不会写成报道吗？

困惑之余，澹台玮、孟灵已年轻的身影给了我启发。材料是死的，而人是活的。用人物统领材料，将材料化解，再抟再炼再调和，就会产生新东西。掌握炼丹真火的是人物，而不是事件。书中人物的喜怒哀乐烛照全书，一切就会活起来了。我不知道自己能做到什么程度，只有诚心诚意地拜托书中人物。他们已伴我30余年，是老朋友了。

我惊讶地发现，这些老朋友很奇怪，随着书的发展，他们越来越独立，长成的模样有些竟不是我原来设计的。可以说是我的笔随着人物而走，而不是人物随着我的笔走。当然，并不是所有的人物都这样，也只在一定程度内。最初写《南渡记》时，我为人物写小传。后来因自己不能写字，只在心中默记。人物似乎胆大起来，照他们自己的意思行事。他们总是越长越好，不容易学坏。想想很有趣。

**"痴心肠要在葫芦里装宇宙，只且将一支秃笔长相守。"
她自状"人道是锦心绣口，怎知我从来病骨难承受"**

问：您说过，"我一贯认为，我国的外国文学研究应带有中国个性"，怎么理解中国个性？您的翻译以及对外国文学作品的理解秉持怎样的原则？

宗璞：我不记得当时是怎么想的了，照我现在的想法，研究外国文学要时时关心中国文学，尤其是现在的创作。和冯至先生在一起谈过，冯至先生也是这样认为的。我们的外国文学研究所是注意到这一点的，这是一个自然的事实，就是当时外文所的老一辈先生们，许多位都是曾经从事创作的。冯至先生自己在新诗方面和小说创作方面都很成功，他的小说《伍子胥》是有探索性的。冯先生对中国古典文学也很有研究。卞之琳先生本身就是诗人，《十年诗草》篇幅不多，却能流传。杨绛先生的小说和戏剧也有一定的影响。我记得有一个剧本《弄真成假》，台上有一只猫，坐在一堆书上，有人把它一提就放在椅子上，我和我的弟弟都喜欢这个场面。我说我们的外国文学研究，应该带有中国特色，不是应该有，应该是自然就有。并不是说研究外国文学的人必须也要创作，只是说要关心中国文学。

关于翻译，一般说要做到信、达、雅，当然，那也不是容易做到的。至于文学翻译，那就应该是一种再创造，而且最好是适合原作风格的再创造。读者从翻译中要感受到原作的全部是不可能的。文学是语言的艺术，读者不能看到原作语言的美。要靠翻译的文字来代替，可以感受到与原作相等的各方面的价值。如《鲁拜集》是波斯诗人奥玛·海亚姆所作。是爱德华·菲茨杰拉德翻译的，而成为不朽的英诗，这是再创造。

我在五六十年代，曾将霍桑的一篇童话译成中文，故事说的是：一个国王爱金子，魔法师使他能够把任何碰到的东西都变成金子，他得到很多金子，但是灾难来了，因为他碰到的东西都变成了金子，食物到嘴里也变成了金子。他亲爱的小女儿，向他扑过来，一下子也变成了金子。这篇作品我很喜欢，但译成后不知放到哪里去了。在70年代，有一段时间，大家已经上班，可是没事做。当时的领导安排我和另外两位同志翻译韩素音作的《毛泽东传》，我们完成了。大概是世界文学复刊以后，我翻译了霍桑的小说《拉帕奇尼的女儿》，很得好评。后来，有人向冯至先生建议，让我翻译美国作家菲茨杰拉德的作品，我没有做到。后来，只翻译英国女作家曼斯菲尔德和波温的一些短篇作品。

我曾想，一个人有三个头，一个搞创作，一个搞研究，一个搞翻译。但是，人只有一个头。我现在聊可告慰的就是我写了我要写的长篇小说，看我和它谁先到终点吧。而生命剩下的已经不多了。和前辈们谈到几个头的问题，冯至先生说：不止一个人想同时进行创作和研究，都觉得是不可能的，只能是有所侧重。因为，一个是形象思维多，一个是逻辑思维多。

问：您理想的生活状态是什么？

宗璞：我少年时，读到东坡一首《行香子》，最后一句是"几时归去，作个闲人，对一张琴，一壶酒，一溪云"，这是我理想的生活。可是现实生活的纷扰，让我永远也过不上那样的日子。

问：您现在的状态如何？

宗璞：我就是一只蚂蚁，像蚂蚁在爬。写一天病两天。如果不写完很不甘心。2015年5月中风后，很怕自己再发生意外，就把小说后面该怎么结局写好了。现在每天卧床，有一个钟头坐在电脑前，继续写几句。

问：是什么动力在支撑您写下去？

宗璞：曾经有记者问我，为什么写小说？不写对不起在身边凝固的历史；为什么写散文？不写对不起胸中的感受；为什么要写童话？不写对不起脑子里的梦；为什么要写诗？不写对不起耳边歌唱的音符。前三个都有所得，诗是毫无进展。

问：您所做的很多事情，都是为了真善美。

宗璞：我这一生，一个求真一个求美。我一直在想，在民国时候常常提的真善美，现在在好像不大提了。我希望历史能够真实，不要瞎编乱造；希望艺术创作能够真的像个艺术品，不是很粗糙的一堆。大家应该研究研究，尤其是年轻人可以谈一谈。

我想表达我这个时代。寻求美是很重要的。另一方面，我父亲在他的一生里，遭受过很多不公正，人们对他不够认识，我也做了一些事情，常常在说话。我是在求真。求历史得到它本来的面目。

从 1956 年至今，宗璞读童话，写童话，未泯的童心一直爱着童话

问：《鲁鲁》等童话特别感人，所有的形象都是生动鲜活的。您最早从什么时候写童话？为什么喜欢写童话？

宗璞：我的第一本童话就是 1956 年写的《寻月记》。那个时候我在政务院宗教事务处工作，每天下了班以后写作。有的时候出去看戏，看戏回来 12 点多也要写一点。写完后我给了少年儿童出版社，当时的责编叫刘重，他给了我很大的鼓励——写得也很不成熟，不过那时候有很多想法。

我有一次答记者问，谈到为什么写童话。我觉得不写童话，就对不起眼前光怪陆离的现象。写童话让人觉得不是这个世界。

很多人把《鲁鲁》列在童话里，其实《鲁鲁》不是童话。鲁鲁是真实存在的狗，故事里所有的事情都是实际发生的。姐姐走失了，鲁鲁去找姐姐，只有这个是虚构的，是小说允许的虚构。

问：您的很多童话，如《冰的画》（1983 年）、《遗失了的铜钥匙》（1988 年），相对来说，散文性强于故事性，好像您在童话创作上并不是特别注重文体，而更是一种随心所欲的表达？

宗璞：我写童话的时候，还是有一个明确的想法，想好了我要写散文式的还是故事性的。写出来界限就不一定分得那么清晰。写童话也是想表达更多的东西，怎么顺就怎么写。

问：从童话中看得出来，您对所有的生命充满了爱。

宗璞：这是真的。我是拟人化的写法，可是我觉得它们真的好

像是有生命。

问：《书魂》（1980 年）特别有趣：一个小女孩进入书的世界，各式各样的书有各自不同的灵魂，生动极了！在写童话的时候，您是不是也变成了一个小女孩？或者干脆自己就是书的灵魂？

宗璞：好像也没有什么意识。每本书有它自己的灵魂，这个大家都承认。它们总会找到自己的地位。可是也不尽然。就看整个社会的变化。有些好书是被埋没的，找也找不着；有些不怎么有价值的书反而得到很好的待遇。造成这种现象，不是出版人的问题，是读者的问题，是整个社会水平的问题。因为有这些感想，我写了这个童话。

问：您的作品一点都不过时，这个现象在当下的出版界仍然存在，现在看还是很有价值。

宗璞：你看得很清楚。我是 1980 年写的，40 年了，这故事还有它的生命力。

如果说，小说是反映社会的一幅画卷，童话就是反映人生的一首歌。那曲调应是优美的，歌词应是充满哲理的

问：您的《贝叶》（1980 年）融合了中国民间故事风格和西方童话，英勇的中国小姑娘和恶龙斗争，怎么会有这么奇妙的构思？

宗璞：《贝叶》是一种试探性的写作，想尝试从民间传说取得营养。这和改编、整理不同，写得好了，并不留痕迹。安徒生的一些童话也来源于民间故事，他和格林兄弟的记录整理显然不同。

小说反映的可歌可泣的生活并不只是作者一个人的，只是他一个人画出来而已；童话的幻想也可以集中许多人的想象，只不过是作者一个人唱出来罢了。从民间故事吸取营养，是写作童话的一个重要方面，当然不是唯一的途径。

有一年在承德的一座庙里，我看到有虾头、鱼头和人身的画像，我忘了是不是有解说——好像也没有解说。回来就写了《贝叶》。起先我不太喜欢这篇童话，觉得这个画面想起来有点凶恶，有点恐怖。这回你要来采访，我又看了一遍，觉得并不恐怖，而是有很大的安慰。因为孩子还是有头了。

问：很多作品在不同的时期看，都有不同的意义。

宗璞：《贝叶》的画面有些是很悲壮的，尤其是贝叶最后为了大家牺牲，自己的头发成为燃烧的火焰，把自己烧没了。社会上本来有很多这样的事情，比如袁崇焕、谭嗣同……我写贝叶也是心有所感。这个女孩应该很漂亮，火焰顶在头上，而且故事很有戏剧性，我想应该很适合做卡通片——我的一些童话戏剧性不够，比较抒情。《书魂》《鲁鲁》《紫薇童子》，都很适合做卡通，更可以拍电影。好几次有人来谈《鲁鲁》改编电影的事情，我自己还写了剧本，这些人后来都不见了。

问：应该找机会推荐一下，这么好的本子，如果不被更多的小朋友认识，会是很大的遗憾。您的作品中更丰富的美和内涵，还需要多种形式的挖掘和表现。您的作品中被改编的多吗？

宗璞：我曾经"妄想"把《三生石》写成歌剧，里面的角色正好有男低音、男高音、女中音、女高音可以组合。到现在还没有得到作曲家的青睐。词作家王健曾经试想从《三生石》做一个歌剧脚本，也没有实现。

《野葫芦引》也是一直有人要拍电视剧，可是客观环境太困难了，只有不了了之。我的小说不大注意戏剧性，"欲知后事如何，且听下回分解"其实是很重要的。

问：《总鳍鱼的故事》（1983 年）是一篇很有意思的科普文章。

在写作之前，您是不是也做了相当充分的准备，才得以向读者传达那么准确生动的故事？

宗璞：我没有特别想研究童话，只是喜欢。《总鳍鱼的故事》童话的气氛比较少，更倾向科普，内容都是实在的，我必须弄清楚。当时我住在燕南园，和生物系沈同教授是邻居，我常去他那里请教，他也很愿意谈，给我很多帮助。所以童话中科学的内容还是很准确的，有科学的框框，童话的想象好像没有充分展开。

童话就是放飞思想，不管怎么放飞不能违反科学，不能违反事实。许多原来属于幻想的事物，已经由科学实现了。如千里眼、顺风耳，如一筋斗十万八千里。人类童年时期已经过去，童年时期的想象也已经过去，但幻想是不能穷竭的。

现在小学生学语文辅导书很多，我收到好几套不同的出版社出的辅导书，其中有一部着重选载童话，第一篇选的是安徒生的《夜莺》，第二篇是我的《花的话》，我当然知道这并不说明我有多高明，但仍傻乎乎高兴了一阵子。我还在小学生语文辅导书里看到了郭沫若的诗。我觉得很好。其中一句，他问亚坡罗："你二十世纪底亚坡罗／你也改乘了摩托车吗／我想做个你的助手，你肯同意吗？"很有想象力。

宗璞觉得，童话不仅表现孩子的无拘无束的幻想，也应表现成年人对人生的体验，为成年人所爱读

问：但是也有一些童话，融入了成年人的人生感悟和生命思考。能谈谈您在童话创作上的追求吗？

宗璞：我认为童话不光是小孩的东西，我写过一篇文章叫《成年人的知己》，就是说小孩读童话，他的所得和大人读童话的所得是

不一样的。比如《海的女儿》。好的作品如同放在高处的珍品，幼年时也可见其瑰丽，却只能在人生的阶梯上登到一定的高度，才能打开那蕴藏奥秘的门。童话是每个人童年的好伴侣，真正好的童话，也是成年人的知己。

《书魂》的意思很简单，就是"文章自有命，不仗史笔垂"。许多年前我曾经收到一位看懂了而且感动了的不相识的朋友寄来的10多幅为《书魂》作的连环图。

问：读您的童话像读诗一样享受。您的语言凝练又有节奏，同时具有画面感。《湖底山村》《花的话》《吊竹兰和蜡笔盒》《露珠儿和蔷薇花》等作品以抒发情感为主，淡化故事情节，既有诗的语言，也有诗意的生命状态。诗意是您的童话特点之一吗？

宗璞：可以说是，诗意很奇怪。是不知不觉就在那儿的。从来没想到要写出诗意。可能要是刻意去写诗意，它反而跑了。

问：您的童话写作并没有间断，一直断断续续地写。您的这些童话，其实题材种类都特别多。您有没有回顾或者总结自己的童话创作？

宗璞：我脑子里还有几个想法没有写出来，也许就不写了。比如蒲公英，风一吹就飞得很高，可以坐着蒲公英旅行；有一种花叫铃兰，开花时花瓣中有一个小铃铛，我想它们会叮叮当当合奏一首好听的曲调。我写过一个《铁铃铛》。这个花铃铛我也要写一写。不知还有多少力气。

问：近年来很多纯文学作家介入儿童文学创作领域，各有原因。但是在有限的视野中，发现平时总"端着"的作家，写出来的儿童文学也很生硬造作，而有童心的作家，写出来的作品趣味盎然，让人爱不释手。以您的经验，写好儿童文学，需要具备哪些因素？

宗璞：老实说，写作是要一点天赋的。这其实和别的行业一样，就是对自己的工作特别有兴趣，欲罢不能。首先要有真性情，不要端着，不要有雕琢的痕迹。

父亲曾经给我的第一本小说散文集写了序。他在序言里说，作家要用至精至诚的心劲，把自然、社会、人生这三部"无字天书"酿造成"有字人书"。还有一个是要读书，读书一定要化入血肉之中，才能成为你自己的东西。如果写出来的是从这儿抄一句、从那儿抄一句，就不行了。我想，文学创作还是要有一点天赋，打鸭子上架不行。

天赋首先就表现在兴趣，吴冠中说："能成为画家，就在于他无论碰到什么困难还是坚持画，好像一棵草冒出来小芽，你就是拿热水浇它也还是活了，坚持要画。"这就是天赋，大概各行各业都是如此。但是，兴趣是一方面，一个自由的环境是另一方面，缺一不可。如果这勇敢的幼芽生长在柏油马路下，就怎么也出不了头。

问：写童话给您带来了什么？

宗璞：我觉得挺高兴。这回我又大致看了一遍自己的《童话》，在阅读中我感到一种安慰。也许隔些时候我会再读，再隔些时候还要读。我写的时候并不知道自己会有这样的收获。

问：知道您视力不好，想必手机和网络对您来说都利用率不高吧？但是我也揣测，您是一位"时髦"的老人，如果视力不存在问题，微信呀，微博呀，是否也都会使用？您如何看待新媒体等新生事物？

宗璞：我虽然视力不好，电脑、手机却都在使用。有专人照顾我，帮助我。我不时髦，但我很看重新生事物，我要学习。我永远在学习。

作为知识分子的一份历史自叙，《北归记》行文朴素，风格明快，在对知识分子与时代深层关系的书写中，我们看到一个年届九旬的老作家艺术上的宝刀不老和思想上的历久弥新

问：《北归记》写的是孟樾一家回到北平的生活。多年离乱，盼望的和平生活终于到来，他们尽情享受和平生活带来的欢乐，跳舞、滑冰、听音乐、读书……小说充满了校园的青春气息。

宗璞：爱情不过是小说写的一部分，在动乱的时代，关系亲密而思想不同的人受到的影响最大，冲突最尖锐。爱情总要写到，但其实整个创作里我追求的是写人。中国文化最注重人，小孩儿读的《三字经》，就讲"三才者，天地人。三光者，日月星"。人是和天地并列，我要写的是人和时代。王蒙说："我读《红豆》读到的是沧桑。"我说，这是慧眼。

问：从"南渡"到"北归"，您书写了一曲动人心魄的民族浩歌。作品以西南联大为背景，小说中的人物共同书写了民族的抗争史和精神史，饱含着家国情怀。您笔下的人物，是否也有原型？孟灵己的身上有您的影子吗？

宗璞：我曾经写文章说，小说里的人物都是这里一点那里一点糅和在一起的，不是拼凑。糅合在一起肯定会有"化学作用"，成为新的人物。如果再拿新的人物这一点那一点去对原来的人物，已经不是原来人物的特点了。元代书法家赵孟頫曾有一首诗，说他和夫人像两个泥人，将来打破，再抟再炼再调和，我中有你，你中有我。这就是新的人物了。所以要研究人物的原型实在是煞风景的事。在写《野葫芦引》的时候，我常常是被书中人物牵着走的，跟我最初的人物设计有很大的不同。更找不着原型了，这也是很有趣的事。

至于说孟灵己，她身上有可能有我的影子，在别的人物身上可能也有一些。这也很难说。大家看着有就是有，没有就是没有。好像没什么关系，我不会对号入座出来打官司。

问：很多细节的描写，包括嵋被蛇咬伤，包括滑冰、堆雪人等细节，如果没有亲身经历，我觉得是写不出这样的感受的。

宗璞：谢谢你的夸奖，说我写得逼真，是吗？我要是告诉你哪些是我编的，哪些是真事，咱们两个就是小说的杀手了。小说写成了，常常有对号入座的现象。我以前就说过，我不喜欢考据。我说小说本来是辛苦造成的七宝楼台。经过考据，东一榔头，西一棒子，就成了瓦砾一堆。考据对了还好，考来考去还不对，那就真糟糕了。不过，要拆台也不是那么容易的。无论怎么考，小说的人物已经活在那了。我自己没被蛇咬过，我最怕蛇。我还建议把蛇从十二生肖里面取消，可惜没人响应。

问：《接引葫芦》的终曲，很有《红楼梦》的味道。书里的很多诗词，以及庄无因给嵋的信，也是您写的吗？我一直感觉，是确有此信。

宗璞：那太好了。当然是我写的，钱明经的诗也是我写的。里面的诗词、曲，除了吕老太爷的两首诗是我抄外祖父的诗，因为我写不出那样老气横秋的句子。别的都是我写的，不是抄的，没有合适的原作供我抄啊。

问：书里最打动我的是孝。但是小说里对孝也是客观的理性的，比如嵋和同学发现乡村学校要挂二十四孝图时，他们表达了对孝的不同看法。您对孝是如何理解的？

宗璞：我认为孝是一种自然的、健康的、美好的情操。孝，首先要自己做对社会有益的一分子。若是像郭巨埋儿那样，埋掉自己的儿子（杀人犯！）来奉养自己的母亲，简直是骇人听闻。二十四孝图，还有曹娥投江去寻找父尸，也是荒谬绝伦。我在前几年写了一篇文章《美芹三议》，提出不要再宣传二十四孝图，可是毫无效果。有一阵子，连礼品点心盒里都夹一张二十四孝图。古人在理想社会的描写中，有"养生送死无憾"这一条，就是说有能力抚养下一代，奉养上一代，直到老去。这是很平实朴素的理想，不能歪曲为那样荒唐的行为。鲁迅反对二十四孝图。我在小说里写那时的人反对二十四孝图，我们现在还要继续大力反对这种所谓的"孝"，这种所谓的"孝"就是传统文化中的糟粕。

"我像一只工蜂，是大家的生活让我酿出蜜来"

问：反内战、反饥饿是《北归记》记述大历史的基本旋律。在写作的时候，这些往事都是依赖记忆吗，还是也会查询一些资料？

宗璞：我的书是大家的书，是我的长辈们、老朋友、老同学，包括先后同学、大小同学凑起来的记忆。我写了三代人，只要认识的我都通过各种渠道找他们了解情况，有许多细节都是大家提供的。梅贻琦先生的侄儿梅祖培参加了强渡怒江，他给我讲了他的经历。当然我也参考别的材料。我哥哥给我讲他参加滇西战争的经过，讲了好几回。讲了，我又忘了，做了笔记又找不着了……一个人的记忆是不完整的，我尽力多找一些人，多找一些材料。专业方面的事情我就找专业人士。总之是尽力而为吧。

我就像一只工蜂，是大家的生活让我酿出蜜来。感谢所有帮助过我的人，书其实是大家的，感谢是说不尽的。

问：从1985年到2018年，30多年的时间写4部书，保持了文脉的通畅一致。您是怎么做到的？

宗璞：平均七八年一本，拖的时间很长，是因为总是在做别的事情。第一本是1985年开始写，我还上班，回到家里照顾父亲，三年也就写完了。后来就越来越慢，间隔很久，写一点就放下，身体越来越不行。

问：父亲对您写作持什么态度？

宗璞：父亲很支持，他给我的第一本小说散文集写了序，但是这篇序当时的出版社不肯用，用的是孙犁先生评论《鲁鲁》的文章。也是父亲建议的，父亲说这是一篇好文章。原题目是《人的呼喊》，出版时改为《肺腑中来》。父亲给我写的序里说，作家要用至精至诚的心劲把自然、社会、人生这三部"无字天书"酿造成"有字人书"。他给我很大的鼓励，相信我会做好。我的生日，父亲连续好几年写对联，有一副对联就是："鲁殿灵光，赖家有守护神，岂独文采传三世；文坛秀气，知手持生花笔，莫将《新编》代双城。"他不希望因为他的《中国哲学史新编》耽误了我的创作。

问：《北归记》沿袭了前三卷的写作风格，依然从平实中透出典雅气。这种风格的形成，您认为主要原因是什么？很多人把您归为"知识分子写作"一类，您如何理解"知识分子写作"？而且书里的人物名字都很有书卷气。

宗璞：我喜欢起个好名字。知识分子写作，是说有书卷气、文化气。另外，写的是知识分子。写作总要传达自己的思想，不光是生活，不论是纪实文学，还是写小说，一定是要有自己的思想，要对整个生活、时代的变迁有自己的看法。

问：有一种说法，认为童年的记忆足可书写一生。您幼年时曾随父亲冯友兰自北京南渡昆明，在西南联大度过了8年时光。这些经历是否成为您宝贵的创作素材？

宗璞：不光是童年，光是童年生活是不够的，童年时候看事物的眼光就是儿童的眼光。长大后，有了更多的阅历，更有思想深度了。我从学校里的生活写到青年，后来写到1949年以后，离童年很远了。从前是这么说，各人头上一方天，各人脚下一口井。每个人都有自己生活的资源。

问：您采访了那么多亲朋好友，查询了那么多资料，真正落笔时也很难取舍吧？但是您的语言和叙事都很简练。

宗璞：现在回头看，自己都有点吃惊：我怎么写了这么长的书？近100万字。我觉得小说不能写得太长，读者看起来很费力。我也很佩服有些文友能写几百万字，但是我也在想，谁能全部看完呢？我修改的时候，能减的字尽量减掉，希望能够精练。好像谁说过，说我是用写诗的办法写长篇。这是过奖，不过，我喜欢精练。

"那就是新的挑战／快乐地迎上去吧。"《北归记》中诗《永远的结》，也表达了宗璞无悔的人生和乐观自信不服输的韧性

问：《北归记》距第一部《南渡记》过去了整整30年，半个甲子里，书中人物的命运也经历了一个循环。在漫长的写作过程中，您需要克服的最大困难是什么？

宗璞：我要克服的最大的困难是没有眼睛。有时候很痛苦，老是觉得沉重，有压力。但写的时候，总是能够投入。这一章要写的事情，先粗略地大致写，再仔细地写，每一段都要改好几遍，我口授，助手打字出来，再念给我听，再改。改得还不见得到位，有的时候是不懂，有时候有错字，就再改，改好几遍。这是我最大的困难，可是我克服了。还有就是身体不行，精神饱满的时候写出来的东西和精神不好的时候写出来的东西是不一样的。

问：您在这4卷书里，最想表达的是什么？

宗璞：我希望大家看到，这些先生离开北平那么多年，回来马上投入工作，希望建最好的学校来实现他们的理想。我写的是我父亲那一代人一辈子的理想。可是我做得不够好。有时想想很不安心。我想他们的精神、他们的人品、他们的功绩也不靠我这一部书传世，我尽力了。我也要表现我们全民族在抗日战争中那种的上下一致、同仇敌忾的精神。到现在我想起来年轻时候唱的歌，还是那几首《松花江上》《嘉陵江上》《游击队歌》。当然要表现抗日的全面图景，就更不是一部书所能做到的了。

问：这 4 卷书，在您的人生中有何独特的意义？

宗璞：它是我最重要的作品，这是无可争议的。首先是大，从 1937 年到世纪末，写了一个甲子的事情，200 多个人物。他们是我这么多年的朋友，是我熟悉的人，又是完全崭新的人，是我"再抟""再炼""再调和"创作的人。我把自己的生命送给了他们，我不知道我的贞元之气能不能让他们活起来，能活多久，我尽力了。王安忆说："宗璞也许有一天会发现，她就是为了写《野葫芦引》而来到这个世界的。"安忆的话给了我启发。我知道这套书对我的重要性。

问：达到您预设的高度了吗？

宗璞：没有达到，前面我已经说过，对那些主要人物教师们写得不够好，没有对年轻人写得好。这也是没有办法的事。

我写人物的时候就老想着这个人的特点。我觉得难的地方在于，我书里的人物都是各有专门知识的人物，他们的身上就应该有因为掌握这种专门知识而形成的各种特点。我并没有这么多专门知识，所以这个很难把握。另外一个比较困难的是转场，在叙述的过程中，从这个人转到另外一个人，从这件事转到另一件事，常常踌躇，就要琢磨怎么才能转得不别扭。

问：为什么叫"野葫芦引"，您说是因为"不知道葫芦里卖什么药"。可是您从一开始就决定写 4 卷本吧？

宗璞：我那么说是故弄玄虚，因为生活太丰富了，不但不知道将来的变化，就是历史的真相也是很难弄清楚的。但是写小说总得有个计划，有个大的格局。20 世纪 50 年代我就想写抗战的事情——幸好没动手，那时候写就可惜了，不会写好的，因为对生活的认识不够。随着时间流逝，对生活的认识更丰富，也更清楚了，才计划写这么一部大书。

《北归记》写了一代人的成长史，也写了中国现代知识分子的精神史。作品所呈现的深邃的文化内涵和精粹的艺术品质，填补了民族解放战争即抗日战争题材小说中的一个重要空白

问：如何对待中国的传统文化的问题，在《北归记》中您借刘仰泽和李涟的争论，引用了冯友兰《新事论》的观点，您引用父亲的书在其中，是有深意的吧？

宗璞：我想不出有什么深意，我只是写出事实。在《南渡记》中我也写了演出今人曹禺的剧本，这是事实。讨论冯友兰的书也是事实。因为这种讨论很有意义，我不能因为是我父亲的书，我就"避嫌"。如果我父亲写了一本菜谱，我想我不会把它写进小说里。写这种讨论和冯友兰是不是我的父亲没有关系。1946 年《新事论》已经出版了，其中《别共殊》一篇文章提出中国文化的方向，那就是中西文化的不同，实际上是他们所属的时代不同。西方文化是现代的，儒家文化是中古的。我们不能照搬一个个体，就是说不能全盘西化。可是可以从一类当中吸收适合自己的东西。对于儒家文化来说，文化是生长的发展的，是可以增加和去掉的。我们可以发扬儒家的优点，改掉它的缺点。

我认为，儒家最根本最光辉的思想是对人的重视。我是外行，父亲告诉我《易经》指出，人同天地参。我没有读过《易经》，只有《三字经》水平。下面的话只能说是感想，这是我一贯的看法。从世界的思想看来，所有的宗教都有一个神，都有一个造物主，人是神创造的，而只有中国人认为人是自己生出来的，不需要造物主来造。在《三字经》里面说得很清楚，就是"三才者，天地人。三光者，日月星"。人是和天地并列的，是和日月星一样光辉的。可是，这样的思想是不是因为君权的阻碍，没有发挥。反而发展了"三纲思想"，没有了个人地位。儒家思想最大的缺点就是"三纲思想"，它捆绑着一切。

"五四"以来，我们已经认清旧文化不能就这样下去，必须请进"德先生"和"赛先生"。但是到1946年也并没有解决，所以他们在纪念"五四"的时候还在讨论，到现在也还在讨论。

贺捷生：用半个世纪追随一场风暴

　　贺捷生，1935年11月出生，祖籍湖南省桑植县。在襁褓中跟随父亲贺龙、母亲蹇先任全程经历红军二万五千里长征。1955年考入北京大学历史系。少将军衔。高级军事科学研究员。著名军旅作家。荣获全国报刊优秀新闻作品奖、《中国作家》优秀作品大奖、《解放军报》多届长征文艺奖、《人民文学》年度优秀作品、中国作家出版集团奖、朱自清散文奖、冰心散文奖等奖项。散文集《父亲的雪山，母亲的草地》获第六届鲁迅文学奖。曾任第十届、第十一届全国政协委员。

Ⅰ采访手记Ⅰ

"坐在北京木樨地那座住满世纪老人的高楼里,我期待的文字常常穿越时空,翩然而至。它们引领我回溯和追忆,寻觅和缅怀,在一次次倾情呼唤中,沿着历史的大河逆流而上,直至它的源头。我发出的声音可能很微弱,但我感到我是在对天空倾诉,对大地倾诉,对潺潺湲湲流向未来的时间倾诉,而这种倾诉,原来是如此幸福,如此快乐。"贺捷生在为《父亲的雪山,母亲的草地》的后记中如此动情地写道。

她是贺龙元帅的女儿,是将军,也是作家。生下来18天,贺捷生就被爸爸妈妈用破衣烂衫一裹,放在马背上的摇篮里,带着去长征。1937年,父亲贺龙即将带领驻扎在陕西富平县庄里镇,已经由红二方面军改编的八路军120师东渡黄河,深入山西抗日前线去与日本人交手,作殊死搏斗;母亲即将被派往莫斯科共产国际工作,贺捷生一时成了他们的拖累。这时,正好有两员南昌起义战将千里迢迢地从湖南找到渭南,要求重返部队参加抗日。贺龙报告给中央军委,军委副主席周恩来希望他们返回湖南,从事兵运工作。贺龙把孩子委托给两个部下,让他们带回湖南抚养。不幸的是,抗战还未结束,两位养父先后去世,贺捷生跟着养母孤苦度日,从洪江漂到乾州,正好她从前的家庭老师在著名的保靖八中任教,便以女儿的名义,把贺捷生带去保靖隐姓埋名地读书。幸运的是,后来贺捷生又回到了父母身边,她的经历,折射着中国革命所走过的艰难历程。

因病几进几出部队总医院,眼下的贺捷生仍未能脱离轮椅,很多时候连生活都不能完全自理,写作成了奢望。重要的,实在不能推辞的稿子,也只能以口述的形式完成。她说,但愿上天对自己网开一面,假以时日,让她尽快好起来。因为她实在还有太多的话要说,太多的东西要写,必须与生命赛跑!

小小年纪时，她就觉得自己的经历既曲折又奇特，将来成为作家，一定把自己的一切写出来

问：从《元帅的女儿》和您的另一些自传性文字中，我们知道您从小喜欢国文，有向世人倾诉的愿望。为什么在 20 世纪 80 年代才陆续读到您的作品？

贺捷生：我只能说，我写这些东西，是被我的身世逼出来的。我在颠沛流离中长成一个小姑娘，身边没有亲人，也没有朋友，早早懂得了生存的无奈和艰辛。因为时刻要提防陌生人的窥视和盘问，即使在老师和同学面前，我也沉默不语，总是躲在一边做功课。正因如此，我的数理化底子没有打好，只能勉强应付，国文却出类拔萃，我喜欢在作文中倾诉心声，抒发无法排遣的孤独和郁闷，所以作文次次得"甲"，经常被当作范文在班里宣读。老师和同学们怎么也猜不透，我小小年纪，为什么有那么多的心思。

还有一个原因，保靖八中是抗战初期从长沙迁过来的，教职员工都是一些有见识的人，视野比较开放，在他们中间，广泛流传进步作家们写的新诗和新小说。我就在这个时候知道了丁玲是从湖南走出去的作家，读到了林海音的《城南旧事》。孤独中，我异想天开，我觉得我的经历既曲折又奇特，将来要当一个像丁玲和林海音那样的女作家，把自己经历的一切写出来。

问：也有过一个练笔的过程吧？

贺捷生：是啊，我一到北大读历史系，就有写东西的欲望，常常有感而发地写一些小散文。跟所有的文学爱好者一样，文章写好后，偷偷地投给报社的副刊，有小报也有大报，而且，专门投给在学校和大街上的公共阅报栏里天天张贴的那些报纸。稿子寄出去的两三天，看看四下无人，像小偷一样，紧紧张张地看我的文章是否

发表了。不过，每次都让我失望。

有一次，忘记了是哪一家小报，可能那里的副刊编辑是个心软的人，给我发表了一篇"小豆腐块"。我看到我的作品发表了，我"贺捷生"三个字在报纸上印成了铅字，喜出望外，马上买了这张报纸，激动得我一夜没合眼。星期天回到家拿给父亲看。父亲看了哈哈大笑，说"好好好，我女儿要当作家了"，但他马上又板着脸说，这张报纸太小了，还不算作家，我们要上就上《人民日报》。父亲也就这么随便一说，但被我深深地记在了心里，下狠心要上《人民日报》。不过，我真正像模像样地在《人民日报》发表文章，已是几十年之后。这时父亲带着满腹的冤屈离开了这个世界。那天我捧着那张发表我作品的《人民日报》，泪流满面，没想到父亲对我的期望如愿实现的那一天，他却不在了，生活真是残酷啊。

20世纪80年代，贺捷生"糊里糊涂"地被裹挟进了电影界，从电影逐渐转向文学创作

问：80年代您转向文学创作，有何契机？

贺捷生：时代就是契机。一个时代的到来，如同一场大雨，一场风暴的到来，铺天盖地，浩浩荡荡。特别是80年代最初的那几年，是个冰消雪融、百舸争流的年代，仅文学艺术而言，当年的小说、诗歌、美术、电影，不断给人们带来惊喜。我就是从电影开始，逐渐转向文学创作的。那个年代的电影比文学的影响力大多了，我的许多朋友，比如白桦、叶楠、张锲、毕必成，亲戚中如贺兴桐，先后成了电影界的活跃人物。我当时已经离开中国革命博物馆，准备回部队，去《工程兵报》当编辑兼记者。在等待调令的时候，朋友们说我文学基础好，又有丰富的生活积累，而且在文学和电影界认

识的人多，有许多朋友，何不写电影剧本？就这样，我糊里糊涂地被裹挟进了电影界。我写的第一部电影剧本叫《残月》，是珠江电影制片厂看好问彬的一篇小说，请我改编成电影文学剧本。我说试试看，结果很顺利地改出来了，电影厂也很顺利地开拍了，1984年在全国公开上映。电影由曹征任导演，赵尔康和郑振瑶任男女主角，用现在的话说，都是大腕。那年我不到50岁，孩子放在我母亲家，有老人管着，觉得写电影拍电影很神秘，也很好玩，拍摄中还去探班，坐他们的道具马车。接着又写了一个本子，叫《柳浪闻莺》，没有写完，就被打断了。因为《工程兵报》催着去上班。工程兵遍及祖国各地，架桥，铺路，筑坝，淘金，到处是火热的工地，就开始写报告文学，发表在部队大型文学刊物《昆仑》的长篇报告文学《共青畅想曲》和《击毙二王报告》就是这个时期的产物。

问：您的创作，散文、报告文学、影视剧本各种体裁都有，对于文学的兴趣和创作动力来自什么？

贺捷生：我的创作欲望，回想起来，主要来自我独特的绝无仅有的经历，还有就是故乡桑植我们贺氏家族的家族史。我父亲贺龙两把菜刀闹革命的事，众所周知，家喻户晓。人们不知道的是，一二百年前，我们贺家的祖先是从云南作为军户迁到桑植的。这是自隋唐以来实行府兵制的产物。换句话说，我们贺家往前推几代就是军户，此后世世代代戍边。我的先人一次次奋起反抗，一次次遭到残酷镇压，有英雄也有败类，说得上惊天地、泣鬼神，从来不出胆小鬼和软骨头。贺氏家族的家族史，是天生的一部长篇小说。我一步步走近我的父亲和母亲，一步步走进我的家族，不仅渐渐地有了写作的愿望，而且感到自己义不容辞，命中注定，必须成为这个家族的代言人和诉说者。

整理军史几年，为贺捷生未来的大量家族题材散文的写作做了充分的资料准备

问: 您的专业是军史研究，文学创作只能利用业余时间，能谈谈您的创作是在什么状态下完成的吗? 是否有"高人"或名家指点?

贺捷生: 我是学历史的，参加工作后，先后做过大学教师、中国历史博物馆馆员、《工程兵报》编辑和记者，最后落在军事科学院军事大百科研究部，担任副部长至部长，主持军事大百科研究部工作，逐渐以当代革命史，主要是军史作为我的主业。这与我的家族史不谋而合。我的好朋友、中国作家协会副主席高洪波先生特意写了一首称赞我的诗，我深以为荣:"军史即家史，革命为血亲。字字锥心肺，篇篇忆苦辛。童年多坎坷，成长赖光阴。开国元勋事，妙笔带古今……"因此，当我在办公室整理军史的时候，实际上也是在为我未来的大量家族题材散文的写作做资料准备。这是其一。

其二，我自己从小就喜欢文学，在我的亲戚和一路结识的朋友间，还真有你说的"高人"和名家。比如廖沫沙、沈从文、黄永玉，都算得上你说的高人和名家吧? 他们都是从湘西走出来的，跟我家或我爱人李振军家关系深远，有的还是亲戚。他们的文学人生和文学成就，让我羡慕，也让我向往，对我产生了潜移默化的影响。不过，真正以文学影响过我的人，是齐燕铭和白桦。我是在北京医院认识齐燕铭的，那时我正在北大读书，有一次身患急性肾炎，但怕耽误功课，一直扛着，导致急性肾炎转为慢性肾炎，被迫休学一年在北京医院住院。跟医生护士混熟后，听他们说，我住院的内科住着一位大人物，官很大，并且是一个大作家，我止不住心中的好奇，大胆敲开了他单独住着的病房。

当年我还不到20岁，个子又小，蛮讨人喜欢。他听说我是贺龙的女儿，大为惊奇，说：太好了，我跟你父亲是老朋友，跟你就应该是小朋友了。他说他当年在延安新编历史京剧，我父亲是他最踏实和热心的观众。因为我父亲是个京剧迷。我们那次在北京医院共同住了好几个月院。他在医院边治病边办公。我每次去看他，他都会放下手中的事，陪我聊天。他得知我在北大读书，喜爱文学，很高兴。让我把习作拿给他看。看完后，从错别字到文章的立意、结构和涉及的有关知识，一一给我指点，告诉我文章该怎么改，该怎么观察生活，提炼生活。中心意思是，对事物要有自己的态度，要感同身受。还有语言问题，他翻来覆去地说，要天然去雕琢，不能装腔作势，不能为赋新词强说愁。几个月后，我们成了忘年交，感觉就像读了几年中文系。

对历史负责，对情感负责，比纯粹的写作技巧更重要

问：在创作上，您讲究什么技巧吗？

贺捷生：我赞成巴金的说法，创作的最高境界是无技巧。我觉得创作需要技巧，但不能卖弄技巧。我真正的文学之路，是从影视剧本起步的，电影电视最重视讲故事的技巧，这决定一部作品的成败。但电影电视是由集体完成的，创作的过程，导演的功能逐渐突出、编剧的位置逐渐淡出。文学写作不一样，尤其我近十几年从事的红色题材散文写作，我的家族、我的父亲母亲，还有我个人的经历，给我提供了独特的写作素材和视角。我进入写作，更注重真情实感，把个人命运放到时代和社会的大背景中。我觉得对历史负责，对自己的情感负责，变得比纯粹的写作技巧更重要。可能这也是一种技巧吧。

再就是，我希望自己的语言是亲切的，真诚的，不虚张声势，

不故弄玄虚，如同在自己家里对亲人侃侃而谈。而且，文学写作需要文采，描情状物应该准确、优美，此地无声胜有声。

问：《父亲的雪山，母亲的草地》获人民文学奖优秀散文奖、第六届鲁迅文学奖等，能否具体谈谈这部作品？您是在什么背景下写出来的？

贺捷生：还要讲我的独特经历。我贺捷生能活到今天，还挺风光地成了将军和军旅作家，我深深地懂得，我的命，我的荣耀，都是我们这支军队和这支军队的许多前辈给我的。不明白这一点，以为自己有多么聪明，多大的能耐，是非常可笑的。再就是，我经历的苦难，其实是命运给予我的厚爱，给予我的独特财富。我一生都在跟随我父亲参与创建的这支军队，一生都在见证它的苦难和光荣。因此我敢说，我是我们这支军队的女儿，我比许多人都更近地贴着这支军队，靠着这支部队。

同时，我也比许多人更熟悉这支军队的领袖和统帅，这支军队的将领。因为，我一睁开眼睛就在它的序列里。给我最深刻刺激的是，当我意识到自己有责任为这支军队，为我们的父辈诉说的时候，时间一眨眼过去了70多年，我也成了一个70多岁的老人。这让我感到惊愕、恍惚和恐慌，觉得时不我待。特别是叱咤风云的那一代人，忽然都不在了，如今还活在这个世上的已寥若晨星。那一代人活得多么艰苦卓绝，多么轰轰烈烈气吞山河啊！虽然我也风烛残年，白发苍苍，但想到那些岁月，想到那些在残酷的旷日持久的战争中前赴后继的人，想到我的父亲，我的母亲，我的心里常涌起一阵阵苦涩，也涌起一股股暖流。我用逐渐干涸的笔和越飘越远的思绪，极力去回想他们、追赶他们和挽留他们。在文字中，我和他们一起跋山涉水，一起哭，一起笑。这就有了《父亲的雪山，母亲的草地》和在这前后陆续发表和出版的其他文字。

这些年，我得到了许多朋友的鼓励和称赞，每次我都发自心底地说：感谢生活，感谢命运，它们让我经历了那么多，看到和听到了那么多。我甚至感到，不仅是我的父亲母亲，也不仅是我父亲母亲的贺氏和蹇氏家族，而是这支军队和它经历的各个年代，命令我写他们，歌颂他们。

问：创作过程一般顺利吗？能否以《父亲的雪山，母亲的草地》为例，谈谈写作中遇到的困难有哪些，又是如何解决的？

贺捷生：《父亲的雪山，母亲的草地》差不多是10年前陆续写的，那时候我刚刚70出头，体力和精力都还可以。我说的体力，主要是我的两条腿还走得动，崎岖的山路和稍有些坡度的山冈都不在话下。比如《回到芭茅溪》《木黄，木黄，木色苍黄》《不能遗忘的小镇》《梦回伊犁河谷》《在围场骑马挎枪》《去看一棵大棵》《爱在青山绿水间》等等，都是我亲历亲为，去我父母战斗过和我自己漂泊过的湘西、贵州印江木黄镇、陕西富平庄里镇和河北承德围场，还有新疆伊犁等地进行实地考察后的心血结晶。

其实，我还在中国革命博物馆工作的时候，就利用收集革命文物的便利，走遍了各路红军在南方和北方的各革命根据地，更多的是红二方面军和我父母战斗过的地方，做了大量资料准备。有的文章在几十年前就形成了雏形和毛坯。我过去有个习惯，每当有了写作冲动，或者有什么独特的感受，就一个片断一个片断地记录下来，等待日后有时间坐下来，再慢慢整理。这为我晚年的写作带来了很大方便。要说写作中遇到的困难，是年纪越来越大，病越来越多，身体一年不如一年。像我现在再要去寻访父辈的足迹，是不可设想的。

对待自己经历的生活，哪怕这些生活是由苦难组成的，贺捷生同样有一种感恩心理

问：《元帅的女儿》是您首次以自己为主角集中讲述自己童年和青少年经历的传记文学。这一独特的视角，给写作带来什么？您是以怎样的心情讲述过往的？

贺捷生：以我自己为主角讲述自己的童年和青少年的经历，首先在于尊重历史事实，还原历史真相，也即日寇发动侵华战争期间，中国老百姓被迫当亡国奴的悲惨命运。大敌当前的时候，我父亲把自己的家、自己的亲人抛在一边。我们这些共产党人的孩子，连普通人所能得到的父爱和母爱，都不能得到。这是社会的视角。那么，我们这些孩子到底是怎样流离失所的？当时忍受着怎样的屈辱和凄凉？就必须由我们自己站出来说了。我要叙述的，就是我当年经历的痛苦、悲伤和绝望，那简直就走投无路，暗无天日；再者，当我知道自己的父亲和母亲是谁之后，在心里涌起怎样的思念、盼望和怨恨；第三，这是我在80多岁时试图还原的童年和少年经历，中间隔着70多年时光，岁月不仅完全改变了我个人的命运，也彻底改变了整个社会的走向。顽强留在记忆中的往事，哪怕是辛酸的、痛苦的，也渐渐变成了亲切的回忆。

比如我在保靖八中隐姓埋名的求学日子，就像漫长的阴雨天难得出现的阳光，反倒成了我生命中的亮色。没有那几年未被打断的求学，我怎么能在新中国成立后荣幸地升入北大历史系？换句话说，隔着70多年的岁月回顾往昔，我试图还原童年和少年经历的生活，尤其是童年和少年的心路历程，实际上是不可能的。因为，我不仅要同遗忘作斗争，还要同虚荣和习惯性回避作斗争。还有，我回到父母身边后的岁月，虽然与我们这个国家、我长期置身的那支军队，一荣俱荣，一损俱损，但凭良心说，与普通老百姓相比，我得到的比失去的多，而且是多得多。因此，对待我经历的生活，哪怕这些生活是由苦难组成的，我同样也有一种感恩心理。我知道我必须知足，必须自知自明。

问： 您的叙述客观、内敛又生动，看上去不动声色，却感人肺腑。我想这样的作品，写作中肯定先感动了您本人——是这样吗？

贺捷生： 这对我的评价太高了，让我感到惭愧。诚实地说，我在朝这个方向努力。你能设想，我一个80多岁的人，该得到的都得到了，该享受的也享受了；曾经遭受的苦难，并不比普通老百姓更凄凉，更悲惨。此刻正在失去的，我指的是生命，谁也无力挽回。历史曾经给予我们的光环，也渐渐地不再成光环了。在这个时候留下的文字，我认为应该更真实、更朴素、更平易近人，才有生命力。任何的美化、拔高、粉饰，不仅不合时宜，而且令人生厌。

父亲最珍贵的品质，是忠诚。他忠诚于自己的信仰和自己选择的道路……

问： 在您眼里，您的父亲是一个怎样的人，您认为他身上最重要的品质是什么？

贺捷生： 写我父亲贺龙元帅的文章、书籍和影视剧已经不少了。但几十年看过来，我父亲留给人们的印象，还是两把菜刀，两撇胡子，凶巴巴的。好像我父亲生来就是一个简单粗暴的人，一生都在打打杀杀。其实不是这样，我近年写了那么多怀念我父亲的东西，就是想告诉人们：从一个乡村骡子客到共和国元帅，他也有丰富的内心世界，有七情六欲，喜怒哀乐。在女儿心中，他是个好父亲，好男人，好朋友。你想啊，他一生都在搏斗，在浴血奋战，甚至可以说在自讨苦吃，如果没有信仰，怎么能坚持得下来？

其次是，他有高尚的气节，也有宽阔的情怀，鲜明的爱憎。比如长征路上那么苦，那么难，他不搞特殊化，而是随身带一根鱼竿，一有机会就坐下来钓鱼，想用鱼汤来喂养自己嗷嗷待哺的女儿，他的心该是何等的柔软，何等的仁慈。我父亲最珍贵的品质，我认为是忠诚，他忠诚于自己的信仰，自己选择的道路，自己跟定的领袖，热爱的人民。没有这一点，他不可能善始善终，几十年身居高位。

问：作为一位历史研究者和写作者、亲历者，您如何看待历史和现实的关系？

贺捷生：历史和现实的关系，我的理解是源与流的关系。历史如果是雄伟峻峭的，像青藏高原那样逶迤起伏，苍苍茫茫，那么从它怀抱发源的河流，就一定是长江、黄河，大气磅礴，汹涌澎湃，奔腾到海不复还。一条小溪，不可能掀起滔天巨浪，改变历史的行程。我们这个党，我们这支军队，然后我们是这个党和我们这支军队创建的中华人民共和国，经历了那么多苦难，带领着那么多人民，屹立在世界的东方。事实证明，只要我们是正义的，路走对了；只要我们百折不挠，奋斗不息，没有任何敌人可以战胜我们，也没有任何政治力量能够改变我们。我们的民族和人民勤劳勇敢，我们的父辈历经沧桑，在不知不觉中，把一种顽强的性格，一种宁愿玉碎不愿瓦全的气节，一种坚信自己的目的一定能达到的信念，注入在我们的血液中。这就是我们看到的现实：中华民族一旦走出了误区，一旦激发出它隐藏的创造力，就像拿破仑说的，东方的一头雄狮醒了。它走动的姿势，它发出的吼声，足以让世界震颤。我是说，我们看待历史和现实，应该看它的主流，它的总体趋势。我的写作，就是以我的经历和阅历，我对历史和现实的理解，发出自己的声音。尽管这些文字微不足道，但我希望它们发自我的肺腑，是真实的，有炽热的血液在流淌，有着自己的气度和温度。

问：回顾自己的文学人生，您觉得最欣慰是什么？还有什么遗憾的事情吗？

贺捷生：我真正从事文学的人生，与我的整个生命旅途比起来，在时间上，还是有限的。虽然从20世纪50年代开始就在抄抄写写，舞文弄墨，但毕竟是个业余作者，没有任务也没有压力。当然，这不等于我无所用心，不把它当一回事。事实是，如何把我的父亲和母亲，把我们贺氏家族、蹇氏家族，还有我经历的特殊人生写出来，早就成了我的一块心病。我差不多用一生惦记这件事，设想这件事。只是认为这件事太重大了，太艰巨了，才一再往后推。直到过了70岁，真的感到时不我待，不动笔不行了，再没有时间让我犹豫了，才艰难起步。当我拿起笔来诉说时，已是古稀之年，必须忍受身体虚弱和患白内障的双眼在面对耀眼的屏幕时不断流泪的折磨。

遗憾之二是，当我把压在心里不吐不快的那些事情粗略写出来，整理出《父亲的雪山，母亲的草地》这样一本书，已经80岁了，疾病一次次地找上我，把我折磨得苦不堪言。其实，我最大最宏伟的愿望，是为我们贺氏家族写一部长篇小说，但要完成这样一部鸿篇巨著，不是一朝一夕的事，需要十年二十年，甚至更长时间的努力。而我现在88岁了，又病病歪歪的，显然不能担此重任。这个遗憾是永远无法弥补的，唯有仰天长啸。

凌力：历史小说要写历史上可能发生的一切

凌力（1942年2月13日—2018年7月18日），生于陕西，1965年毕业于中国人民解放军西安军事电讯工程学院，生前为中国人民大学清史研究所研究员、教授。1980年开始发表作品。先后出版了长篇历史小说《星星草》《少年天子》《倾城倾国》《暮鼓晨钟》《梦断关河》和《兼葭苍苍》《清宫悬案》等作品。其中《少年天子》获第三届茅盾文学奖，《梦断关河》获首届姚雪垠长篇历史小说奖、首届老舍文学奖、北京市文学艺术奖等奖项。

┃采访手记┃

对作家凌力的采访，开始得太晚。当辗转联系上凌力时，她的身体状况已大不如以前。感谢北京十月文艺出版社的编辑晓舟热心相助，我们的采访通过微信、短信、邮件等方式，拖了很久；更感谢凌力，有很多回答内容，是她在病床上完成的，有时候一个问题要写好几天，甚至屡想作罢。不论怎样艰辛，这篇采访总算完成了，这是对凌力创作的一次全面梳理，当然更包括她获得第三届茅盾文学奖的想法。

时光回溯到 1980 年。长篇历史小说《星星草》上卷由北京出版社出版，开启了凌力的历史小说创作之旅。她的每一部作品，都要修改数次，她心安理得地坐自己的"冷板凳"，为自己留下一个虚空而静谧的心境。评论家李树声认为，这并非凌力刻意的人格自塑，而是对历史和现实的一种参悟，是对文学本身的一种执着的专情。

凌力对历史的爱好，是小时候从京剧中得到的。大量的三国戏、水浒戏给她幼小的心里种下了爱文兼爱史的"病毒"，且伴随终身甚至无可救药，这使她毫不追悔地走上历史小说创作的路。京剧对历史的浓缩和概括能力，其戏剧性矛盾的发生、发展、高潮、煞尾及场次的轻重、角色的分派等格式，细心的读者大约可以从凌力的作品中找到某些印记。

从秦汉到清末，中国的封建君主制社会不中断地存在了两千多年，这是世界历史上独一无二的现象。为什么？这是凌力向自己提出的问题。史学家用政治、经济、军事、文化等方面的科学论文回答这个问题，那是宏观的、全方位的研究；她从微观的、人物的心态、命运和人际关系的角度去探讨。或许终一生之力也得不到正确的、完满的答案，她也认了。写长篇历史小说，是凌力进入探讨的一个途径。

写作之余，凌力喜欢京剧，喜欢动画片。她在不同的艺术门类中都能获得自己独特的思考。比如荀慧生演红娘，他当时已经发福，有人笑称"娜塔莎大婶"，可是看着看着，观众就被他们带进特定的《西厢记》的环境，忘却了形貌和年龄上的不合。她说，今人写历史小说本有形似的有利条件，如果能达到神似的境界，照样能够产生令人信服的艺术效果。

2014年，凌力罹患渐冻症，2018年7月，凌力在痛苦中离开人世，与自己书写的众多历史人物在另一个世界相会了。

多数初学者往往要经过短篇、中篇的训练才开始长篇创作，而凌力的处女作《星星草》，一出手就是上下两册80多万字的大长篇

问：一个多次进出导弹驱逐舰，进行导弹发射遥测的尖端武器科研人员，放弃专业从事文学创作，有点不可思议。您最早从事导弹工程技术工作，能否回忆下当年走上文学之路的情景？

凌力：我选择通信专业，是遵从父命。是历史和生活把我逼上文学创作的道路。我参加工作不久，"十年动乱"突然开始，亿万人民遭到巨大的痛苦和不幸。这使我陷入极大的痛苦、矛盾和忧愤之中。我没有去打"派仗"。我觉得党和人民养育了我，不管处于怎样的逆境，我总应该为人民做点事情。这是一个共产党员的天职。我父亲被关在"牛棚"里，还叮嘱我们，要相信党，相信人民，相信历史的车轮不会倒转。于是，我下决心研究一下历史。

在读史的过程，捻军的英雄史实深深感动了我。太平天国后期，捻军处于中国革命大潮低落的逆境里，不后退、不投降，"誓同生

死，万苦不辞"，坚持抗争到底。在他们身上，我当时忧郁愤懑的心情得到了寄托。捻军在太平天国覆灭的逆境中奋起抗清，不是反映了广大农民的愿望和历史发展的必然趋势吗？陷于动乱的中国不会停滞不前，犹如当年的中国不曾停滞一样。这就是我写《星星草》的起因。

问：1978 年调入中国人民大学清史研究所。能说说是有什么机缘吗？

凌力：《星星草》差不多写了 10 年，先后改了 7 次。在投给出版社之前，我把这部作品送给戴逸先生，他从史学角度肯定了这部作品，并表示可以接纳我为清史研究人员。我所在单位的领导也很善解人意，同意我调出，我从此进入清史研究部门，并得到了主要从事创作反映清代生活的文学作品的许可。

问：一上手就是历史长篇小说，驾驭起来有难度吗？

凌力：我喜欢长篇，是因为它能提供足够的容量来完成必要的积累，使作品达到真实可信，首先说服和感动作者本人。看一些作品，常有不满足感，因为人物的行动、感情根据不足，往往不到火候而硬写，就不能动人，看过也就忘记了。

那时候，"要写出不同性格的人"，这一点是知道的。但是把写真实的、有血有肉有精神灵魂的人放到创作的中心地位，就没有这样的觉悟了。倒是用极大精力铺写战争场面和历史悲剧的过程。而且受那时写英雄"高大全"的创作方法的影响，主要人物捻军领袖赖文光、张宗禹等人就显得理想色彩太浓而不可信，对捻军的最后失败提供不出充分的根据，致使这场历史大悲剧因此不够分量而失色许多。

问：但是这部作品在反面人物的塑造上非常成功。

凌力：有意种花花不发，无心栽柳柳成荫。《星星草》里的反面角色曾国藩、李鸿章、左宗棠反而显得比较活比较真，得到了读者和评论界的认可。其实，直到《星星草》的第4稿，曾、左、李的形象还跟"文革"中的反面人物差不多，极尽丑化之能事的。戴逸先生看过此稿后，提出曾、左、李是中国近代史上影响很大的人物，是近代军阀的鼻祖，用漫画手法去描绘，就简单化了，而且也不真实。接受戴老师的意见，重新查阅史籍资料，重新写过。当时只想再现这些人作为清代名臣、理学大师和镇压农民起义刽子手的多重身份，在气质、谈吐、性格和风度上尽量向史实靠近。

有些历史人物之所以反动，并不都是因为个人品质恶劣，更不会都是外形丑陋、猥琐不堪的。他们是因为代表着反动阶级，逆社会历史潮流而动，才历史地处于反动的地位。

问：为什么会对历史长篇小说情有独钟？

凌力：我对历史的爱好，是小时候从京剧中得到的。大量的三国戏、水浒戏给我幼小的心里种下了爱文兼爱史的"病毒"，时时发作，伴随终身，直至无可救药、毫不追悔地走上历史小说创作的路。京剧对历史的浓缩和概括能力，确实令人惊叹。其戏剧性矛盾的发生、发展、高潮、煞尾及场次的轻重、角色的分派等等格式，细心的读者大约可以从我的作品中找到某些印记。

从秦汉到清末，中国的封建君主制社会不中断地存在了两千多年，这是世界历史上独一无二的现象。为什么？这是我向自己提出的问题。史学家用政治、经济、军事、文化等方面的科学论文回答这个问题，那是宏观的、全方位的研究；我想从微观的、人物的心态、命运和人际关系的角度去探讨。或许终一生之力也得不到正确的、完满的答案，那我也认了。写长篇历史小说，可算是我进入探讨的一个途径。

无论就其思想内容或是审美境界而言，《少年天子》都标志了新时期历史小说的最高水平，而且在整个新时期文学创作中，也是堪称第一流的精品力作

问：《少年天子》的创作起因是什么？

凌力：《星星草》出版后，不少评论界老师在研讨会及报刊上发表了许多文章，凡能听到见到的，都认真聆听拜读，认真思索。虽然从立意、结构、形象、情节乃至文字等方面颇多受益，但最令我震撼的是这句话——文学是人学。因为这是我第一次听到，越想越觉得有道理有滋味，越想越能从中悟出更多创作理念。其实我已调入人大清史研究所，正在比较系统研读清代历史，很快顺治帝这个人物让我产生强烈的感应。一来觉得历来对他评价不公平，不是当他为庸主无所作为，就是拿董鄂妃说事儿骂他荒淫。翻案文章很吸引人，更吸引我使我欲罢不能的，是这个人独特的性格命运、跌宕起落的情感经历，以及通过他能映照中国数千年封建社会的方方面面……要试着把写人放在第一位！还未下笔，我就想好了书名，《少年天子》。

问：创作过程顺利吗？有哪些不一样的感受？

凌力：《少年天子》的创作，得力于历史上顺治皇帝那起落跌宕、大喜大悲的特殊经历和特殊命运。写康熙皇帝就没有那么好的运气了。虽然还是要围绕着写人，却不得不另辟蹊径。

问：《少年天子》在全国多家电视台的热播，编剧是作家刘恒。您如何评价他改编的"少年天子"？

凌力：电视剧的前半部完全是刘恒的再度创作，比小说开始时的时间往前延伸了4年，从皇后进宫开始。小说开始时皇后已经废了，是第二个皇后进宫。我比较认可前20集，因为第一，它是尊重历史的。我认为历史文学不是写史实，而是写历史上可能发生的事。刘恒创作写的就是可能发生的事，符合我所认同的历史文学的创作规律。第二，在重大历史事件，重要人物关系方面都是尊重原作的，整个电视剧和原小说的创作在精神上是相通的。

问：《少年天子》强调了封建社会的冷酷，一直冷酷到母子、夫妻之间，强调人性和政治制度间特别尖锐的冲突。您在处理这种冲突时用唯美的手段，而刘恒是用尖锐的手段去处理。

凌力：我很赞赏刘恒从真实的人性的角度去写。封建社会的政治斗争是非常残酷的。像明朝永乐帝对反对过他的建文帝的臣子就特别残酷，放在油锅里炸，割舌头。对拒绝为他写即位诏书的方孝孺诛十族，寻常的九族之外，还加上学生一族。把反对他的臣子的妻子、女儿、儿媳发往教坊。被糟蹋死后，钦命拖出去喂狗。可永乐帝在五次亲征蒙古时，又表现出非凡的英雄气概，很了不起。所以我觉得在写清朝的各个皇帝时，要考虑怎么去认识他们的多面性。现在写康、雍、乾的视角比较单一，多是歌颂，把乾隆写成十全老人。修《四库全书》，他毁掉了多少传统文化的好东西，这些却都没写。

在《暮鼓晨钟》里，我就侧重表现所有人性美好的东西怎么一步步被政治斗争抹煞掉，包括友情、爱情、善良……皇位一次次受到威胁，要保住皇位，就要整很多人。每个案件都要死人，每次死人皇帝本人都要失去一些东西。康熙是按孝庄的要求做一个好皇帝，但他内心美好的东西就牺牲掉了。

问：《少年天子》在 1991 年获得第三届茅盾文学奖，还记得当时的情况吗？

凌力：茅盾文学奖对于我，完全意外。那天一大早，《人民日报》一个朋友打电话来说得奖，我还以为是开玩笑，不相信。第一届《星星草》曾入围，那时我高兴，兴奋，觉得自己还真不错呢！

后来落选，未免失望。但是，看到获奖者都是我敬仰的老作家、大名家，才感到自己怎么这样不知天高地厚！又认真读了几届获奖作品中的部分，相形之下，在深度、厚度以及艺术价值等方面，差距太多太大。所以，此届《少年天子》虽入围，也就没太在意，因为不做此想了。却偏偏得了，实在没想到！

问：相对而言，您的很多作品比较受评论界的关注，如《少年天子》《梦断关河》等，评论家们表现出极大的热情。您如何看待评论？

凌力：文学理论是一门艰深的学问，是严密的科学。我永远从事不了文艺评论和文学理论的研究，终生难望其项背。

创作与评论，是相辅相成的，但又绝不相同，在看了很多评论家的文章后，我更加深了这方面的认识。食品厂拿麦粉制成了漂亮的大蛋糕；食品检验所则对蛋糕分剖解析，化验出它的组成成分，指出哪些是必要的、合理的、有益的好东西，哪些是多余的、有害的甚至含有毒素的成分，以决定合格还是不合格，是伪劣产品还是优质产品。这对食品厂、对广大顾客，实在都是非常必要、非常好的事情。

这也是我理解中的创作与评论。创作是在合成：加工素材，结构人物和情节，大量渗入作者自身的思想观念、感情气质、艺术感觉、表达能力、文字技巧，等等，最终形成作品。而评论是在解析：分解提炼出作品的主题、结构、人物、艺术特色、写作技巧，进而深入作品人物乃至作者本人的心态意识等精神世界里去进行更高层次的探讨。

创作凭的是直感、情感、灵感，在形象思维的范畴内驰骋。任何人只要他愿意，都可以成为一个作者。评论却真正遵循着科学的三严——严格、严密、严肃，是完全的逻辑思维。这却是智者才能胜任、令人肃然起敬的工作。我作为一个作者，作品和创作能够得到这样具有深度和广度、认真又诚挚的评论和理解，是很幸运的，弥足珍贵。

问：这些评论文章对您的创作产生影响吗？

凌力：通常，创作者比较盲目，也比较自信，不大听得进评论的说长道短。除了自满或脆弱之类的心理障碍之外，主要还是不能领悟。

我谈不到领悟，但多少开了点窍。《星星草》成书后，出版社请一些评论家和历史学家座谈，提了许多很好的意见，集中到两点：一是下卷的结构花开两头各表一枝，笔墨分散，影响了整体的艺术效果；二是正面人物不如反面人物成功。因此在写《少年天子》时就得吸取教训，在这两点上花工夫下力气，特别注意挖掘人物的感情和心态。随着创作的展开，也就渐渐开始领悟，一切都要围绕写人这个中心，这是法则。自己也从这样的创作中感受到极大的乐趣。

关于历史小说创作，凌力引以自慰的，是作品中的大多数事件，在历史上确实发生过；少数事件虽是虚构和想象，也是可能发生的

问：多年的创作，您大概已经形成了自己独特的创作理念。能谈谈吗？

凌力：我不反对各种角度、各种方式表现历史的作品，它们各有自身的价值。我只是坚持自己的创作理念：历史小说要写的是所截取的那段历史中可能存在的人和事。首先是史料，记载着历史的真实，这是基础，是不能逾的"矩"；其次是推理，因为史料也有真伪，有不敢记或记不全，经分析和推理，那些可能发生的，也是优质素材；第三个层次是想象，提供了虚构情节表现人物的巨大空间。想象，要靠大量的细节来支撑，而所有的细节都要遵循历史的可能性而不能生造。我这一类的历史小说作者，都会下大力气搜集整理阅读研究大量的相关史料，为的就是写出真正的、浑然一体的历史小说。

问：您认为怎样的历史小说才是好小说？

凌力：我希望所写的历史小说，能站在历史和文学之间，能成为边缘科学的一部分。历史学专家，往往对历史小说特别是历史影视作品颇多微词，这可以理解，因为我们历史文学作者的史学基础往往不够深厚，常会造成一些失误，甚至出某些笑话；另一方面，眼下的史学著作又越来越走向史论，离最早的史学大师司马迁公的《史记》之路越来越远，离文学越来越远。那么"文史不分家"的传统注定要消亡吗？

事实上在国外的史学界已经出现以《史记》笔法写历史的史学著作，撰史者使用了历史尘埃落定后的、当代所具备的、大量的、各方面的丰富材料，尽量客观全面地用文学手段描述重大的历史事件和历史人物，不但受到学术界的赞赏，更得到广大读者的欢迎。这也可说是历史与文学间边缘科学的一部分，不过它的立足点在历史一边，而历史小说则须把脚步稍微移过来，更偏重于文学。

我同意这样一句有总结意味的话：历史著作要写历史上曾经发生过的一切，而历史小说要写历史上可能发生的一切。

问：写历史小说，对您来说最大的难处是什么？

凌力：历史小说要遵循所有小说的艺术规律，比如要有生动的、血肉丰满的人物形象，要有吸引人的故事情节，等等，但其最主要的特殊处，在于它必须具备的历史感，小说是不是真实可信，很大程度上取决于此。然而，就创作的角度讲，这正是一个难点。最困难的，是营造特有的时代氛围，一位当代作者写几百年甚至上千年前的故事，使自己和读者都相信写的确实是那个历史时期，那就非得造足这种氛围不可。

写历史小说营造时代氛围，其实也就是在创造作品的神韵。这就需要多方面综合而成，难度相当大。比如，写唐朝，能不能使读者确信这真是唐朝，而非两汉非两晋非明朝？同样是写清朝，能不能写出清初、清中期和晚清的不同气氛和味道？在写作历史小说的过程中，我一直试图在营造特殊历史氛围上多下些功夫。

问：能具体谈谈您是怎么做的吗？

凌力：一方面，要尽可能多地了解当时的政治、经济、文化、艺术等领域的情况，力求在大的形势上不出格；另一方面，尽可能多地了解当时的民风、民俗、礼仪、制度、服饰、玩好，等等，力争在自己心中有一幅当时的风情画卷，有一种那个时代的感觉，使自己能够形成一种判断力，在选择人物、情节或道具时不至于出大错。

问：您的历史小说，有散文的意境，因此有评论称您的小说是艺术品。在语言上您有怎样的追求？

凌力：语言特别重要，常常会因为错用了一个现代词汇而破坏了苦心营造的整个历史氛围，所以需要特别小心。在写清代历史小说的过程中，我掌握的原则是决不让现代语汇出现在古人口中。

问：那么，您判断古人说话的语言根据来自哪里？

凌力：一来自清代剧本，如《缀白裘》一类在清代流行的演出本；一来自清代白话小说，从顺治年到清末各朝都不少；一来自清代案卷，审案录供中有大量的常用语言、生活语言。

问：您的小说创作，善于选材，也长于虚构和想象。同时您又尊重史实，如何在虚构和史实间找到合理的平衡是否对作家来说也是很大考验？能具体说说吗？您如何看待史实和虚构的争论？

凌力：在虚构人物情节时，没有史实做支撑，营造历史氛围就特别困难。我在《暮鼓晨钟》一书中写康熙帝幼年的那一段，宫廷外朝廷上的一系列大冤狱都是史实，而宫廷内小皇帝的生活则是虚构。初稿出来后，我觉得后者有两大不足，一是感觉不到清初宫闱的特点；一是太皇太后过于英明，料事如神得没有来由。而这又想不出好的办法来补足。后来看到一则史料，说清宫找到明宫遗留下来的几大箱小脚女鞋，全都镶珠嵌玉十分华丽精致，满族妇女都是天足不能穿，扔在那儿又可惜，就把鞋上的珠玉拆下来，镶嵌在新做的绣花鞋上，供宫妃宫眷们穿用。当时风俗，小辈妇女为上辈上寿时，有做鞋为礼的习惯。根据这两点，我虚构了小康熙发现祖母（即太皇太后）的贴身侍女用拆珠玉做绣鞋为手段传递情报这个情节，用来照顾好几方面：一是太皇太后有情报网服务，明察善断就有了根据；二是小康熙接受祖母统治术的影响，日后他建立特别的耳目监视官员，即后人称之为使用特务的行为有了来历；三是营造出由明入清、由汉人统治变为满人统治的宫闱中的特殊氛围；四是表现出宫中度用节俭的清初的特点。这样去弥补初稿中的缺憾，作品的历史感就增强了，清初宫廷的意味也浓了很多。

对于史实和虚构的争论，每位作者和读者都有自己的见解，都有它的道理，孰是孰非，彼此平等，何必强求一致？

问：在创作中是否也有些弥补不了的缺憾？

凌力：是，有些始终想不出好办法弥补。比如写历史大背景真实、人物虚构的历史小说行不行？甚至背景和人物全都虚构行不行？尽管我弄不清这样写算不算历史小说，就按照历史小说的规律去写行不行？

但不论怎么写法，只要写的是历史文学，就要力争写出具有丰富历史内涵的、充满历史韵味的作品来。当然，让今人穿上古装在作品中表演各种悲喜剧，或让唐宋元明清朝的古人在银幕荧屏上幽默地说几句现代语汇，作者自有他的奇思妙想，所谓各有各的高招，不能一概而论。

问：对于历史小说家来说，您认为选材有何特殊要求？

凌力：我们民族五千年的光辉历史，是历史文学取之不尽、用之不竭的源泉，然而作者选择的，只能是那些令作者激动的，能够引发创作冲动的题材。

之所以取材于历史，是因为历史上发生过的事是真实存在过的。风云变幻的历史本身所提供的丰富事变事件，不是任何一个天才头脑能够完全设想设计出来的。事变事件既然发生，那就必定有发生的历史条件、社会条件等合理的根据，作者自己首先就确认其真实性，而不会像读传奇小说时产生的"瞎编"一类评语和受骗上当感。

同样的历史人物、同样的历史事件，不同的作者从不同的角度观察认识，会得到完全不同的结果。即使是历史上存留下来的史料，也带有著作者个人爱憎好恶的色彩，真正的董狐直笔几乎是没有的。现存的史书史料和真实的历史而言，肯定是不完全的，这倒给历史小说作者的推理、想象提供了更广阔更自由的天地。

问：在《星星草》中歌颂农民起义，在《少年天子》里又歌颂有作为的帝王，矛盾吗？

凌力：我写历史小说，不只在介绍历史事件和历史人物，也不为评价历史上的功过是非，说到头，仍旧回到文学的功能这个初始命题上来了，总是想表现和颂扬那些使人类奋发上进的精神品质，颂扬过去、现在、将来都被人们追寻的真善美。《星星草》写的是英雄的失败和失败的英雄，颂扬逆境中人类不屈不挠的奋斗精神；《少年天子》写的是封建君主的悲剧命运，若说歌颂的话，是在歌颂有所作为的开创精神和真挚的情爱。当然，农民和地主、平民和皇帝以及一切被统治者与统治者之间的矛盾，是封建社会的基本矛盾，可以由许多社会科学门类专门研究，全面分析。以表现人为主题的小说，只能通过个性反映共性，努力使之能为当代人和后代乃至下个世纪的人类关心、理解和接受。

写作之余，凌力喜欢京剧，喜欢动画片。她在不同的艺术门类中都能获得自己独特的思考

问：听说您喜欢看动画片，是否从中获取了有益的营养？

凌力：我自小爱看动画片，看得多了，就产生问题，产生疑惑。我国的动画片，从最早的《谢谢小花猫》到《大闹天宫》《神笔马良》《人参娃娃》《哪吒闹海》，及至《好猫咪咪》《黑猫警长》等等，无不爱憎分明、是非清楚、正气凛然，好人绝对好，坏蛋一定坏。可是看外国的动画片，如《汤姆与杰瑞》，猫和老鼠很难说谁好谁坏，都干过坏事，也都做过好事；都欺负过人，也都帮助过人。有时剑拔弩张，有时又充满温暖的人情味儿。就连被芭蕾舞剧描绘成绝对凶残可怕的恶魔，在动画片《天鹅湖》中也因爱上奥杰塔公主不能自拔而痛苦万分状。这些对吗？我不知道。但似乎这样的动画片更为孩子们所喜爱，也更能令成年人唇边浮上会心的微笑。是不是因为它更加真实因而就更加亲切呢？是艺术的魅力还是人性的光辉？

我觉得，作者写他的人物，不仅要冷静，而且要有博大胸怀，同等地对待他的真善美和他的假恶丑。须知他的真善美和他的假恶丑并非与生俱来，并非凭空生发，是后天的社会生活塑造形成的。作者写的是人物，表现的则是形成人物的真善美和假恶丑的我们民族传统文化中的精华和糟粕。我想，这是有意义的事情。

1987 年至 1992 年，凌力为了创作康熙系列小说，先后去了新疆、云南、湖南等地考察

问：在您作品中的女性形象，多情、深情，为所钟爱的人奉献一切，男性形象都具有英雄主义的光彩，能说说您是如何设置您笔下的人物吗？在再现和表现历史生活和历史人物上，您是怎样做的？

凌力：在求真的基础上求美。我每写一部长篇小说，除去占有和消化大量文字资料外，都要去实地考察，印证史料，获得感性印象。

问：《北方佳人》的创作，最初是想怎样的想法？

凌力：最初设想，《北方佳人》以清初草创开国为背景，表现布木布泰（即后来的孝庄皇太后）姐妹姑侄为代表的满蒙杰出女性，也是长篇历史小说系列《百年辉煌》中按时序的第一部——当时已经完成了《倾城倾国》《少年天子》《暮鼓晨钟》。时逢香港回归、百年雪耻，研究历史的人不能无动于衷，另外开篇写以鸦片战争为背景的《梦断关河》，也了却我多年来探究梨园这中国特有社会阶层的心愿。5 年后再回头拾起旧题目，情况已经不同，有关清初人物事件的作品大量涌现：电影电视戏剧、小说传记秘史，真实的历史和人物被淹没了。既没有正本清源的必要和能力，也没有凑热闹的兴趣，在追溯孝庄家族源流时遭遇北元历史，萨木儿和洪高娃从历史尘雾中款款走来，把我抓住了，抓得很紧，直到两年前定稿。她们取代布木布泰，成为《北方佳人》的主角。

问：驾驭这样大的题材，展示清代帝后将相的小说，对您来说是否游刃有余？

凌力：唐代司空图的《二十四诗品》，把"雄浑"置于第一；品评道："大用外腓，真体内充。返虚入浑，积健为雄。具备万物，横绝太空……超以象外，得其寰中……"数十年写历史小说，很向往这样的境界。但它太高了，终一生之力，也难以达到。

本想在日后创作中努力提高一把的，却得了场不能劳累的富贵病；原以为有大把的时间可花，转瞬间已年近古稀；原先白纸黑字应许要完成的《百年辉煌》，看来也办不到了……但人生哪能没有遗憾？写不了大部头可以写小文章，就算小文章也写不成了，也还有不抛弃、不放弃的信念，支持我做些有益的事情吧。

叶文玲：我追寻生命的暖色

　　叶文玲，1942年11月生于浙江省台州市玉环县楚门镇。1958年发表处女作，至今已有1800多万字共52本作品集及一部16卷本文集出版。代表作有长篇小说《无尽人生》三部曲、长篇历史小说《秋瑾》、传记文学《敦煌守护神——常书鸿》；小说集有《心香》《浪漫的黄昏》等；散文集有《灵魂的伊甸园》《永远的诱惑》《枕上诗篇》等。其作品曾获全国优秀短篇小说奖、纽约国际文化艺术中心所颁的"中国文学创作杰出成就奖"等。曾任浙江省作家协会名誉主席，中国作家协会主席团委员，第六、七、八、十届全国政协委员，第九届全国人民代表大会代表（主席团委员）。

┃采访手记┃

　　人一生的经历，有一定的命运因素，但往往也是性格使然。叶文玲说，也许正是"马"的属性，使她注定了像马一样不驯顺于命运的摆布，这位从昔日的幼儿教养员、小学教师、农场职工、工厂工人、计划统计员成长起来的女作家，呕心沥血大半生，而今硕果累累，已经出版了近60部作品集。她已经是名副其实的社会名人，除了曾连续五届担任全国政协委员（其中一届是全国人大代表）、三届中国作协主席团委员、两届浙江省作协主席外，还曾被聘为浙江大学等3所高校的兼职教授。然而这位创作生命旺盛的作家，每过三五年就能拿出一部有分量的作品来。自前些年有过一次中风之后，叶文玲仍在儿子王海靖的协助下完成了一些文学创作，又出版了《此生只为守敦煌：常书鸿传》。

　　常书鸿，与张大千、徐悲鸿同时代的著名画家。"敦煌守护神"这一称号，最早来源于赵朴初老对常老的评价："常书鸿先生就是敦煌的守护神。"后来，这5个字永远地镌刻在常老的墓碑上。

　　"在面对敦煌艺术的雄伟与瑰丽，听闻常老事迹和艰辛时，那一次次的感动和震惊，使我一次次地经历着"灵魂受洗"的感觉，在面对这些感动和震惊时，我觉得自己的精神和灵魂也经受着煎熬和提炼。这本书的写作，不仅使我再次感悟了一个作家的天职和社会使命，也再次体会了艺术创造的艰辛。而礼赞爱国艺术家的辉煌人生，为他们的成就铸一块丰碑，则是我们义不容辞的任务。"对常老传记每一次的修改，都使叶文玲重新感觉到当年的"醍醐灌顶"与"灵魂受洗"。她说，敦煌是艺术家去上千百次也不会感到厌倦的地方，同样，"敦煌守护神"常书鸿的故事，即便说上千遍万遍，她也不会厌烦。

叶文玲自小喜爱读书，文学的种子很早就在她的天性当中萌芽，在东海之滨的小镇，她如饥似渴地利用一切能够获取的文字资料，成为文学之梦的滋养

问：您13岁就在县报上发表文章，并且有了自己的文学梦。为什么小小年纪会有这样远大的理想？

叶文玲：我家兄弟姊妹众多，对我影响最大的是哥哥叶鹏。我哥哥在中学里就显露了文学才华，我对他很崇拜。父母崇尚饱学之上，我天性中渴慕学习。小时候比较聪明，13岁就在县报发表作品，作文总被老师评为"优"，老师还用"小丁玲"来鼓励我。小镇上阅读条件不好，但我天性爱看书，连路上的纸头也不放过。初中时，学校有个图书馆，我一周能看9本，对阅读总有饥渴之感。初中毕业时我考上重点高中，一心向往上北大中文系，但彼时哥哥被打成右派，我被株连退学，理想破灭，很伤心，万念俱灰。当时还有很多考试机会，成绩总是很好，但是顶着家庭出身的帽子，很多机会总被当时的政治枷锁困厄而丧失，一听到学校的钟响，我的眼泪哗哗往下掉。后来因为结婚去了河南，步入了"人间大学"。

尽管生活遭遇很多坎坷，但是，磨难对人来说是一种精神财富，使我更快地走向成熟，对于人与人之间美好的情感有更深刻的体会。我们所经历的许多事，现在的年轻作家是难以体会的。虽然遭遇了生活的无数挫折，但是文学永远支撑我，是我心头永远的绿荫。所以我还是感谢生活，感谢文学。一直以来，从事文学创作是我最大的梦想，是人生的最高理想。

问：您都有哪些方面的体会？

叶文玲：1958年我在幼儿园当老师，那时还不到16岁，在黑板上写字还要踩着小凳子。那时候我写了《我和雪梅》，稿子写在练习本撕下的纸上，字也歪歪扭扭，但是很快在《东海》杂志上发表了。现在看当然很稚气，但对我来说意义非凡。杭州的大姐在《浙江日报》上看到《东海》目录有我的名字，写信问我：真是你写的？我马上跑到文化站去看，果然是我一个月前寄去的小说，当时真是心花怒放。这篇文章的发表，就像是茫茫大海中人，在困顿的时候，擦了根照路的火柴，一下子照亮了我的人生。半年之后，我又写了《假戏真做》，以后还有一些小说，都发表在《东海》。

从1957年直到"文革"，父亲、哥哥、丈夫都曾因冤、错案，接连遭受政治磨难，接二连三的打击株连，使我的青年时代都被整得灰溜溜的，如果不是文学支撑着我的理想与信念，根本不可能走到今天。文学是感情的记忆，磨难是精神的财富，所以文学更应是比倾诉更高一层的表达，表达你对人生社会的看法。为什么我将这三部书题作《无尽人生》？人生有限，但社会人生丰富之极，是永远书写不完的历史。三部书的题记就是这三部书的主旨。我通过主人公对往事的回忆、表述，告诉世人我所理解了的比现实生活更加深刻的一些东西。

问：那您认为与同时代的作家比，您的作品有哪些特点？

叶文玲：我其实是个很笨的作家，只会苦写，用笨办法老老实实地爬格子，没上过大学是我毕生的遗憾。"文革"中停顿10年。1977年二度开始创作，1979年之前，我一直在工厂，作为工人作家参加全国第四届文代会（第三次作代会）。我的知识底子很薄，但我比同辈的生活顺遂的作家有较多的人生阅历，当过农民、当过工人、当过小学教师，还给绣花女的母亲当过帮手，苦的累的活都干过。对底层劳动人民的辛劳，对他们纯朴的感情，我体会很深，所以写作时，很多东西是从心里流淌出来的。十一届三中全会解放了我们，至今，我的口头禅还是没有十一届三中全会，就不可能有我们的今天。

问：您那会儿看得最多的书是什么？

叶文玲：能得到的书都看，看外国文学作品也很多，托尔斯泰、陀思妥耶夫斯基、契诃夫、哈代、雨果、巴尔扎克……读书之快、记忆之好，现在都觉得不可思议。我哥哥那时住在窑洞里，每月工资是26元生活费，他走几十里路到城里买书看书，还给我寄书。只要有书，一切痛苦艰难都可以忘记。我们相互写长信讨论文学，相互安慰鼓励，从那时起养成了思考的根底和习惯，对文学对人生的一些根本观念是动摇不了的。不论外面世界多么浮躁，我都能潜心阅读、潜心写作。

问：是从什么时候确立了当作家的理想？

叶文玲：准确地说，理想和梦想还是有区别的。在我从小到大的成长岁月里，作家的职业是如同"人类灵魂工程师"一样神圣的存在。虽然我很早就开始写作和发表文章，但是那时在我的心底，却从来没有敢于奢望到自己能够达到与前辈作家相提并论的地步，顶多是作为一个藏在内心最深处的"梦想"，就像是一件秘密的宝贝，只有在夜深人静的时候，才敢拿出来看上一眼。

我们那时候有个名词，叫"文学爱好者"，我想我在成为作家之前，一直还是把自己当作一名虔诚的"文学爱好者"。在1977年，我先后在《人民文学》上发表了《丹梅》和《雪飘除夕》之后，受到张光年、秦兆阳等一批老师的关怀与呵护，并参加了《人民文学》举办的"短篇小说座谈会"，从那之后，我坚定了自己想要当一名作家的决心和信念；而直到调入河南省文联成为"专业作家"，我才意识到，自己真的成了一名作家。

问：13岁就在县报上发表文章，到今天创作已经60多年了，您觉得自己的创作经历了哪些变化？

叶文玲：在我看来，创作的过程始终伴随着生活的变化，作家的作品是与作家个人的生活经历密切相关，并且与作家一同成长的。我一直认为，文学是来源于生活并且高于生活。所以至少对我来说，我的文学创作与我个人的生活经历是密不可分的，并且我的生活和见闻，都被我有意无意地提炼为文学创作的素材，在我的作品中得到了充分的反映。从县报上发表《夫妻间的小风波》开始，到在《东海》发表处女作《我和雪梅》，这一段文学创作的"幼年"时期，基本上都是以身边的人和事为素材创作的短篇小说；远赴中原以后，创作的短、中篇小说主要以在浙江、河南的生活见闻为素材；在文学创作的黄金年代——20世纪80年代，经常会有各地的文学期刊、文联和政府单位组织"采风"活动，组织作家前往某地"体验生活"。在此过程中，我也创作过一批自己比较满意的作品，比如在1979年，当时中国文联组织"中国文联访问团"前往云南"对越自卫反击战"前线参观访问，我写出了《寂静的山谷》，后来获得总政文化部颁发的"自卫反击战"作品二等奖，这是我引以为豪的一件事。也是在这个时期，我开始了自己的散文创作。

1986年从河南调回浙江后，我以故乡作为创作基地，写出了更多带有江南风情与特色的散文与小说，这一时期我的散文创作"渐入佳境"，但是小说写得不多，不过《无梦谷》的最初酝酿也正是起源于这段时间。

20世纪90年代中后期到2001年，《秋瑾》与《敦煌守护神》的先后完成，是我在历史小说这一领域的尝试与突破，尤其是后者，迄今已经先后4次再版。同样也在这个时期，我写出了自认为是"人生最重要作品"的长篇小说《无梦谷》，嗣后又先后写了《无桅船》（单行本名字叫作《三生爱》）与《无忧树》，共同组成了"无尽人生"三部曲。

对于叶文玲来说，小说与散文好比是左右手，缺一不可。散文是用精粹的语言和诗意的想象来表达丰富的内心，小说却是需要作者用自己的整个灵魂和生命的热情去倾注其中的呕心沥血之作

问：您说过《无梦谷》完成的时候还没有"三部曲"的计划，那么三部曲是从什么时候决定衔接的？不是事先的规划，会不会影响到作品之间的连续性？

叶文玲：第一部书是写我和哥哥那一代知识分子的心灵史。写完后，总觉得言犹未尽，还有很多事情很多人物没有写完，后来就有了《无桅船》的框架和原型。这部书三代女性即主人公在我心里也是孕育了无数年的。所以我在《无桅船》的开头就说完成《无梦谷》后，更应该写"她们"。《无梦谷》完成时，我尚没有写作"三部曲"的宏愿。所以，第二部《无桅船》在 2006 年出版时，曾易名《三生爱》。但是，有关人生、有关男人女人"桅"与"船"的思索，并未止息。《无忧树》的命题和它的人物，可以说几乎与此同时，悄然潜入心中。因此，当与我友谊至深的上海文艺出版社，用三部曲的形式并以《无尽人生》为名将它们重新集结时，我将《三生爱》重新"回归"为《无桅船》。

可以说，《无忧树》和前两部书一样，都是我不能不偿付的人生与文学的双重宿债。三部作品之间人物没有关联，但岁月的烙印是同代同步的。我不太会臆造杜撰故事，这是我的不足也是我的优长，我是个比较实的作家，散文可以写得很美，但是写小说就不会天马行空。缺少浪漫，落在纸上的人物、文字都是来自生活，实打实的，人物原型、人物的故事都是我非常熟悉或强烈感受过的。这三部书故事不同、人物不同，但人物生活的背景都没有脱开浙江、山东、河南三地。研究一个作家，是要透过其笔下人物的生活背景才能摸到主干和脉络。河南是中原，山东是北方，浙江是江南，半个多世纪了，这三处地方有看不见的精华输入我的血脉之中，滋养了我，这三个地方的文化、民俗、风情、民间艺术，成为我的文学营养。所以，我的小说背景，不可能抛开这三个地方。

问：听说您的第三部作品，修改幅度很大？

叶文玲：现在有些写历史题材的作品，作者并没有亲历，周围一片叫好，这里边是有作者的才气，以及丰富的想象力，但是现在也有些令我困惑的现象，有些很浮浅的写作、浮浅的阅读和起哄的评价。我很崇尚有思想的文字，那是最有味道的文字，也是最能提高阅读者思想境界的。从小的阅读使我养成欣赏习惯，对语言文字的表达，竭力追求精致优美。那当然也不光是文字技巧的精致优美。有时看到一些粗糙不堪甚至粗鄙或故意粗鄙的作品，真感觉像吃饭吃到了沙子，所以我总是呼吁每个中国作家都要保护我们祖国语言文字的优美，我对文字一直是比较苛求的。《无忧树》完稿后本来已经给出版社了，他们也已经决定出版。可我的第一阅读者儿子给我提了意见，认为还需要改，他说应该尽最大可能吸引读者眼球，人民文学出版社社长潘凯雄也看过初稿，也认为虽设置了悬念却没有抓得更牢更好。于是，我下决心大改，又用两个月的时间，把40万的东西打乱了重新组织。20天时间我连楼都没下，日以继夜、呕心沥血地改。那个累啊！我坚信改了以后会更好。在这次大改中，情节大动，又强化了一个人物，把原来轻描淡写的"应德润"变成不可或缺的甚至是共同推进作品主题的重要人物，这样，作品题旨更加明确。改完后，我知道这两个月的辛苦没有白费。儿子说，原来的打70分，现在可以打90分。当然，这只是儿子的看法。

问：《无尽人生》题意的确立，和贾植芳先生有何关系？

叶文玲: 我哥哥和他好友已故美学家施昌东，曾是贾先生的得意门生，我也很早认识贾先生。贾植芳说过做人"要把人字写端正"，这句话，成为我哥哥（他后来是洛阳师专的校长）的教育箴言。《无忧树》以及《无尽人生》题意的确立，使我再次清醒地意识到了我这部小说以及三部小说的灵魂，是对人生的一次验证。是贾植芳先生的这一人生"真言"，提供了我强大的精神武器，也是我写作这本书的"原动力"。

问: 您是怎么看待自己笔下的女性角色？你说过每一次写作，都是作家自己与笔下人物的邂逅和交谈。那么在您的每一部作品中，是否都有个知己？

叶文玲: 有个朋友说得好：你写的"无"即"有"，"有"即"无"。真是一语撞在我心里。刚才说过，第二部《三生爱》的书名原来叫《无桡船》，其实不仅仅是字义上的"无桡"之"船"，这船，是人性的方舟，体现了女性最伟大的情感。为了至爱，她们可以奉献自己的一切，像外婆婼婼。但是时代的局限，她们不可能实现自己爱的理想，但她有中国女性的牺牲的精神，母性的韧性，瘦薄的肩膀可以挑起苦难的人生。《无梦谷》以及《无桡船》还有《无忧树》中的"陈香婆婆"，我写的就是母亲这辈人，从她们身上我表达对母亲这辈人的无穷敬爱。作品中的许多细节是真实的，当然，故事移花接木了。我不能苛求读者都像作者一样细心体味这些东西，但要是细心的研究家，可以从这几部作品中寻找这些相关联的东西，可以看到同一背景下的两个故事，这是三部作品为什么看似独立成篇却又带了某种相关和延续的成分。我是想表达对人间崇高至美情感的追寻，这是一种又痛苦又幸福的寻找过程。主人公有所得也有所失，生活的磨难有时候真是心灵的炼狱。很多事，一言难尽！一书难尽！这也是我一生所追求的一种人生境界，虽然是穷我一生也难以达到的人生至美境界。我是想把这种在纸上表达不完的提问和追寻，记录下来，能够留给读者更多的思考。

我将心里的很多感受，化作主人公的行动。第一部书虽然是以我们兄妹的经历为原型的。但是，小说毕竟是小说。第二部书是我和女主人公的交叉叙述。第三部书里，"我"已隐退，但我对人生的感悟，已通过三个女主人公表现出来，相比较而言，女记者宁可对人生人性的思考和思索就更接近作者的本意。

问：为什么在这三部作品中，女性的命运都是悲剧？

叶文玲：我的小说主人公是有一种悲剧色彩，是很美很崇高的。我这个人天性对生活热情乐观。但内心深处，却不喜欢热闹。看到某些喧哗状态，心里有一种很寂寞的感觉。不论别人怎么说林黛玉小心眼，《红楼梦》中我最喜欢的人物是林黛玉，不止一次我是流着眼泪读《红楼梦》。中国古代女性里面，我更喜欢悲剧性的女性。不是作者刻意赚人眼泪，是生活中确实存在。她们内心世界热烈真挚优美，灵魂高尚。悲剧命运，是不公的时代赋予她们的。我骨子里喜欢这类人物。到自己表述的时候，感受最强烈的自然也是这些人物。我写过秋瑾，她是革命英烈，却是一个大悲剧女性，写她，我是在发着高烧的情况下流着眼泪写完的。还有"敦煌守护神常书鸿"，也写得很沉重，常书鸿也充满悲壮色彩——命运中有悲壮的崇高。我敬仰这些人物，没齿难忘。这几部作品都是我人生感受最深切的东西，也是 50 年创作生涯中花心血最多的。

1981 年，巴老鼓励我写《无梦谷》之前，我一直写中短篇小说。我希望人生美满，生活美好，人类有希望。这也可以说是我的美学主张，我希望把生活美好的、积极的一面提炼出来，希望暖色温暖我们的生活，因为生活归根结底还是美好的。我内心推崇庄严崇高，从小喜欢英雄气、男子汉气概。小时候，京剧越剧大段戏剧唱词只要看过都会背，我最喜欢京剧的武生，喜欢男子汉的忠勇守信、壮怀激烈。尽管英雄落难壮士赴死，看得我痛哭流涕但我充满敬意。我对悲剧感受强烈喜欢的是悲壮，不喜欢悲悲凄凄惨惨切切。

问：您的作品主人公多有一种悲剧色彩，无论是常书鸿还是秋瑾。您也特别擅长挖掘人物的悲剧性。您觉得这和什么有关？

叶文玲：我觉得这个多少也是一种巧合吧，因为《秋瑾》和《敦煌守护神——常书鸿》是我的作品之中两部比较重要和有名的小说，《心香》和《无梦谷》也有类似的悲剧情节，当然我也创作过具有喜剧性的小说，比如《藤椅》《没有发现新问题》等等，可能因为篇幅比较小，不太出名吧。

首先从文学创作的角度来说，悲剧意味着向世人展现"将美好的事物与情感进行毁灭"这一过程，因而往往更具有一种震撼人心的力量，更能引发读者和观众的思考与共情，那种直指人心的破灭、心碎、悲惨与无助，总是能够唤起受众心底的巨大同情与反思，从而让人将这一刻的悲惨画面乃至全书深深地铭记在心。如果我们仔细回想一下，那些世界名著当中我们印象最深的画面，几乎总是那些悲剧情景或者具有悲惨意味的：罗密欧与朱丽叶、卡西莫多与艾丝美拉达的殉情，安娜·卡列尼娜的纵身一跃，包法利夫人的服毒自尽，于连上了断头台……文学需要悲剧，悲剧能够让读者警醒，从而努力追求在这一世间的幸福。

从个人的角度来说，因为历史的原因，我自己的生活经历一直比较坎坷，直到"文革"结束，我们整个中国和社会才走上了健康发展的道路。《心香》就是描写"文革"中一段爱与美被毁灭的悲伤故事，而"无尽人生"三部曲中三位女主人公的坎坷身世，也是多半来自于我身边的人和事；至于秋瑾和常书鸿，前者是革命英雄，后者是敦煌守护神，在他们的生涯中因为时代的因素不可避免地会产生悲剧情节，这就不是小说家和作者能够决定的了。但是在我的作品当中，即便是悲剧性的人物与悲剧色彩的情节，我也总是致力于为读者描摹一个光明的未来、一个充满希望的结局，比如《心香》当中"老岩"的最终转变是因为终于解开了心结；《无梦谷》的结局，是我几经修改而又确定下来的、一个能让读者对后续充满期待而又带有悬念的戛然而止。像是《肖申克的救赎》中讲到的：希望，是生命中最好的东西。又或者是《飘》的结尾的那句话：而明天，明天又会是新的一天。生活即便极为苛刻和悲惨，作为作家的我们，总是应该在其中发现意义和希望所在，如此，我们才不至于在悲剧中沉沦，而是以我们所有的勇气和热情去面对生活。

在中原大地生活了 20 余年，耳濡目染的那些截然不同的山水风物、不同的人文环境，对叶文玲的创作视野和文学风格产生了一定程度的影响

问：在河南生活了 24 年，那段时期的生活给您的创作带来怎样的影响？回到浙江是什么契机？不同地域的生活，对作家来说应该是有益的吧？

叶文玲：在江南的温婉细腻之外，多了几分北方的粗犷豪情。这些影响，在我之后创作《秋瑾》和《敦煌守护神——常书鸿》等作品的过程中，均有所体现。比如对人物的理解、对环境的描摹、对性格心理的刻画等，特别是在《无梦谷》的创作当中，这种影响尤为明显。

但是作为一个具有文学之根的作家，浙江始终是我的文学摇篮和创作基地，我的大部分作品还是源于故乡和江南水乡的风土人情，离故土越近，写作冲动越强，取材和创作也更得心应手。所以在1986

年参加全国政协会议期间，我向当时的浙江省领导表达了自己想要回到故乡的迫切心情，最终在河南和浙江两地的省委领导大力协助和成全下，顺利地调动回到浙江，在杭州开始新一段的文学生涯。

对于每一个以现实主义题材创作为主的作家来说，生活所处的地域环境和生活经历都会对他的创作产生必然的影响，如托尔斯泰在参加了克里米亚战争后在庄园里写出《战争与和平》，然后写了《安娜·卡列尼娜》，等到他去了莫斯科，又写出了意义更为深远的《复活》；海明威参加西班牙内战后在欧洲写出了《丧钟为谁而鸣》，在古巴定居写出了《老人与海》……不同地域的生活，自然会对现实主义题材的作家产生重大的影响，因为作家需要从周围生活中观察并寻找创作素材和灵感，并将之提炼和上升到文学的高度。这种影响往往是有益的，它使作家的创作风格更趋多样化，在改变当中不断丰富和提升自己。

问：1998 年，在您从事文学创作的 40 周年，您编选出版了 8 卷本的《叶文玲文集》。并用稿费在浙江大学设立了"新叶文学奖"。为什么这么看重年轻人的培养？这个奖持续了多久？培养了哪些新人吗？

叶文玲：由于历史的原因，我自己没能在高等学府里深造，这是我一生引以为憾的事。所以我那时特别想要在大学里设立这样一个文学奖项，发现和提携大学生中爱好文学、愿意进行文学创作的那一部分年轻人。我自己的文学梦始于年少时期，所以我一直认为，在年轻人的成长期间，对他（她）的文学创作热情给予足够的鼓励和扶持，能够促进他们的创作欲望，从而参与文学创作之中来，为我们的文学事业添砖加瓦。不是说他（她）一定要走上这一条文学之路，但是只要这世上多了一个愿意写又可以写好文章的人，我想这就达到了最基本的目的——扩大文学创作者的基数。

这个奖从 2000 年到现在（除去 2008 年我因为中风而住院的那一次以外），每年都坚持颁奖，与浙大的校园文学奖同步进行，而且应该会一直传承下去。至于培养出的新人，现在我不敢说，也许以后会有一位或者几位作家，说起当年在校园时得到过这个奖，那样的话，我将会无比欣慰。既有天分又有兴趣的创作者毕竟凤毛麟角，能够在浙大出现也是几率不大的事，无论如何，能够以这样一种形式奖掖、鼓励和推动年轻学子去尝试从事文学创作，这在我看来，就已经达到了我的初衷。

问： 您在作家出版社三次出版文集，这些文集，对您意味着什么？

叶文玲： 第一次是 1998 年，作家出版社出了 1—8 卷的《叶文玲文集》，作为对我之前 40 余年创作生涯的一个阶段性总结。2008 年 11 月，我因脑中风入院急救，术后经历了半年多的恢复期，在这样的情况下，我觉得有必要把自己后十年的作品结集出版，承蒙中国作协领导和作家出版社的编辑大力相助，2010 年出版了《叶文玲文集》的 9—16 卷，收录了"无尽人生"三部曲的后两部《无桅船》和《无忧树》，以及《敦煌守护神》等在新世纪创作的作品。这是文集的第二部分，也是第二次出版。第三次出版，是在 2017 年 4 月，由于前两次文集出版的时间跨度比较长，装帧风格也不够统一，加上我在中风后陆陆续续又写过一些文章，未能收录总难免有遗珠之憾，所以在作家出版社的协助下，再次出版了《叶文玲文集》（1—16 卷）本，应该是对我 60 余年创作生涯的一个完好的总结。

三次出版文集，时间各不相同，而每一次的时间节点，其实对我来说都是意义非凡的。第一次的 1—8 卷本算是精选，从之前发表的 600 余万字作品当中选取了约一半的内容，是对我 40 余年创作生涯的小结；第二次的 9—16 卷，是增加和补充，特别是在我大病初愈的时候结集而成，令我感到由衷地欣慰。我至今还记得 2009 年的夏天，在青岛海边的寓室里，我与老伴和北京来的编辑同志，对着厚厚的资料逐篇翻阅、一张一张仔细核对的情形，也正是在这样一种近似"皓首穷经"的状态下，我觉得自己本已接近"油尽灯枯"的生命里又燃起了熊熊的斗志，觉得自己曾经写下的每一个字、曾经为文学所做的一切，在这个过程中都有了无尽的意义。第三次也是最近的一次，在装帧设计上体现出了文集的完整性和严肃性，也是收录最全的一套。如果有人想要通读我的作品，那我一定会推荐这一套。

关于敦煌，关于被誉为"敦煌守护神"的第一任敦煌研究院院长常书鸿，叶文玲应该是最有发言权的作家之一

问：您曾经六赴敦煌，几易其稿。相信您每一次去，都会对敦煌有新的认识和收获。在不断的深入了解中，您对敦煌、对常书鸿的认识也一定会逐渐加深。可否具体谈谈？他对您本人有何影响？

叶文玲：从1983年6月的全国政协会议上与常老第一次相识，又在接下来的10余年时间里在历次全国政协会议上一直有过见面，小组会上他一口浓重"杭州官话"的发言让他格外与众不同，但更让人印象深刻的是他"言必称敦煌"。比较特殊的一次会面，是我在与他初次相识后的翌年——1984年前往西北采风时，在莫高窟前再一次遇见了常老。匆匆偶遇，来不及促膝长谈，只在千佛洞前留下了一张众人的合影。那时只想着肯定有机会能够再去敦煌，聆听他关于敦煌的娓娓叙说和精辟深邃的艺术见解，殊不料一别之后，再也没能与他在敦煌晤面，是我写作此书时最大的遗憾。

在写作此书的过程中，在诸多采访、资料整理和伏案疾书的时刻，我总会时不时想起与常老的那数次会晤，他对敦煌无比的热情、他所倾注的无数心血、他在破败失修、简陋寒碜的居室里为守护敦煌所投入的岁月乃至整个人生，都无时无刻在激励着我把这本书写好，把他的事迹写活写透，把他对敦煌的热爱倾注在字里行间，传递给每一位读者，让世人真正了解和理解他为敦煌立下的丰功伟业，让所有读过这本书的人都能对常老肃然起敬，乃至同他一样热爱敦煌以及与敦煌有关的一切。

如果能够做到这一点，我想，这就是这本书能够达到的最大成功，也是常老最愿意看到的结果。

问：您的写作生动、鲜活、专注而且投入，有着对传主深深的体贴，也显示了一位作家的修养和功底。您是怀着怎样的感情去写常书鸿？

叶文玲：在描写人物特别是真实人物的时候，每一位作者都必须也必然会将自己的感情与情绪投入进去，去尽最大努力了解人物，探究人物的内心世界，揣想人物在书中所涉及的每一历史时期的想法与行动，将自己置于与笔下人物相同的情境之中，因此不可避免地会产生代入感，而这种写作时的代入感，对于写好一本书特别是写出书中人物的神韵而言，尤为重要。

要做到这一点，大量的资料收集和整理工作是必不可少的，同时也要有足够的现场工作，去笔下人物曾经工作和生活过的地方，与他呼吸着同样的空气，遥想当年他是以一种怎样的心态去面对周围环境，遇见那些我们后来才得知的事件时，当时的他又会做出怎样的反应与抉择……凡此种种，都要求作者有足够的想象力，下笔才能产生足够的现场感，从而恰如其分地还原历史，将人物刻画得栩栩如生。

问：我们知道常书鸿承受妻离子散、遭遇迫害等种种磨难与打击，仍以苦行僧般的坚忍与执着为敦煌艺术的保护、研究和传播做出了无以替代的贡献，但是很少有人了解他的内心世界。能否请您概括一下，您所认识的常书鸿？

叶文玲：说实话，我与他本人的直接接触并不算多。但是在开始写他的传记之后，常老在我心中的形象越发清晰起来，写作此书的过程中经常会浮现出一个念头：当年常书鸿留学巴黎，如果没有机缘巧合结识敦煌艺术，也可能会就此留在法国，专心艺术，成为一位声名卓著的画家——毕竟他是同时代人当中最早认识和学习西方油画的那一批，他个人的艺术天分和刻苦勤奋，也注定了他将会取得成功。然而历史是无法假设的，他终究还是辗转回国，来到一片荒芜与破败的敦煌，历经数十载，几乎完全凭一己之力守护起了敦煌艺术，这样的丰功伟绩，在东西方艺术史上都可说是独一无二的，至少是前无古人。他觉得能够一生与敦煌相伴，是自己的幸运和幸福；我认为敦煌艺术有他的守护，是敦煌的幸运。他的的确确就是敦煌的守护"神"！

问：有评论认为，《此生只为守敦煌：常书鸿传》是市面上较为详尽、完整、可信的常书鸿传记，您自己评价呢？

叶文玲：关于这一点，我觉得自己完全有底气这样说，首先《此书只为守敦煌：常书鸿传》是常书鸿传记的第三个版本，也是最完善的版本，经过了反复多次的打磨和修改。1994年4月浙江大学出版社曾经出了经由编辑常老日记而成的《九十春秋：敦煌五十年》（后又经过数次改版重印），在容量上相对较少，内容上也更偏重于纪实，以对敦煌艺术的阐释和实际保护行动为主，较少抒发常老自己的内心感受。平心而论，老一辈的知识分子总是有一种"谦谦君子"风，很少会有人在著作中进行自我褒扬；但是常老的功绩，确实是感天动地，必须加以详尽描述的，所以从第三方的视角来进行叙述，能够更好、更全面地解读常老、理解常老。另一方面，从文学的角度而言，作家也更擅长对历史事件和人物、环境等进行诗意的描摹和抒情的表达，在文字描述上更能够带给读者以丰富的想象空间。

问：是传记，但也有合理的想象。您如何在写作中把握想象的分寸？

叶文玲：在为历史人物树碑立传时，作者一定需要有足够的代入感。在充分了解人物的前提下，充分考虑人物所处的历史环境，与笔下人物同喜同悲，在想象中几乎可以与人物融为一体，那么写出来的文章自然是符合人物身份与性格，并且是合乎情理的。

没有人见到敦煌后能无动于衷，就像你无法不对常书鸿心怀敬畏。为完成这本书，叶文玲多次前往敦煌，对常老身边的工作人员进行采访，补充完善资料

问：您说美是文学的生命。洪治纲也说您"嗜美如命"的艺术信念使得您在40余年的创作历程中，总显得那么虔诚、激昂，别具一格，在中国文坛具有不可替代的意义。您如何理解美对于文学的影响和地位？

叶文玲：从《心香》开始，我开始了对美的发现、美的生长、美的被毁灭还有美的新生的寻觅和探索。这部作品获当年的全国短篇小说奖，发表后大家评论很多，也帮助我完善了很多思考。我这个人很笨很执着，不会趋时，更不怕板凳一坐十年冷，对生活，我一直保持着青年时代的热情。这是性格注定的，我有时对人对事苛求完美，对人的内心世界很苛求完美。

有时候我常感到悲哀，看到文坛有些不良现象，很会义愤填膺，看到不负责任地糟蹋文字的文章，心里难过，当前文学的价值观跟以往不同。现在也常常会刮风跟风，有些人热衷炒作一些其实很肤浅的作品只是出于某种功利。我不是说写作就要刻意装深沉，但生活中的很多事，真的是应该往深处想往深处挖一挖的。有时候真感叹自己笔力不逮，力不从心。我当然不希望大家都沉缅于过去的、沉重的历史，但是，对历史的记忆和表述，可以给我们提供不重蹈覆辙的东西。我觉得人不能太强调唯我。现在，人心浮躁，人与人的交往很容易变得功利。人与人之间，应该更多地有情有义有信有理，要有崇高的能够支撑自己精神的行为。每个人都是平常的人，但是如果我们每个人把人的善良和美弘扬得多一点再多一点，这个世界就会更加美好。

问：那么，"美是文学的生命"的宗旨《此生只为守敦煌：常书鸿传》中体现于哪些方面？

叶文玲：应该说有很多方面，特别是细节几乎无处不在。首先在于对主人公常老的描摹与刻画当中，常老之所以能够坚守数十载守护敦煌，是因为他有一颗美的心灵，以及美好的信念，因此尽我自己所能将他的美好形象展现给读者，是我最主要的使命；其次，美的呈现，一部分在于对比和反衬，通过对丑陋事物和现象的揭露与鞭挞，对照显示出主人公高尚而美好的情操；第三点，常老本身是一位艺术家，对艺术美的追求始终贯穿于他的整个一生，所以在写作过程中，我尽力以他的视角去阅读周围环境，展现他在生活中发现的每一处美的细节。读者在阅读本书的过程中，稍加留心就会发现，这样的例子几乎俯拾皆是。

问：您说自己"在写完此书和这篇后记的第一个念头和最后一个念头，始终都是：但愿没有一个人看了此书后，会对常书鸿无动于衷"！为什么这么有信心和底气？

叶文玲：信心和底气，源自于我对常老事迹的深刻了解和把握。

在创作过程中，我曾无数次被常老的事迹与作为深深打动和震撼，也曾经为他的遭遇感动流泪。作为作家而言，笔下的人物和事迹首先要能感动自己，然后才能将这种感动通过自己的描写和抒发去打动读者。常老对敦煌的守护之功有目共睹，毋庸置疑。如何把他的事迹、他的精神、他的情操传达给每一位读者，让更多的人知道和了解，是我在写作过程中无时无刻想要做到的事，20多年前的我已经年近六旬，虽然过了创作精力最为旺盛的年龄，但是我在创作《敦煌守护神》的过程中，始终是以自己的整个身心和全部的热情，扑在这部传记的写作上面。如果说常老的事迹是暗夜中不灭的烛光，那么我愿意把自己的全部写作精力和能量化作沸腾的燃油，让他精神的火焰熊熊燃烧，光照四野。

问：您创作60多年，上千万字，《常书鸿传》在您的创作历程中有何独特的价值和意义？

叶文玲：应该说是具有非同一般的价值和意义。《常书鸿传》成书于20年前，晚于《秋瑾》，在此之后，我再也没有足够的精力来完成一本长篇的人物传记，所以说《此生只为守敦煌：常书鸿传》是我在传记文学里达到的最高的高度与最后的丰碑。在任何有关我的介绍中，缺少了这本书，肯定是不完整的。之前已经说过，我的目的始终都不是在于把这本书算作我个人的经典作品，而是通过这本书来宣传常书鸿先生的事迹，让人们通过阅读本书，受到他的精神影响与感召，从而去发现敦煌、了解敦煌、热爱敦煌。如果能做到这一点，我想我为这本书所做的一切以及常老为敦煌所付出的一切，就有了无限的价值和意义。

陈祖芬：我的世界是童话世界

陈祖芬（1943—2019），上海人，作家。上海戏剧学院毕业，北京作家协会专业作家，全国政协委员，曾连续5次获全国优秀报告文学奖，并几十次获得其他文学奖。已出版个人作品集20多种。主要作品有《陈祖芬报告文学选》《祖国高于一切》《青春的证明》等。

┃采访手记┃

陈祖芬的世界是一个童话的世界。有人说年纪大了如何如何，陈祖芬才不这样想，她指指背后的芭比公主和新摆的玩具，开心地笑：有这些在，我永远都不会老。

陈祖芬的个子很高，有1.71米，特别爱笑，乐不可支地笑，偶尔还用手捂着嘴巴，只露出两只弯弯的眼睛。她穿着黑色的T恤，短裤，好像马上要出去做运动的样子；她盘腿坐在椅子上跟我聊，有电话响起时，来不及穿拖鞋，就只穿白色线袜跑过去，双脚很舒服地翘在茶几上——她说，永远只对新鲜的事情感兴趣。

缘于此，陈祖芬懒得谈过去的事情。这就与我原来的采访路数完全不同，我不能要求她历数从开始写作到现在的一切经历，于是天马行空地聊。

"每个作家不一样，我承认我的写作和小时候的阅读有很大的关系，包括性格、心态都和阅读太有关系了！"陈祖芬语速很快，听她讲话，像欢快的小溪流淌出一串串美妙的音符。她永远梳着可爱的童花头，眼睛含着笑，弯弯得像月亮，而她的心态也永远都像她的发型，是"童花式"的。

陈祖芬写了几百万字的作品，她的语言永远充满着激情，她的文字却是非常理智。她的报告文学看上去并不太追求情节的连续和人物形象的完整，常常以独白式的自叙和旁白式的议论来表达观点和思想，比如《祖国高于一切》，都以人物内心秩序代替事物秩序的形式结构作品，由此展现人物精神品格的过程，带有较强的主观性和哲理性。实际上呢，她是一个感性的、热情的人，并且似乎永远不知疲倦。她喜欢写短的东西，然后可以有更多的时间自己做玩具，写一些有文字、有图片的童话书，她觉得这是和别的作家相比，她唯一的优长。

如今，这位以报告文学扬名文坛的作家，已离开我们，永远去她的童话世界了。相信她在没有忧伤的天堂，仍然在开心地续写她的童话。

她从小开始背书，和弟弟陈祖德一起，几乎没有一天不在背书

问：您是从什么时候开始读书的？

陈祖芬：我从 6 岁左右开始背书，几乎没有一天不在背书。背唐诗宋词，背《史记》。上海的夏天很热，我家住在三楼，我和弟弟总是坐在门口最凉快的地方背书，三楼底下任何人来，门一开，就能听见楼上念书的声音。

问：有没有觉得厌烦？

陈祖芬：当背书已经形成一种习惯，就不会烦了。当然，如果家里来客人那是更令人开心的事情，因为这就意味着可以放松背书了。有时候客人一走，爸爸仍然要求背书，还要写词填词。如果填的诗词得到爸爸的认可和表扬，就会得到可以去公园的奖励。

问：您那时候喜欢读什么书？

陈祖芬：童话。每次从报纸上看到好看的画，我也会剪下来贴在门上。直到现在我还保留着往门上贴画的习惯。睡觉前爸爸会给我讲故事，我也接触了很多中国传统的、民俗的故事：《封神榜》《西游记》《红楼梦》……可是我也说不明白，自己为什么喜欢西方童话、喜欢芭比娃娃更多一些。我看安徒生童话、格林童话、迪士尼……我还买了《白雪公主》的各种版本，我喜欢纯净的、美好可爱的小清新。小时候躺在床上看天花板，旧的天花板上斑斑驳驳，

看着看着，斑驳的天花板就变成了王子，一会儿又变成了公主，能变成很多童话故事。

问：那时候看书方便吗？是通过什么渠道？

陈祖芬：小时候，我家附近有一个襄阳公园，公园门口有个书报亭。每次我考试得了满分，爸爸会奖励我五毛钱。我总是拿了钱就跑到书亭去买童话书。我以为全世界的书都在这个小小的书亭里。我想我要把全世界的童话书都买下来。可是无论买多少童话，我的书架上总是只有那么固定的一摞。因为同学们总会向我借书，我也从不吝啬地和同学们分享，过一段时间就会忘记是谁借的，也没办法讨还。这些童话书，一直放在我的衣柜里，直到我大学毕业后来北京工作，还不远千里地带到北京。

我那时候体质很弱，经常生病，一生病不上学，也不在家待着，就跑到书亭站在那里看书。书亭的老爷爷很善良，每次都任由我随便看书。有时候老爷爷要去公园里上厕所，就会叫我帮忙看守报刊亭。我坐在书亭高高的椅子上，觉得伟大得不得了，感觉自己像个女王。

我对书非常爱护，看书特别仔细，几乎像没翻过一样新。这个习惯我到现在也保留着。我的所有书籍，都像新的一样。而且，如果有人借了我的书翻旧了，我也会不高兴。

问：大量的阅读，对您有怎样的影响？

陈祖芬：诗歌对我的影响浸润到骨子里，无论报告文学还是散文，我的语言自然押韵。直到现在，我的抽屉里还有一本《诗韵新编》（中华书局），版权页上标识的是 1964 年 10 月。现在很多小孩子看的书都是走捷径的，怎么写作文，怎么写小说，多得不得了。太急功近利。我的爸爸是中学语文老师，他告诫我绝对不要看怎么写作文的书，要想写好小说就自己看小说，不要看怎样写小说的方法。

问：您还写了一些童话书，童话对您的影响也很大吧？

陈祖芬：我的作品中有很多童话的感觉，有童话的文笔，并且还写了几本童话书，包括《足球娃娃》《童话展示柜》。我觉得，童话不单是对孩子影响大，对国家的影响也特别大。我曾经写过一篇《童话与国家》。美国的动画片是《米老鼠和唐老鸭》，美国崛起不是因为比尔·盖茨，而是童话，想象力是第一生产力，没有想象力哪来创造力？对一个国家而言，中国读童话的人太少了，对童话的认识在教育里很不够，因此中国孩子的作文缺乏想象力。中国的老师给孩子规定实在太多了，可是美国的老师鼓励小孩子不拘一格。

因为有童心，有些东西是只有我能看到而别人不能看到的。我能从很多人身上看到童心，比如有的人年纪很大，仍然有童真的一面，一个男人不论多么有才能，有童真才会可爱。我在了不起的人物身上也看到了这一点。而这些，也许连那个人自己都不知道，这就是为什么我采访的时候，总能写出对方童真的一面。

你看我的工作台上，也是摆着自己搭起来的童话故事。做这件事情快乐极了。年龄大了，我好像又回到童年。对这些的爱好超过了书籍。每个人的阅读有限，可是做这些事情可以见缝插针。写作之余，我最快乐的便是找玩具，找"特殊"的玩具，所谓"特殊"，就是独特的、有创意的或者可以使我激发出创意的玩具。

我曾经看了《飞屋环游记》。看完以后非常感动。我认为这部电影每个教师都应该看，每个校长都应该看。中国的童话基因太少了。我感到悲哀的是没有人认识到童话的重要，我们提倡爱党爱人民，也应该爱一点童话。一个童话都不爱，能谈得上别的吗？童话是教你真善美，如果连真善美的底线都没有，一切都无从谈起。

陈祖芬写报告文学，写对方，也是在写自己。每一次采访，她的思想和采访对象都融为一体

问：记得您还写过诗歌，又从诗歌转到报告文学，而且一写就是几十年。

陈祖芬：写报告文学太偶然了，之前我都不知道报告文学是什么。当时我在朝阳区文化馆工作，有个邻居让我帮忙写一份材料。我不爱做一切没有创造性的事情，可是又愿意帮朋友忙，我就由着自己的性子写，就写了《祖国高于一切》。他送到了中直机关一个部门，被退回来了，说材料不是这样写的。我就想拿去发表。当时我只是在《北京文学》上发过两篇文章，也不认识什么人。投到哪里呢？我想，认识的人不能给，多难为情呀，把一篇自己也不知道是什么东西的文章投出去，它算什么？我想起一面之交的《人民日报》刘虔，打算把文章交给他。刚开始写东西，我把文学看得很大，我以为《北京文学》比《人民日报》大。如果《北京文学》觉得这叫什么文章呀，我会很难为情的。《人民日报》么，不认识我就不怕难为情。我把稿子放在《人民日报》传达室，一边还想，好在我跟他们都不认识，不发就算了。

那天是 9 月 23 日，我记得很清楚，第二天上午，刘虔就打来电话，说他们文艺组都看了，认为非常好，要到"十一"作为重头文章发表。我挺高兴的。到底文章怎么好，我也不知道。因为那里面有很多意识流，有蒙太奇手法。1980 年底我当了专业作家。一个人一辈子做不了多少事情，我本来想一辈子只写好报告文学就行了，现在我不这想，我还可以做洋娃娃。有两种活法，真的是很好。

问：大多数读者是从报告文学认识您的。看到《足球娃娃》还是吃了一惊。我觉得这需非常的想象力。您平时喜欢看服装设计吗？

陈祖芬：我喜欢看服装表演。我是上海戏剧学院毕业，对舞台很熟悉，这本书里有很多舞台装的痕迹。如果不懂舞台，不会想到把娃娃摆出跳舞的感觉。

问：您的报告文学似乎不太追求情节的连续和人物形象的完整，常常以独白式的自叙和旁白式的议论来表达观点和思想，以人物内心秩序代替事物秩序的形式结构作品，由此展现人物精神品格的过程，带有较强的主观性和哲理性。实际上您给我的感觉不是这样。

陈祖芬：我现在和刚开始写报告文学一样，还是很容易被打动的心态，能很快进入状态。我曾写过一篇《中医啊中医》，大概一万字吧，写了 7 个小时，一气呵成。80 年代初期，好像要靠哲理把自己的思想拎出来。现在越写越本色，越写越自然，越写越回归自己。有些人回归是写自己，我写报告文学，写对方，也是在写自己。自己的思想和采访对象一体化。我签名售书的时候，队伍中排了很多小孩，这是我最高兴的。

《足球娃娃》中表现出的纯真与童趣，才是真正的陈祖芬。画册中首次亮相的主角，是陈祖芬精心设计的 50 来个穿着足球盛装的可爱的玩具娃娃

问：怎么会有《足球娃娃》这样的创意呢？

陈祖芬：一切事情都有是有起缘的。我喜欢打球，高中时差一点当了篮球运动员。我干什么都猛，我那时是篮球队的中锋，星期天学校的教室都锁起来，我就翻墙进入体育教师的办公室，把篮球翻出来一个人猛打。后来我的身体弄垮了，甚至不敢看篮球赛，怕自己手痒。上大学后我就没敢暴露自己会打篮球，改打乒乓球。我没踢过足球，但对球一直有感情。

我最喜欢玩具。每到一个城市我都去买娃娃，但是还不满足，觉得不够美。从2001年开始我自己做娃娃。2002年3月底的时候，有人约我写世界杯的文章，我就突然冒出这个念头，做足球娃娃，为中国队加油。这就意味着在半个月不到的时间里，我得设计50来款的足球时装，每一款都不重复，每一个发式都不重复。还要拍照，写文字。我把睡眠压到最低限度，经常一夜一夜地做。爱能改变一切，我爱娃娃，为了娃娃，我像个旧式女人，一夜一夜地用针用线为自己心爱的人缝制衣服。

问：那么，您的日常生活是怎样的？

陈祖芬：我的生活没有规律，我喜欢动感。上海有人看到《足球娃娃》，立刻来信让我参加第二届中国国际足球博览会。我是5月14日收到邀请函的，16日开幕，我立刻带了30个足球娃娃赶去。平时我都是乘飞机，唯有这次坐火车。因为娃娃不能托运，担心被摔坏。我穿着网球鞋，背着足球，带了一大包足球娃娃，和一堆跟足球有关的报纸，很多人以为我是体育界的。17日晚我又从上海飞回北京，因为18日要参加徐迟报告文学奖颁奖会，当晚我又飞回上海。我喜欢节奏感很强的音乐，也喜欢节奏感很强的生活。19日下午闭幕，我晚上又飞到广州。第二天，20日早上8点时，我已经开始面对一屋子的老中医进行采访。反差很大，但是我很容易进入角色，激动得眼泪流下来。我一边拍照一边掉眼泪，第一次感到拍照真棒，一只眼睛要夹起来，一只挡在镜头后面。两只眼睛落泪都不会被人发现。

问：节奏这么紧张，您适应吗？

陈祖芬：我喜欢每天换一个城市，14天中我坐过7次飞机。有时想到自己昨天还站在机场传送带上往这个方向来，今天就改成往那个方向去，就偷偷地笑。我喜欢机场，很多文章是在飞机上写出来的。我最喜欢香港的机场，在哪个地方买什么玩具，如数家珍。我常常提前好几个小时到机场在里面玩儿。我有很多小东西都是在香港机场买到的。我喜欢人多，而且大家都不认识，这是最好的。人多很温馨，不认识又极其自由。

她觉得自己像是跳芭蕾舞的灰姑娘，踮着脚尖进入一个灿烂的王国，有着无穷无尽的美丽

问：时间这么紧张，您还有时间看书吗？

陈祖芬：看书极少，但我一直在买书，从《中华读书报》上看的好书，我都去买，《向左走，向右走》《挪威的森林》《哈利·波特》，但只能翻翻。这是我的缺陷，我需要有更多的时间看书，可是不知道为什么这么忙。家里每天送来的报刊有一尺半厚，还有永远看不完的文学刊物，还有朋友送的书。我走的时间太多，静的时间太少，再加上做娃娃，时间太少了。我在一篇文章中写道：午夜12点的时候，我活了。我的工作是写作，白天写文章，写到12点，我觉得对得起自己了，就开始做娃娃。我把娃娃"哗"一下全倒在地上，然后坐在地上做，起身时只能踮着脚尖走。我觉得自己像是跳芭蕾舞的灰姑娘，踮着脚尖进入一个灿烂的王国，有着无穷无尽的美丽。做娃娃有那么多快乐，除了美丽还是美丽，我同情全世界不会做娃娃的人，他们都没有我快乐。原来我的家里摆满了各地的娃娃，现在撤掉了，摆上我自己做的娃娃，我的娃娃是活的，是有生命的，都有自己的性格，她们给我开拓了一片美丽的天地，增加了很多的活力。我很高兴我写文章，也可以做娃娃，我的天地大得不得了。

问：除了写作和做娃娃，您还有什么爱好吗？

陈祖芬：我兴趣比较广，喜欢诗歌。《足球娃娃》中也是充满

诗情画意的。我特别喜欢芭蕾，在书里，我的洋娃娃很能跳舞。我喜欢看电影，大学上自习课时就偷偷跑出去看电影，被老师发现了就挨训。我喜欢施特劳斯的音乐，尤其是《拉德斯基进行曲》，听了新年音乐会，我写了一篇《你施特劳斯了吗？》，出版的书也只是看看版式风格，我没看过清样。我的第一本书是1982年出版的，一般来说作家都很看重自己的第一本书，出版社让我看清样时，我只选了几页，看了三五个错别字就假装自己看过了。我宁可有很多错别字，也不愿意看清样。我对任何过去的东西都没兴趣。

问： 您关注今天的报告文学吗？

陈祖芬： 不关注。人家写什么我也不知道。我喜欢新鲜的事情。我几乎不参加什么笔会。我都是一个人跑。我喜欢参加我不懂的领域的活动，上回我想去温州，是因为他们要开发5个岛——这跟我有什么关系，但是我就有兴趣。

沉浸在玩具世界里，陈祖芬用童心向世界传达真善美

问： 在《我的小小世界》一书里，您将玩具搭建了各个不同的组合，拍了几百张图片，怎么这么有耐心做这件事情？

陈祖芬： 我希望拧紧每个人背上的天真的发条。一个社会的可爱比GDP重要。想象力直接关系到创新指数，有天真才有创造。这个世界，难道还有比真善美更重要的吗？孩子们从幼儿园、从小学，或者说从刚刚会说话会走路开始，各种些因素已经在影响他们的可爱指数。越是快速发展的动感时代，越需要柔和与热诚。美好的人定有柔和的心。男人可爱，因为了不起加孩子气。女人美丽，因为爱加快乐。唯有"真善美"，能打动人们最柔软的神经，形成甜蜜温暖的共鸣。

这本书分6章：动物可爱，淑女美丽，孩子天真，天使好奇，圣诞快乐，人间共济。好像一出恢宏的演出。演员（小动物、小孩子、天使、仙女）大约200多个，共6场戏，每次"幕间休息"时，我就放上一篇小散文，其实也一如由着观众在幕间翻阅说明书。那些文字，其实是演出没有说出来的潜台词。

问：这本看来很好玩的书，其实充满了您对这个世界的关注和担忧。《很久很久以前》也是在呼唤美好与和平。

陈祖芬：因为我太为这个世界揪心！写作这本书的想法是早有来历的，但当时并未清晰地意识到以怎样的方式呈现。1993年11月我访英，正好听说11日那天是英国一年一度的阵亡将士纪念日。临时赶到白厦街，人行道上已经像千层饼似的挤着层层叠叠的人。对面阳台上，是英国女王和其他王室成员。当然还有梅杰，还有戴卓尔夫人。平时在英国，人与人不慎碰着了身体，互相都要说sorry，这次都是这么挤着，谁也不sorry了。因为，不分你我了。因为，都被同一种神圣的感觉净化了。

更早一些，大约20世纪80年代初，日本电影《望乡》在中国放映，栗原小卷演的女记者在国内卷起冲击波。1984年我访日时方知那个女记者的原型山崎朋子。她原先在广岛读书。13岁那年，就在投原子弹的前些日子，她正好去乡下了。之后，她的同学们都死了。"我总觉得对不起他们。我应该和他们一起去死的！"

广岛那颗原子弹距我们采访时40年。可是在山崎朋子，好像这是昨天才发生的事，她希望我一定写一写广岛的原子弹问题。

问：为什么用"小小世界"作题？用这首歌词的不同的组合在全文反复出现，来回吟唱，是什么用意？

陈祖芬：我第一次在洛杉矶的迪士尼乐园看着全世界的洋娃娃捧着歌本来来回回唱《小小世界》的时候，泪流满面。这是全世界的儿童在呼吁美好，呼吁欢乐，呼吁和平，呼吁纯净。"这是一个笑声的世界，这是一个泪水的世界，这是一个希望的世界，这是一个恐惧的世界……"

我为我的小伙伴们拍的照片，也只是纯粹的个人对这个世界的表达。小时候我爸爸叫我背唐诗，我不记诗名不记作者，只背出来完事。这些年凡投奔来我家的玩具，我也是不问出处不论国籍不讲贵贱，与我投缘便是我家人。他们来自各地，千里万里，聚在一起，不知道是开派对，还是联合国大会？我把从世界各地带回来的玩具，组合成不同的故事。在做这本书的时候，我的心里来回响着歌曲《小小世界》："是时候了，我们知道／有这么多的东西我们可以分享／毕竟这是一个小小的世界……"我想和大家分享快乐的能力和幸福的能力，以及独特的表达自己和世界沟通的能力。

霍达：从来没有奢望过经典

　　霍达，生于 1945 年 11 月 26 日，回族，北京人。国家一级作家。1976 年开始发表文学作品，小说、报告文学、影视剧本、散文等多种体裁的文学作品蜚声海内外。长篇小说《穆斯林的葬礼》（1988 年出版）获得第三届茅盾文学奖（1991 年）；中篇小说《红尘》于 1988 年获第四届（1985—1986 年）全国优秀中篇小说奖；报告文学《万家忧乐》于 1988 年获第四届（1985—1986 年）全国优秀报告文学奖，1994 年获第四届全国少数民族文学创作奖。曾任第七届、第八届全国政协委员，第九届全国人大代表，第十届、第十一届、第十二届全国政协常委。

| 采访手记 |

1987 年 9 月 1 日凌晨，霍达完成《穆斯林的葬礼》，在后记中写道："请接住他，这是一个母亲在捧着自己的婴儿！"

当年的"婴儿"如今已长大成人。36 年来，《穆斯林的葬礼》正版销量已突破 500 万册，面对当今多样化的阅读选择，这部作品每年销量达十几万册，并呈上升趋势。2023 年 6 月 14 日，《穆斯林的葬礼》马来文版新书发布会，这是继《平凡的世界》之后引入马来西亚的第二部茅盾文学奖作品。

有人说，《穆斯林的葬礼》是中国当代最有人缘、最纯净的书。二十多年来，这部作品感动着一代又一代的读者，中央人民广播电台《小说连播》所做的听众最喜欢的小说民意调查显示，《穆斯林的葬礼》和《平凡的世界》并列第一。而在当当网上，关于《穆斯林的葬礼》的读者评达 3 万多条，其中不乏文学的真知灼见。

然而，这部作品的光芒，也掩盖了霍达的其他作品，她为此感到"委屈"，和读者见面的时候，忍不住说："我写了 800 万字，不止这一本书，其他作品也希望你们有空看一看，那也是我的儿女。"

是的，自青年时代步入文坛，霍达从事文学创作 30 余年，著作等身，小说、报告文学、影视剧本、散文等多种体裁的文学作品蜚声海内外。她的作品，读来大气磅礴，具有史诗般的厚重。这大概与其"亦文亦史，以史为文"的创作理念，与其做"社会的良心，时代的秘书"的作家定位分不开。她平生最佩服的作家是司马迁，最推崇的著作是《史记》。霍达说，"我愿做太史公的小学生。"

这位有着大志向的大作家，做人却低调真诚、坦荡热情。她的原则是："为文要曲，为人要直。"

屋里飘着袅袅的茶香。采访之前，霍达先放了一段《穆斯林的葬礼》的小说连播的录音。一段穆斯林做礼拜时的阿拉伯语吟唱，立刻把我带入神秘而肃穆的氛围，一时沉浸在《穆斯林的葬礼》中，许多年前手捧此书边读边落泪的情景依稀如昨。

当时只是想把"爱和死"写到极致

问：创作《穆斯林的葬礼》时您还很年轻，但是在叙事、结构、语言等方面就已经表现得非常成熟，冰心老人称这部作品是"奇书"。为什么会有这样的成就？

霍达：四十出头的人不算太年轻了，已经经历了岁月的沧桑、生活的磨炼、学养的积淀、技巧的操演，为创作长篇做了比较充分的准备。《穆斯林的葬礼》真正执笔写作的时间只有4个半月，而前面的准备工作已经有几十年，可以说动用了我前半生所有的积累。鲁迅先生说过，"写不出的时候不硬写"。我从不逼着自己"硬写"，作品酝酿成熟之后，水到渠成，自然而然地分泌出来，流淌出来，欲罢不能。《穆斯林的葬礼》的创作非常顺畅，酝酿胸中许久的话要一吐为快，直到"吐"完为止。

问：能讲一讲创作的情况吗？在写作过程中，您是怎样的心态？

霍达：那时候还没有电脑，用手写稿。我写字又认真，字字清晰，连标点符号都一丝不苟，每天早上不到8点就开始，一直写到深夜，有时几千字，有时1万字，写得很辛苦，手指都磨破了。家务事由保姆操持，我一概不管，把心完全沉浸在创作的规定情景中，这是一种"穿越"般的生活体验。第二天早晨，先把昨天写的梳理一遍，常常有改动，甚至推倒重来。钱锺书谓，"寻诗争似诗寻我"，此言极是。一件作品在构思阶段，仿佛冥冥之中就已经"完成"，已经"存在"，正等待着你去寻找，去发掘，创作过程就是一个寻寻觅觅的过程。这个过程很辛苦，也很有趣。当作品完成时，"蓦然回首，那人却在灯火阑珊处"，那是作者最陶醉的时候，但前面"众里寻他千百度"的寻找过程也很享受，而且是只有经历过创作甘苦的人才可以享受到的。在北京出版社出书之前，这部作品分两期在《长篇小说》季刊连载，前一半发稿的时候，就已在卷首刊出全书每一章节的标题，就是你看到的"玉"和"月"的那些篇章，整个框架摆在那儿了，可是后一半还没写呢，编辑看了前一半，相信作者驾驭全局的能力，当然作者也有这个自信。

问：这部小说在二十多年里拥有那么多读者，为一代代人所喜欢，您觉得，小说凭什么打动读者，成为经典？

霍达：古代有一首民歌《上邪》："上邪！我欲与君相知，长命无绝衰……冬雷震震，夏雨雪，天地合，乃敢与君绝。"海誓山盟，惊心动魄，堪称我国先民咏叹爱情的绝唱。如此坚贞、果决、永恒的爱情，今天还找得到吗？《穆斯林的葬礼》中写了20世纪60年代初韩新月和楚雁潮生死不渝的纯真爱情，在那个时候，发生这样的事是可能的。当今社会，物欲横流，人心不古，假冒伪劣泛滥成灾，连阳澄湖大闸蟹都山寨版满地爬，上哪儿找纯真的爱情去？也许正因为如此，人们的内心深处才感到对"真情"的饥渴，缺什么就向往什么。

问：您料到这部作品会获得巨大成功吗？

霍达：当初我写这本书的时候，没有奢望得奖，没有奢望成为"经典"，也没有奢望25年后还能够畅销，当时只是想把爱和死写到极致，把这个"活儿"做绝。面对文学，我有着宗教般的虔诚，鞠躬尽瘁，不敢懈怠，不容杂念。作家如果怀着各种功利目的去写作，那是写不出好作品的。一件文学作品的生命力，不在于作者的主观愿望，更重要的是岁月的淘洗，读者的检验。

问：1991 年，《穆斯林的葬礼》获得了第三届茅盾文学奖，请您讲一讲获奖的情况。

霍达：当时我正生病，和外界很隔膜。人家说"你获奖了"，我也笑不起来。颁奖那天，都没有力气去，是我先生陪着我去的，很勉强地上台去领奖，让记者拍照、录像。至于当时都有什么人出席，什么人讲话，都不记得了。

问：读《穆斯林的葬礼》，有如身临其境，真实得令人不容置疑，其中有没有自传的成分？

霍达：韩新月去世 50 年了，而我还活着，怎么可能是"自传"呢？我也曾收到许多读者来信，询问书中的人物的"原型"，甚至委托我"向韩子奇一家问好"。文学作品来自生活，我当然会从生活中汲取素材，但不会是生活的实录，小说的基本技巧是虚构，就看你虚构得好不好。送给你和其他读者朋友两句话，一句是："所有的作家都是在写自己。"无论他写的是古人今人、男人女人、老人幼童，也无论是英雄豪杰、奸雄佞臣、凡夫俗子，都是他自己的化身，只有潜入这个人物的内心，才能写好。我经常在写作过程中"扮演"各种人物，又哭又笑，家人以为出了什么事儿，其实是"入戏"了。另一句是："作家无所不能。"作品中的人和事不必确曾发生和存在，也不必作者亲历亲为，凭借的是作家观察生活、把握生活、表现生活的功力和丰富的想象力。一些标明真人真事的"纪实文学""传记文学"读起来发假，而一些纯属虚构的文学作品却真实可信，动人心魄，催人泪下。小说就是小说，刨根问底、对号入座都没有意义。

问：《穆斯林的葬礼》出版后好评如潮，这些评论对您有没有影响？

霍达：我对自己有充分的估计，不会被别人的溢美之词冲昏头脑。我说话、做事，力求严谨，像写文章一样有逗号有句号。直到现在，我还经常听广播版的《穆斯林的葬礼》录音，不是为了自我欣赏，而是挑毛病，有的是播音员读错了，有的是文字本身有润色余地，觉得哪儿不合适，我会拿笔记下来，下次印刷时改过来。作家应该对作品负责，对历史负责。

问：《穆斯林的葬礼》获得茅盾文学奖，"名人"生活给您带来了怎样的影响？

霍达：作家不能为获奖而创作，但获奖毕竟是社会和读者对作品的肯定。以作品和读者见面的人，当然珍惜"名"，但要实至名归，不能沽名钓誉，不能贪图虚名。如果顶着一个"作家"头衔，没人记得你写过什么作品，那是很难堪的。作品打响了，获得广泛的社会认同，这对作者是很大的精神安慰，好比厂家生产的商品，人家用了都说好，当然是好事。但同时也给你带来了压力，要保持名品牌、高质量，不能出次品！我从不把自己当"名人"，在菜市场买菜，和左邻右舍摩肩接踵；大年初一，见了小区的清洁员，主动道一声"过年好"。我为百姓写作，生活在百姓之中，本身就是百姓的一员。

问：《穆斯林的葬礼》获奖后，多家拍摄单位都曾找上门来，希望获得拍摄电视连续剧的授权，并且不惜付出天价片酬，听说被您婉言谢绝。为什么？您对改编影视剧有一个怎样的期待？

霍达：没有期待。一部文学作品转换成影视形式，是一件不容易的事，尤其是已经产生广泛社会影响的作品，读者已经通过阅读原著先入为主，每个读者的心目中都有他自己的韩新月、楚雁潮，你想做到人人满意，是根本不可能的。《穆斯林的葬礼》曾经拍成电影，看过原著的人都说没拍好，所以我对于拍电视剧就更慎重了。在市场经济环境中，电视剧就是商品，投资商要拿它赚钱，无视艺术规律，我对这种操作方式没有信心，宁可不拍，也不愿意把它糟践了。

问：您的这个主张，现在似乎有点儿松动？

霍达：总是有各种制作单位找到我，有人跟我说，如果现在不拍，等我去世了还是会被拍的。这句话提醒了我。我现在还活着，还能控制他们，如果我死了，就控制不了了。如果在世时没有看到这部电视剧版的《穆斯林的葬礼》，也将是个遗憾。所以，我现在的态度是，不要一概拒绝，而是从中选择有诚意、有实力、有艺术追求的拍摄单位，在条件成熟的前提下，为此作作努力，也未尝不可吧？

庆幸今生，亦文亦史

问：您在青年时代师从著名史学家马非百研究中国历史，但后来并未走专门治史的路，而是迈进了文学之门，这是不是一个误会？

霍达：不，作家首先应该是史学家、思想家，我至今感谢历史老人非百先生把我引上了正路，甚至觉得，如果不先下一番功夫读史，几乎无以为文。

问：是谁激发了您在文学上的努力？

霍达：是太史公司马迁，他以无与伦比的文学笔致，书写了彪炳千秋的历史。翻开《史记》，随便找一篇《项羽本纪》，随便找一段"鸿门宴"，写得剑拔弩张，绘声绘色，完全可以作为文学作品来读，而非古板说教的历史教科书。这就是我的文学生涯所宗："亦文亦史"。没有史家的心胸难以为文，没有文人的才情难以为史。

问：您的处女作是什么时候完成的？

霍达：青少年时代从写作散文开始，说不上哪一篇算是"处女作"了，真正具备一定篇幅和一定质量的，是20世纪70年代先后创作的两部剧本。一部是电影剧本《我不是猎人》，写的是儿童和动物题材，很有趣味，茅盾先生为我题写了书名，得了全国少年儿童优秀读物奖；另一部是历史剧本《公子扶苏》，也就是后来由北京人艺搬上舞台的《秦皇父子》，这就走上"亦文亦史"的道路了。

问：读您的作品，无论现实题材还是历史题材，都感到一种强烈的历史感，我想，这就是"亦文亦史"的魅力。请问，作家应该如何把握历史、表现历史？

霍达：文学是社会生活在作家头脑中的反映，是作家对人生、对社会的观察与思辨。今天的现实就是明天的历史，昨天的现实就是今天的历史，因此，广义地说，一切小说都是在写历史，差别只是作者对历史把握的深度和广度，肤浅的作品只记录下浮光掠影，而深刻的作品则写出了时代精神、历史本质。记得有一位前辈说过，"一切历史都是当代史。"以我的理解，一切历史都是今人所认识的历史，也就是说，只有对今人有价值的历史才会被记载下来，流传下去，"以史为镜""古为今用"都是这个意思。尽管我们极力去探寻历史真相，但永远不可能"复原"历史，只是为了今人和后人而"解读"历史。在史学家看来，"戏说"历史是对历史的亵渎，而对戏剧家来说，不成"戏"的历史教科书写它干吗！这个"戏"字，不是"游戏"的"戏"，而是"戏剧"的"戏"。人们看历史剧，读历史小说，不是为了学习历史知识，而是从中品味人生，寄托情感，满足不了这个要求的作品没有人爱看。因此我说，史学家的终点是小说家的起点。

每一次创作都是呕心沥血

问：您在小说、报告文学、戏剧、影视剧本等文学领域都很有成就，各种不同形式的创作，心态会有什么不同？

霍达：都是呕心沥血。当天晚上写完的东西，一夜都在琢磨，睡不着，第二天早上也许就推翻了，重来。就像《穆斯林的葬礼》中所写的琢玉艺人，每一件作品都如切如磋，如琢如磨，是精心打磨出来的。

问：您曾经创作过诸如《万家忧乐》《国殇》《民以食为天》等许多优秀的报告文学作品，以犀利的笔锋针砭时弊，产生了强烈社会反响。现在，读者仍在期待您的报告文学新作问世。

霍达：报告文学集文学性、新闻性、政论性于一身，具有直面现实、介入社会、干预生活的优势，是反映时代精神、体现作者担当意识的最佳表现形式。处在历史变革时代的报告文学作家，有责任为时代写照，为人民发声。现在，我已经不是南跑北奔采写报告文学的年龄了，只好做些力所能及的事。比如《海棠胡同》，写的就是我关注已久的一个社会问题：席卷全国的"旧城改造"将成片的传统选区夷为平地，代之以千篇一律的水泥森林，飙升的房价迅速变换着人们的生存位置，在富豪圈地盖楼的同时，平民百姓不知所措。难道"有钱的进来，没钱的出去"就是我们城市建设的唯一出路吗？一座城市不能没有历史，不能割断文脉，我们不能留给子孙后代一片空白！我把这个本来可以写报告文学的题材写成了话剧，用另一种形式表达了自己对民生的关注，对社会的思考，作为一名食人民俸禄的作家，我没有失语。当然，戏剧不同于报告文学，作者不能慷慨激昂地挺身而出，大声疾呼，而是通过艺术形象表达对社会的思考。所以，有意思的是，这部戏并不是以"钉子户"的立场去抨击"奸商"，也不是从开发商角度去指责"刁民"，而是试图站在历史的高度，去俯视当下这个时代，以及这个时代中的人们，而看戏的观众也都是其中的一员，让他们自己看过戏后去思索吧！

创作就是要挑战难度，没有难度也就没有高度

问：您的《补天裂》当时在内地和香港引起很大反响。您曾说这是自己最喜欢的一部作品，创作这部作品据说特别艰难，最大的艰难在何处？在创作中有没有什么新的收获？

霍达：前面说过，写历史小说需要具有"穿越"历史的功力。100年前的香港，不要说我，连香港人也不熟悉，我只有下最大的功夫钻进去，用两只脚踏遍港岛、九龙、新界，采访各界人士数百人次，查阅中外文献上千万字，凡是相关的书籍、资料，片言只字也要搞到手。经过几年的辛苦努力，我几乎成了香港史专家，仿佛生活在100年前的香港。而这时候，真正意义上的创作还没有开始。

历史和文学的区别在于：历史的核心是事件，什么时间发生了什么事；文学的核心是人物，什么人做了什么事。英占香港前前后后150年，如果全盘照录，就是一部大事记，称不上小说，而且也不可能有一个150岁的人物贯穿始终。怎么办？我陷入苦苦的思索。某夜，我突然想到，何不只选取"香港拓界"这一段？这是英占香港三部曲的最后一部，具有累积效果和总结意义，距离今天年代最近，可利用的资料当然也最丰富，而且这一事件从发端到结束也就是一年的时间，非常集中，几乎所有出场人物都可以贯穿始终。"众里寻他千百度，蓦然回首，那人却在灯火阑珊处。"那一夜，我兴奋得难以入睡。说到底，历史剧和历史小说的创作，就是在历史框架的严格限制中发挥创作自由，犹如"戴着镣铐跳舞"，很难，但很过瘾。创作就是要挑战难度，没有难度也就没有高度。

问：您创作的许多影视剧本在播出后都有很好的效果，观众非常喜欢，但通常写小说写得好的人很难做一个好编剧，而做好了编剧的人又很难返回去写好小说。对此，能否以您的切身体会谈谈这

一问题？您觉得剧本对一部影视作品有何意义？文学与影视的关系该是怎样的？

霍达：无论小说还是影视剧本，都首先要把故事讲好，这是它们的共同之处。区别在于，小说更注重文字的表述，叙述、描写、议论、抒情，都要见功力，见风格；剧本更注重设计，人物行动的设计和台词的设计。有的小说名著拍成电影并不精彩，不是所有的小说都适合改编成剧本，也不是所有的作家都能写剧本，两种形式的转换需要适当的契机和技巧。但是，好的影视作品、戏剧作品必然具有文学性，即对人性、对社会、对历史的洞察，艺术和文学有着深层的血缘。剧本是一剧之本，是剧作者呕心沥血的成果，是一座大厦的蓝图，没有蓝图怎么盖房子？有的导演不尊重剧本，任意篡改，成品出来之后，如果好评如潮，那是他改得好；如果无人喝彩，就说剧本不行。而普通观众很少直接读剧本，而是从银幕、荧屏和舞台上看导演的二度创作，所得印象与剧本未必吻合。编剧经常处于无奈的境地，作家"触电"并不是一件轻松惬意的事儿。

问：您有着非常深厚的史学功底，同时对中国古典文化很有研究，请问这两者对您的写作有什么影响？

霍达：文学没有国界，而作家有国籍。我们脚下的这片土地滋养了丰厚的文化传统。我所涉猎的文学形式很杂，长、中、短篇小说，报告文学，影视剧本，话剧剧本，散文……都写，不同的阶段有所偏重，而几十年来一直不曾间断的其实是诗词。诗词是中国文学的精华，外国人如果和中国人比拼，比什么都可以，唯独诗词比不得，这是中国独有的，它以最短小的篇幅，最严谨的格律，最简洁的语言，最典雅的文字，表达最丰富、最自由的思想，没有这方水土的滋养，没有历代血脉的传承和浸润，外国人休想望其门径，这就是中国特色，中国气派。平平仄仄，仄仄平平，几十年来，我陶醉其中，乐此不疲。目的何在？一是自娱自乐，我不会打牌，不会跳舞，不擅交际，没有任何嗜好，赋诗填词便是最好的娱乐方式。二是借此锤炼文字。对一个作家来说，洋洋万言并不算稀奇，而把一首小词填得玲珑剔透，或是把一副对联对得工稳绝妙，却要见本事的，丝毫掺不得假。不信就试试，优劣高下立判。我拿这个练笔。

问：一个人的精力总归有限，您跨越多种体裁，且在这些领域都有佳作问世，这背后到底是什么力量支撑着您的创作？

霍达：这个问题，往大处说，是家国情怀、社会责任感、知识分子的本能。往小处说，是天性使然，生命的意义在于创造，除了写作，我就没事儿可干了。钱锺书在"文革"中写了大部头的《管锥编》，内容博大精深，而且用文言文写成，别人也看不懂，避过了政治风险，有人问他为什么这么写，他答："技痒。"真是奇绝妙绝！当年李后主当了俘虏，在软禁中还有闲心填词，除了排遣悲怀，不也是因为"技痒"吗？

一生能留下片言只语，足矣

问：《海棠胡同》之后，您又有什么新作问世？

霍达：这两年身体不好，以休养为主，只发表了一些散文。文学艺术有它自身的规律，一部作品的诞生要经过孕育、分娩的过程。这个过程也许很快，一首诗的灵感袭来，如电光石火，刹那之间就诞生了；也许很慢，一部长篇花费作者几年、几十年的工夫，这都是常有的事儿。不要以数量来计算作家的劳动，他不是机器，一按电钮就吐出产品。其实早在《海棠胡同》之前，我已经在酝酿一个长篇，断断续续写了好几年，写得很累，很痛苦，到现在还没有写完，放在那儿，也不急于完成，更不急于发表。

问：是一部什么样的作品？为什么会写得这样累？

霍达：书名暂定为《悟》，写一组女性的命运，写人生的醒悟。解剖人生是很残酷的，手里握着笔，就像拿着手术刀，不忍下手啊！感情收不住，太脆弱了！

问："五十而知天命"，您现在应该什么都看得开了，承受能力更强了吧？

霍达：如果你什么都看开了，就不写了。好比登山，你费时费力地爬上去，干什么？不就是出于好奇，想看看山上的风景吗？如果上山之前就看开了：咳，哪儿的风景都差不多，有什么看头儿？如果这样，你就根本不用上山了。写作就是一个上山的过程，寻访风景的过程，探求未知数的过程。

问：您认为年龄和创造力有关吗？您如何保持创作持续性的？

霍达：年富力强当然好了，我的许多作品都是在青年、中年时代写出来的，那时候体力强，精力充沛，创作的速度也快，有个想法马上动手，一气呵气，那样的状态是最好的状态。随着年龄的增长，人的阅历更广，思想更成熟，对于作品的深度和高度也有好处。一些老作家如冰心、巴金，年近百岁仍然笔耕不辍，终生都在写作，而且晚年之作更加老到精深。如何保持创作的持续性？我以为，一是永不停止地观察生活，观察社会，不失时机地捕捉思想的闪光；二是永不停止地阅读、学习。"学而后知不足"，这是真理。

问：您认为对一个作家来说，最重要的素质是什么？

霍达：如果你向很多人提出这个问题，得到的回答可能都是"真诚"，但那是套话。真诚固然很重要，是做人的基本素质，但仅仅具有一颗真诚的心，只能做一个好人，未必能做一个好作家。老实人写的笨文章，好看吗？对一个作家来说，最重要的是才情和学养。学养是长期积累的，好比运动员的素质；才情是随时迸发的，好比运动员的临场发挥。所谓"厚积薄发"就是这个意思。素质不行，底气不足，临场不可能创造奇迹；反之，爆发力不足，素质也就无用武之地。学养是理性的，后天的，学而知之，多多益善；才情是感性的，上天赋予的，可遇而不可求。有才情而无学养，白费了一副聪明脑袋；有学养而无才情，只能为别人做资料库，成不了作家。

问：您对自己如何评价？

霍达：没有评价，说好说歹是别人的事儿，我只是力求做好自己的本分。没有一个作家不希望自己的作品流传后世，但大浪淘沙，历史无情，这由不得自己。古往今来，有多少人深情地吟咏明月？可是每逢中秋，人们首先想起的、反复传诵的只有张九龄的"海上生明月，天涯共此时"和苏轼的"但愿人长久，千里共婵娟"，迄今为止还没有人能够取代，这就是历史的选择。张九龄一生写了很多诗，但真正流传下来的，深入人心的，只有这么两句，这也就很不错了，别人还默默无闻呢！想到这些，自然心平气和，让岁月去淘汰吧，让历史去选择吧，一个作家的一生，如果能有一篇文章，一首诗词，甚或片言只语流传下来，足矣！

问：您现在是怎样的生活状态？

霍达：养病，看书，思考。虽然足不出户，但仍然关注着这座城市，这个国家，这个世界，今天走到什么地步，下一步将怎么走。关于创作，一些构思正在酝酿，将会再写几个剧本，还没有成形的作品不愿意炒作，不说也罢。日常所做的，就是赋诗填词，写这些东西不是为了发表，是自己在做功课。

叶广芩：人生凄凉，但我注入了温情

  叶广芩，1948 年出生北京，满族。国家一级作家，中国作协全委会名誉委员，西安市文史研究馆馆员。曾任陕西省作家协会副主席。享受国务院政府特殊津贴。主要作品有：长篇小说《采桑子》《全家福》《青木川》《状元媒》等；长篇纪实《没有日记的罗敷河》《琢玉记》《老县城》等；儿童文学作品《耗子大爷起晚了》《花猫三丫上房了》《土狗老黑闯祸了》等；中短篇小说集多部；电影、话剧、电视剧等多部。作品曾入选"中国好书"，获老舍文学奖、萧红文学奖、鲁迅文学奖等。

丨采访手记丨

叶广芩属鼠，网名"鼠老大"。

她很少上网，之所以欣然接受女儿取的这个"昵称"，是因为有一拨忠实的铁杆"粉丝"，自发成立"叶广芩《豆汁记》群"，她愿意加入其中和大家一起讨论作品、交流感受。"鼠老大"称王称霸没多久，就发现女儿网名叫"猫"。

叶广芩乐呵呵地说着，幸福的感觉从两颊深深的酒窝流淌出来，眼睛里满是温和的笑意。那年，我们一起参加《十月》文学奖的活动，没见她着富有标志性的旗袍，而是一件深黄色毛衣配黑色裙子，庄重大方。

她说，人越活越简单。活到现在，就活成老大妈了，去早市买菜，去市场淘一件大线衣，挺满足。文章应该像生活一样简单。

刚开始写作时，叶广芩看到别人的小说中用了大量虚幻的词汇，说半天都没进入主题，心里很羡慕，进而产生了自我怀疑。"我怎么就不会？我可能当不了小说家。"现在呢？"怎么想就怎么说吧！"叶广芩的语言变得越来越平实朴素，淡泊如水。她说，年轻的时候，把文学看得充满了象征和意义，其实文学就像按摩师，人们忙碌一天，晚上躺在被窝里，在昏黄的灯光下慢慢地读着，融入进去，放下焦躁的心，这是人生非常美好的事情，也是她写作的目的。

叶广芩的作品基本分为三类：一类写陕西秦岭生态环保，如果说作家应该有社会责任担当，她认为自己的社会担当就是对秦岭的保护和关注；一类是日本题材，叶广芩在日本生活多年，研究过日本孤儿，对于日本题材，她主张站在人类、人性的高度反思战争和生活，而不是简单地说一些仇恨的话，彼此都应该这样；再一个是家族题材。但是年过古稀，她又写起了儿童文学，先后出版了《耗子大爷起晚了》《花猫三丫上房了》《土狗老黑闯祸了》《熊猫小四》，她的作品具有独特的气质：天真浪漫，充满童真却能让读者感受到感伤。她推出的儿童文学作品都触及自己的童年生活，兼具纪实性和故事性。

"讲述这些故事的时候，我的心里充满了自信，充满了快乐，说不准在哪个字的背后，小四儿会探出半张脸，告诉我说：'你的猫又上房啦！'……我知道，我终究会把这些藏在文字背后的精彩一个一个呼唤出来，让今天的孩子认识他们，感受他们。"叶广芩说。

叶广芩有很多头衔，可是她最珍惜的，是周至县老县城村的乡亲们给她授予的"荣誉村民"称号

问：您 48 岁才开始正式写小说，起步算不得早。

叶广芩：最初的写作动机很简单，就是证明给人看。那时我还在医院当护士，没有机会写作，也没有这个意识。有一个病号，躺在病床上看杂志，看得涕泪交流。我拿来一看，说：我也能写。我就是想证明自己也能写，没有其他的想法。遗憾的是病人没等我写完就去世了，我也就此打住。

问：写作给您带来什么？后来您去了报社，当年的记者经历对自己的创作有帮助吗？

叶广芩：就凭这篇小说，我进了报社，又进了文联，写出了《梦也何曾到谢桥》《全家福》。但是我又有些不甘心，总是想，这些等你成了老太太走不动的时候还能写，趁还能跑得动，应该多去接触些基层的东西。佛坪县是国家自然保护区，有大熊猫保护基地，一些研究大熊猫的学者，都是大学生毕业后来到深山老林，一待就是几十年。没有沉下来的心境，没有对事业的热爱是做不来的，我想写

写他们。我给组织部和宣传部打个报告，2000年到了周至县挂职，成了周至县委副书记。

20世纪80年代我在报社工作跑的是林业口，跑遍了秦岭的犄角旮旯，开阔了写作视角。到处去基层了解，后来才有了去周至县的挂职。我结交了很多基层朋友，到现在还和那些朋友有联系。和大城市喧嚣的环境相比，深山老林里总有清新和真实的东西传递来，我很珍惜。

问：去了周至县，感觉如何？

叶广芩：老县城今天还存留着9户人家，它是道光年在深山老林里建的县城，现在都成了遗址。

刚到基层的时候，我还感觉良好，觉得自己是个文化人。待一段时间后，就张不开嘴了，因为你不知来者为谁。有时候遇见一个老农民，聊着聊着，发现他还在研究甲骨文；再碰到一个老农民，是研究哲学的，两个山村老者用古体诗唱和——民间真是藏龙卧虎啊！

关中农村礼节很重，村民们见了我，总是停住，恭敬地叫一声"书记"。一开始的时候我以为他们找自己有事，后来才知道，这是礼貌。再往后我见了他们，认识不认识的都主动打招呼。我和老乡们在一块混，在地里戴着草帽挥汗如雨地帮着收麦子，收工的时候，心安理得地去老乡家里吃一顿饭；跟着保护区巡护员一块巡山……到现在为止，上到保护区鲁班寨最高峰的女同志就我。

问：挂职期间，您的创作题材由家族小说转向生态小说，开始更多地关注生态和动物保护，创作出《老县城》《老虎大福》《黑鱼千岁》《青木川》等作品。您也成了老县城的一张名片，成了周至猕猴桃的形象代言人。

叶广芩：农民的感情是不掺假的，获得第二届鲁迅文学奖时，村里的文化人集合起来在竹林里给我开作品研讨会。我第一次参加农民开的研讨会，这边开会，那边妇女擀扁扁面，在竹林里说着文学吃着面，热火朝天的。拥有这些人生的经历，我觉得是自己的福气，作品不作品在其次，难得的是这种理解和沟通。这是一种养分，挂职下去是体验生活，对作家是太好的施肥培土。

问：有一种观点认为：陕西不缺写农村题材的作家，有贾平凹，有陈忠实，叶广芩能写得过他们吗？

叶广芩：他们是农村这块土地浸泡出来的，是背靠。我是用城里人的眼光看，是面对，从语言到角度都是不一样的，对自己来说也是一种挑战。比如《青木川》的叙事语言跳出陕西的范畴，用城里的语言讲述乡村故事，也是一种尝试。

和乡亲们接触时间长了以后，你会觉得，老百姓的智慧远远超过你，无论是生活，还是对世界的一些看法，他有他的角度，不能说谁的水平高，只是角度不同。我从他们那里学到了宽厚、善良和细致，不再是以前大而化之的，纯粹的城里人的眼光看农村。

问：挂职的经历给您带来什么？

叶广芩：使我自己的写作有了灵动性。《采桑子》是挂职前和其间写的，《状元媒》是挂职后写的，人生境界不一样，视野不一样，第二部比第一部对人生的感悟更透彻，达到了一种通达的境界。创作话剧《全家福》时，我在楼观台住了很长时间，这是一部非常"入世"的戏，从1949年一直写到改革开放，楼观台是老子讲《道德经》的地方，回顾当时写作的经历，我仍然觉得很微妙。

问：听说您的作品也给老县城带来一些变化？

叶广芩：过去安静的老县城变得热闹起来了。我再到老县城，看到这偏僻的小山村盖了很多奇怪的建筑，外面来的人对这块地方并不珍惜，拍戏想用什么景就用什么景。很多老乡们穿上了戏服，我见了都不认识了。他们告诉我说拍一个角色一天能挣多少钱。赚钱是令人高兴的事，保护与开发，这是一把"双刃剑"，当地百姓没义务用贫穷为你保护这片净土。这是个令人为难的问题。

我还和植物学家党高弟合作了一本《秦岭无闲草》，科学全面地介绍秦岭植物奇葩和相关人文风情，讲述植物药用及养生知识，通过秦岭之草感悟人生、剖析人性。《秦岭无闲草》首发仪式在三官庙举行的时候没请领导，没叫媒体，只叫了几位朋友，但是当天仍有近百名来自北京、上海、湖北、深圳等地的"叶迷"自发赶来，跟我一起徒步穿越从凉风垭到三官庙8公里的原始森林。

在《状元媒》里，钟鸣鼎食的皇族世家在时代风雨中的兴衰沉浮一幕幕展现

问：全书都用传统京剧曲目命名，这不只是一种形式上的讲究吧？是否还隐含着人生若戏，戏里人生？

叶广芩：有人说叶广芩"黔驴技穷"，写不出新东西了，拿戏曲重新演绎。可能说这些话的读者没看作品。我喜欢京戏，是有意识地拿京戏做题目，原来还有《红灯记》，后来考虑版权的问题，放弃了。还是拿老戏做章节，赋予老戏新的精神、新的诠释和我对生活的理解。

问：之前《采桑子》有很强的自传性，《状元媒》也是采用小格格"我"的视角，二者有什么区别？

叶广芩：《采桑子》是关起门来写北京，《状元媒》从南营房的穷杂之地走出大门，写到朝阳门、天津、陕西农村、华阴农场、黄河滩，是走出宅门的北京文学，写了各式各样的老北京，写作的手法更纯熟。《采桑子》中说话还有些涩，《状元媒》的写作除了到嘴边的话，没有掉书袋。

问：《状元媒》中写了很多人的悲惨结局，写到父母的死却很节制，只用了"无枝可栖"一笔带过。末世满人贵族生活艺术的悲剧，通过五姐夫完占泰的人生际遇表现得淋漓尽致。还有七舅爷、陈锡元、青雨等闲云野鹤的人物，结局都很悲惨，为什么？

叶广芩：书里死的人多了，再写父母的死就太重复。如果我写得详细了，读者会觉得有点絮叨，好像我叙说苦难博得同情。

人生是悲凉的，我常常感到孤寂，即便是在热闹的人众之中，内心的孤单也是无可替代，即便幸福，离开这世界的时候也是默默的、凄凉的，一个人踏上漫漫的奔赴他界之路。

问：听说粉丝们还给您的创作出主意？

叶广芩：有一年中秋节晚上，我和粉丝们在颐和园景福阁赏月，他们提出不能辜负了老祖先留下的这些美轮美奂的建筑，建议我写一些亭台楼阁的系列短篇，甚至给我开出了单子：亭台楼阁轩榭堂馆……挨着个儿来。于是就有了《后罩楼》，就有了《唱晚亭》，后头还有一系列建筑物在等着。所谓的亭台楼阁不过是个容器，是形状各异的瓶子，里头装的是酱油还是醋全由我安排，但我深信，它们应该都是轻松好看的小说。

问：您的创作中有没有什么遗憾？

叶广芩：我看别人在文章中议论得高深空灵，心想我怎么就不会呢？我大概不是写小说的料。后来我知道这样也挺好——决不空泛地议论。尽管显得我没本事，显得我像老大妈——生活应该回归真实，回归大众，作品也是，回归最原始的生活状况。作为作家，不能脚沾不到实地。

我最大的缺憾，不会像有些人有深刻的议论，我的议论都是形象化、具体化、细节化的，对现代文学理论及整个结构驾驭还是有所欠缺。

她力图将传统文化的精彩和对现实文化的关怀纳入传统家庭的背景，总想借着文字将老辈的信念传达给今人，使它们形成一种反差而又共生互补

问：您对自己的认识很清晰。那么您在创作上对自己有什么样的要求？

叶广芩：写作哪儿难我知道。写作得准备资料、素材充实，有感动我的东西，否则的话写不出打动人的作品。《状元媒》中最真实的感情是回到北京的感情，最后一章没有太多情节。人生是凄凉的，但我注入了温情，尽量让这个过程更精彩。

问：很多人提到您，总是难免避开身份——满族镶黄旗的"格格"，可是您似乎很反感别人称您是"格格作家"，而且实际上，不论您的为人还是作品，都很平民。这种平民的感觉，是从哪里来？

叶广芩：从南营房来啊！我还记得小时候回姥姥家，在戏棚子里看评戏，看到一半跑回家搬起茶壶对着嘴喝一通，再跑去看戏——这种生活对于孩子来说印象太深了，平民化的东西深入骨髓。我时常怀念北京，那些个困苦、简陋、热闹、温情，让人留恋，也让人一言难以道清。写平民，我有一种自信。这种自信，是会调侃自己，敢于拿自己开涮。这是有力的表现。

问：您的很多作品题目，取自纳兰性德的词作？

叶广芩：纳兰性德是叶赫那拉家族的骄傲，梁启超称赞他的《采桑子·谁翻乐府凄凉曲》为"时代的哀音"，"眼界大而感慨深"。我把这首词的词牌、词句作为书名及章节名，一方面是想借其凄婉深沉的寓意，弥补书中的浮浅，另一方面也有纪念先人的意思。我曾去北京老王府，在纳兰手植的夜合花下，抚摸着夜合花的枝干，仿佛嗅到了族人的气息，这是北京才有的气息。

北京有我的根。长期生活在北京的亲戚，一直泡在这个大缸里面，北京变化，他们也跟着变化。现在北京的语言，已经不是20世纪五六十年代的语言了。我的那些一直生活在北京的兄弟姐妹们，对这些变化也熟视无睹。我回去的时候，经常听到他们嘴里冒出一些我很生疏的词汇。而我对北京的理解和语言习惯，还停留在20世纪五六十年代，因此也可能更地道。

少年时代叶广芩常常看《少年文艺》，她想，这样的故事我也能写，写出来比它还好看！此一动念，居然在60年之后才梦想成真

问：尽管您也在其他作品中零星写过自己童年的生活，这次在《耗子大爷起晚了》中集中处理童年记忆，写作心态也和过去不同吧？

叶广芩：把童年的记忆中属于成人世界的都去掉了。我在写作中尽量不回忆。《去年天气旧亭台》里也写了童年，但是有成人的视角。《耗子大爷起晚了》的写作，是一种简单的写作，写起来行云流水，很愉悦。其实我想，这种状态和我的生活状况有关，人们说老小孩老小孩，越老越小，人老了，就活开了，熟透了，像圆一样，又回来了，是另一种回归。路走过了，对于童年的生活能跳出来看，能理解、包容一些事情。但是你不能站在那个高度去写。要进入童年，又要跳出童年，很难拿捏。

问：那您最后是如何"拿捏"的？

叶广芩：我老想回到纯真的年代，和孩子一样的心情。这种感觉很奇妙，回想起小孩子时期的事情，再加上作家成熟经验的融入，应该能写出好的儿童文学作品。不是刻意去写，是自然而然，水到渠成的写作。这种独特的角度和生活方式，也是历史和家庭给我的记忆。作家的经历，不管什么经历，都是难得的体验和财富。我童年在颐和园的日子，这么多年没有动，今天这么细致地翻出来，可能和经历、和时代给予作家精神上的支持有关。这些事儿我能说，还能说好，就是讲好中国故事。

我记得小时候常常跑到德合园台阶上，台阶有 70 公分宽，几十米长，越走越高，走着走着下不来了，就站在断崖处等游客抱我下来。游客都是非常善良的，看见就问："你是不是下不来了？"再把我抱下来——我其实可以调头再走回去，但我不走，因为太寂寞了，需要别人的关注。人和人之间的这种和谐关系，人们的善良、包容，还有浓郁的生活气息，在今天有些缺失，需要靠作家、靠作品慢慢找补回来——园子是威严的、有深沉感的，我写了街坊邻里之间的烟火气，这是颐和园缺少的；北京的大气、人和人之间调侃的和谐、幽默，也是老北京今天需要回归的、难得的、珍贵的、远去的氛围。

问：写的时候，您大致期待想要写一部怎样的作品？

叶广芩：关键是表露作者的真性情，不拿捏不矜持不端着，想写一部给大人孩子都能看的作品。对我来说是一种尝试，少年儿童文学是一个少儿的读者群体，是"半大猫"，似长大没长大，似懂不懂，但是铸造他们的理念很重要，很多孩子禁不起孤独，受不了挫折，遇到一点困难就想跳楼自杀，都是因为开始入世的时候，缺少教育，这个教育包括善良、规矩，甚至死亡，为什么我要加入卖酒的老李死亡的内容——实际上他并没有死，我是让孩子们知道什么是死亡，怎么面对死亡，这对他们以后的人生会有帮助。

问："我"的叙述视角很容易有代入感，也写得很真实，比如往养乌龟的水里撒辣椒面等细节，靠虚构是无法完成的。但是也不能完全理解为"非虚构"吧？对于虚和实，写作中做了怎样的处理？

叶广芩：我真是逮了一个王八，老三想炖了，拿了根绳拴在桌腿上。作品中有点影子，但也不完全真实。王八最后还是被炖了，打开后肚子里有一串王八蛋，大小三十多个，最小的像米粒，全让我吃了。吃撑了，坐那儿发呆。但是写的时候我把王八放生了——艺术和事实还是有差距。

问：这应该也是一部为耗子"平反"的作品，在这部作品里，耗子是灵性的，生动的，被赋予了新的使命。既是丫丫的伙伴，也是人们供奉的神灵。不止是耗子，在这部作品中，万物有灵，不由得让人对自然万物产生一种敬畏之情。这种敬畏，和您之前创作的一些作品，包括《秦岭有生灵》等，其实一脉相承，是这样吗？

叶广芩：敬畏一切。包括颐和园里的一草一木，爱他们了，他们也会爱你。比如说拿了照相机对着草对着花，它们的精神立马就不一样了，尤其是花，你用大镜头捕捉的时候，你逮不住它的神态，有人关注，它会特别高兴，它的生命价值得到了体现。

她沉浸在童年的回忆里，颐和园里的楼台亭榭，雕梁画栋在记忆里通通成了背景，这些美丽的背景衬托着鲜活的人物呼之欲出

问：丫丫的形象特别生动，活动，率真，善良，仗义，还有点无法无天的霸气，当然更多的是寂寞和孤独。在写作的时候，只是充分调动记忆吗？还是又做了哪些补充工作？

叶广芩：我查了很多颐和园的资料，真实资料必须和我的记忆融合，不能生搬硬套，更多的是一些个人经验积累，我听到的看到的都是不登大雅之堂的东西，不能直接写。写了后心里也很忐忑：

能不能过书里"老三"后人一关，他们能不能明白小说和现实的关系，当然一旦弄清楚文学作品是艺术的时候他们能够理解；一是颐和园管理部门会不会有想法，过去工作人员的家人能在颐和园里住，现在不允许了，还能不能这么写。历史的差距太大了，那天我带小记者们去颐和园的食堂，一进院子，一是感觉院子小了，一是管理员非常陌生，更感到人和人的沟通需要孩子般的纯真。

问：写街坊邻居之间的温情也特别让人感动。其实这部作品是在不动声色地写了老北京的礼数和规矩。我想您在写这部作品的时候，也应该有所寄托的吧？

叶广芩：现在人和人之间缺少包容和信任。彼此有一层夹膜，各自被包起来。每个人生下来都很寂寞，一直到死。包括夫妻，彼此有各自的世界，各自内心永远不能融合。怎么处理自己的寂寞感，很多人没有学会，一个人待着就该生事了，产生一种戾气。本来可以自己消解的东西发泄到社会上，发泄到邻里之间甚至同事之间，这就是缺少对寂寞和独处的理解。现在的孩子也是寂寞的，沉迷在游戏中，不和别人接触，只对自己的小天地感兴趣，怎么理解、化解寂寞，怎么和社会融入，这一点需要学习锻炼。

问：儿童文学的创作对于您来说，有怎样特殊的意义？

叶广芩：就像唱了一台大戏，又唱了一个小花旦。人的生命，质量最后越活越重，离开世界的时候越活越轻。

问：现在很多作家都加入儿童文学创作的队伍，对这种现象您怎么看？

叶广芩：挺好。儿童文学相对于其他门类来说有点薄弱。我担任陕西省作协儿童委员会副主任，多少关注了一下儿童文学创作，感觉一些作品过于概念化。宫崎骏的动画片就没有说教，《龙猫》里小梅走失的时候，两岁的小孩子都能看哭，我觉得这是对亲情的感受力。我们的文学作品能不能不靠说教达到这种程度？当然很多国产的动画片也陪伴着一代代孩子在成长，但是更多的儿童文学作品或多或少带有理念性、教条式的东西，总想告诉人们什么是好的，什么是坏的，完全站在大人的角度，没有从人性上感动读者，缺少更深刻的感染力。

颐和园曾经的街坊四邻，让叶广芩初识人生。这里的精致大气、温情善良奠定了她的人生基调，也让她受用终生

问：对于家族题材，您写得足够多，也非常成熟，但是评论界也有一种看法，认为没有太多突破。您怎么看？

叶广芩：对我来说，突破就要从大院里走出来，走向胡同，走向百姓的生活。我在《去年天气旧亭台》这本书做了这样的突围。这种突围对我来说有难度。我对今天的北京了解并不充分，北漂是怎么生活的，北京是怎么建设的，我融不进来。虽然我在北京有房子，也办了暂住证，但是融入今天的北京生活还要努力。这是我的欠缺。

问：您曾经谈到对于长篇的结构还没有完全把握，现在呢？

叶广芩：每个作家都有自己的弱点，我的弱点就是结构。就像书法，我知道问题在哪里，练熟了，下次写的时候又卡住了。程式化的东西对作家来说，会潜移默化左右自己的创作，和初学画画没有框框的人是不一样的。程式的东西太娴熟了。我提醒自己写儿童文学不要落于成人的程式化里。写着写着议论上了，或者写着写着来几个穿插穿越，写儿童文学不能这样。我下载了很多宫崎骏的动画，买了相关图书，学习它的构图色彩，不光是文字的美，还有图画的美，几种美合在一起，雅俗共赏，老少咸宜，这是高明的儿童文学作品。

张抗抗：我愿这世上的一切诚实坦白

张抗抗，1950年出生于杭州市，祖籍广东江门。已发表小说、散文共计700余万字，出版各类文学专著近百种。代表作有《隐形伴侣》《赤彤丹朱》《情爱画廊》《作女》以及《张抗抗自选集》5卷等。有多部作品被翻译成英、法、德、日、俄文，并在海外出版。曾出访南斯拉夫、德国、法国、美国、加拿大、俄罗斯、马来西亚、日本、印度，进行文学交流活动。曾获黑龙江省德艺双馨奖、第二届蒲松龄短篇小说奖、第七届冰心散文奖、第十一届上海文学奖、全国优秀短篇小说奖、优秀中篇小说奖、第二届鲁迅文学奖，三次蝉联中国女性文学奖。曾任第十届、第十一届、第十二届全国政协委员。

Ⅰ 采访手记 Ⅰ

作为一个新时期的写作者，张抗抗曾经历了20世纪70年代末的反思与呼唤，经历了80年代中期到90年代中期的现代主义实验文本，90年代中期以后面对市场大胆尝试，再到近十年来不断反思、沉淀之后的《裂隙》，尽管在叙述方法上有许多变化，但她对人的精神世界的关注一直在延续。

她的写作反差很大，《隐形伴侣》充满实验精神，《赤彤丹朱》严肃悲壮，《情爱画廊》唯爱唯美，《作女》则充满了自我挑战，及至《裂隙》，其厚重与深刻堪称史书……张抗抗曾在"西湖论剑"论坛上提出"中国文学缺钙"的论点，认为中国的文学创作需要更多批判意识，很多文学作品缺乏硬度和骨气。我想，她是以实战展示文学的勇气和骨气，她对中国社会各层面的敏锐洞察力和秉笔直书，让人感佩。

回想起来，认识张抗抗十几年，最集中的采访是"两会"期间。她是第十届、第十一届、第十二届全国政协委员。每次采访她都会有意外收获，因为张抗抗每年都会有七八份提案，15年间约有百余份提案，内容涉及著作权保护、遏制网络侵权、建议政府扶持传统书店、倡导阅读等诸多方面。她的提案既有生动的案例，又有理性分析和具体措施，像她的文学作品般富有说服力和吸引力。

喜欢张抗抗的文字，爱她的优美灵动，爱她的大气厚重；及至接触，才发现张抗抗的直爽干练和她精致优雅的容貌，与她笔下的文字一样是有反差的，这反差来得自然真实，因此让人格外愿意亲近。

"我愿这世上的一切，都是自自然然，诚实坦白，按自己的意愿生长，万不要为了取悦于谁，拗着自己的本意扭曲变形。"张抗抗是这么写的，也是这么做的。

借用知青生活这块乡间"宅基地"，在上面盖了自己的房子

问：您文学的理想是从什么时候确立的？1961年您还在小学五年级时，就在《少年文艺》发表作品。1972年，您在上海《解放日报》上发表了第一篇小小说，后来又在《文汇报》上发表了长散文。1976年长篇小说《分界线》出版——您走上文坛如此顺利，对于确立写作的信心大有益处。很想知道您的创作状态，为什么一直都那么饱满，那么生机勃发？让您坚定执着地走下去的原因是什么？

张抗抗：少年时代的"理想"，只是一种兴趣爱好而已。父母都是20世纪40年代成长的知识分子和进步"文青"，他们把对文学的热爱传导给了我，家庭的文学氛围对于我有着潜移默化的影响。进了中学后，我参加了杭州一中（现为杭高）的"鲁迅文学兴趣小组"，初三还遇上了很好的语文老师，作文发表和获奖，确实培育了我的自信心。60年代末上山下乡运动开始后，我去了北大荒一个农场，那时候除了孤独寂寞一无所有，只能在文学中寻求安慰。即便在"文革"那样严酷的环境下，在知青连队宿舍和探亲回家的假期里，很多人私下里阅读的都是偷偷流传的"封资修"读物。文学伴随着我度过了知青整整8年时间，是文学让我没有虚度青春年华。如今回头看，早期的写作不仅无知，更是幼稚肤浅。并非"饱满"，而是"无奈"，在极度的无望中，无从选择自己"该做什么"，只有"能做什么"。尽管当时的"革命文艺"，与我童年少年接受的那些"资产阶级文学"，观念上有冲突和抵牾，我心里也由此生出很多对现实的疑问。"真善美"的文学种子一旦播下，"疑问"积累到了相当的数量，它会在不断的"反刍"中，最终成为体内爆发的能量。所以当70年代末开始"改革开放"，早年"暗藏"的那些文学种子、人性和良知，很快就

在我内心复苏了，也就很顺当很自然地回归到"文学的正途"上来。从事写作50多年，我"坚定执着地走下去"的原因，除了诸如"热爱文学"等陈词滥调，更多是因为我希望通过文学来"解决"自己的问题，这个"问题"就是"不明白"，是"困惑"，是对人生、生命、社会和自己的困惑。困惑之后，发现自己"有话要说"。就这样，一年一年便过去了。"饱满"和"生机勃发"只是表象，只有我自己知道，如何度过一次次精神危机。不过，我父亲的性格顽强锐利，我母亲天真善良，我或多或少继承了父母的部分遗传基因吧。

问：您如何看待知青生活？我知道您写过随笔《无法抚慰的岁月》还有很多小说，您早在90年代末期就坚决否定了"青春无悔"那种说法。可见知青生活在不同人的记忆中有不同的版本。知青生活对您的写作带来怎样的影响？在您的作品中，有一部分是描写知青生活，但比例不算大。相对于梁晓声、叶辛等作家而言，您的"知青题材"有何特点，愿意谈谈吗？

张抗抗：8年的知青生活，大多数人都是浑浑噩噩地打发时间，可我全部的业余时间，都用在读书和练笔上。我心里揣着一个小秘密，内心有一个与命运抗争的声音："我要写作!"每天记下一段有趣的对话或是读到一个好故事，就觉得自己没有浪费青春。那时候知青的前景黯淡，我不可能指望写作来改变命运，只希望通过写作排遣孤独，为这种看不到前途的生活增添一点亮光。当我沉浸在阅读和写作中，现实的艰苦与荒诞，都被文学暂时化解了。我在场部文艺宣传队的时候开始写长篇提纲，后来三易其稿"自学成才"，再加上编辑的指导，小说《分界线》1975年在上海文艺出版社出版。

那部文字还算流畅、发行量巨大的"知青小说"，为我赢得了文学之路上最初的声名。当时没人能预知几年后中国将会开始一个拨乱反正的新时期。但是，无论我可以有多少种理由为自己辩解，比如我渴望通过写作实现自己的价值，比如这部作品完全出于"自发"而非某种政治授意，比如文学不可能脱离当时那架庞大的宣传机器而独立存在，比如在那个蒙昧无知，信息封闭的集权年代，如何要求一个未谙世事的小女生具有分辨是非的火眼金睛呢？然而，当我在后来的岁月里一次次回头审视那些所谓的"作品"，我仍然会为自己感到羞愧。若是正视自己，我必须承认，除了对成功的向往、对虚荣的渴慕、对孤独的恐惧，还有潜意识中本能的自我保护、趋利避害、平庸愚昧，最后不自觉地用笔说假话……我就是这样丧失了对真假善恶美丑的辨识力。

问：1976年以后，您有一段沉寂时期，几年没有发表作品？

张抗抗：风起云涌的启蒙新思潮，使我重新认识了"文革"、知青时代。1979年，我发表了短篇小说《白罂粟》，这是一次重要的人性回归。这篇小说对知青自身的错误和弱点，已有了一点朦胧的警觉。尽管我对于"忏悔"意识也有一个认知过程，曾经认为知青拒绝忏悔，因为没有人有资格担任知青的"忏悔神父"，这个想法依然是沿袭了社会批判的指向，而后才逐渐"向内转"叩问知青自身，寻找那段历史与人性弱点之间的内在联系。在我几十年的创作中，有关知青题材的作品占比其实并不高，与其他几位知青作家的侧重点也有所不同。我不认为自己是一个专事"知青文学"的作家，间断性地写过的那些知青生活的中短篇小说，只是借用了知青生活这块乡间"宅基地"，在上面盖了自己的房子。目前为止我的"知青小说"代表作是短篇小说《无以解忧》《干涸》，中篇小说《沙暴》《永不言悔》《残忍》《请带我走》等。1997年知青上山下乡30年，我写了那篇"著名"的随笔《无法抚慰的岁月》，表述了我对知青运动的看法。我认为老知青所谓"无悔"的豪言壮语，作为个人体验尚可理解，若是成为一代人"追忆往事"的口号，就有些自欺欺人之

119

嫌了。整整一代人牺牲和浪费的青春、时间和生命，不能用"青春无悔"这种空洞和虚假的豪言壮语一笔抹去。

基于个人的审美情趣，我曾经写过一篇散文《最美的是北大荒》。记忆会不自觉地进行筛选，留下来的大多是美好的事情。北大荒的夏天，草甸子里那么多的野花，我幽闭的心情一下子就灿烂了。从地平线尽头漫上来的云彩，层层叠叠变化无穷，令人着迷，我经常傻傻地坐在地头看云，痴迷陶醉。有时候傍晚下了工，到小河边洗衣服，岸边是各种野花，河水很清，小鱼小虾在水里生动地游来游去。月亮圆了的日子，亮晶晶地照在冬天的雪地上，空气冰冷而透明，月亮在雪地上的反光，刺得人睁不开眼睛。那时候知青都穿棉胶鞋，里面有毛袜子和毡垫。棉胶鞋很笨重，踩在新鲜的雪地上，发出咔哧咔哧的声音……很多很多美的瞬间，会让自己感动，那一刻就会觉得生活还值得过下去。一个人只要没有失去发现并感受美的能力，心灵就不会枯竭。多年以后我们陆续离开了北大荒，离开了我们曾经流血、流泪和流汗、痛苦与欢乐交织的土地，我们心中却留下了对它千丝万缕的眷恋。尽管后来我去过祖国和世界上许许多多美丽的地方，但在我的心灵深处，将永远固执地认定北大荒是最美的地方。因为这种美属于我自己——属于我们苦难生活的一部分。

问：您是"文革"后文学讲习所的第一批？进入讲习所时，您已是颇有名气的作家了。那个时候文学讲习所，集中了一批知名作家，写作的氛围也很浓吧？您是怎样的写作状态？

张抗抗：1980年4月中国作协举办的第五期文学讲习所，集中了当时已崭露头角的多位中青年作家，比如蒋子龙、叶文玲、乔典运、贾大山、韩石山、陈国凯、叶辛、孔捷生等人。严冬刚过，寒意未消，暗流涌动，波澜起伏，各种新思潮纷至沓来。讲习所邀请了多位大家崇仰已久、劫后余生的前辈作家和学者为我们授课，讲座内容大多围绕着如何打破桎梏、解放思想，重新树立正确的文学观以及文学创作的常识。再晚几年，其中大多数"文学大家"恐怕就见不到了，这也算是"最后的文学盛宴"吧。所学课程多以文学经典为主，还组织观看经典电影、新电影或欣赏新上演的舞台剧等。这是中国当代文学史上一个极其重要的"回春期"，同学们都如饥似渴地学习，课余也在讨论或埋头写作。因为班上要开《红楼梦》讨论会，记得我重读了一遍《红楼梦》，还写了"论文"。学期即将结束时，讲习所组织了同学和驻校老师去北戴河度假，在那里我度过了30岁生日。讲习所学习期间，我们在课余参加京城各种文学活动，休息日我常去拜访父母亲的老朋友，也交了不少新朋友。东北10年封闭的生活，使我特别希望自己开阔眼界祛除旧习，京城的三个月很快就过去了，前几年我写过一篇回忆文章记述讲习所的学习生活，老师同学可谓各美其美、各妙其妙。

值得一说的是，我从北京回哈尔滨之后，很快写出了中篇小说《北极光》，发表在1981年《收获》第3期。读者认为这部作品表现了青年一代在新时期的迷惘和希望。实际上当时我已受到存在主义思潮的影响，试图在作品中探讨现实的"无"和观念的"有"之间的关系。新时期文学从"破旧"到"立新"的"双重转折"，我完成得并不艰难。

20世纪80年代是张抗抗写作的"成长期"，用"蝉蜕"两个字来形容最为贴切

问：《隐形伴侣》中吸收了现代主义的创作方法。能谈谈您是从什么时候开始自觉投入创作上的学习吗？在这一过程中，您受到哪些作家作品的影响？可否谈谈您的写作营养来自哪里？

张抗抗：《隐形伴侣》写于 1984—1985 年。之前几年已有不少西方新思潮译作陆续问世，从港台带进来的弗洛伊德、尼采等繁体字书籍，为我打开了一个从未涉足的潜意识王国；与此同时，我也在"异化"理论中找到了时代变革的思想依据。当时出版的所有先锋文学译作我几乎都读了，除了南美的马尔克斯、略萨之外，我尤其喜爱加缪和卡夫卡，也对美国的《二十二条军规》如此奇特的文本感到震惊，它们几乎颠覆了以往"小说作法"的全部信条。还有高行健的《现代小说技巧初探》那本小册子，也使我受益匪浅。对我直接发生影响的是弗洛伊德的心理学，他揭示了人类潜意识和人性"假恶丑"的本质，私欲是人性最基本的特性。当时我正在构思一部以知青生活为依托的长篇小说，我发现若是用传统的叙事方式，已经难以表现自己对"人"的新认识。我下决心"颠覆"自己之前的小说作法，采用意识流、梦境、呓语等荒诞手法，以亦真亦幻、现实与意识流交错的个人化叙事，表现人对自身善恶的辨识，它超越了"知青文学"的苦难和伤痕，进入对"人"本质的探究。这部长篇小说名为《隐形伴侣》，1986 年 6 月由作家出版社出版。可以说，这部小说是我在新时期重要的代表作，也是我文学道路上的里程碑。

问：很多人怀念 20 世纪 80 年代的理想氛围，比如文学界的作家和评论家们。您能谈谈您经历的 80 年代，写作和生活的状态吗？那一时期您的写作有怎样的变化？

张抗抗：80 年代中后期，新书译作带来的新思潮新观念如此密集，犹如一批批轰炸机运来重磅炮弹，落地后掀起的石浪土渣，与文学界的激烈争议释放的烟雾混在一起，沙尘滚滚令人窒息。我敏感到文学又一次"告别"即将到来——告别"革命"也告别过往的自己。乔伊斯、普鲁斯特、艾略特、迪伦马特等"先锋"的祖师爷，早在二三十年代就进入中国并影响过我们的父辈那代人，却被屏蔽半个世纪后才重续"前缘"，历史兜了一个大圈儿又回到原处再出发。那不是单纯的文学技巧之变，而是一种认识论，它打开了人类了解自身的地窖之门，是当代文学绕不过去、必须攀登的一座高峰；更是意识和观念之变，是走向开放的中国文学绕不过去的海滩。这些振聋发聩的新理念极大地影响了我后来的创作。在现代主义文学思潮影响下，一部分作家已经开始了新的创作实践，并取得了极大成功。先锋小说、寻根文学、"文化热"已渐成气候，打破了传统"现实主义"创作方法的绝对性和唯一性，我对此极为关注。

整个80年代，我都是在不断学习中度过的，情绪亢奋惊悸欢快慨叹跌宕起伏。80年代是我写作的"成长期"，用"蝉蜕"两个字来形容最为贴切。我犹如在不断地蜕壳，脱去了笨重的冬装，换上了轻凉的夏装，再穿上华美的秋装……更重要的是，我心里的"硬茧"开始软化，"茧子"里的蛹开始化蝶，意味着我的作品从形式到内容的双重蜕变。

张抗抗说，如果写作仅仅满足于讲述一个离奇或平庸的故事、为了炫耀自己的文学技巧、为了获奖或迎合某种潮流，抑或三者合一，她将会失去写作的动力

问：您的很多作品在关注现实、表现当代人困惑的同时，始终在追问历史、挖掘人性的深度，具有将当代性与历史性融为一体的特色。例如长篇小说《赤彤丹朱》、中篇小说《斜厦》《第四世界》《残忍》《请带我走》等，都为我们展现了一种沉重的回望和思考，与当代女作家的写作风格有很大差异。我很好奇，您是怎样成为"这一个"，而不是"那一个"的呢？

张抗抗："这一个"是由作家自觉或不自觉地选择确定的。有些作家为爱而写，有些作家为美而写，有些作家为追名逐利而写，有些作家为克服恐惧而写。如果一个人心里有痛，就会写出具有痛感的文字。"我"之所以成为"我"，必有我的伤痛触点和精神缘由。《赤彤丹朱》用不同于传统小说的叙述方式和文体结构，从"女儿"的视角讲述了"我"的父辈，一对"红色恋人"在长达半个世纪的时间里，从参加"革命"到被"革命"拒斥的坎坷经历。小说采取了叙述者在出生前及出生后，与被叙述的"母亲"合为一体的新奇构思，以表现更为真切同步的生命体验，写出了历史烙刻在"我"身上的那个样子。它们早已超越了个体的意义，成为解读当代史的一小块模板。如果我的写作仅仅满足于讲述一个离奇或平庸的故事、为了炫耀自己的文学技巧、为了获奖或迎合某种潮流，抑或三者合一，我将会失去写作的动力。

问：进入 90 年代中国改革的市场经济时代，您的中篇小说《银河》《寄居人》《钟点人》和长篇《情爱画廊》等作品，较多地关注了女性地位和命运。您的笔下似乎一直有两条线并行不悖。那么，作为女性作家，您对于女性是否有格外的体贴？尤其是《情爱画廊》，因在书中对两性关系的描写备受争议，改编成电视剧后引起更广泛的轰动。多年过去，您如何看待当时那些不同的声音？那些声音对您产生过一些影响吗？

张抗抗：没有什么影响。写作的人一贯都是我行我素的。在一个除旧布新的变革时代，读者或是批评家停留在原有的审美习惯中，误读、短视都很正常，我早已学会了倾听不同的声音。《情爱画廊》在1996 年由"布老虎丛书"出版，这部书的写作其实带有某种"突发性"。20 世纪 90 年代商品经济的冲击力，把传统文化中有关情爱的禁忌冲出了一个缺口，出现了一大批涉猎性爱的小说。然而，几千年的男权社会延续下来的传统观念，深入于我们的日常生活和文人的审美趣味里，也浸润在一部分男作家们的骨髓里，那种把女性作为赏玩肆虐对象的控制心态，基本成为他们的"集体无意识"。所以中国产生不了像雨果、劳伦斯、小仲马、川端康成那样善写美雅纯正情色小说的作家和作品。在我们这样一个所谓男女平等的社会，就算是共和国以立法的形式给予男女平等，但其实男女在心理上、情感上是仍然是不平等的。我对男作家没有偏见，是对中国传统文化中的那种畸形变异的趣味不满。此前我对爱情小说并没有特别关注，但是受到了当时那种情形的"刺激"，创作冲动活生生被调动起来。商品经济时代也意味着进入了一个不相信爱情的物质时代，空气中所有的信息都在刷新（也毁坏）我们原有的价值观念。经济和商业的浪潮，在冲垮了文学中"性"的禁区的同时，也带来了污浊和低俗的性文化。《情爱画廊》一厢情愿地想要给读者展现一种"美的性""纯的爱"，以唯美唯爱的情感抵抗世俗社会。我可以容忍精神的萎靡，但不能赞同趣味的低级，我相信世界上总有"劫后余生"的爱情理想主义。而一部作品若是不"矫枉过正"，是很难产生冲击力的。优秀的文学作品不是描写那些已经发生的事，而是书写那些应该发生的事——这是现实主义和理想主义的区别。我希望以此书告诉人们：我们应该拥有如此美好的生活，未来社会男人和女人之间的关系就应该是这样的。我写《情爱画廊》的另一个原因是，希望探讨我们这些一直被"豢养"的体制内作家，究竟能不能靠版税来养活自己。《情爱画廊》可以试一试市场的号召力，探讨与读者的关系。其实，我自己最"得意"的是，我在这部作品中找到了用色彩和形象，来代替爱情业已陈旧的文字语言，用绘画来连缀故事、刻画人物。绘画语言具有一种可容纳丰富想象、文字难以到达的可视性"参与"。"画廊"建成之后，才有了爱与美的载体。多年过去，偶尔会觉得当年那些批评者如此大惊小怪，好像有点"幼稚"。但与此同时，我仍然会被那些有关理想主义和浪漫主义争议的认真态度所感动。

"我从来没有把'成功'作为衡量作品的唯一标准，而是听从服从自己内心的声音"

问：进入 21 世纪，《作女》《芝麻》《请带我走》《干涸》等作品，表现题材和手法更为丰富。您总是执着地探索新的风格和手法，但是这种探索也是需要勇气的。您担心过不成功的尝试吗？

张抗抗：正如你所说，我的探索与实验已持续了几十年。我很高兴你注意到这一点。20 世纪 90 年代，我已有了文体创新的自觉，不愿意让自己的创作风格停留在 80 年代或过早定型，更不能容忍内容与形式的重复。我在 90 年代初期和末期创作的多部中短篇小说，如《因陀罗的网》《沙暴》《斜厦》《残忍》《银河》等，都在寻求叙事方式和语言的变化和创新。年轻时的探索，是因为心里燃烧着不甘平庸的火焰、充满了"实验"的热情，宁可作品写"废"，也要冒险一试，不怕失败。我从来没有把"成功"作为衡量作品的唯一标准，而是听从服从自己内心的声音。如今回首，我既庆幸其中有些作品获得了较大突破，也为自己写作的仓促抱憾。有些题材假若能想得更透彻、打磨得更精致再发表，想必会更好些吧。我们总是在事后才会恍然大悟，自己为哪一些可有可无的作品浪费了宝贵的时间。我的文学观以及写作方法，晚至 21 世纪才基本定型。

问：作为职业作家，如何在创作中持有饱满的激情和动力，您有何经验可以分享？最初写作的时候，您有没有文学上的偶像？或为自己树立过什么目标？现在看，目标达到了吗？

张抗抗：细细梳理下来，我的文学50年，大体可分成4个阶段：1972—1979年的习作期；1979—1989年的成长期；1990—2002年的探索期；2002年至今，成熟期。再往下就该进入晚霜期了。经年累月，看似硕果累累，真正能够留下来的作品，却少而又少。半个世纪的文学路，有如沙上筑塔，根基肤浅，难成大家。由于起步于愚昧年代的泥淖，30岁以前的文字，如今几乎不忍卒读。渐醒渐悟的后半生，依然在一次次艰难的蝉蜕中挣扎，每一部新作品，都是精神与文学的极地重生。我的写作从未设定目标，径直往前走，前面永远是地平线，没有目标也就无所谓到达，那个无法到达的远方就是艺术女神的应许之地。我不喜欢偶像，所以不选择任何作家作为我的偶像。半生写作，并无可供分享的经验，只有惭愧和太多教训。作为职业作家，能否保持恒久的创作激情，取决于内心的创作动力。动力也可补给，源头是对世上一切生命的怜爱和悲悯之情。

"10年时间过去，这部长篇才成为我企盼的那个样子。它耗尽了我所有的力气"

问：毫无疑问，您的《裂隙》3卷本新书是一部厚重的大书。其中所展现所呈现的中国年轻一代知识分子群像以及20世纪80年代当代历史，都显示出大气象。为了这3卷本著作的写作，您做了怎样的准备？对于这3卷本著作，您抱有怎样的期望？

张抗抗：20世纪80年代已经成为历史，当年发生的一切，在我的记忆中依然鲜活如初。那些石破天惊的事件和人物，对于中国的变革有着无可估量的意义，目前已有不少文学作品进行了局部的记述。而我的目光聚焦在知识分子群体，在那场未完成的"启蒙"中，老一辈知识分子微弱的思想光芒，究竟是怎样冲破一道道藩篱，牵引着夜行寻路的人们？年轻一代知识分子，在纷繁的世相中，怎样接续有关"人"的主题并完成自己？进入21世纪后，我越来越强烈地渴望"重回"80年代，研究解读这段历史并以文学的形式加以保存，需要以我的后半生倾力而为。我从2006年进入这部长篇小说的创作准备，看了大半年的书、补充采访搜集资料，构思安排故事情节、设计小说人物，真正开始写作已经是2007年了。初稿是一个单卷的构想，并没有那么大的"野心"，写了三四十万字，不满意，放一放再改第2稿，还是觉得不行。我发现自己面对的是一个"无限大"的历史空间，我不仅需要描述80年代是怎样的，还需要解决一个问题：为什么会有80年代？这样就回溯到70年代、60年代、50年代，甚至更早更远……这些问题困扰我，超过了我已有的知识积累，我不得不花费巨大的力气进行"补课"，再读书、再思考，小说的结构也随之延伸扩大。就在这样一稿一稿修改直到第6稿，10年时间过去，这部长篇才成为我企盼的那个样子。它耗尽了我所有的力气，写完后我觉得自己整个人都"空"了。如今，对于这3卷本100万字的大长篇，我期待它有一日能够出版。但它注定了是一部"小众"作品，只要少数人能够喜欢并懂得我的良苦用心就好。

问：《裂隙》的风格完全迥异于您之前所有的作品，小说结构也耐人寻味。我发现您创造了一种特别的文体，3卷本的目录看上去非常简单，只是"您""你""我""他""她"等代称，但在排列组合上，3卷又各有不同，标题的极简给人错觉，因为一旦进入每个"个人"之后，却是一个繁复的大天地，带来阅读的惊愕和强烈冲击。

张抗抗：我很高兴你成为"少数人"之一，你对这部小说的阅读"发现"也令我欣慰。我的前两稿，写出来后自己都觉得缺乏新意。搁置了一段时间，也听取了两位朋友的意见，对素材进行深度分析和重新整合。当我终于找到了现在这个构架，也就是"你我他"这一旋转视角，我下决心放弃了前面的两稿，另起炉灶，完全按照新的构思重写第三稿，这需要否定自己、正视自己的勇气。"你我他"到"你们我们他们"再回到"你我他"，这个"有意味的形式"，本身就象征着80年代"集体意识"的消解、个体生命的逐渐回归壮大又再次被"集体"湮灭的过程……

问：《裂隙》凝聚了一代甚至几代知识分子心灵史的变迁，启蒙、革命……中外革命的对比，"文化热"的两面性，无休止的思考、辩论……这样丰富全面历史性的写作，对您而言，是否也是极大的挑战？书中处处充满隐喻，在您之前的作品中似乎没有这么多集中的呈现？

张抗抗：书中的隐喻可给予读者更大的想象空间，这是该书的内容所决定的。此前的作品确实没有如此集中的呈现，这也是由作品的体量决定的。它对于我是一次巨大的挑战，全方位的挑战——挑战我的思维能力、挑战我的学习能力、挑战我的综合分析能力、挑战我的毅力和耐心、挑战我对时间和空间的驾驭能力、挑战我的创造能力。甚至，更多地挑战我的体能。整个写作过程犹如在一条深不见底的隧道摸索行走，头顶是厚重的滴水山岩，仅仅在黑暗的尽头有一线光亮。一次次触墙撞墙，弹回来，再继续。然而，挑战也带给我极大的快感，我体会到登顶和翻越的快感。当我终于走出隧道的时候，我已不再是原来那个我了。

问：在阅读过程中，我不时停下来查找那些相对陌生的词汇，了解那个年代曾经经历的事件，越来越觉得您书写正直勇敢犀利。您如何评价这次创作？您如何看待《裂隙》在自己创作中的意义和价值？

张抗抗：这也许正是我写作的初衷之一。你的年龄比我小很多，书中发生的故事，你这样的读书人都已经很陌生了，何况更年轻的读者？历史就是这样被有意或无意地模糊、涣散、拆解直至被遗忘。也许再过些年，那些人和事就将被岁月的尘埃又一次掩埋了。我只能以写作来对抗遗忘、对抗现实。在我一生中，这10年是最艰难、最辛苦，也是最认真的一次创作过程。这部长篇也是我所有作品中最重要、最成熟的作品。我从50多岁的年龄一直写到60多岁，伴随岁月的消逝，这部作品成为一次不可再生的生命体验。一个作家如果"舍得"用10年时间来写一部书，那一定是非常值得做的事情。

问：3卷本虽然厚重，但情节紧凑，有节奏感，非常吸引人。很想了解您的写作习惯，比如是否习惯听音乐？对写作的环境有何要求？

张抗抗：该书的节奏感是由情节的起伏跌宕带来的，那是一个具有强烈节奏感的年代，比如摇滚、诗歌、时装秀、火锅、上访……那些故事本身跳跃的节律，足够强劲了。写作的时候我需要安静的环境，除了喝茶，没有别的习惯和要求。我不能在写作的时候听音乐，因为音乐必定把我的注意力吸引过去。我觉得好的音乐是需要用心听的，不是可有可无的那种。专心写作的时候，或是嫌旁边的音乐声太吵，或是什么音乐都听不见了。这10年我几乎"戒掉"了所有的爱好，比如旅行、观剧、美展，甚至连电视连续剧都没有完整地看过一集。

问：在这次写作中最大的困惑或难度是什么？您又是如何克服的？

张抗抗：最大的困惑是不断有新的精彩细节从各种渠道蹦出来，我的素材储备时不时需要更新，感到自己无法"穷尽最好的"而沮丧。最大的难度是时间永远不够用，数年加班加点睡眠严重不足使我感到精疲力竭。长篇小说是脑力劳动更是体力劳动，不止一位作家曾发出过这样的感叹。写到第4稿，"上中下"3卷的格局和基本长度已定，我对此颇感气馁和恐惧，因为所有的好句子好想法，都得一个字一个字在电脑上敲打出来，翻过一座山前面还有一座更高的山，那几乎是一个遥不可及无法到达的终点。10年中还有很多"计划外"的干扰占用了我的时间，一度我曾怀疑自己难以完成这部书稿，怀疑自己写不好这部书。但是宗璞先生给了我克服困难的力量。多年来我一直和宗璞先生有联系，她已近九旬高龄，眼睛耳朵都不好，经常眩晕，仍然日复一日坚持口授她的著述，直到把最后一卷《北归记》写完，前后用了30年的时间，完成了4卷本的《野葫芦引》。她就住在我家附近，我常去看望她，她的"难度"我一个都没有，我有什么理由放弃呢？她曾说要和我比赛谁先完成这部大书，结果还是她先跑到了终点。

"这些年我为实体书店、为遏制盗版、为作家版税的种种呼吁，都是因为'履职'之需，是我应尽的公民之责"

问：很长一段时间，我们经常看到您在"两会"上的声音，看到您作为国务院参事为国计民生鼓与呼。这些社会角色，会不会影响您的创作？

张抗抗：作为全国政协委员，一年要付出大半个月用来开会写提案；作为国务院参事，两周要集中学习一次，还有一年两次的调研活动等等，从时间上看当然是影响创作的。但如果从长远看，或许是另一种形式的"体验生活"。作家不能总是坐在家里，在这些职务的履职中，我了解了国家机器的运行规则，多有补益。

问：感觉您是一位热衷于公益事业，"国事家事天下事事事关心"的作家，这种关心，不仅仅是读书看报，也不仅仅是以作品反映现实生活，而是亲历亲为。比如您不惜时间和精力多次为"全民阅读"，为维护作家权益跑前跑后，多次调研并在不同场发表言论和文章。当您冲在前沿做这些事情的时候，是否依然有一种激情或理想主义的情结？

张抗抗：我早年的那些理想主义、浪漫主义情结和激情，已经消耗得差不多了，快要变成一个事务主义者了。这些年我为实体书店、为遏制盗版、为作家版税的种种呼吁，都是因为"履职"之需，是我应尽的公民之责，这是实实在在的话。也许我身上还残留着一些传统观念，认为自己应该言行一致、表里如一。我在作品中倡导的那些价值观，应当身体力行。如果我不说不做，没人会责怪我，相反，我说了做了，有些人反而不舒服。但我没有办法，我做不到坐视不管。有时候我觉得这些事情并不是为"他人"做的，而是为我自己的良心做的。我因此觉得心安。

问：您对实体书店日渐衰落的现状，融入中篇小说《把灯光调亮》，这篇小说读来非常亲切，在《上海文学》发表后多次被转载，并获《小说选刊》《上海文学》年度大奖。好像很久没有读到您的中篇了，也许我视野有限。可否谈谈您对短篇、中篇和长篇不同体裁的看法，更偏爱哪种？

张抗抗：短、中、长篇小说，我各有所爱，缺一不可，因为它们能承载的任务是各不同的。就像自行车、小轿车、巴士，各有不同的用处。其中最难写的是短篇，我不认为那些篇幅和字数少的小说就是短篇，好的短篇需要独立的构思，"独立"指的是这个故事往往处于一种封闭状态，并不与其他故事发生关联，无论外在条件怎样变化，无论你把它安置在哪一种环境下，它都能够"不增不减不生不灭"、能够"一丈以内绝无旁枝"、能够"以不变应万变"；它对文中的人物描述和句子的简省度，要求近似苛刻，几乎到了"多一字则长"的程度，而且小说结尾必须做到"反转式"的意外。

多年来，我喜欢浏览短篇小说，但每当我发现这个短篇小说篇幅过长，便兴味索然了。由于我对短篇小说抱有这样的"偏见"，所以如果没有遇到恰当的题材，轻易不敢写短篇。2016年上海的九久文化公司出版了我的短篇小说集《白罂粟》，其中我只选了几十年来创作的9个短篇，可见短篇之难。如果说短篇小说是一个"点"，那么中篇小说也许可称为一个"面"。它的表述空间略大，我通常会用来表现那些可以"装下"三五个人物的故事。但无论时间跨度有多长，也有一个"故事出发点"的约束，好比圆规的一只脚，一定是立于中心不动的。另一只脚拉出去，依此距离画一个圆，便是中篇小说的基本内容。小说体量的大小，取决于圆规的"腿"长。腿可长可短，但不可以没有圆心。那些优秀的中篇小说，都是因为有一个牢固的圆心，站住了，才可能把"另一条腿"甩出去，收放自如地构成圆圈。这个"面"的内部是有牵制的，不是一滴水随心所欲洇开去的那种面。再说长篇小说，一般人都以为长篇小说写作可以信马由缰，其实不然，长篇小说并不是以"长度"作为衡量标准的，仅以长度敷衍成篇，就容易变成一本"流水账"。好的长篇小说应该呈网状、立体交叉的时空结构。从"点"到"面"，再进入"二维码"或"三维"空间。长篇小说艺术是一种比较复杂的文学形式，这里不展开了，我本人认为写长篇叙事有较大的自由空间，不仅"十八般武艺"都用得上，还可以完整地表现一个"大主题"。只是长篇小说需要丰富的素材积累和认知积累，很见功力、易露破绽，只能"三年打鱼两年晒网"，写作前的准备时间，往往多于写作所耗费的时间。

谈散文，小说若是"旁白"，散文就是"独白"。小说是写给他人的，而散文，是写给自己的

问：您的散文堪称经典，可否谈谈散文集《回忆找到我》？

张抗抗：这本散文集收录的大多是旧作，这10年来我由于写长篇，散文创作量有限，所以只能把旧作分类，按"主题"进行编选，这样便于读者选择。《回忆找到我》就是一部有关乡情、亲情、友情的主题散文集。

问：20世纪90年代末，《张抗抗散文》获得第二届鲁迅文学奖散文杂文奖。还记得当时的情况吗？您是在什么情况下获悉自己得奖的？

张抗抗：《张抗抗散文》是解放军出版社2000年出版的，责任编辑李鸣生。他不仅是个好编辑，还擅长纪实文学创作，连续荣获过三届鲁迅文学奖报告文学奖。我这本散文集的编选很精心、装帧很精美，拿在手里很喜欢，觉得有"资格"去申报鲁奖，并于2001年如愿获得第二届鲁迅文学奖散文杂文奖。那年颁奖是在鲁迅先生故乡绍兴，记得我和贺捷生大姐在会中忙里偷闲去了鲁迅先生的外婆家安桥头。我们问了好几个人才找到那个小镇，水乡老街的石板路、沿河的黛瓦木墙店铺、长满青苔的石桥、尖尖的乌篷船和乌桕树……大半个世纪过去了，它们仍然是鲁迅先生笔下描述的故乡风情。联想到我在初中时期参加过杭高母校的"鲁迅文学兴趣小组"（20世纪20年代，鲁迅先生曾在杭高任教），在一个周日组织我们来绍兴参观，第一次走进"百草园和三味书屋"；想到我在北大荒农场的时候，曾捡回一张废弃的小炕桌，由于未经抛光的桌面太毛糙了，我用自己从杭州带来的一张鲁迅先生16开油画头像印刷品（"文革"时印制鲁迅的画像很普遍）铺在桌上，下面垫了一层纸壳，画像上盖了一层透明的塑料纸，一张干净光滑的小书桌就做成了。我每天伏于书桌上读书写字，常常觉得鲁迅先生的目光正在凝视我。所以，2001年那个阳光灿烂的秋天，当我走进绍兴县城的颁奖会场时，忽然觉得那么多年的文学之路，鲁迅先生其实一直都在前方引领着我。

问：您认为什么样的散文才是好散文？

张抗抗：好散文要有真情实感，这是常识；好散文要言之有物，这是通识；好散文要有美的语言，这是定识。现代流行的白话文散文作法，脱胎于唐宋赋格明清小品，已摈除了"八股文"的死板教条规则，变得富于创造性。现代散文是一种散漫无定的文体，既可寄情山水亦可直抒胸臆；既可叙事亦可咏物，既可抒情亦可言志，是一个"无限大"的自由空间。然而，散文须有散淡之心，不可服务于某种浅近的功利。散文须有形不浮于色的章法，断不可散乱无序。近年来我们读到的那些好散文，大多遵循以上原则。我本人多年从事散文创作的心得，尤以第二点"言之有物"为要。若说小说中的"我"隐没在故事后面，那么散文就是一个站在前台的"真我"。小说若是"旁白"，散文就是"独白"。小说是写给他人的，而散文，是写给自己的。

问：无论散文还是小说，您的语言都非常美。能谈谈您在语言上的追求吗？

张抗抗：文学作品的语言必须有艺术追求，美感流畅简洁凝练，都是基本要素。但我们常常容易把"语言"和"文字"混为一谈。我说的不是书面语言与口语的那种分别，而是作品所运用的那些文学语言与汉语文字之区别。文字是固定不变的，中性的，是基础材料，带有工具性质。语言并非文字的机械组合，而是一门"语言的艺术"。就是说，文字在成为"语言"的过程中，所传递的信息已经开始转换了，它携带了文学语言所要求的内容、情感、思想，等等。如此看来，语言所携带的那些情感和思想，才能使文字变成"有机物"。我不觉得自己的语言有多么讲究，我缺乏古典文学功底，也缺少外国文学修养，既不华美也不精致。但为什么不少读者喜欢我的语言？大概因为我的语言不是苍白无物或故作高深的那一类，而是"有感觉""有内容""有质地"的，它们由于融入自然而变得鲜活、由于思绪纷扰而变得灵动。这些句子感动或打动了读者，语言成为我和读者之间最直接的介质。20世纪90年代，汪曾祺先生读了我的《牡丹的拒绝》，还为我这篇散文画了一幅牡丹图。但他同时也对我说：你的文章写得还不错，可惜就是太用力了。这个"用力"，也许是"刻意""过度"的意思。汪老先生的审美理念是自然素朴、风轻云淡的那种，也是我喜欢的散文语言之一。去年秋天在杭州和《浙江散文》主编陆春祥先生对谈，他提到博尔赫斯的一段话，说散文是"诗歌的复杂形式"。博尔赫斯的这个"复杂"耐人寻味，可作多种复杂的解读。诗歌的节奏在散文中的表现，是潜在和隐性的；诗歌的音律用于散文的语言，是弥漫而铺张的；诗歌的哲理体现在散文中，比诗歌更为丰富舒展。散文的结构和内蕴应当比诗歌更为立体；诗句有如雪山飞瀑奔流之下，而散文，则是宁静淡泊却深不见底的湖水。

问：在您的创作过程中，会留意对您的评论文章吗？您希望看到怎样的评论，您认为哪种评论才是真正有效的？

张抗抗：我不认为自己丝毫不在乎评论家的意见，事实上我们每一个写作的人都在不自觉地留意批评家的评价。无论他们是否契合作者的原意和本意，都可以让我们换个角度看自己的作品，我觉得评论家的分析往往比作者所想所写的复杂，也可学到很多东西。但那些意见，无论是赞赏还是批评甚至抨击，都不会影响或改变我的写作。我希望看到的评论，不是从某种"正确"的理论或理念出发，而是从作品的文本出发，对作者和作品有起码的善意和理解。不必指望评论文章的"有效性"，作家中像我这样"虚心"的人不多。还是让评论家和作家各写各的、各说各的吧。

问：您至今获奖无数，那么如何看待这些荣誉？您对自己的文学人生，一定很满意吧？接下来还有怎样的规划？

张抗抗：我写于2016年长篇休整期的那个中篇小说《把灯光调亮》，试图借助沉默的书籍，追索文化残存无几的"剩余价值"、追问世态的病相与病症、追填现代人的心灵空洞。这获奖当然令人高兴，但是到了我这个年龄，获奖与否真的已经不那么重要了。不够好的作品能够获奖，或是好的作品不能获奖，全世界乃至诺贝尔奖都有先例。我对自己的文学人生并不满意，因为当我们懂得什么样的作品才是真正的好作品、懂得自己怎样才能写得更好的时候，文思泉涌精力充沛的好时光已经差不多过去了，这令人悲哀。我对自己早期的作品不满意，原因在前面已经讲过了。我对自己的几部长篇尤其是这部新的长篇比较满意，但可能有些人不满意。总体而言，我对自己60多年"心灵的成长"比较满意，因为我有了独立意志以及表现生活的能力，"我"就是我最好的作品。接下来没有明确的具体的写作规划，我累了，也许，回到散文休养身心。

毕淑敏：我精心搭建想象中的世界

　　毕淑敏，1952年10月出生于新疆伊宁，籍贯山东省文登市。1969年入伍，北京作家协会签约作家。一级作家。北京作协第三届理事会理事，第四、五届副主席；中国作家协会第五、六、七、八届全国委员。1987年开始发表作品，著有长篇小说《红处方》《血玲珑》《拯救乳房》《女心理师》等。作品曾获《小说月报》百花奖、解放军文艺奖、庄重文文学奖、陈伯吹文学大奖、第二届中国女性文学奖等。部分作品被译为英、法、日、蒙古、韩文等在海外出版。

I 采访手记 I

"但凡我写出的或未写的，肯定与生命相关。我无法不尊重生命，这是我的习惯，深入骨髓。"毕淑敏说。

无论是短篇小说《阿里》《生生不已》，还是长篇小说《血玲珑》《预约死亡》《拯救乳房》《女心理师》等，即便在不同场合的演讲，也都涉及生与死的话题。比如她在清华大学的讲台上，演讲的题目便是《你是否需要预知今生的苦难》。她讲女囚，讲自己对西藏的感悟，讲生老病死，"苦难"的主题贯穿始终。"死生契阔"，任何人永远都无法预知生命的苦难。然而听毕淑敏讲苦难，感受到的并非压抑和窒息，而是生命的可贵和美好。为苍凉的底子抹上温暖的亮色。毕淑敏这样写作，也这样生活。

以8年写一部作品的效率衡量，毕淑敏显然是"低产作家"，25年内她只出版屈指可数的6部长篇小说；然而以每本书的再版情况看，她又算得上畅销书＋长销书的"稳产作家"，即便是一本不打眼的散文集，也会一版再版，总有读者趋之若鹜。《花冠病毒》"捂"了8年好不容易写完了，她还在娓娓地说，写作就像蒸馒头，发好面还要醒一会儿，蒸好还不能马上掀开笼屉。这是她最用心的一部作品，每一个字都凝聚着她的思考。毕淑敏说，《花冠病毒》融入了她最多的想象力和对人性的拷问。

从1987年发表处女作《昆仑殇》起，到《预言死亡》等长篇小说，毕淑敏的作品以沉重的主题、磅礴的气势和对人生、社会的冷静理智关怀赢得了广大读者。"真的不知道世界上还有这样规规矩矩的作家与文学之路……她太正常、太良善，甚至于是太听话了。"王蒙曾这么评价毕淑敏。即使做了小说，毕淑敏也没有忘记她作为医生的治病救人的宗旨，她有一种把对于人的关怀和热情、悲悯化为冷静的处方的集道德、文学、科学于一体的思维方式、写作方式与行为方式。毕淑敏的确有这样一种魅力，她的语言和文字一样，春风化雨般无声地滋润、净化甚至提升着每一颗走近她的心灵。

她将所有能量投入写作，用文字和别人分享对世界的看法，分享对于人性、对于自我的感悟。毕淑敏的写作，只是与读者分享心灵平和的主张、与世界相处的态度和拥有幸福的提醒，正如她的《愿你与这世界温暖相拥》《星光下的灵魂》等。这些关于现世人生、内在心灵、如何看待这个世界的温暖小书，在充斥着不安感的浮躁社会，给内心坚强的力量。她说："我热爱写作，精心搭建我想象中的世界，可能不一定完美，我在其中尽力，也很开心。当它印刷成小说，这本书会承载我对世界的看法，也许会翻越万水千山，和素不相识的人相遇，这让我感到万分奇妙，十分快乐。"

在西藏阿里军分区的十一年，除了物质上的极度匮乏，便是精神上的迷茫和空白。所有这些，对毕淑敏来说，构成强烈的反差和巨大的恐怖

问：能谈谈您的军旅生涯吗？

毕淑敏：我们5个女兵是在1969年4月被分配到西藏阿里军分区的，分区是1968年成立的，所以我们是阿里军分区的第一批女兵。那年我16岁半，是以"特等甲级"的身体状况被派往西藏的。在平均海拔5000多米的阿里，一年当中有半年不通车，基本上没有任何蔬菜和水果，吃的是罐头和脱水菜。

我们在新兵连集训了两个月，学的都是齐步走、投弹、射击什么的，其余的时间就是种菜送粪，没有经过任何医学训练。到了卫生科，马上安排我们到病房工作，连最基本的肌肉神经在哪里都不知道，就让我们开始上班了。病房里有 12 张病床，经常住得满满的，还要加床。第一天打针，老卫生员告诉我，在病人的半边屁股上画一个十字，然后在"十"字外四分之一处把针戳进去就行了。他说了好几遍，我还是下不去手。老卫生员说，这又不是扎你自己，有什么可怕的，一狠心一咬牙就攮进去了。

我说，这跟学木匠可不一样，人都是肉长的。后来我在棉被上练习了好几天，才开始打针。

问：您曾提到自己经历了生与死的斗争，是在什么环境下？

毕淑敏：1970 年底，要开始野营拉练了，我们都纷纷写决心书，报名参加拉练，要求到火线上去锻炼。我们同男人一样负重几十公斤，徒步行进在皑皑雪原中，每天跋涉 100 里。在爬一座险峻的高山时，傍晚才爬到半山，饥寒交迫，我觉得自己再也坚持不下去了。心跳得好像要从嗓子里喷出来，喉头咸腥，一张嘴仿佛会血溅大地。背上交叉的皮带，一条属于手枪，一条属于红十字包，如同两条绞索，深深地勒进肩骨。两腿沉重如铅，眼珠被耀眼的冰雪刺得发盲，不停地流泪……我真是受够了这种非人的苦难，再也不愿忍受下去了。我想，我可以装作失足，痛快地滑向无底的深渊。没有一个人会发现我是有意的，因为在如此艰苦卓绝的军事活动中，死人的事的确经常发生。这样我就可以被追认为烈士，我的父母就不会因了我的自杀而受到牵累。

可是，当时行军队伍跟随特别紧密。我自以为计划周详，可以撒手人寰，手就是撒不开。凌晨 2 点多到达目的地后，我一头倒在地上，仰望辽阔星空，摸遍全身，哪儿也没坏。我感受到了生命的伟大和渺小，感受到了自然的威慑和人的能动，同时更感受到要珍爱生命善待自己。

问：部队生活给予您怎样的影响？是否还会写相关的作品？

毕淑敏：当过边防军战士这件事，让我一辈子受益。一个人在很年轻的时候，经历严酷的风雪和单纯紧张的生活，让我有了比较坚实的定力。遇事不大惊慌，也不刻骨铭心地惧怕死亡。对大自然心怀敬畏，对人性不抱不切实际的幻想。我还会写军旅题材的作品，在走了很多国家之后，再回头看自己曾经的经验，视角有所不同。

问：您在部队时的整个青年时代都比较孤独，您怎么看待孤独？年轻时的孤独对您的写作产生了怎样的影响？

毕淑敏：我认为人与人之间的沟通是一件美好的事情，我愿意自己来做这样的事情。我对于孤独的忍受力和青年时期有关系，就我个人来讲，认识到孤独是每一个人一生中必定遭遇的状态。人是群居的动物，人类抵御孤独，每个人都希望有归属感，国家、组织或家庭。但是面对死亡时一定是孤独的，这是人生必然的结局。人能否安然面对孤独，掌握人生的方向，是一种能力。如果有这种力量，就可以收放自如，可以和潮流抗衡。坚守不一定是躲进深山老林，离群索居，即便在稠密的人群中也保持独立性。在日常的生活中，当你能安然面对孤独，人生就会有更多的幸福感。为什么我们常常会感到不幸福？就是因为很多人把幸福绑架在外部因素上了。

从军 11 年后，毕淑敏从西藏转业回到北京，在一家工厂卫生所当所长。她很想把在高原之上体验到的感悟，与更多的人分享

问：后来这些经历被您变成了文字？能谈谈您的创作吗？

毕淑敏：1987 年秋，我的处女作《昆仑殇》发表在《昆仑》杂志，那时，我已经 35 岁。作品讲述了 1970 年代，昆仑边防部队最高指挥官"一号"为挑战严酷的自然条件与军人的意志，也为捍卫作为长官的尊严，执意命令属下一群士兵，在海拔5000公尺以上的高原永冻地带，冒着零下40度的严寒，进行冬季长途野营拉练，徒步穿越无人区。为完成这一理想主义又充满自虐的军事拉练，有人冻伤冻残，更有人付出了年轻宝贵的生命。面对文中描写埋葬战士的新土，读者会追问：这次行动的意义何在，到底是否有价值。

问：这种追问正是作品的价值。能否评价一下您早期关于军旅生活的作品是什么风格？

毕淑敏：我想真实地表达我对这个世界和那段历史的思考。

问：您作为医生对于生命的热爱，和我们平时所接触的医生的印象恰恰相反，他们大多是理性的、冷漠的。

毕淑敏：年轻时去西藏，严酷的自然环境让我感觉到生命的残酷，同时我知道生命是有限的。从心理学分析，掩饰内心恐惧的方法就是漠然。最好的医生，他们在操作时充满科学理性，内心仍然满怀对生命的怜惜。好医生的做法是从更高的层面理解生死，永远善待生命。

问：古今中外有很多作家当过医生，比如契诃夫、鲁迅、郭沫若都是弃医从文，当代也有很多作家，比如余华、池莉等等。您怎么评价自己写作的独特性？

毕淑敏：这些作家都是我尊重的作家。鲁迅在医学生的基础理论部分就停止继续深入下去了，他认为拯救人的灵魂更重要。郭沫若是在刚进入临床时停止对医学的钻研，因为他幼时生病听力受损，听不清楚心音。这两位大师的医学实践，并没有进入到临床部分，所以开个玩笑，我的医术比他们要强。在西藏，面临生死的时刻更多，医生经常要独当一面。我有时很佩服自己的两只手，不是因为它们写了多少作品，而是因为它参与过抢救人命。目睹生死，会让人明白什么叫身外之物。生命宝贵，任何不尊重和慢待都不应该。

问：为什么又想到去北师大进修心理学？

毕淑敏：1996年我写完《红处方》，处在很饱满的创作状态中。此时正好有学习心理学的机会，导师很棒，我就选择了后者。我已经有文学硕士的学位，学心理学不是想拿个什么学位，而是想认识自己，更客观更丰富自己创作作品的角度。这个世界上，有三门主要以人为研究对象的学问——医学、文学、心理学，蒙命运垂青，我已一一涉足。在这三个不同层面上，更立体地了解人，是一种快乐。我觉得读书并不是单纯"充电"。只要真正的生活存在，一个作家的"电"，就会持续地得到补充。做医生是从生理上认识人，写作是从人的社会层面上去探索人性。心理学作为一门科学，帮助我超越了以往作为单独个体的经验，得以更深入到人类心理层面的剖析，能够清醒、客观、系统地认识并把握人的复杂性。当然，这其中最重要的部分是认识和把握自己。

问：请谈谈自己在北师大上学的经历吧。

毕淑敏：我那时担任硕士研究生班的班长，奔波在从家到学校的路上，像背着书包上学堂的小儿郎一样。吃遍了当时北师大从学一到学四食堂所有的菜。吃饭排队让人受不了，太浪费时间。每次端着饭盆去打饭，人家都以为我是老师……我会遇到拿着书本请签名的学生。同学拦住我说："报上登了你在这里读书，总希望有一天能碰到你。果然就碰到了。"有的同学甚至打赌，一个说是，一个说不是，"毕淑敏怎么会在食堂排队打饭呢？"

问：重新回到校园，有怎样的感受？

毕淑敏：多年来，我已经习惯了相对自由甚至有点"懒散"的写作节奏，突然变成要按时上课、按时交作业，举手发言……已经很陌生了。医生是个严谨、细致、真实的行当，几乎没有一点浪漫主义。从医生到作家的跨越很大，完成这个转变，对我来说是个挑战。由作家成为"学生"，面对着崭新领域，虽不能说从"0"开始，也是从"1"开始。写作是凭个人角度的体验、观察，学心理则是上升为一个学科的系统学习。我把中短篇小说创作全部放下，非常努力、吃力地在学。努力是一种状态，吃力则是因为我没有心理学本科的基础。

学习的过程同时也是探索的过程，是对自己、对人生的探索，这个过程是很快乐的，可以让自己更加清晰地把握自己，更加珍惜自己的生命。所有的学习都是为了创造，跟在别人的后面学习，是为了创造属于自己的新道路，更多地用于自我创造。鲁迅说，我时时在解剖别人，然而更多更无情面的是在解剖自己。通过分析和了解别人和自己，更清晰地透视到事物的背后，更清楚知道自己的不足，明确了努力的方向，坚定对自己内在的判断。

问：您是不是对自己的要求太高了？

毕淑敏：在北师大上课，几年间也就迟到过一次，有点遗憾。我的导师是香港中文大学的心理学教授，为人做学问非常严谨。她有一天对我说，毕淑敏，你知道你的同学们都开始嫉妒你了吗？我说，怎么会呢！我基础这么差。她说，你的心理学基础没有别人好，但进步很快，你很努力。

学习期间，我完成了《爱怕什么》这本散文集。书里涉及一些心理学知识。现代社会多元化，人们对自己心理的关怀越来越凸显。人为什么活着，为什么快乐，为什么痛苦，为什么孤独，人要寻找生存的意义，这些本质的东西在满足了温饱需求后会更强烈地冲击人的思维。

问：北师大心理学博士课程毕业后您开了诊所。这个行业非常热门，在中国也很需要。您觉得有何收获？

毕淑敏：心理学是年轻的学问，在中国的普及和发展非常快。

我对这样一门科学充满好奇。人们对人体的生理用了很大精力学习和研究,那么心理到底是一个什么样的状况?我在北京师范大学心理系学习那几年,大家看不到我新写的文学作品,实在是精力顾不上。写论文和写作作品的能力是有互补也有冲撞。一开始导师说我写的论文像散文,后来我的论文写得比较像论文了,但文字变得直接、枯燥,毫无水分。我发现这样的苗头,心中彷徨。如果继续完成20万字的心理学博士论文,对我的写作能力可能会有损伤。经历了一番思想斗争,我最终放弃了取得博士学位的过程。写作像个老手艺人,不能见异思迁。大家可能认为写论文和写作都是文字,但人的思维是两套系统。像体育比赛,跳水运动员和马拉松运动员的要求是不一样的。

我的诊所一不依傍医院,二不依傍大学,三不依傍慈善机构,四不是纯粹的公益事业。面对普通民众,收费治疗。我想把自己放在一个更为严苛的情况下,了解这门学科对今天的中国人是否有帮助。通过三年的实践,我更明白人性的残酷和大家迷茫纠结的问题是什么,这门科学是非常有用的。

诊所已转交给朋友去做。我之所以不做,不是因为没有需求,而是需求太大,来的人太多,点名找我。做心理医生占用太多时间,那么多心理问题如果一个个解决,时间不够用。如果写成书,可以和更多的人交流。

问:这么说写作在您的生命中还是最重要的,甚于医生?

毕淑敏:一个人的心理能量是有限的,我将所有能量投入到写作,用文字和别人分享对世界的看法,分享对于人性、对于自我的感悟,让我觉得快乐并且有意义。我热爱写作,精心搭建我想象中的世界,可能不一定完美,我在其中尽力,也很开心。当它印刷成文字,承载我对世界的看法,也许翻越万水千山,和素不相识的人相遇，这让我感到万分奇妙，十分快乐。文学始终是我非常热爱的工作，目前我把它当成最重要的事情，之后我不知道。

《心灵 7 游戏》改编话剧，像画家看到自己的画活了。被时任人艺副院长的任鸣鼓励着、要求着、催促着，毕淑敏写完了，同时发现自己开辟了新的领域：原来还可以去做更多方面的尝试

问：您的《血玲珑》《红处方》等作品曾被改编成电视剧，但是《心灵 7 游戏》是由您自己改编的。能谈谈其中缘由吗？

毕淑敏：我从来没想到自己会去改编作品，我觉得那是另外一个行当。有一天，人艺副院长任鸣来到诊所，告诉我想把《心灵 7 游戏》改成话剧。他们认为这部作品具备话剧的元素，是有意义、也很有意思的题材。谈话进行到三分之二的时候，我才发觉谈话的主题是希望我自己动手改编，而且把《心灵 7 游戏》中七个游戏都改成话剧。

问：那您答应了吗？

毕淑敏：《心灵 7 游戏》是一部心理散文，其中没有贯穿始终的人物，也没有连续的情节，与话剧差别很大。我觉得有难度，更关键的是我并不喜欢话剧，表演夸张，节奏很慢，而且我也从来没有写过剧本。但他们说，你放开写，按自己的想法写。

当我坐在台下观看自己改编的剧本，有一种非常奇怪的感觉：就像一个画家，突然有一天看到自己的画活了，站起来了。我非常感谢人艺，如果不是他们说这个题材能改，我肯定不会想到把它改成话剧。而且他们让我随便写。没想到交上去后他们很满意，认为可以放到大剧场演，可以调动更多的大剧场因素。《心灵 7 游戏》

没有大的时间跨度，没有剧烈的矛盾冲突。完全和传统的人艺剧本不同，感谢人艺的胸怀和包容。

作为一个散文家、小说家、剧作家或心理医生的身份定位并不重要，我喜欢利用语言文字把自己所感悟的、所关切的表达出来，和其他人交流，向这个世界发出自己的声音，身在其中感觉很有趣，并能对人有帮助，这是我生命的目标。我还有很多的事情要做，包括去看看这个世界、到各地旅游。

环游世界是她从小的一个理想，那时候她以为这是一个妄想，因为完全不知道怎样做才能环游世界，除了一本凡尔纳的《八十天环游地球》给她指引，而这是一本著名的科幻小说

问：听说您从十几岁就有旅游的愿望，缘起是什么？

毕淑敏：我大约上小学五年级的时候，有一次语文老师出的作文题目是《记一次打电话》。我的老师是山东大学中文系毕业的，热爱文学，教学不拘一格。同学们基本上都写的是给爸爸妈妈啊亲戚朋友们打电话的过程，我写的是通过电话和一位非洲小朋友聊天。那时的我，糊涂至极。完全没想过非洲是不是通电话，怎么才能找到一个小朋友，我们将用什么语言进行交谈等等一系列的细节问题，只是一厢情愿地把对方定位为一个黑人小女孩，请她告诉我非洲的故事。按照我对非洲的极其有限的了解，模拟对方的语气，完成了那篇作文。老师给我很好的分数，当众表扬，可能是为了鼓励我的胡思乱想吧。从那时起，我就希望有一天能到非洲看看。

问：2008年，儿子陪您旅行，完成《毕淑敏母子航海环球旅行记》。据说是您在报纸角落里看到的一则消息激发您的行动？

毕淑敏：消息说，可以坐着游轮环游世界。那一瞬，我好像被一支饱蘸了药的毒箭射中，魂不守舍。于是，我用稿费买了两张船票与儿子从日本横滨起航，乘"和平号"开始了为期114天的航海环球旅行。在船上语言不通，交流的时间有限，恰恰具有了思索的氛围。海天一色，特别苍茫，只有在那种情况下人才会思考，一生如何度过，如何把握生命的时间，让自己生活更有意义，所有这些，像海浪自然而然浮现在我的脑中，我的内心变得极其平静，又单纯又复杂，又缓慢又激荡不已。这恰恰促成了《毕淑敏母子航海环球旅行记》。这书真是我的"呕心沥血之作"，因为持续晕船，我常常会眩晕，当风暴来临的时候会呕吐。写到半途的时候，我想赶快把稿子发回国内。我不知道这船在航行中会不会出现意外，会不会沉。人在船上，有无法掌控听天由命的感觉。这部作品，大多是我拎着手提电脑在航船最高处甲板上完成的。每个字都被海风吹过。如果能品尝文字，每个标点都有点湿有点咸。

问：虽然您自己总结"旅游对于我，有明显的教育意义。它使我在奔袭中安静，在纷乱中镇定，使我增加对大自然和生命的敬仰"，但是，旅游背后是否有很多的担心和顾虑？在旅途中克服了怎样的困难？

毕淑敏：旅游总是会比在家里要艰苦些，出意外的可能性也更多一些。对于行程中的种种险情，我大致有所考虑，最差的情况就是死呗。所以每次出远门之前，我会留下遗嘱，并且对家人说，如果我在途中意外亡故，不必将我的遗体运回来，就地火化掩埋均可，飞机失事失联沉入大海也请不必哀伤。无论我的死状多么不堪（那可不是我能控制得了的），请相信我在生命的最后一刻是镇定安详的。你们切不必因为没有劝阻我止步而心怀歉意，这是我的自由选择，请安然接纳最后的结局吧。

问：成功的旅行确实是需要很多因素支撑的，您认为最重要的是什么？

毕淑敏：有愿望，有好奇，有钱，有闲。还要有一点点勇气。

问：关于非洲的旅行，您能否大致总结一下有怎样独特的发现和感受？

毕淑敏：我看到了一个真实的非洲，也许并不令人惊愕，但它属于我自己的真切感受。

问：您认为《非洲三万里》的价值在哪里？您旅行中印象最深的事情是？

毕淑敏：作为一个当代中国人，去看看这个世界，真实地表达自己的所见所闻，与更多的人分享。这是我所有写作的出发点。

旅行中印象最深的事儿，就是这个世界的丰富性，超过了我的想象。我原以为自己是个想象力还算不错的人，但在光怪陆离的世界穿行，经常惊诧莫名。这种感受很有趣，震惊后的思索，让你谦虚并敦促努力学习。

问：我想您是同代人中走得最远的作家。很想知道您为什么仍然对这个世界保持儿童般的好奇？

毕淑敏：世界如此丰富，山川海洋植物动物，多么有意思！还有不同的文化和历史，徜徉其中，感慨万千，太好玩了。

问：听说您还要继续走下去？怎样的走法？

毕淑敏：我已年过花甲，身体尚好，但以一个医生的经验来说，人老了体力渐衰是客观规律。我打算到南极去。再老难免步履蹒跚，在冰面上摔个大跟头了。

当医生 20 年，对人的关切和悲悯，融化在毕淑敏的血液中。按照自己的人生目标努力生活，不做和自己的价值观相

违背的傻事情，珍惜自己也珍惜他人，尽可能地让自己幸福并帮助别人，是从医经历给予她的礼物

问：写《花冠病毒》的起源来自什么？

毕淑敏： 2003 年 4 月，北京 SARS 流行，在 5 月的某一天我突然接到中国作家协会打来的电话，要求我第二天就参加一个特别的采访组开赴"非典"第一线，而且通知我们到 SARS 一线去不得回家。在那之前我知道有一些人报名参加，不过我没有报名，当时我的老母亲被诊断为肝癌，正在密集的治疗当中，我这一走她怎么办？如果真的有什么意外，我自己可以在所不惜，但老母亲要经受怎样的创伤？我很迟疑，问他们为什么要让我去。作家协会告诉我说，我具有医学知识，而且以前当过兵，是合适人选。我说你们让我想一想。我妈妈在一旁听到了电话的内容，她对我说，国家有难，你还是应该挺身而出，既然有召唤，就不应该推辞，你放心好了——在《花冠病毒》的开始部分其实和事实有一点相似，就是一个女子要放下自己患重病的母亲奔赴前线。

问：为什么 8 年后才完成这部作品？是什么触动了您的写作？

毕淑敏： 从 SARS 一线返回以后，和我同去的报告文学家都早早地交出了作品，例如何建明、王宏甲。从 2003 年春天我开始写，整整 8 年，这对一个作家来讲是一个漫长的时间，我没有一天忘记这些病毒，和这些病毒亲身接触并读了大量相关材料之后，我发现病毒的来历，远远比我们人类更为古老。如果把地球比作一间房屋的话，当人类走入这个房间的时候，这个房间所有的地方早已遍布病毒，它们是非常原始的一类生物。

今天人类面临着非常险恶的生存环境和挑战。我以一个做过几十年医生和作家的身份思考，觉得我们要未雨绸缪、居安思危，人

类和病毒必有一战，谁胜谁负尚在未知之数。人类怎样面对和病毒进行的巨大博弈？又将怎样独自面对死亡的威胁和未知的恐惧？我买了很多病毒书，包括《病毒大辞典》，读得很吃力。医生要求非常实事求是，我希望写得有一定根据，又有非常大的想象空间。最后我把它定位于科幻，一下子找到了支点。我想写一种可能会发生的现实。如果曾经发生的事情，想象无法展开。这也是科幻小说创作中的流派之一。对我来说，用这样的方式最好。

问：您的作品都很重视题材的新颖，《红处方》写戒毒，《女心理师》写心理咨询，《血玲珑》写骨髓移植和生命伦理，《预约死亡》写临终关怀医院，包括《花冠病毒》，几乎每本书都涉及一些医学的敏感问题。因为新书有一些科幻的色彩，有人评价为您的"转型"，您认可吗？

毕淑敏：我从 16 岁当卫生员，经过严格的训练，是把医生作为终身职业的。这和去医院短时间的体验生活、和医生交朋友的感觉是不同的。当我成为作家，医生的职业习惯没有停止或者遗忘，而是深入骨髓。严格的医学训练对于写作不见得都是优点，但是在这个职业中培养的严谨、认真、冷静、务实等医生的准则，包括人道主义的情怀、对生命的珍惜、对生命领域的关注和好奇，都有很重要的规范作用。我在所有作品中对生命的延续、对生命的关切，是一以贯之的，矢志不渝。对人性的观察和感悟，也让我深为好奇。可能写散文或者小说、科幻，可能哪天写个剧本，万变不离其宗，就其内容来讲，一定是贯穿对生命的热爱和思考，不但热爱自己也热爱别人的生命。

问：写作《花冠病毒》，您不但阅读了大量的有关病毒的图书，而且 SARS 期间您走访外交部、中国气象局、北京佑安医院，走访那些一线的医生和护士，走访从非常危险的病症当中恢复过来的病人，包括焚烧SARS所有排泄物的火化场，以及研制抗击病毒药物的第一线科研人员等。拿出写报告文学的案头工作和实地采访写小说，您认为是必须的吗？

毕淑敏：掌握的资料写作时基本忘了，它只是让我在写作的时候，有能力用这种方式表达这个题材。就像中医的望闻问切，如果不见病人就诊断，在我来说做不到。实地考察、阅读资料之后，再进入自己的想象中写作，我大概遵循这样的过程。尽可能多地掌握原始材料，是我当医生时养成的职业习惯。

现在的读者多聪明啊，我个人觉得，下笨功夫是尊重读者。我跟读者潜在的对话是，我跟你说的是我见到的，是在我的感知里、在所能掌握的素材里描绘出来的。读者一方面对作家很宽容，在阅读时体会作家的内心世界。另一方面，读者也是火眼金睛非常苛刻，如果不能提供独特的东西，他们会有意见。作家不能重复别人也不能重复自己，不能耍花招。我不能保证所有人满意。我对自己的要求是，我写我相信的东西，真诚地表达我对这个世界的看法。我一直秉承这样的理念。

问：我很喜欢《花冠病毒》中于增风对于病毒的描写，用华丽而新奇的语言形容病毒，让人觉得很震撼。但是在阅读的开始，我感觉节奏缓慢，语言有些细碎。您的散文通常被选入教辅书，甚至是全国高考考卷，您的语言也一向讲究，但是在这部小说中的表达和以往不同。您是怎么考虑的？

毕淑敏：刚开始写作时，就像发动车辆，需要慢慢着车。我想后面的悬念够激烈了，前面的节奏应该舒缓一些，所以用平静的生活韵律来讲述。我想，作为作家，不必特别集中地用爆发式的语言展示才能，而是应该服从于故事。于增风是医生，他描绘未曾见过的病毒，这是他的发现，有一种惊喜存在。这一描写附着于我的基本判断。

毕淑敏祖籍山东，虽然没在那里生活过，但仍与那片土地血脉相连

问：您的祖籍是山东文登，但看履历并没在山东生活过。和老家有联系吗？

毕淑敏：2009年初，山东文登的老乡在北京开同乡会，把我叫上了。一进门，到处都是山东话，满眼全是大个头，我觉得亲切极了。我一直以为，自己漂泊在外多年，对山东的情感已经随着父母的逝去淡泊了。其实不是。熟悉的胶东话充盈耳边时，我觉得对故乡的感觉依然连绵不断地在血液中流淌。

我并没有在山东生活过。当年我的父亲随王震所在的第一野战军征战新疆，我出生在伊宁，在部队的幼儿园到小学及中学长大，但是回到家里，听的却是父母的胶东口音，所以我觉得，山东人的自我意识还是挺强的。

问：您去过文登吗？

毕淑敏：小时候随父母回老家探亲，毕竟只是短暂的几天，我没有太多印象。几年前，有一次，我去青岛出差办完公事后，提出去一趟文登。当地的朋友问我想看什么地方，我却说不出什么具体的地方，因为我的家乡已经没有亲人。我想了一下，对朋友说，那就请你开着车在那片土地上到处走一走吧。

车缓缓行驶，时而停下。我站在父老乡亲生长的那片土地上，把矿泉水瓶中的水倒掉，装了一瓶当地的水；又在村头买了一把胶东的大葱带回北京。我对母亲说，这是家乡的水和葱。母亲喝了一口，品了品说："真是山东的水，比北京的水好。"

问：在您的印象中，家乡是怎样的？

毕淑敏：站在那块土地上，风吹过，太阳照耀着，看看庄稼、

河流，喝着那里的水，其实就已经是对自己很大的慰藉。我很珍惜和来自家乡的人们聚会。在和他们的接触中，我能更深地理解父母的个性。我也愿意有更多的时间回到老家，去感受山东的文化以及风土人情。当年我甚至和文登的市长和市委书记约好，把手头的事情忙完后，要回父母生活过的地方去待一段时间。我开玩笑说："父母的长辈以及兄弟姐妹都不在了，我没有固定要去哪一家。就是想去看看那块土地。虽然是故乡，却不知该投奔谁。"市委书记说，你就投奔政府吧。

问：但是关于家乡和父母的经历，好像没有相关的作品？

毕淑敏：我一直特别想写父母的经历和故事。不是不想写，而是因为特别尊崇他们，我的力量还不足以更深刻地理解他们以及他们那一代人，包括他们生活的环境和经历的年代。我会回到我的父辈生活过的地方待一段时间。年轻的时候觉得联系不那么重要，人其实是环境的产物，不会离开这个时代以及周围所有关系形成。血浓于水，这个纽带是割不断的。在父母身上，这些特色也体现得很明显，他们特别乐于助人，讲究孝道，负责任，务实，任劳任怨，并且怀有慈悲之心。写作是顺势而为，心里面总是有想写的东西，会在那里顽强却无声无息地存在着，也许某一天某个微小的契机，就会引发翻江倒海的连锁反应。

有句俗话叫作"走自己的路让别人说去吧"，如果你兴致勃勃地走自己的路，别人什么都不说，多么好。对于评论界的平淡反应，毕淑敏很坦然

问：您的很多小说，情节跌宕起伏，扣人心弦，而且有画面感，很适合改编影视剧。您的很多作品也的确很有影视缘。但是很多人认为，一旦侧重"讲故事"，便成大众文学。您怎么看这个问题？

毕淑敏：不同的文学样式，应该是互相尊重吧。像丝绸、呢子和毛线，一定说丝绸比毛线好？它们的用处是不一样的。我们的文学界，愿意把圈子越缩越小。如果纯粹用语言表达一种境界，是文学独特的魅力之一。比如《红楼梦》，改编成影视剧就不好了吗？我会尊重不同的门类。评价一部作品，首先不必把这件事情看得特别重要，人永远不是为了评价而存在。如果真正得到大家的喜爱，给人正面的鼓舞，就有存在的价值。

问：您非常乐观，无论作品中如何展示生存的困境、面临的诸多问题，也会传达给读者积极向上的情绪。

毕淑敏：我的作品传达有希望有力量的东西，并不是粉饰。我们面对的是泥沙俱下的生活，尽管有种种的悲哀和不如意之处，我个人相信人类还是有希望的，相信人心最主要的部分是关切、善良、互助这些美好的品质。

问：您的很多作品，无论散文还是小说都一版再版，深受读者的喜欢，但是评论界好像并没有给予充分的关注。您怎么看？

毕淑敏：评论是另外一个门类，和作家属于各自独立的工作状态。他们有自己的道德操守和工作准则。比如不接受贿赂，比如有独立判断的能力，比如自己买书。我从来不给评论家寄书，这是我尊重他们。我认为他们应该有自己的工作程序，不要和作家本人有个人情感。这样有利于他们公正地判断，以保持自己独立的品格。

如果他们能提出特别有见解的意见，我会表示尊重；不评我的作品，我也安然领受。写作遵从内心的呼唤，在写作中感受到生命的价值和巨大的快乐，已然足够。

问：无论您哪部作品，都非常重视情节，并且注重知识上的准确。但是也有人提出，您在人物塑造上用力似乎不如情节多，您认为呢？

毕淑敏：我不会人为地为情节而情节，不会刻意为了读者牺牲我的人物，我主观上没有这种"预谋"，不然的话开头不会这么"散漫"。我特别同意应该把人物塑造好，我也特别努力地在塑造医疗专家的形象。比如于增风这样兢兢业业、为事业殚精竭虑的人物。在主观上，人物塑造大于情节稠密的安排。

问：那么您觉得自己能写到什么时候？

毕淑敏：创作生命的问题，每个人不同。我写作时岁数就大了，发表第一部作品时 35 岁了。每个人能写的时候，必然有内在的动力，如果停笔了，也是生命的选择。一个作家能提供一篇让你记住的作品就很好了，不必太在意。我现在觉得还有写作的激情。我 10 年前就跟家人说，如果哪一天发现我已经在重复自己无病呻吟，不要怕我不高兴，务必告诉我，我一定会放下笔，反思自己，尊重行业，尊重读者。每个人有能力的极限，也要接受时间的规律，写与不写我都会坦然接受。

王安忆：我对自己的进步是满意的

　　王安忆，1954年生于江苏南京，原籍福建省同安县，中国作协副主席、上海市作协主席。1976年发表散文处女作《向前进》。1996年发表代表作《长恨歌》，获得第五届茅盾文学奖。2004年《发廊情话》获第三届鲁迅文学优秀短篇小说奖。2013年获法兰西文学艺术骑士勋章。

┃采访手记┃

从 1978 年就开始文学创作，"文坛老将"王安忆历来在作品完成后有几分胜算。可是，对于 2016 年出版的《匿名》，她常常会有一种恍惚感，甚至怀疑如此写下去有没有前途。她感到了困惑，史无前例地希望听到一些回应。她说，这是她整个写作中心情最复杂、最跌宕起伏的经历。

复旦大学教授张新颖评价王安忆写了一个"大故事"。写一个人与人、人与社会上发生各种各样的关系，写 100 年或 1000 年的历史，都有可能是小故事。但是王安忆的《匿名》是有核心的。一个人来到这个世界上，世界大而空虚，个人在时间当中处于怎样的位置，在空间中处于怎样的位置？这样的思考和讲述下的故事，是一个大故事。

而在这个故事的背后，王安忆的老朋友陈思和肯定了她的"具有挑战性"的精神，中国找不出第二人。一般作家会延续自己的审美趣味，被读者认可，即按照读者喜欢的不断地复制。但是王安忆在跟自己过不去，所以她走的道路也越来越复杂。

上海给她提供了基本的写作素材。她在这浮世繁华的现代化城市中，以细腻饱满的文字，书写世俗日常生活的精致与繁杂。《匿名》的写作，则缘自她在 20 世纪 80 年代中期听闻的一个大学教授失踪的故事。

虽则写的是俗世市井，她亦隐身作品之中，文字却处处透出她对于人类生存的关怀与善意。她担心这世界飞速的变化对于生活本身而言太过强势、不可遏制，也担心人类对于物质的抵抗力越来越弱。

在与热闹繁华咫尺之遥的所在，王安忆安守宁静寂寞。她一向觉得写作是诉诸内心的，也不怎么喜欢太多的人关注自己，最理想的状态便是"让我一个人静下心来慢慢写"。

她诚实地表示自己是"比较笨的写作者",如果完全没有发生过的事情,没有经历过的事情,她很难去想象。即使是获得第五届茅盾文学奖的《长恨歌》,她最不满意的也是没有过任何经验的第1卷。可是到了纯粹依赖想象的《天香》里,她已经渐入佳境,在故事中左右逢源。

不是每一个作家都有勇气挑战自我,挑战读者的阅读惯性

问:您曾经说过,现在小说被过量地、过度地消耗着。花一周写的小说,读者半小时就能读完。现在《匿名》打破了这个常规。这是一部让人无法快速阅读的小说。您在写的时候,是否完全忽略了读者的接受能力?

王安忆:问题并不在此。花了两年多写的《匿名》,读两个星期依然可以读完。读真比写的快乐,创造总是比消耗来得缓慢和困难。我们不能要求读者和作者同样艰辛,正相反,希望他们能够从我们的劳动中得到愉悦。我说过的小说被过度消耗也许在另一个语境中。一时也想不起来了。《匿名》在接受上的危险大约是读者会中途放弃,不与我"死磕"到底。我确实挺为难读者的。希望这困难能以价值获得补偿,即艰涩之后能有所快乐。

问:大量的景物铺陈几乎有些奢侈。看《匿名》的时候,我脑子里偶尔会飘过《鲁宾逊漂流记》和《海底两万里》。这些景物的描写把情节挤到一边,成为我继续往下读的最大吸引力。一边看我一边想,没有亲自去过是描写不出来的。或者我忽略了作家的想象力?

王安忆:景物铺陈应是我向来爱好的,《长恨歌》前几章都令人不耐烦了,我重视空间的戏剧性,将空间布置好,人不说话也自有传达。小说是依附在时间的流淌上,空间转瞬即逝,挽留它是义

务。用文字语言刻画建设，还是仰仗时间使它存在。作者的想象力是主要的工具，身体经验攫取的材料，如何认识决定于如何起用，材料本身是客观的，质和量都有限。小说写作则是主观的工作。

问：您在多次访谈中谈到评论，尤其是谈到陈思和，他的意见您一直比较看重。比如他曾建议您的《启蒙时代》，如果再写一倍的字数，分量就不一样；《匿名》的写作，也是他建议您"应该要有勇气写一部不好看的东西"。为什么您如此看重评论家的建议？

王安忆：陈思和于我，不单纯是评论家的身份，可说是思想与文学的知己，我并不将他的话当作评论家的发言。这也见出从80年代始的作者与批评的关系。开头好，步步好！我们共同创造一个文学的天地。我想，大约有些接近英国现代文学中弗吉尼娅·伍尔夫和福斯特的关系。他们都是小说家和批评家，从这点说，我希望陈思和有一天也写小说。而这一点是可以期待的。

问：您在采纳他的建议的同时，实际上已经认同了他的说法，即"不照顾读者的心情，不管他们读得懂读不懂"。但是这样的素材，也不是说有就有的。能谈谈这个故事的起因吗？是听说一位高校老师的失踪？那么触动您写作的原因是什么？毕竟事情过去很多年了。

王安忆：关于《匿名》的起因我已经在接受采访中谈过多遍，就不重复了吧！总之，写作就是这样，一颗种子落下地，生长如何一方面是种子蕴含的生机，一方面是土壤的厚薄，许多传闻从耳边掠过去，最终能进入写作的少而又少，几乎是偶然的，但等它长出庄稼来，却成为必然。

问：1987年，您写过一部《流水三十章》，后来自我评价是"非常难看"的作品。因为当时决定要写一个有突破的长篇，必须要用特别的语言叙述。您要写的人物像个蚕，从茧中飞出来后又变成了蛾子，生命换了种类型——读《匿名》的时候，不由得想到这部作品。感觉您似乎回到30年前。您愿意将这两部作品写作难度做些比较吗？或者，哪些方面有相似度？

王安忆：年轻时，写过许多不忍卒读的东西，但也不后悔，反而佩服那时候有勇气，顺着自己能写，逆着自己也能写。如今却不能了，挺挑剔的。其中有求精的成分，也有能量弱的原因，无法泥沙俱下，漏光了再聚起，就像一口旺井，淘不干底，淘干了，一夜之间，又涌出新水。现在则要节制，不敢浪费，也是晓得精芜的差异，懂得多，写得就少。无知者无畏。《流水三十章》的难看在于没什么可写的却非要写30多万字。《匿名》的难读正相反，有太多要写的却只写出30多万字。一个是"言过"，一个是"犹不及"。非要比较，就只能这样。

问：30年前，写《流水三十章》的王安忆"是个有力气的人，明明是强做，却也做出来了，好不好是另外一回事"。今天《匿名》的写作状态，是否也是这样？每个作家创作每部作品的创作状态大概是不同的，而每部作品诞生后也各有不同的命运。您期待《匿名》会有怎样的命运？

王安忆：我最大的期待就是将《匿名》写出来，也就是让种子落土生根，发芽，长出东西来。小说的命运是在小说里面实现的，其他外在的遭遇其实都关系不大。

《匿名》承载了很多内容，包括王安忆对这个世界的看法。她说："正因为我无法归纳成概念，所以才去写小说。现在我依然不能，还是看小说比较好。"

问：这样的写作，明知是一次冒险，又一定去尝试。动力不止于陈思和的鼓励吧？

王安忆：陈思和的话只是鼓励，就好比啦啦队。动力还是小说本身的内动力。每一次写作其实都是一次冒险，否则也不吸引人去做了。冒险在于不知道前景如何，到达目的地有多远，能否渡你从此岸到彼岸。所以开始之前就要掂量，这一颗种子有没有足够的能量，又有没有准备好丰饶的土壤。魅力之处不在于无法估量前景，倘一切了然也就没有兴致了。

问：《遍地枭雄》和《匿名》中都有绑架或打劫，为什么会对这样的案件格外感兴趣？只是偶然？

王安忆：《遍地枭雄》是打劫，《匿名》是绑架。但两者同是将一个人从已知的命运放到未知里去。现实生活确实限制人的想象力，我一时没有其他的引渡方法，但所去地方以及下落是截然不同的。所以，才敢不避重复的嫌疑。

问：作品延续了您注重逻辑性、环环相扣、严丝合缝的特点。因此在作品的细节设置中，也体现您的苦心。比如在绑架途中发现星空，比如文字，比如对话，处处感觉禅机，处处充满隐喻——说到隐喻，也是在您过去的作品中前所未有地集中。为什么会有这样的变化？

王安忆：我确是一个注重写实的人，相信生活的外相自有寓意。这部小说不是日常生活状态，而是反常性的。比如失踪、失忆——这在通常的叙事中，都是作为隐喻的。但在我，恰恰是事实本身。小说背离我的写作习惯也在这里，似乎从形而上出发，去向哪里？这是一个抽象的故事，不是我擅长，我极力要给形而上以"形"，这才能说服我自己。但这"形"又太像隐喻，其实就是"形"。

问：作品中有两条线索，一是明线，家人多方寻找失踪者，一是暗线，失踪者的经历。这两条线索出入，处理起来是否有难度？

王安忆：我想所谓明暗线还是一条线索，一个人丢失了总要寻找，就是说一个人进入另一空间总还有拖尾，需慢慢收了。寻找在上部结束，下部直到末尾方才出场。所以并不存在两条线的处理问题。倒是寻找的情节我觉得拖住我手脚，但写实的本性又一定要对现实负责任。于是耐着性子将该找的地方都找过了，方才自由。下部的写作自由多了，那人终于摆脱羁绊。

王安忆用"进步"形容自己的创作，她对自己的进步是满意的

问：从 20 世纪 70 年代就开始写作，30 多年来，您如何评价自己的写作历程？

王安忆：我在 1980 年之前就写了，只是"没有正经写"。1977 年写了小说《平原上》，妈妈把作品放到《河北文艺》上发表。贾大山看到我的小说，称赞我（他是第一个称赞我的人）说，将来她会写出来。他的话对我鼓励很大。

写了 30 多年，量变到一定程度会达到质变，我的写作是一贯的。我宁可用"进步"这个词，我确实在进步，我对自己的进步是满意的。回过头去看，开始写得也很差，慢慢看过来，我的小说逐渐写得比以前好。

问：我以为妈妈会是第一个称赞你的人。

王安忆：她从来不称赞我，对我很挑剔。很小的时候都是反叛，我很早就脱离妈妈的管辖。后来才知道，从她那里其实吸收了很多营养。

问：从一开始写作，您从没有过退稿的经历？

王安忆：偶然的运气还是有。我赶的时候好。20 世纪 80 年代，

中国文学有创刊的、复刊的刊物，需要大量的稿子。

问：1983 年，您和母亲茹志鹃一同到美国参加国际笔会，东西方文化的碰撞，是否对您的影响很大？因为回来后您就发表了《小鲍庄》，成为 1985 年轰轰烈烈的"寻根"文学思潮的重要收获。

王安忆：80 年代我写过很多实验性的东西，如《流水三十章》。我的写作也和潮流有关，写《小鲍庄》时，把我归到"寻根"文学；写《长恨歌》时，我又被归到海派。我还是很一贯地保持我的风格。题材就是两类，一类是上海，一类是农村。

那个时代，每个年轻人免不了受到影响，我没在弯路上走太远。因为我很快发现这不适合我，当然也不妨碍我时不时尝试一下，《众声喧哗》就是小的尝试，脱离了写实主义对小说的规定。《遍地枭雄》《伤心太平洋》是和写实保持距离——没有从头到尾的故事，不是因果联系紧密，有潜在的紧张度，但整体看很涣散。

年轻的时候总喜欢背叛，不怕失败，很勇敢。一开始觉得故事是一种束缚，想把前人的规矩破掉。写到今天——是进步也是退步——我的观念越来越合乎、服从前人小说的规定。越到现在，我对故事的要求越高。《纪实与虚构》还在实验，《长恨歌》基本是在讲故事，而且好看。以前我不讲究好看。现在客观讲，我的小说是比过去好看了，关键不是让别人觉得好看，自己也有阅读的乐趣。这其实要克服很多困难，不能写得顺溜，也不能太艰涩，写的过程中，事情的发展是要经过一些说服的，不是众所周知的原因，而是这原因要你找，找事情发生的唯一原因。过去讲现实主义作家要找到事情发生的唯一原因，当时听的时候未必完全领会，现在越写越知道。

很多人注意到王安忆的语言，绮丽、繁复、华美，但是从她的散文里，也可读到幽默与温情。甚至在《众声喧哗》里，还有喜剧的因素

问：80年代中期，您的"三恋"和《岗上的世纪》是非常独特的，对描写女性本身的欲望，写女性的爱和抗争，表达非常勇敢。但是进入90年代后，好像更专注于精神的探索。再往后的小说创作，更多地转向了生活常态，这一特点在《长恨歌》中达到极致，后来的《天香》和《众声喧哗》也是如此。回顾以往的创作，您愿意作何评价？

王安忆：我还在写，没有明显的阶段可以划分。我不是一个原地踏步的人，也不是突破性很强的人。也有评论说我重复，我对这一批评保留意见。重复对作家来说没错。我还是很老实地，很诚恳地写作。我的写作题材很局限，基本是书写上海，这是我的个人局限性，也和写作方式有关。

问：别人都是在寻求变化，评论也说您不断地在突破。您怎么理解变和不变？

王安忆：我希望是多变的，这关系到一个人的美学。我也不强求，变化是自然而然。不是讲我有突破，作家总是要写新的故事。一本新书出来，就是一个新故事，这是对写作的基本要求。突破是指思想性、手法上的大突破。我写男性写不好，就想努力试试，尽力完成《遍地枭雄》，我还是满意的。我没有强烈的意识突破，有些局限永远不能突破，比如材料对我来说永远是局限，看世界的方式也是局限。但局限往往也是立场。我一贯的坚持的写实手法，是我表达世界的方法。

作家如果像变色龙一样变来变去也奇怪。一个作家的世界观，是花一生去实现的。我从来不给自己定高度。每一部书，有一点小小的进步就可以了。读者对作家也不能太苛刻，不能希望作家源源不断地提供力作，也应该允许作家慢慢退场。作家无论写或不写，都必须诚恳的。韩少功、史铁生、张承志、张炜，他们都是对文字特别慎重的作家。

1983 年第一次走出国门参加爱荷华国际写作营，王安忆心里悄悄地埋下了两个梦想，一要办写作班，二是国际写作计划。这个计划在 20 多年后得以陆续实施

问：像文学讲习所（鲁迅文学院前身），这样的培训，您参与得多吗？

王安忆：除了文学讲习所，我一直在学习，当然集中的时间不多。在《少年文艺》编辑部上班时，我旁听了很多课，上过英语班，参加了国外的写作计划。1983 年我和母亲参加爱荷华国际写作营。当时我就有两个梦想，一是写作班，二是写作计划。

我最早接触写作课程是在爱荷华，爱荷华的国际写作计划是最闻名的，他们是请国外的作家作为驻市作家。我英语不好，也能得到一些收获。那次出国的经历对我影响非常大。我第一次知道写作是这么教的，我们在国内也听文学修养的课，听明清小说、俄国文学，基本上是老师讲，学生听。我到了国外，发现他们原来是这么学习写作的，当然我也怀疑能否教出作家。想不到我今天也真的在做这样的教学。

问：现在复旦大学开设了文学写作硕士点已经 9 年了，现在是怎样的状况？

王安忆：我的课程是写作实践，和国外的方式一样，每人交作业谈作业，没有教材。我教创意写作，也建议学生读类型小说，让他们知道一些基本规则。但是作家还是需要才华。我不认为作家是可教授的。

问：但是国内很多大学开设写作课，而且写作课在国外已经比较成熟。

王安忆：作家不能教，和才能有关系，学府生活对成为怎样的人有很大关系。凡创造性的劳动似都依仗天意神工，不是事先规划设计所能达到的。可是写作还是有人力可为的方面，比如文字的把握，情节的安排，故事的设置。我很遗憾自己没读过大学。后来从农村回到上海，怕读了大学分出去。母亲说什么大学不大学，不离开上海就行！我自己也这么觉得。读大学关系到你是怎样一个人。不是说人有等级之分，高贵的气质需要相对封闭的环境。

蛮令人安慰的是，我带的研究生大都直接升博士生了。我希望他们都读博，只要有这样的想法，我都积极引导支持他们。我一直认为中国很需要文学教育，现在的文学教育很弱。我教写作，不期望学生们能成为作家，至少让他们懂得写作的乐趣，培养他们对文学的兴趣，当个好读者。读书就是读书，工作的事早晚都会有。令人遗憾的是，越是优秀的孩子越是不搞文学，可能是因为文学太不实用了。有一个学生，从我写作课上毕业的，喜欢写作，在上海做编辑。但是能否留下来有很大问题，因为靠写作养活不了自己。

问：教学生活对自己的创作有何影响？

王安忆：这是我自己选择的，我喜欢教书。当时还是有特殊的政策，因为我学历不够。我是对理论有兴趣的人。我是生活经验不丰富，靠材料支撑的作家，材料对我来讲是很大的限制。所以写什么对我来说很重要。吞噬、消耗那么多材料，反过来会刺激你，让你在绝境里崛起。某种程度上反映了材料的缺失。像普鲁斯特只能想过去生活，局限真的是可以塑造一个东西。

比如我很想写一个养蚕的故事，我又不会养蚕，也买过书，但是缺乏细节。我在安徽农村的时候，看过几个女孩子养蚕，在贫瘠的地方到处找桑树，非常动人。《天香》里写了一点养蚕的事情，其实也是还愿。

1978，作为《儿童时代》杂志社的编辑，24 岁的王安忆和上海南市区的一所学校建立了联系

问：很多人在读《天香》时，感觉有些《红楼梦》的气象。小说中涉及大量知识，包括园林建筑、美食、刺绣、书画、民俗，等等，在写作时，你心里有什么既定的目标吗？要把《天香》写成怎样的一部作品？

王安忆：小说就是日常生活的面貌。上海有一种"顾绣"，但是关于绣的来历，史料很少，只有流传的各种掌故。《天香》基本是这个线索：绣本是从民间来，经诗书熏染，成为精致成熟的高雅艺术，然后又流向民间。我是为绣找一个环境，线索清晰简单。

问：从小绸、希昭到蕙兰，《天香》中的女性人物，命运都很不幸，甚至有些凄凉。如此设计她们的命运，是有意的吗？

王安忆：这里有三个主要的人物，一个是把绣带到上流社会的闵；一个是使绣的技艺达到顶峰的希昭；一个是这家的闺女蕙兰嫁到市井人家，蕙兰开幔教授天香园绣法。线索有了，故事就有了。小说里每个女性完全不一样，这也是我写作时有乐趣的地方，这种乐趣推动我写下去。这里面不单纯是技艺的介绍，和女性手艺有关，更和命运有关，我不是写绣艺，是写绣心，她们的境遇、感情是我书写的对象。史料里这个人家败落，靠女性绣花养活，那我们就会思

考男性怎么了？把家败成这样子？我要做的是，把这条线索充实，变成生活的状态。

问：写作过程中最感困难的是哪方面？

王安忆：主要还是想象力方面。因为涉及我不熟悉的时代，顾绣是产生于晚明，我必须去了解那个时代。小说虽然是虚构，可它是在假定的真实性下发生，尤其是我这样的写实派，还是要尊重现实的限制。过去的作品中，只有《长恨歌》第1卷是脱离我的经验范围的，如果完全没有发生过的事情，我很难去想象。《天香》所要描写的，和我自己生活经历很远，所以我落笔很慎重，尽量不让自己受挫，受挫就等于劳动白费，自信心会下降。长时间写作特别需要自信，所以我非常谨慎。

问：虽然你曾表达过写作是为了心灵的需要，但从《天香》看，似乎可读性更强了。你有这方面的意识吗？还是一种不自觉的变化？

王安忆：写《长恨歌》时，我已经开始注重叙述的趣味性，至少想要这么做。90年代初的写作，那时还年轻，喜欢实验性的写作，喜欢炫技，好像怎么样难倒读者是我的任务一样。小说就是讲故事。我蛮注意情节，审美的取向，不能在戏剧性上有大的起伏，就要在细节和语言上下功夫。《天香》对我来说有一点挑战。离我那么远，都是无中生有的人，一开始蛮茫然——人物离我近，还有生活经验的调动。我就写性格，任何时代人物性格差不多。这么一想就踏实了，有一点我提醒自己，人的婚姻、生育要注意，他们谈婚论嫁的年纪很小，虽然有教养，还是很天真，很多条件是很具体的，从一开始写作我就注意了。

20 世纪 90 年代，王安忆和当时的许多作家一样挂职体验生活，担任上海老城区南市区文化局局长助理。她对老城区充满了浓厚的兴趣

问：在 50 年代出生的这些作家中，很多人农村经历的苦难成为自己创作资源的宝库，更有一批人成为知青文学的代表作家，但是在您的写作中，似乎并不留恋农村的记忆，甚至没再回到自己插队的地方。什么原因呢？

王安忆：还是和具体生活有关。我在农村待的时间短，也不愉快。我是一个人待在一户人家，没有和别的知青生活在一起，和知青文学有距离。我对农村的生活，还是写了一些，写得非常少。

问：你很早就表达过自己写小说的理想，那就是：不要特殊环境、特殊人物；不要材料太多；不要语言的风格化；不要特殊性。现在看，你觉得自己达到写小说的理想了吗？写作《天香》，是一种怎样的心态？

王安忆：还没达到，需要再努力。《天香》里，我自己觉得第 3 卷最好看，写的时候几近左右逢源，说服申家绣阁里的人，同时也是说服我自己，极有挑战性，自己和自己对决，过了一重难关又遇一重难关，小说最原初又是最本质的属性出来了，就是讲故事，把故事讲得好听。情节本身在向你讨要理由，你必须给出来，含糊不得。

问：应该说作家的创作，都有一些精神的源头，写了这么多以上海为背景的作品，而且《天香》是追溯了上海的市井社会的兴起，这算得是追寻你本人的精神源头吗？

王安忆：这些作品反映了我的精神世界。和很多作家相比，我对现实世界没有特别具体的关怀，但是，从我的文字中，你不能想象我对生活没有热情。

问：在同时代前行的很多作家中，不乏有才华有生活的人，但是很多人写小说的兴趣转移了，你如何看待作家写作持续性的问题？

王安忆：我喜欢写作，写作能得心应手，并且在其中找到了乐趣。如果老是做不到，老是受挫，可能就把写作搁下了。我就是比较简单，没有别的才能，不太会合作。写小说是自己可以做主的事情，我是和文字有亲近感的人，喜欢阅读，喜欢写作，这些都是和语言有关的。

问：说到语言，我觉得您的语言是特别纯洁、干净。

王安忆：我喜欢纯洁的文字，对语言有自己的审美标准。语言首先要有表现力，也不要太冷僻，就是普通的语言，像冯梦龙编辑整理的民歌集《挂枝儿》，整理后很文雅。

我的语言有好几个阶段，有泥沙俱下的阶段，也有寻求简洁的阶段，《长恨歌》中的语言太华丽，繁复得不得了，这种华丽在《伤心太平洋》达到一种极致，这也和心境有关。年轻的时候想表达的东西特别多，来不及涌出来，喜欢堆砌，背后还有一点对事情的表达和把握不够准确。我的语言真正成熟表现在《富萍》，《富萍》是平白的、干净的语言的开始，会斟酌、寻找合适的表达。小说就是从你写第一句开始，进入一种命运。《长恨歌》以后，我语言有进步。

当某种工作成为职业，真正有所突破其实很难，包括写作

问：每一位成名的作家大概都要面临自我超越的问题。也许写作的时候并不考虑这些，但是总还会希望有一些突破吧？

王安忆：这些年我渐渐地找到回答：就是在写作中找到乐趣，在文学中找到乐趣。变化是自然而然的。

问：写了这么多年，您的写作技巧大概已算得炉火纯青，但是这样一来写作难免会带上些职业色彩，掩盖创作本来饱满的情感。你是如何把握的？

王安忆：职业化对中国作家是很大的挑战，耐心回想一下，80年代这批作家，热情饱满走向文坛，写着写着不写了，一些作家落马正是在"职业化"上。我的写作经验不丰富，一上来写作就必须处理技巧的问题，这样反而能使我适应职业化的写作。

当代文学最可贵的东西是创作情感是否饱满。美国的一些作家，一看都是写作班里训练出来的，技巧圆熟。就作家的命运来讲，真正的作家不仅靠感性支撑，还需要理性。小说不能太深刻——当然需要深刻的思想，也需要对日常生活的兴趣。我的小说是世俗的产物。

问：您如何看待评论与写作的关系，从专业角度讲，您觉得评论家们真正读懂您的作品了吗？对评论如何看待？

王安忆：我很怀念80年代，评论家对阅读充满热情，先看小说再评，现在的评论变成两种，一种和媒体合谋，根本不屑于当代小说，很难有认真的评论出来；一种是拘泥于文本。

问：您的作品修改得多吗？

王安忆：一般来说，我下笔很谨慎，不太作废。作品很像家电，改了就不好了。我现在每天写得很少。一天1000字不到，写几百字就很高兴。慢工出细活。我比以前会写了，以前不知道自己要什么，错了也不知道。现在最终还是能掌控。下笔要谨慎，这是我写作多年的经验。

问：您对当前的中国文学怎么看？

王安忆：我不像别人那么悲观。但中国文学的力量确实稀释了，写的人多了，出版物也越来越多。

《长恨歌》获得第五届茅盾文学奖后，陆续被改编为电影、话剧等各种艺术体裁。但是除此外，王安忆的多数作品与影视无缘，她戏称自己的作品是导演的"死穴"

问：您的作品被改编的比例很少？

王安忆：我的作品可能不太适合直观。这也是我的好。我是把叙述贯彻到底，叙述性的东西很难转化成直观的影像。我希望自己永远保持这一点。我小说的好看和电影的好看不一样。我觉得这不是坏事，如果交给影视，就是准备忍受不同程度的误解。我基本上看不出这有什么好处。

最早在80年代，我有两个短篇《本次列车终点》和《小院琐记》，交给北京电影学院的学生，作为他们的毕业作品改编电影，还参加了国际大学生电影节。那个时候的导演，像谢飞那一代，比较注重电影的文学性。现在电影改编要求直观性很强，就是生活的环境和材料的关系。

问：获奖无数，该得到的似乎都得到了。现在支持您写下去的动力是什么？您多次提到自己面临的困难就是写作材料的匮乏。

王安忆：写作习惯很重要。另外，我还有写作的欲望。但是永远碰到的是材料紧缺，这和我的经历有关。

问：您有过什么遗憾吗？

王安忆：没上大学是我的遗憾。如果能够好好上大学，对我帮助会更大。我很喜欢听课，我2004年调入复旦大学时，还选了两个老师的课听，一个是傅杰的《管锥编》，一个是骆玉明的《世说新语》，每次听都要抢位子，他们的课很受欢迎，地上都坐满了人。一个学期的课程，我基本不落。因为我知道我最缺乏古典文学方面的修养。

问：大概是从《长恨歌》开始，读者更多地将您和上海联系在一起。包括后来的《天香》。如果说前边是表达务实的、生活化的上海，那么在《众声喧哗》中，描写了一个上海弄堂里的欧伯伯。上海在您的书写中，其实也是变化的。

王安忆：《长恨歌》里，上海只是我的小说的布景。我曾经说过，我跟上海是一种比较"紧张的关系"。我不喜欢这个地方，但是我居住在这里，又不可能写别的地方，这里是我唯一的选择。但是让我离开这里，我的生活又不习惯。我相信每个人都有过这样的感受。你的所有经验都在这个地方，很难用爱和不爱去解释这种关系。我们就在上海的变化当中，被它推着走，可能很难客观地去看它，一定是充满了各种主观性。这也可以看作我对上海的感受。

《考工记》出版之前，王安忆曾考虑过另外一个名字，叫"老友记"

问：《考工记》，这部写老宅命运、写上海"小开"的命运，为什么也叫《考工记》？看完书，我最感到疑惑的，就是书名和内容是有些吻合，但并不完全吻合。

王安忆：《考工记》当然是借用古代营造工艺官做书名无疑，就像小说《长恨歌》的取名法，从字面看，故事以老宅子颓败修葺为线索，同时隐喻人在历史变迁、时代鼎革中不断修炼，终成结果，应是切题的。

问：历史风云在小说中只是背景，往往一笔带过，但是读者已经一目了然。如此淡化时代背景，这样的处理方式出于怎样的考虑？

王安忆：小说中人物可说穿越时代而来，不能说"一笔带过"，实实是当锣面鼓，每一时间段都迫切应对，压力重重，扭转生活走向，历史在个体命运中的体现不像教科书上的概念，而是具体的人和事，所以我不同意所谓"背景"的说法，而是前景，或者说是整体的情节。

问：小说写了几位上海小开，但是和我们想象中的小开又完全不同，这是一群有教养、有规矩、有抱负的上海青年，不只是对各自的人生有脚踏实地的追求，对待女性也有礼有节。尤其是陈书玉，他心中的偶像是冉太太，遇不上那样的人，宁可选择独身。这样的一群上海青年，有多大的典型性或代表性？

王安忆："小开"是上海坊间对老板的儿子的称谓，就像今天所说的"富二代"，和草创天下的第一代不同，他们生活优渥，接受良好的教育，在都会城市西式生活方式里，培养了绅士风度。陈书玉这样从旧时代过来的人，进入新时代困难重重，冉太太于他不止是"偶像"，更是同时代人，他终身未娶，还因为目睹周围，生儿育女简直是"造孽"。至于"典型性"和"代表性"，早在上世纪90年代，我曾写过一篇小文，主张"四个不要"，其中一个"不要"，就是不要"典型性"，我更重视个体性。

问：小说中的几个女性形象，美好而生动。大虞的乡下女人，"胆壮，不畏前畏后"；朱朱的夫人冉太太的风范，即使丈夫被关进监狱去求人，也无"卑屈之态"；学校的女书记，一个经历了战争的女人，在陈书玉心惊胆战的时刻送他"不卑不亢"四个字……女性在您笔下总是自强自立，在狂乱世事中独当一面，性格心理着墨不多，却跃然纸上。就想，在写这些女性形象的时候，您的心里也应该十分强大并且满怀美好吧？

王安忆：我倒是无意识在这一部小说里树立女性形象，若要论及这一点，大约出于惯有的意识，女性比较男性适应度更高。我母亲有一个观点，说男性很硬，像钢，但一折就断，女性呢，就像蒲草，很软，但是柔韧，百折不挠。

问：小说中有一个非常重要的人物"弟弟"，不是奚子的弟弟，只是一个称呼，小说中也始终"弟弟"称呼，而"弟弟"的多处出现，又总是重要的场合，有着重要的见解，"弟弟"在小说中承担着引路人的角色。但描写也比较含糊，有一种神性的气息——是有特别的用意吗？

王安忆：小说是世俗的艺术，它要求现实的合理性。要让陈书玉在新社会立足，需要条件，所以就必须创造机会，为他开辟通路。"弟弟"是一顶保护伞，同时，他随"弟弟"一行去大后方，再一个人回家，就有了和老宅子独自相守的时间。于是，开始了终身为伴的命运。

问：无论是婚姻大事还是老宅的处境，小说里多次出现"顺其自然"。这也是小说人物命运的走向，是否也是您的一种人生态度？

王安忆：所谓"自然"，其实是不可抗力，风云变幻，连"弟弟"这样接近政权核心的人物，都不好说个定准。然而，在这不可测之中还是有所测，那就是——"变"，小说中人自有走向，不能简单视为作者的代言。

问：《考工记》很多叙述含蓄，而且结构紧密，如果漏掉一处可能就在下文衔接不上。这样的叙述手法，您是希望留给读者更多的想象空间吗？

王安忆：这是小说者的本职，写作的时候，不会那么自觉地选择什么"手法"，也不会考虑给读者什么效果，而是因势进行，走到哪里算哪里，多少有一点命运感。

问：为了维护老房，陈书玉收拾补不胜补的破绽，甚至在台风来临的时候索性扑倒，像蜥蜴一样压在被狂风掀起的油毡上。读到这里特别感动，陈书玉对老宅、对传统文化的爱护和维护，却最终因家人索要赔偿得不到完善的解决拖延下来，结尾"那堵防火墙歪斜了，随时可倾倒下来，就像一面巨大的白旗"——这么写有何隐喻吗？

王安忆：从广义说，小说中的任何事物都是有隐喻的，狭义上则具体事具体分析，说它"白旗"，首先是由事实规定，因墙面是白的，小说方开场，陈书玉走近老宅时候，第一眼看见的就是这面白色的墙，最后当它作"白旗"，一是老宅在塌陷，另外，多少有一点降将的意思。

无论是《天香》还是《考工记》，都有古典文学的气息，写作的内容，也都关乎中国传统文化

问：《天香》以江南顾绣的源流为线索，描写晚明时上海乃至中国民间生活、社会文化的面貌的背后，其实也有一点对上海资本主义化的反讽。而《考工记》在追寻城市发展史的过程中，更有"眼看着楼塌了"的无限悲凉。能否具体谈谈，《考工记》的写作对您而言，有怎样的挑战或意义？

王安忆：我好像不觉得有悲凉的情绪，《天香》的"眼看着楼塌了"，同时眼看着四野盛开，赵昌平先生评论《天香》，有句"莲开莲落，而又化身千红"，就指这个吧！新旧更替，是历史规律，《考工记》写的还是人，那老房子迟早要夷为平地，即便重建，也是当旅游景点，就已经是个变通了，我不惋惜。

问：在一次又一次回望过去、追溯历史的写作中，您获得了什么？

王安忆：我想最好不要用"回望过去、追溯历史"的概念来解释我的小说，从叙事论，小说永远是在写过去的时间，当然，科幻小说除外。我想，发生在50年内的事情，就不能称为历史，再则，

《考工记》截止的时间已是两千年以后了；再从文类分，历史小说当是指历史事件的写作，《天香》写的依然是日常生活，只是年代久远些，我还是个现实主义者，贯穿我写作经历过程，至今未改。

问：您的写作越来越节制了，举重若轻。比如写冉太太和陈书玉之间的感情，再多的惦念和关心，也是不显山露水的；比如写陈书玉和大虞等比兄弟还深的感情，也节制内敛。这和您以往的写作也大有不同。您觉得呢？

王安忆：确实，我写作越来越挑剔，希望有更好的细节，尤其语言，不容易使自己满意，我的要求是，雅俗共赏。所谓"雅"就是书面，所谓"俗"就是口语。冯梦龙整理的《山歌》《挂枝儿》一直是我追求的境界。

问：书中有一小节，涉及陈书玉家里窨井的一面铁盖，铜铸的空镂，一个散发女头像。这铁盖到底有何来历，陈书玉各处查询均没有找到答案。我在阅读中其实也希望有个答案，但是读完也没有发现，就想，也许这里正另有暗指，中国的文化博大精深，一处老宅藏有这么多稀奇珍贵的东西并不以为奇。很想知道您的答案是什么。

王安忆：谈不上"博大精深"，我只是想表示，上海这地方，华洋杂居，东西汇合，实际上没有什么根基，那老宅子并不是特别宝贵的文物，但在近代城市上海，却是个稀罕物，它的风格也是混搭。

问：小说中陈书玉和阿小的对话很有意思，似乎也在回答一代人的疑问：诸如如何解释人人都要留城，将乡下当处罚；诸如为什么又要接受贫下中农再教育，阿小的回答既简单又嘲讽——"因为城市一直在盘剥乡村"等。总之小说中处处暗含类似的玄机，作品并不太长，越读却感出它的厚重。这里，承载了您对于城市怎样的思考？

王安忆：阿小是陈书玉的年轻朋友，因校长的关系，也因时代缘故，他也要吸收新鲜的因素，我还交给阿小一个任务，就是推动陈书玉修葺老宅。

如果说《天香》和《长恨歌》有一脉相承之处，是将笔墨重点放在女性成长历程和心灵史上，《考工记》的出现，很容易让人联想到《遍地枭雄》中上海男孩韩燕来这位来自社会底层的都市边缘人的抗争和宿命。

问：多年来，您在创作中不断突破，不断带给读者新的阅读感受，是不是胜券在握？还是也像《考工记》中所说的"顺其自然"？

王安忆：《考工记》和《遍地枭雄》在我的写作里有点例外，那就是写男性，我的小说大多以女性为主，男性人物不是所长，但这两个人物的特质已经远远超过性别的规定，再要纠正一点，"韩燕来"不能算作社会底层，恰恰是曾经的小康家庭，在城市扩大化中失去土地，他属于阶层更替中的失利者。我没有去"突破"什么，我一直延续写实主义的路数，从来没有超出这个范畴，只是努力向好罢了。

问：对于写作状态及节奏的调整和把握已经非常自然成熟，您觉得自己还存在写作的难度吗？上次关于《天香》的采访时您谈到材料的把握对自己构成难度，现在是不是有所突破？

王安忆：材料是永远的问题，非但不可能突破——因为它和处境有关，而且越来越困难，因为越来越严苛，写什么，是个大问题，可能对自己的期望在提高，对小说的期望也在提高吧！不像年轻的时候，似乎什么东西都可写成小说，幸而在那时候已经动笔，放在今天，也许就不会写了。到哪座山唱哪支曲吧！

蒋韵：凭吊的何止是一个传奇

　　蒋韵，1954年生于山西太原，籍贯河南开封。1981年毕业于太原师范专科学校。1979年发表处女作《我的两个女儿》，迄今为止共发表小说、散文300余万字。主要作品有长篇小说《栎树的囚徒》《我的内陆》《红殇》《隐秘盛开》《闪烁在你的枝头》，中篇小说《心爱的树》《行走的年代》《朗霞的西街》《晚祷》《水岸云庐》等。曾获上海文学奖、郁达夫优秀小说奖中篇小说大奖、老舍文学奖、北京文学奖、小说月报百花奖、赵树理文学奖等奖项，部分作品被译为英、法、日、韩等文字在国外出版发表。曾任太原市文联主席，现为中国作协会员、山西省作协副主席。

▎采访手记▎

初识蒋韵缘自《隐秘盛开》。还记得当年阅读时的感觉，一场漫长而又震撼人心的暗恋，那种无望、孤独，痛入骨髓，爱情的深挚、疼痛的绝望和克制的尊严，深深地打动了我。

后来发现，"爱，也许从来都和被爱都无关，爱永远是一个人的事"这句话，不只感动了我，也感动了无数读者。从此记住蒋韵。

美国哈佛大学东亚系教授王德威曾对蒋韵《行走的年代》有过精准的评价："蒋韵关心的是诗，写的却是小说。如何处理抒情和叙事之间的张力是她着墨最深的地方……她自己何尝不就是一个诗的地下工作者，就着写小说的掩护，发送信号，找寻当年失散的同路人。"

蒋韵认同这个评价：一个写小说的诗的地下工作者。可能正是这样一种矛盾的奇特的关系，使她的小说成为与别人不同的分水岭。

蒋韵的文学之路从20世纪70年代末起步，在作家中算不得高产，但陆续推出的《栎树的囚徒》《隐秘盛开》《你好，安娜》《北方厨房》等风格鲜明、情感细腻的作品，总能准确地击中读者的心灵。

打开《你好，安娜》，映入眼帘的是绿皮火车，在《圣山》一章中，蒋韵让小说中的素心和三美走上迷途，让她们在大风雪中感受死亡的切近，让她们体验生的狂喜，这段和灵魂有关的旅程，让我们感受到了浪漫主义的烛照。其实，她的写作并不习惯设置详尽的提纲，而是喜欢让小说里的人物和情节推着自己朝前走，逢山开道，遇水搭桥。常常是山穷水尽疑无路的时候，摸索着拐上了一条岔路，忽然间柳暗花明，豁然开朗——原来另有一片丰美神秘的景致。

近几年，蒋韵开始"抢救记忆"。《你好，安娜》的后记里说，她说，这是献给母亲的书。"我在母亲身上看到的最可怕的事，是知道了记忆有时候是先于生命死亡的……我要抢救我曾经拥有的那些记忆。"

由此，蒋韵决然地回望自己的记忆深处，她希望走回过过往的青春，走进人性的深处。

蒋韵也没想到，会有那么多人喜欢《隐秘盛开》，且有不少是年轻的读者。她说，如果说《隐秘盛开》曾经感动了这样的人群，而他们其实在某种意义上也温暖了、拯救了自己

问：还记得当年读《隐秘盛开》的感觉，您写这部作品，缘自什么，还记得当时的写作状况吗？我想，这样一部引发无数读者共鸣的作品，一定首先打动了您自己。

蒋韵：应该说，写《隐秘盛开》之前，我其实没有真正描写过爱情。写它，源自一种冲动，是对当时颇为流行的小说模式的反感。那种模式，我把它总结为"零度叙述＋性"。不知你是否记得，有相当长一段时间，我们的小说中，一涉及到现代人的两性关系，似乎，只有肉体和性欲，别无其它。"肉体"似乎是一面最理直气壮最飞扬跋扈最反叛最高调的旗帜，它几乎变成了"人性"的代名词，并以时代代言人的身份宣告着古典爱情的死亡，而且，是以一种冷漠和蔑视的姿态。于是，人类两性关系中诗性的、浪漫的、星河般神秘的情愫，被剔除净尽，完全简化成了"上床"和"上床速度"的归宿与过程。这样的小说见多了，突然有一天觉得不想再沉默，于是，我想，那就让我这个时代的落伍者来写一个另类的"陈旧"的故事吧，让我来写写古老的爱情。让我来写写和灵魂有关的、诗意的爱情。或者说，让我来向这永生不死的爱致敬。

动笔时有一种不管不顾、不计后果的畅快，一种明知是南墙却偏偏要撞上去的任性，还有一点让我自己感动的悲壮——因为我认定这样的小说是没人看的。就算发表出来，也无非是自生自灭，无声无息，顶多被人评价一句"老掉牙的滥情之作"。认定了这样的结局之后，写起来，反而获得了一种前所未有的解放和自由，一种奇妙的沉浸。当然，截稿后，把稿子发出去后，我开始忐忑，开始为它的命运担心，直到有一天，我的责编周晓枫打来电话，她在电话中哽咽，她说，"我觉得我好像能够平静下来和你说话了，可是还不行……"那一刻，我突然非常感动，我知道，我的潘红霞，在这个人世间，有了第一个朋友。

问：《隐秘盛开》是"一部关于爱与死的小说。一种走在刀刃上的爱情，疼痛，始终不诉说。主人公潘红霞，像一个传说，一种星光，当我们仰望星空时才能看见，而我们永远不能在人群中看见她。"这种爱情，也许只有那个年代才有。所以，从某种意义上，您对于爱情的书写，其实也是对抒写一个时代的挽歌。您觉得呢？

蒋韵：你说得不错。潘红霞就像一个传说，一种星光，一个理想，似乎永远不能在人群中看见她。确实，潘红霞没有原型，有的，只是现实生活中的蛛丝马迹。小时侯，我家邻居有个朋友，常来他们家做客。那是一个中年女性，年纪看上去和我母亲相仿甚至还要大几岁。她没有明艳的美貌，却有一种难以言说的沉静的风韵。从大人们的嘴里，隐约听说了她是一个独身的女人，隐约听说了她的独身是为了一个她喜欢却不能相恋的男人。其他的，一概不知，她有着怎样的结局，也一点不知道，因为随着我家邻居的搬迁她也销声匿迹。只是，当我起意想写一个纯爱的故事时，我首先想起的，就是这个遥远的沉静的女人。还听说过另一个故事，是我朋友的一个朋友，七七级大学生，读大学期间，一直暗恋一个男同学，却始终没有表白，为此，她在心里默默想念了他半生……总之，这些属于那个年代的往事，这些人，陌生的或相识的，我的同龄人我的长辈，他们如同沃野，滋养出了我的潘红霞，滋养出了一个遗世独立的爱的天才，她身上，有着那个时代极其鲜明的印迹。记得我在小说题记中这样写：凭吊一个传奇。其实，凭吊的何止是一个传奇，还有生长那个传奇的时代，还有，我们正在失去的与美、与善、与悲悯仁厚的亘古之爱有关的一切。

问：但是到了后来的作品，比如《琉璃》中海棠为了寻找心中隐秘的爱情，执意来到南方；《心爱的树》里的梅巧，在生育了四个子女之后和丈夫的学生私奔……故事里的女人开始寻找爱情，并付诸勇敢的行动。但是这种行动在作为读者的我看来，未免是自私的。对于爱情书写的变化，也许并非您刻意为之，但是，是否也算是一些"隐秘"的变化？

蒋韵：我这样认为，在我的创作中，真正以"爱情"为主题的小说，也许只有《隐秘盛开》，我试图在这部小说中探寻爱是什么，爱可以造就什么样的生命。而《琉璃》和《心爱的树》则不然。以《琉璃》为例，《琉璃》我写的其实是"抵抗"。记得那是 2012 年的秋天，我从黄河边归来，黄河在这个秋天意外地涨水，坐在船上，两岸都是果实累累的鲜艳的枣林。我以为这个秋天会非常美好，但归来的第二天，仅仅一秒钟的疏忽，我就被一个一寸高的台阶绊倒了，造成踝骨骨折。《琉璃》就是在养伤的病床上写成的。其实我并不满意这篇小说的名字，它完全没有必要如此直白。可自始至终，在我写这个故事的时候，"琉璃"这两个字，总在我眼前出现，熠熠生辉，美丽而易碎，就像这个秋天，就像我们珍惜的、珍视的一些东西。

小说写好后我发给女儿看，她看了，开玩笑对我说，"你写了一个坏女人。"后来，在小说被转载时写创作谈，我写了这样一段话：

"女儿说我写了一个'坏女人'，也许吧。这个叫海棠的女人，坚守着如此美丽虚幻的她的初恋，那几乎是她生命的支撑和骄傲的源泉。只不过，这坚守是需要别的生命做养料的，是需要别人的血来浇灌的。一个自私的唯美主义者永远无视这个，美丽残忍、残酷，这是否就是美的本质？"

尽管如此，我还是忍不住同情她。她以一种混沌的力量，悲壮的以卵击石的勇气，抗拒着生活对她的改造。她不是一个深刻的人，只不过，她抗拒的姿态让我惊诧和心生敬意，她始终对生活骄傲地说，不！而如今，这几乎已成绝响。她日渐老去的身体里居住着一个永远青春的灵魂，而今天，更多的人则是刚一出生就衰老了。在年轻的老人们的洪流里，我的海棠，从这个意义上说，是孤独和悲壮的。

太宰治有句话，生而为人，对不起。这也是我想说的：

拥有永远青春的灵魂，对不起。

应该说，我对这个人物的态度，是复杂的。同情、批判，还有我以往小说中一直拥有的某种反讽。

她曾经不愿意不甘心当一个"落伍者"，曾左冲右突，跌跌撞撞试图跟在别人的队伍中

问：从 20 世纪 70 年代末开始写作，您的创作经历了怎样的变化？

蒋韵：这个问题好大，只能简略地回答。70 年代末，在我最初写小说的时候，心里只有好的小说范本，还没有任何文学观念。我热爱阅读，我心里的好小说是《红楼梦》，是《战争与和平》，是《安娜·卡列尼娜》等等，所以，我觉得小说离我很遥远。但突然间，卢新华的《伤痕》出世了，震动之余，也启蒙般地拉近了我和小说的距离。那时，我还在太原师专读书，我的同学们对我说，蒋韵，你也可以写呀，你作文写那么好！那是第一次，有人把我的"作文"

和"小说"联系在了一起，我心里跃跃欲试，那个暑假，在我祖母的病榻前，我悄悄地写了《我的两个女儿》。

我的处女作，从写到投稿，完全是同学们的鼓动，那时我对投稿一无所知，对刊物杂志更是一片懵懂，但是，十年"文革"后那种倾诉的欲望，那种憋破血脉淤积在胸想喊叫的冲动，却是自觉的。这大概就是我写小说的初心——为了灵魂的呐喊。

80年代是我尊敬、热爱并永远怀念的年代，我有幸和新时期文学一起走过了黄金般的岁月，各种文学思潮、文学观念开天辟地的涌现、碰撞，对当时任何一个写作者，都不可能没有触动或影响，我也一样，我也曾努力地追随过新思潮，真诚地膜拜过那些耳目一新的表达方式，我也曾以为，在这个世界上，"新"的就一定是有价值有意义的，是"正确"的。我同样不愿意不甘心当一个"落伍者"。我也曾左冲右突，跌跌撞撞试图跟在别人的队伍中，尽管最终也没有哪个队伍收留我。但是，渐渐地，随着新时期文学的深化和演变，我开始困惑，那就是：我自己的小说，一定要是别人的某种"副本文学"才有价值和意义吗？这样的表达，是真实的声音吗？它们是否拥有我的灵魂？

2002年我和李锐一起，赴美参加了美国爱荷华大学著名的"国际写作者计划"。那一年，受邀同赴"IWP"的，还有诗人西川、雕塑家姜杰、导演孟京辉、编剧廖一梅等朋友，我们发现，大家其实都在面对和思考同样的问题，那就是，什么样的表达才是真正意义上"刻骨铭心的真诚的表达"？有许多个夜晚，在聂华苓美丽的"鹿园"里，我们几人，常常聊到深夜甚至是凌晨，这种跨界的、激情而严肃的讨论、争论和思考，仿佛把我们重新带回到久违的美好的80年代，对我来讲，这是一种幸运。

在"IWP"最后一个月是游历美国，我们在纽约逗留了一段时间，每天出入各个美术馆、艺术馆，参观人类最经典的艺术瑰宝，也看了许多最前卫的艺术试验；在百老汇看了一些经典的音乐剧，也在外百老汇看了最"后现代"的舞台剧。那一个月，我其实很混乱，也很忧伤，纽约似乎在告诉我，人类心灵的想象力似乎在退化、弱化，而最新异的、血肉丰满的创造转瞬间似乎就可以变成某种"制造"……我其实什么都没有想明白，只是无端地感伤着。回到国内，回到我生活的城市，写下的第一篇小说就是《在传说中》，那是我老家开封的故事，是我很早就听过的一些轶闻、野史。从前，这些东西对我似乎不具备意义，但是在那个春天，它们突然变得无比鲜活、生动、亲切。写完这篇小说，我突然觉得获得了一种解放感。我想，也许以前无形中心里还是有藩篱的，有种种的羁绊，那就是，别人告诉我的好的小说应该是什么样的。但是现在，我开始质问，那些所谓好小说的标准是谁制定的？它们对我有意义吗？于是，我感到了一种挣脱和自由，感到像是来到了一片天宽地阔的原野，心里又欢腾又宁静。于是，就有了后来的《隐秘盛开》《心爱的树》，有了《想象一个歌手》《朗霞的西街》等等，它们印证了我的改变。

问：为什么一直如此热衷于中篇创作？在您的创作中，似乎长篇算不得多。是什么缘故？

蒋韵：还从来没有人问过我这个问题，我自己似乎也没有特别意识到这一点。首先，我不是一个高产的作家，作品本就不多，但确实是三四万字左右的中篇小说写起来似乎更得心应手。我写小说，从来没有拟过提纲，也从来没有把一篇小说彻底想清楚、想清晰再动笔的习惯。在我小说开头的时候，往往不知道它的结局是什么。我常常是和我的主人公们一起开始，一起出发，他们最终会走向何方会拥有怎样的命运，不是我能够预设的。就算我预设了他们也常常不服从我的掌控。这也是"写作"这件事最魅惑我的地方。李锐插队时他的房东大姐，一个不识字的农妇常说一句话，"人这一辈子就是走黑路的。"我觉得这话也特别适合我小说中的人物。他们在黑暗中各自走向自己的命运是我创造他们的激情所在，是我写作的鲜活动力。这样的写作方式，暴露出的最明显的缺陷，大概是"结构"问题。而一部长篇小说，"结构"的方式尤其重要。我想，这可能是我长篇写得不多，就是写也写不长的一个重要原因吧？

问：您的作品中，关于爱情，总是流淌着淡淡的忧伤。《心爱的树》《春生万物》《水仙眼》……很想知道，这样的情节来自什么？您对耳闻目睹的现实生活中的婚姻和爱情是否有些悲观？

蒋韵：我的许多小说，在生活中都可以找到线索，有些可说是有原型存在，但最终当然是虚构的产物。我想你说对了，我确实是一个悲观主义者。至少，我看待世界的方式是悲观的，但我不呼天抢地，所以我的小说中才总是弥漫着淡薄的、却永不消散的悲凉之雾，所以潘红霞才至死也不吐露她爱的秘密，因为她太明白爱情本质上的虚幻，太知道尘世间的"爱情"背负不动她如此重的爱——她了解人性的弱点。我亦如此。我并非不信任爱情和婚姻，我是不信任人性。最近陈忠实先生去世，看到许多有关他的评论，有一句话，说，陈先生是一个绝望的现实主义者。这句话，一下子，让我泪崩。我想，在某种意义上，我也是。

有人问蒋韵最喜欢的三本书，她说，自己视《卡拉马佐夫兄弟》《战争与和平》《红楼梦》为热爱和敬仰的文学高山，在它们面前，她会懂得对文学永远保持虔敬之心

问：多数中篇有着时代的痕迹，《琉璃》《行走的年代》最为突出，能够从中感觉到七八十年代人们感情生活的单纯与复杂，对于文学的狂热和执着。您是从什么时候开始文学创作的？80年代的文学热潮是否您产生了极大的影响？

蒋韵：80年代是我永远想念和珍爱的年代，不管大历史怎样评价它，不管别人怎样描述它、定义它、褒贬它，在我，它永远都是我生命中最好的一段岁月。我的80年代，其实始于70年代末，就是我在大学期间，也是我开始小说写作的时候。我爱它，不仅仅因为它是文学的黄金时代，还因为，那是我此生唯一摆脱过"恐惧"的十年，此前和此后都不曾再有过。80年代中早期，我的小说是有一种明亮的底色的，就是忧伤也是明亮的青春的忧伤。当然，那十年，一定不会是完美无缺的人间天堂，它一定有各种各样的问题，弊端，但，能够让一个年轻人终于摆脱掉了多年来如梦魔般时时纠缠她、折磨她、伤害她的巨大的恐惧，也许，就比较容易理解，为什么80年代是文学的黄金时代了。也比较容易理解，为什么我的小说中总是有那个时代的深深的印迹了。有一些批评家评价我90年代后小说主题，是"失乡""漂流""自我放逐""伤痛与生命悲痛""异乡人"等等，我想也许不错，因为，某种意义上说，80年代，是我为自己找到的文学故乡，而80年代，却一去不返了。

问：都有哪些作家和作品，对您的创作有过较大的影响？您从什么时候开始萌生作家梦的？

蒋韵：小时候就喜欢写作文，但没想过当作家。70年代末读大学后，校园里文学氛围极其活跃，文学社、诗社比比皆是。我也参加了我们班的文学社。我前面说过，我的第一篇小说，就是在文学社同学的激励下完成的，也是在文学社同学的鼓动和热情参与中，勇敢又懵懂地投稿的。稿子投出后大约20多天，收到了此生第一个责编的来信，希望我能将稿子做一些改动。那是当年的《安徽文艺》老编辑曹度老师的亲笔信。曹度老师在信中，热情洋溢地表扬了我那篇其实很幼稚的小说，毫不吝惜赞美之词，诉说着自己的感动和激动。最后他这样告诉我，"你才二十四岁，我从你身上，看到了中国新文学的希望。"读到这样一封编辑来信，我缺氧般头晕，如在梦中，拿给文学社同学们看，他们一片欢呼，我才找回一点真实感……也只有那个浪漫的年代，一个初次投稿的文学青年，才能收到这样动人的编辑来信吧？

可以说，是在收到这封信后，我想，我也许能做一个作家？

至于哪些作家和作品对我的创作有影响，那就太多了，在不同的时期可能都会遇到一个比较深刻影响我的人。我从小特别喜欢读书，我阅读量最大的时期恰恰是文学、艺术、文化被彻底封杀的"文革"十年。那时，我根本弄不清楚那些禁书的来路，不知道它们怎么就生生不息地在各种喜欢读书的年轻人的圈子里流传。那十年，曾在"文革"前出版的中外名著，读了真不少。有些甚至是很难找到的，比如《罪与罚》，有些比较不那么有名，比如赫尔岑的《喜鹊贼》、冈察洛夫的《悬崖》等等。那时读书没有选择，如饥似渴，只要是书，只要能到我手里，必读。假如让我开一张青春阅读的书单，真是太长太长。所以，应该说，这些书里的人性之光、和我身处的那个时代迥然不同的精神气息，对一个不幸而孤寂的年轻人来说，如同阳光，如同空气，如同拯救。

问：在山西出生，又生活多年，您觉得山西对您的创作有怎样的影响？

蒋韵：年轻时，相当长一段时间，我一直觉得自己是一个生活在山西的外乡人，我觉得自己在精神上和这块土地疏离、隔膜，相距遥远，甚至，相互排斥。改变是缓缓的、不动声色、静悄悄发生的。这个改变的经历，这片土地在我心里一点一点的苏醒，就是我的长篇小说《我的内陆》的来历。我以我的方式进入了这个总是在我以往的小说中，被草率地称为 T 城的城市，我们相互辨认，然后，我发现，我这个人，和我有关的一切，很大程度上，是被它塑造的。它隐匿在我的身体我的命运之中，不离不弃。

所以，《行走的年代》中，那个叫叶柔的姑娘，站在雁门关外杀虎口残破的长城之上，觉得那一切：长城、颓败的烽火台、酷烈的大风、千沟万壑，虽然是初次相见却如同闯进自己的前生前世一般让她伤痛。那感觉，是我自己的体验。在我的小说中，往往，一出现这样的风景、意象，我自己先就被它们深深感动，觉得那一切神秘和意味无穷。

关于地域对作家的影响，历来就是一个大题目。我其实并不能说得明白。但，一方水土养一方人，这是常识。

问：您笔下的女性形象，隐忍、坚强、执着，是否也有您个人的影子？您心目中的理想女性是怎样的？

蒋韵：隐忍、坚强、执着，这一切，都不属于我。我是一个敏感、脆弱甚至懦弱的人。我笔下的那些女性，应该说正是我对自己的期望，也是我所缺失的。在我心目中理想的女性，应该是善良、悲悯、浪漫，活得美丽，死得尊严。不一定多么鲜艳夺目，但，一定要有无限的风情。

问：作品中关于"爱"的阐释，都能触及我们的内心深处。为什么是蒋韵？在阅读的过程中，我一直在思考，到底是什么成就了您？是什么使您形成这样独特的风格？

蒋韵：美国哈佛大学东亚系教授王德威先生写过一篇文章，叫作《隐秘而盛开的历史》，是评论我的小说《行走的年代》的。里面有一个观点，我觉得很有意思。他说，"蒋韵关心的是诗，写的却是小说。如何处理抒情和叙事之间的张力是她着墨最深的地方。"然后，他从这一点出发，旁征博引，曲径通幽，走进了一个别人没有注意到的我的小说秘境："《行走的年代》最后还是将读者拉回到诗与叙事的辩证关系上。一般认为诗以象征语言提炼生命经验，将所有感官的震颤凝结于一刻，而叙事则一再提醒我们时间流程所必然带来的生命裂变。蒋韵不是不明白这个道理，选择以小说形式写作就像决定了某种宿命。但是她仍然企图用她的小说捕捉一些什么。经过了行走的年代，蒋韵不甘心就此放下包袱，说穿了，她自己何尝不就是一个诗的地下工作者，就着写小说的掩护，发送讯号，找寻当年失散的同路人。"我很认同这个评价：一个写小说的诗的地下工作者。可能正是这样一种矛盾的奇特的关系，使我的小说成为了与别人不同的分水岭。

问：语言节奏是不变的，多是短语，平静内敛，顿挫有致。您的语言风格是怎样形成的？

蒋韵：在我刚开始写小说的时候，别人评价我的语言有"欧化"的痕迹，也就是我们说的"翻译腔"。那当然和我的阅读历史有直接的关系。后来，开始读沈从文，读张爱玲，如同重新发现了自己的母语一样感到新鲜迷人。从那时候开始吧，好像母语在自己身体里慢慢醒来，睁开了眼睛，带着我去重新辨识、发现这个世界。我还要特别提到一本书，是聂华苓早期的作品《失去的金铃子》，薄薄的一本，蓝印花布般的封面，人文社出版，写抗战时期一个十几岁的少女在长江三峡边一个叫三斗坪的地方经历的故事，那种清新、诗意、鲜活、优雅而性感的语言，让我说不出地着迷。这些，大概就是"语言自觉"的开始，也是我所追求的。如今，随着年龄的增长，随着老去，我希望自己仍然能够葆有对母语由衷的爱、鲜灵的敏感以及宁静朴素意味深长的表达。

问："死亡"在您的作品中也多有出现。您如何看待死亡？死亡在作品中承担了什么主题？

蒋韵：十几年前，受法国之邀，第一次去巴黎参加一个文学活动，那次受邀的中国作家，除了我，全都是文坛大腕：莫言、余华、韩少功等等。有一晚，在法国国家图书馆，一个旧旧的老建筑里，举行一个朗诵会。一个女演员，站在并不那么明亮的灯光下，用我毫不了解的语言，朗读着我的一个短篇小说《冥灯》片段，朗读着万里之外黄土高原上一个关于死亡的故事：某个外来的女作家，在黄河岸边一个小城里，偶然撞见并目睹了一个死刑的执行。

然后，由女演员向我提问，她说，"我问你一个非常简单的问题，在我们西方，死是最庄严的一件大事，可你为什么把死亡写得这么轻易和平静？"

那天我是怎么回她的，有些记不清了。大意如此：我说这可不是一个简单的问题。死，对于任何一个生命，一个民族或者种族来说，都不会是一件轻易和简单的事。我讲了黄土高原上一个古老的习俗，农历七月十五，鬼节，人们要在黄河上放河灯，用来祭奠河神和亡灵。成百上千的河灯顺流而下，那是为亡灵照路的灯光，是活人为另一个世界的亲人送去的光明。这里面有我们对待死亡的态度，有温情和审美……我的回答无疑是肤浅的，但是，有一点我不能回避，那就是，某种意义上，我在我的某些小说里，诗化了死亡。

所以，死亡在我的作品中，是抵达，也是救赎。这可能源自于我青春期时的经验。那时，我的身上，我随身的书包里，永远藏着一个小瓶子，那里，有我悄悄收藏起来的安眠药。我带着它，就觉得，活着，并不那么可怕。

问：您和李锐老师合作过《白蛇传》，能谈谈二人合作的情况吗？怎样的合作法？你们是"文坛夫妻档"，有何独特的感受？

蒋韵：那是我们合作过的唯一一本小说，以前没有，以后也不会有。

起初，是出版社找李锐，请他参加一个叫作"重述神话"的国际性项目。李锐犹豫，是我动员他参加的。本来，他想把"夸父逐日"和"后羿射日"糅合起来写一本书，但因为叶兆言已经开始写"后羿"了，于是他更犹豫。我就建议他写白蛇传，虽然它只是一个传说并非严格意义上的神话，但它家喻户晓。

在经过了一番讨论之后，他说，咱们合写吧。

之所以有合作的可能，是因为，它的母本不是我们自己的原创，像一次同题写作。比如我们参加过的中法两国作家的"两仪文舍"。所谓合作，其实是你写一稿，我写一稿。之所以一共写了五稿，是因为，每个人都要用自己的稿子否定前面一稿。所以，小说是不能合作的，我们本来都明白这个，经此一役，就更是明白了。

至于其他，在现实生活中，我们和世上大多数夫妻没有什么差别。

问：对于写作，有何规划？下一步将写什么？

蒋韵：将近两年的时间，因为李锐生病，我的生活，和外面的世界完全绝缘。那时在亲人的病床边，觉得文学太轻。如今刚刚缓过一些，想静静心。至于写什么，真的还没想好。

赵玫：我希望保持一种探索的姿态

赵玫，满族，1954年出生，毕业于南开大学中文系。天津市作家协会主席，第十届、十一届全国人大代表，第十二届、十三届全国政协委员。一级作家。已出版《朗园》《武则天》《高阳公主》《上官婉儿》《秋天死于冬季》《漫随流水》《林花谢了春红》等长篇小说，《岁月如歌》《我的灵魂不起舞》《寻找伊索尔德》等中短篇小说，《从这里到永恒》《一个女人的精神生活》等散文随笔集，以及《赵玫文集》等900余万字。1993年获中国作家协会庄重文学奖。1998年获首届鲁迅文学奖。2011年长篇小说《漫随流水》获国家"三个一百"原创图书出版工程奖。

┃采访手记┃

远远看去，赵玫更像一位舞者。高挽的发髻，瘦削的身材，举手投足间流露出她独有的气质。

细问才知她果然曾经学过舞蹈。后来的成长虽与舞蹈无缘，气质却伴随终生，并因与阅读相伴，腹有诗书，更显出不俗的风韵。

她是较早以女性主义意识写作的作家，20 世纪 80 年代后期，赵玫的短篇《巫和某某先生》《无调性短歌》、中篇《展厅——一个可以六面打开的盒子》等就受到评论界的瞩目与好评。她总是敢于挑战，敢于尝试，因此评论界评论她是"先锋派"。90 年代，赵玫先后完成《武则天》《高阳公主》《上官婉儿》，给历史小说增加了新的范本；而她的散文又是一贯的真实、优美，让人回味无穷。无论是小说还是散文，她的所有作品中自然流露出一种高雅又略带忧伤的气质，那种独特的魅力总是吸引读者的目光。

她是一个对于任何高尚而有益的事物充满热情和兴趣的作家，永远在追求形式的变化和新奇，因而探索和创新对她来说是必需的。在不断对自己提出挑战的同时，她对于艺术独特的表达形式也为读者提供了思考的空间。

和赵玫的对话是在一个明媚的春日。她的丰富、她的深刻在平和热情的谈话中展现出来。我这才知道，她所有的作品，以及作品体现出的学识和素养，是建立在理解中西文学的基础上，她喜欢戈达尔，细心的读者在《秋天死于冬季》，会发现这部作品始终弥漫着法国新浪潮电影的基调。她热爱杜拉斯和伍尔夫，喜欢杜拉斯语言的感觉和高质地的感情，也喜欢伍尔夫的冷静和理论。难得的是，赵玫本身恰恰融合了这两位女作家的优势，她热情却不失分寸，感性，但不失冷静。

赵玫谦虚地说，自己的"阅读"乏善可陈。因为从小养成的随心所欲式读书，这种兴之所至，与系统阅读相去甚远

问：能谈谈您少年时期的阅读吗？

赵玫：小时候，家中书多，喜欢乱翻。而真正的阅读记忆，似乎可从十三四岁开始。跟众多同龄人相仿，当时的课外阅读，常常处于一种冒险、兴奋的秘密氛围中。邻居玩伴间，要好同学间，悄然传递着不知从哪儿弄到的文学书籍，大多是后来才知道的外国名著。这些不少被撕去封面，或者被另行拆订成册的书，几乎都需要限期看完，准时奉还。在这一事儿上，交情与诚信同等重要。两次以上爽约，往往会使你断绝书籍的来源。种种阅读中的陌生快感与传递时的刻意掩饰，都是真实、具体的，又都是缥缈、恍惚的，非常奇妙，数十年间，常在记忆中可触可感地浮现出来，其清晰俨若前天、昨天一般。

问：相对而言，外国文学和中国文学，是否前者对您的创作滋养更多？

赵玫：至少表面看是这样的。前边谈到的书目，一多半是早有定评的名著，出自欧美作家之手。我不懂外文，读的都是译作。好在从前的翻译者，几乎个个都是学贯中西的大家，学风严谨，文字老到，思绪飞扬，情感真挚。他们的译本，不少可以媲美原著，因添加上东方文化的蕴藉，甚至不逊于原著。所以，我喜欢的作品，无论何种体裁，何种题材，无论时空相隔多久多远，在我眼前，都能生动地展露出一幅幅迷人的异域图像。扑面而来、沁人心脾的，全是不曾见识过的风物、人情、社会、历史。于是，常常感觉很奇妙，毫无瓜葛的事物仿佛近在咫尺，闻所未闻的理念能够洗礼自己。这种种阅读的偏好，后来干脆诱导我的写作，进入悖于常规的路径而难以自拔。

问：可能这就是"思辨"的魅力所在，也可能正是您喜欢伍尔夫、杜拉斯的原因吧？

赵玫：是的。是她们，让我见识到了四面八方陌生的景象与声音，知道了笔下可以有千变万化的文字组合。于是，我会在许多场合，感恩般地想到、讲到、写到她们。在对她们锲而不舍的"弘扬"中，我根本不会去顾虑他人是否厌倦，而始终表现出坚忍的执着。

很长一段时间，我常常身临幻境，与她们朝夕相处，共赴喜怒哀乐，似乎已无诸如年代、环境、习俗、信仰、语言的羁绊。心灵的衔接、交汇、共鸣，已是零距离的心心相印。但莫名的感激总会从内心深处涌出，因为我的写作中，哪怕就是深陷于中国古代题材的时候，她们仍旧守在我的身旁，注视着我的劳作。自从"结识"了这些非凡的女人，她们之于我，便成为一个个座右铭式的偶像。

1982 年南开大学毕业后，赵玫在《文学自由谈》担任编辑，得以和新时期文学一道成长。她自文学评论进入文坛，1986 年，赵玫的小说《河东寨》发表在当年很前卫的《上海文学》上

问：南开大学毕业后，您做了什么工作？印象中，您发表作品时似乎已年过而立？

赵玫：1982 年大学毕业后，我曾在《文学自由谈》当编辑，于是得以和新时期文学一道成长。我是从文学评论进入文坛的。后来开始写小说。那已经是 1986 年了。我喜欢这种一边写评论、一边写小说的感觉，因为这样做能让我想起弗吉尼亚·伍尔夫。

问：最初的写作是什么想法？为何能在写作中越走越远？您觉

得写作于自己，是怎样的一种存在？

赵玫：写作之于我已经成为某种生存的状态。对我来说，这种状态才是最为重要的。这是我想做也还算会做的事情，我能够控制自己。能够让自己安静，远离浮华。有时候独自在家，读书或写作，咖啡和茶，觉得在世事的喧扰中，自己仍旧能过着一种精神的生活，真是幸运。

问：回顾自己的创作经历，您觉得是怎样的一种过程？

赵玫：1986 年我的小说《河东寨》发表在当年很前卫的《上海文学》上。因为那是个激越的时代。这对我来说无比重要，让我从评论写作进入了小说界。从此我开始了新的叙述方式。

短篇小说是我最初的创作尝试。我一直认为短篇是一种很见功力的文体。中篇小说就从容多了，刚好可以任情诉说又不至于冗长沉闷；可以恣意探索又不至于脱离构架的轨道。所以我喜欢写中篇。我的《上帝也知道梦不可追》《一切如此寂静》《在坏女人手中成长》等中篇小说，就都包含在了《寻找伊索尔德》这本书里。

问：感觉您在西方文学艺术中借鉴了很多有益的东西，能具体谈谈吗？

赵玫：我一直喜欢读西方小说。最初接触的外国作品是父亲送给我的《普希金童话诗》。那时候我会从头到尾背诵《渔夫和金鱼的故事》。然后是"文革"中彻夜读《简·爱》，在手电筒的光照下为罗切斯特泪流满面。再然后就是伍尔夫和杜拉斯。读伍尔夫是读她精彩的书评。读杜拉斯是读她的早期小说《琴声如诉》。于是这两个女人为我洞开了一扇窗，让我看到了窗外景象。然后我的写作就开始了。

问：您是怎么由评论转向小说创作的？

赵玫：译文出版社将昆德拉的书寄来，新版的《生命不能承受之轻》是许钧翻译的，非常厚，看完后我才知道昆德拉著作的本来面目。原先看过的版本是经过删节的，作家的很多东西被忽略掉，之前认识的昆德拉并不完整。我把昆德拉所有的东西都看了，也写了书评，但仍觉得有欠缺。昆德拉时期和中国很多东西相像。比如布拉格情节像中国的"文革"；后来他入了法籍，又觉得那不是家，回到布拉格，布拉格也不是家，何处是家？我发现世界上很多艺术家都遭遇过这种情境。如肖邦，奥德塞，塔可夫斯基的《怀乡》，太多的东西不可能在几千字的评论中完成。后来突然就想到写小说。

问：担任《文学自由谈》编辑期间，曾采访、评说过一大批当代作家。这种历练对您的创作有何帮助？

赵玫：采访、点评作家，一开始是工作安排，后来变成一种自我需求。最早好像是从1985年开始，持续到1995年前后。我造访过的老中青本土及域外作家、评论家、编辑，有数十位之多，几乎同所有被访者都见过面、喝过咖啡、吃过饭。后来，部分访谈结集为《以血书者》出版。前些日子无意间翻出这本旧作，又重读一遍，好多鲜活的情景历历在目，令人泛起亲切与感动，禁不住回想起自己曾有过的勤奋与奔波。令人感慨的是，当年的受访者，有的已经辞世，唯留下音容笑貌；有的曾表现出与众不同的忧思，历经漫长岁月，仍回到原点，在他数十年前的困扰中挣扎；也有的已变作自命不凡的哲人、大师，甚至已物化为虚张声势的百科全书……但我不太在乎他们目前的模样，清晰残留记忆中的，还是他们当初直露的青涩或伪装的成熟。那是一个人人渴望腾跃、渴望飞翔的年代，也是一个众多面相可亲可爱的年代。受访者们从不同的角度，传递给我写作的兴趣和激励，当然也有镜子般的参照与警示。

问：《我们家族的女人》是您的第一部长篇？这部作品连同之后出版的长篇小说《天国的恋人》《世纪末的情人》，被评论界称为当代情爱三部曲。

赵玫：1992年，我出版了第一部按照长篇小说规则去写的作品。记得开始动笔的时候是一个深秋。那是我第一次接受长篇小说的稿约。我很兴奋。觉得有很多东西想写，但又无从写起。于是我迟疑很久，仿佛一直在等待什么。直到有一天晚上，我去听一场音乐会。在夜晚的宁静的大街上，清洁工将满地枯黄的落叶堆在一起燃烧。那时候街上充满了秋叶燃烧的气味。那气味很令我感动。而我在那一刻又恰好一片茫然。于是便有了小说开头的那句话：暗夜里弥漫着一种黑色的烧烬。好像有无声的音乐在鸣响……找到了这句话就找到了我的小说，那是支撑整个故事的基调。

一个偶然的锲机，张艺谋为了给巩俐设计一个女皇的角色，请来赵玫、苏童、北村等几位作家一起写《武则天》

问：在《武则天》之前，您所写大多是当代题材，从未涉足过历史题材。能谈谈当时的感受吗？

赵玫：我没有把握能否完成。在一段时间里，我看了《新唐书》《旧唐书》《资治通鉴》等等，以及不同版本的《武则天》。我发现国内有很多人写过武则天，包括郭沫若也写过话剧，甚至国外也有作家涉足，但是却没有一位女性描写这位非凡的女人。我觉得完全可以用现代的方式、从女性的视角来解构武则天。

这对我来说是一次挑战。我恰恰是对挑战充满兴趣的。只是我没想到，这样一个偶然的契机，让我付出了10年精力。

问：实际上写完武则天，您还意犹未尽地陆续完成了《高阳公主》《上官婉儿》。

赵玫：我是在戴着镣铐跳舞。写当代题材可以天马行空编故事。

历史只是给你框架，历史资料中几个字便说明一个事件，你可以展开无限的创作空间。我对自己的要求是尊重史实，光看史书就看得昏天黑地。不仅要了解那个年代的人，还要了解社会背景、风俗民情、饮食服饰等等文化层面的知识。

在掌握了大量资料后，我还是找不到感觉，就专程到洛阳、西安走了一圈。虽然和唐朝已经不同，但是山水和人文地理的景观没有特别大的变化。洛阳的白马寺还在，西安的法门寺以及盛唐的建筑还在。那年夏天特别热，但是我走得很有收获。我突然知道怎么写了，所有人物都活了，好像此行为笔下的人物找到了一个舞台。

问：那 10 年写历史题材的作品，有何独特的感受？

赵玫：写得特别疲惫。因为不仅是技术上的辛苦，所有的作品全部用手写，每部必须写两遍，每部作品 40 多万字，3 部作品重复两遍等于 200 多万字；而且这些人在宫廷里的生存让人觉得无比沉重，他们永远在争斗，高阳公主是皇帝女儿，也仍然死于政治。

"历史三部曲"是一项大工程，我完成得很艰难，但是充实快乐，并且为历史小说提供了一种"另类"的范本。后来这 3 部长篇历史小说也成为我 10 多年来在大陆及台湾 10 来家出版机构不断再版的长销书。写作历史小说让我意识到，沉淀下来的千年岁月是怎样精深博大、动人心魄。我选择以现代的方式，重新解释那些历史人物，潜入那座距今已 1300 多年的大唐宫殿，追随在辉煌历史中活动着的一个个女人，探询她们惊心动魄的生命流程，从蛛丝马迹中丝丝缕缕地揭开那些人物的秘密，这对我来说是一个无比兴奋的写作过程。

她一直特别关心男人和女人之间的关系。世界就是由男性和女性组成的，探讨男女之间的关系，是她始终的兴趣所在

问：谈谈您的《寻找伊索尔德》吧——阅读中我一直为女主人公揪着心，也特别想知道您对爱情如何看待？其实在书名中，似乎就已经隐含了一种态度。

赵玫：爱情无疑是这个世界中最美好的感情之一，但与之相伴的却又总是一些极为负面的情绪。情感问题尽管不够宏大，但由此衍生的战争、男人和女人的战争，有时候也是会你死我活的。爱与恨永远相生相伴，冲突和悲剧承载了这一切。这就是我为什么喜欢爱情题材，因为它拥有一种永恒的价值。

在传统观念中，爱情无疑是恒久的。但现在的世界，我慢慢发现，爱情在人们的生活中已没有那么魂牵梦绕了。没有了很深的爱，自然也就没有了很深的痛。所以我写了《寻找伊索尔德》，毕竟这个世界上曾经有过为爱而死的伊索尔德。在这个小说中我没有讴歌爱情，我只是写了某种无痛无痒，某种无聊无奈，某种不了了之。

问：您笔下的人物，常常简洁到只有两个人——男人和女人，或者这正是两个最复杂的人。在阅读的过程中，这种设置似乎为读者平添了一些难度，需要集中精神去确定，这是哪个男人或这是哪个女人——为什么要采取这样一种不给人物命名的形式？

赵玫：在性别的意义上，男人和女人应该就是这个世界的全部了。所有的初始，似乎都起源于男人和女人，就像中国神话里的女娲和伏羲，《圣经》中的亚当和夏娃，于是就很完整了，足以搭建起一个纷繁的架构。在简洁的人物中斑驳出种种复杂的关系。

只有他和她，是一种意指。能够给人无限延伸的空间，让他和她饱含无尽深意。有时候，我会觉得任何人物的名字都会给人一种世俗的感觉，无论你赋予了他们多么美好的姓名。有了名字，有时你就会觉得他就不是他，她也不是她了。在中、短篇小说中，这个他和她一般是能够分辨的，尤其当写作者赋予了他们不同的角色和个性。

她总是喜欢"变样子"，对于形式的东西特别喜欢。她一直在写当代题材，但写着写着也许自己都会觉得没意思，于是写完小说写散文，再写评论

问：您似乎对女画家格外偏爱，为什么？而且这类人物虽然每篇的故事不同，却集中了一些共同点，比如美丽优雅、知性高贵。但是我能感觉到，好像也集中了一点理想主义的色彩。是这样吗？

赵玫：我喜欢"阅读"绘画。因为好的绘画是可以描述的。绘画还可以带来叙事的更新，譬如，你可以透过充斥整个画框的画面，让你线性的写作变得丰满。音乐也有这样的功效，譬如福克纳的小说就像交响乐一样，能让人物的声音从四面八方响起。当然还有戈达尔新浪潮时期的电影。

因为喜爱，所以我赋予她们高贵、优雅。所谓艺术，在某种意义上确乎是一种理想的体现。自文艺复兴以来，人们就把艺术当作了崇高的教育手段，因为它象征了人们对道德完善及灵魂拯救的不断寻求。

问：我特别关注您的作品对话与心理的描写。女人内心的无奈、失落、痛苦等百般纠结，描写得细腻到位。您觉得自己对女性心理基本把握了吗？是否在写作中游刃有余？

赵玫：我首先将女性看作一个物理的群体。所以无论怎样姹紫嫣红，其属性都是不会改变的。于是女性常常拥有共同的认知，这种认知甚至是不分阶层的。尤其在谈论男人的时候，你会发现她们可能会有语言上的差别，但本质上的感受却惊人地一致。

所以我愿意让我的女性角色深深融入这个集体。我觉得可以体察她们内心的活动。也知道在她们爱或恨的时候，会做出怎样的举动。

所谓的心理描写，我在写作中可谓毫不自知。但对话，我总是反复修饰，不想让任何对话言之无物。

问：《寻找伊索尔德》和您之前的作品相比，有哪些突破？您说过自己总是喜欢"变样了"，这次有哪些是变化的？在这些作品的写作中，您有怎样的收获？

赵玫：《寻找伊索尔德》是一部中篇小说集。它是近年来我的这类小说的合集。之所以有了这部作品，是因为我一直想拥有一本以《寻找伊索尔德》为名的书。感谢作家出版社让我了却了心愿。

在写作中，我喜欢变化。这会让我的精神生活充满某种刺激感。《寻找伊索尔德》应该是代表了我现在的状态。我迷恋于特里斯坦和伊索尔德美丽的中世纪传说，我崇尚伊索尔德对爱情的坚贞不渝，我感叹于伊索尔德为爱而死的永恒悲剧。但可惜的是，我小说中的人物所经历的现代爱情却是那么苍白。

在写作《寻找伊索尔德》前后，我愈加觉得故事已经没有那么重要了，关键的是语言。于是当语言成为你最需要的元素后，你便开始变得从容。语言不仅负载故事，也要承载思想。而平庸的故事又能说明什么呢？这种想法从写作长篇小说《八月末》的时候就开始了，记得我在序言中说，希望小说能有诗一般的语言和意象，于是在描述中尝试着，让语言比故事更重要。

赵玫在变化的写作中不断体验精神生活的刺激感。她迷恋于特里斯坦和伊索尔德美丽的中世纪传说，崇尚伊索尔德对爱情的坚贞不渝，也感叹于伊索尔德为爱而死的永恒悲剧

问：对于创作，您是有计划的吗？还是顺其自然？

赵玫：思绪中总有着好几本想要写的书。甚至都有了非常详细的提纲。于是总是对未来要写的作品满怀了激情。我喜欢这种永远有曙光照耀的感觉。我喜欢有我想写的东西让我期盼。我的好几部长篇小说诸如《秋天死于冬季》《漫随流水》都是在期待已久之后才开始写作的。

问：在《秋天死于冬季》中，常规的道德理念全部被颠覆。

赵玫：我不是有意识的。我把他们安排在大学里，我对大学并不是特别熟悉。这是我自己制造的人物事件，我不知现实和事件距离多远多近。我觉得还要改变。我希望在这样的冲突中展现更多的人性。我总是希望颠覆。

赵玫一直对知识分子的生存状态比较关注。她认为他们有很多智慧，也有劣根性的东西

问：您一直关注知识分子的生存状态。在多年的写作与观察中，您如何评价知识分子，尤其是女性知识分子？

赵玫：知识分子应该是一个时代的良心。"五四"前后的那些知识分子做到了。他们学贯中西只为着祖国的强大。这个阶段文化融和的直接后果是，带来了社会的进步和观念的变革。他们中学为本，西学为用，进而酿就了中国历史中伟大的新文化运动。就文学而言，白话文诞生了，还有非常现代的诗。而抗战时期迁移至长江上游李庄的那些知识分子也做到了。在如此艰辛的环境下，他们却依旧背负着民族的使命。

尽管我总是在谈论着杜拉斯，但其实更深刻影响着我的那个人是弗吉尼亚·伍尔夫。她和杜拉斯是全然不同的两个人，虽然她们都写小说，又都把小说写得惊天动地，但伍尔夫更具知识分子的质地。因为她没有杜拉斯般躁动不安的爱情，和堪称绝唱的悲欢离合。她的生活很平静。而平静下面，又总是向着一个很深的所在。那是唯有伍尔夫才会有的一种生命的品质。所以伍尔夫才堪称知识分子。那种真正意义上的知识女性。

问：熟悉您的读者都知道，您之前写历史小说，《武则天》《高阳公主》《上官婉儿》……社会发展到今天，您如何评价女性的身份和地位？

赵玫：3部长篇历史小说成为我10多年来一直不断再版的书。因为它们表现了唐朝那个女性政治最为辉煌的时代。于是这成了我向唐宫女性致敬的作品。我觉得今天的女性政治，就其深度而言，尚不能和盛唐时代相匹敌。

随着年龄、阅历的增加，赵玫的作品中有越来越多的思考，写作技巧也日趋成熟。然而这并不意味她写作中不存在瓶颈或困惑

问：写作了几十年，出版了80来部作品，是否各种题材于您而言已经驾轻就熟？

赵玫：也有写着写着就想放弃的那种沮丧的时刻。而最大的困惑来自于我希望自己能有所变化，无论题材，还是技术，包括话语的方式。写作的过程也是学习的过程，这对自己来说非常重要。我希望能以一种探索的姿态写作，我希望写作中既充满思辨的色彩，又洋溢着感性和激情。

问：您说过任何的创造性都来自对传统的背叛，并由此发现并创造出一种前所未有的形式。

赵玫：我之所以喜欢"形式"这个词汇，是因为我觉得在形式这个词汇中可以找到创新的手段。形式之于我一直是一个非常明确的概念。我喜欢将技术混杂在文字中，甚至混杂在认知和情感中。新的方式必然会带来新的哲学。有时候在意绪流淌的时候，景象就是思想。于是形式也就自然而然地负载了心意。

形式是一种十分微妙的东西。它很具体又很形而上。所以我总是喜欢用搭积木来比喻我所理解的形式理念。文字或句子就像积木，是一种固定不变的物质，但拼接的方法却无穷尽。不同的搭法必然会产生不同的物体，而形式的意义就隐藏在那不断变化着的拼接方式中。

很多年来我痴迷于这种搭积木的游戏。我喜欢在不同的拼接方式中，产生出不同的意义。我希望我的作品中充满形式感：任意绪流淌、时空倒置、凝固或是运动的文字的画面，乃至句式、标点的变异等等。而这就是尝试本身所产生的价值。

徐小斌：我属于"自虐型"的作家

　　徐小斌，1953 年 2 月出生于北京。自幼习画。曾上山下乡，于 1978 年考入中央财政金融学院，1993 年调入央视中国电视剧制作中心。自 1981 年始发表文学作品。主要作品有《羽蛇》《敦煌遗梦》《德龄公主》《双鱼星座》等。《徐小斌文集》5 卷本于 1998 年由华艺出版社出版。《徐小斌小说精荟》8 卷本于 2012 年由作家出版社出版。曾获全国首届鲁迅文学奖、全国首届女性文学奖、第八届全国图书奖、第二届加拿大华语文学奖小说奖首奖。长篇小说《水晶婚》获得 2016 年英国笔会文学奖。部分作品译成英、意、日、西班牙、葡萄牙、挪威、巴西、希腊、阿拉伯等 10 余国文字，在海外发行。

| 采访手记 |

她总想跟别人不一样。也总想跟自己不一样。

特立独行么？打小她就是个叛逆的孩子，挨打次数最多，处处拂逆大人的心思。后来她想明白了，那么倔犟顽皮又敏感自尊的孩子，要是让她碰着，保不齐也打。

磕磕绊绊地长大了，该插队的时候，一声不吭地跑去销了户口，一副瘦弱的肩膀承担起黑土地上的沉重孤苦与寂寞；该返城的时候，以小学生的水平，考上中央财政金融学院，居然还是全校数学第一；毕业了，找了份不错的教师工作，却阴差阳错，因为一篇小说，走上了文学的道路。

在自己的人生道路上，她执拗叛逆，但是在写作道路上，她唯一能做的，是听从内心的召唤。好评也罢，获奖也罢，她固然看重那些鼓励和肯定，却从未屈服过外界的任何诱惑。

她活在自己构建的童话世界里。简单纯净甚至有些不谙世事。当然，她写的是"成人童话"。

岁月仿佛没给徐小斌带来什么变化，还是那么温和坦率，说话柔声细语，慢条斯理，完全不能让人相信，那风云诡谲又奇幻瑰丽的世界，是在她的笔下幻化而出。

《羽蛇》已经由世界顶级出版社西蒙·舒斯特购买了英文版权，成为列入该社国际出版计划的唯一中国作品

问：在接受各种媒体问您最满意的作品时，您总是毫不犹豫地回答是《羽蛇》。《羽蛇》的影响太大，好像遮蔽了您在散文及影视等其他方面的成就？

徐小斌:《羽蛇》是我郁结在心、特别想一吐为快的写作。当时写作条件很差,我1995年开始写,当时还没有电脑,用四通2403打印机打出来,那时候工作特别忙,每天熬夜写。写得心都疼。《羽蛇》可以用多种东西概括,但如果用一句话来概括,可以说羽是一个对爱充满无限希望的女孩,哪怕一滴露水都可以复活,但是这个世界就没有一滴露水给她,她一生都在寻求爱,但是她一生都在被爱所背弃。

问:多少年来不断有人拿《羽蛇》做题目来诠释所谓女性主义的写作。您自己怎么评价?

徐小斌:女性主义的说法,起源于美国20世纪60年代兴起的女权主义。我们称之为"女性主义"是温和的。女性主义必须要有女性立场、女性视角和女性话语。这些都是评论家的说法,至于我自己,没想这么多。我的作品中除了《双鱼星座》算女性主义作品外,别的都不能归类为女性主义。我写的东西,关乎人性深层的隐秘。我觉得戴锦华的评价更全面,她说"徐小斌的作品不仅仅关乎女性,从某种意义上说,它关乎于整个现代社会与现代生存",属"现代寓言"。我是希望如此,但是否达到也很难说。

我写的女性基本上都有原型。托尔斯泰说,要用原型,最好把原型糅在一起,搅拌得越细越好。有些男作家写女性让女人看来不是真正的女人。就像古希腊的皮格马利翁,认为所有女人都有缺陷,就塑造了一个完美的女人,但是没有呼吸没有血液没有灵魂。所谓真善美,缺的就是真。我最要弘扬的就是真。现在是复制和粘贴的年代,缺的就是真品和真相。《炼狱之花》中其实埋藏着巨大的隐喻,海百合一直在人间寻找真相和真品。

问:作品中的隐喻,会不会影响到阅读的普遍性?

徐小斌:我曾经和宗璞先生探讨过这个问题。共同觉得雅俗共赏几乎是不可能的，基本达不到。但总会有一些知音读者能读到作品深入隐含的内容。每次写作我都是根据主题确定风格。写《德龄公主》对我挑战也很大，当时我偶然看到一个小册子，讲20世纪初1903年，有两个受西方教育长大的女孩在昏暗的清宫里，为慈禧太后跳芭蕾舞。我玩命地读了100多本书才敢写这部历史小说，但是我的真实想法并没多少人看出来，除了写东西方文化的交流和碰撞，里面还埋了一个制度的问题。

问：《羽蛇》被翻译得较多，与什么有关？

徐小斌：可能与人性的共通性有关吧。譬如美国的权威书评刊物美国国家图书馆协会会刊《每月书评》说："这是一部史诗。它涵盖了中国百余年的历史，它是从1890年开始的。女主人公是一个非常孤独、敏感的女人，她从小失去了母亲的爱，因此终生都在寻求爱——但却始终没有得到。她的爱情也许在1980年代，然而，这爱却并没有真正实现。书中有很多神话一般美丽的场景，使这个故事显得神秘，但这并不妨碍它是一部史诗。"

问：您理想中的翻译和作家的关系，是怎样的？

徐小斌：对于中国文学"走出去"来说，翻译实在是太重要太重要了！

翻译在某种意义上应当是一种"再创造"。有点像导演与原作者的关系。

我是比较早就认识葛浩文的，1996年赴美讲学，当时他在科罗拉多大学。那时他就看好莫言，但他的翻译方式是整个按照美国的方式重新排列组合讲故事，这样做有个好处，就是起码西方人能明白。

西方翻译方式实际上适合线性叙事，余华的《活着》和《许三观卖血记》就译得很好。一般的西方翻译根本做不到对汉语精彩纷呈又博大精深的文字的恰如其分的表达，更何谈字面背后的象征、隐喻及其他各种修辞方法。所以有时候叙事方式过于复杂就很吃亏。

实际上，东西方的文学翻译至今也是不对等的。我们的优秀翻译译的西方小说多么精彩，尽管我并不懂得复杂的语言关系，但从直觉就能感到，有很多译作都是由我们的翻译增色的。汉语太过复杂，背后蕴含的文化就更深，这恐怕不是当代这些西方汉学家能胜任的。

所以有时候翻译提的那些问题，你解释起来总觉得很费劲。

问：您为小说主人公起名，颇费心思。比如《羽蛇》的五代女性的名字都与太阳有关，特别是母亲、外祖母还有金乌都是远古的太阳神。其实主人公的名字特别关键，有的一看人名就觉得故事特假。不知您是如何看待角色命名这件事？

徐小斌：《羽蛇》这部小说确实有点女权（笑）。因为当时想，凭什么老把女的比成月亮，女人也可以是太阳啊！所以其中有一版干脆就用了《太阳氏族》这个题目。金乌本身就是远古太阳的别称；若木是太阳神树上的金枝；而羽蛇，就是亚洲太平洋地区远古的最高阴性神灵——我去伦敦书展时曾在大英博物馆看到了青铜色的羽蛇神原型，那是真美啊！

难得你细心，确实我的有些小说的人名挺费思量的，譬如"景焕"，当然就是"警幻"的谐音；卜零，实际上就是"不灵"；"孟驰"就是在梦中驰骋，等等。

问：有些作品繁复，比如《羽蛇》中采用"树形结构"来书写百年五代女人的心灵秘史，讲述了，五代12个性格各异的女人曲折跌宕的命运故事；有些作品人物简单，比如《天鹅》中女作曲家古薇与年轻军官夏宁远在新疆伊犁发生的一场惊世骇俗的忘年恋。您如何看待写作的难易，与作品的架构有关吗？

徐小斌：写作的难易与作品结构无关。

人生到了某个阶段，必须学会做减法，必须断舍离。

在那之前也写过一个结构非常简单的中篇小说《别人》，只有两个人物。但这并不意味着我从此就不再写《羽蛇》《双鱼星座》那种繁复华丽的小说了。加法与减法，如同出世与入世的转换，随意转换，就可以获得自由了。

父亲买了新版的绣像《红楼梦》，说老大上初中了，可以看看《红楼梦》了，老二得再过两年，至于 9 岁的徐小斌，父亲提都没提。当晚，她爬上书柜顶层把那本还散着墨香的《红楼梦》拿到手里

问：您最早的理想是当作家么？

徐小斌：小时候尽是理想，有一阵疯狂地想当天文学家，还想当画家。我其实最喜欢的是自然科学，喜欢看星星，每周到天文馆去看一次星象，是学校天文小组的组长，我还画了伽利略、哥白尼、中国的一行、祖冲之等很多天文学家的画，把他们贴在墙头——我觉得星空太迷人了。

很多作家较偏科，我是文理都特别喜欢。1978 年其实是以小学水平考入中央财政金融学院，高等数学成绩后来竟是全校第一名。但是我有个巨大的缺陷：不能面对现实，一回到现实，就感觉无所适从。我害怕复杂，一旦碰到复杂的问题马上崩溃，不知如何应对。

问：最初走上文学之路，有哪些印象特别深的事情？

徐小斌：《收获》在自然来稿中发现了我的《河两岸是生命之树》。我在投稿后一周之内就收到电报，上面写着"请 X 号到上海来面谈，接站的人手持《收获》为号"。《收获》的编辑李小林老师让我到她家，我觉得她对我的小说理解比我还深入，这让我特别感动。谈到一半时巴老从屋里走出来，冲着我笑了笑。我就像《炼狱之花》里的海百合，完全傻了，不知道该说什么。那一次谈的结果就是希望我改一下结尾，后来发在 1983 年《收获》第 5 期头条。

问：有评论把您在 20 世纪 80 年代的创作概括为理想主义的写作。评论家孟繁华认为，您在 90 年代的创作，不再像 80 年代持有理想主义的情怀，小说更复杂，更理性化，也更成熟。《双鱼星座》《迷幻花园》和《敦煌遗梦》等作品曾风靡一时，您也被命名为"风头正健"的"才女"。

徐小斌：90 年代的中国文学已经开始被商业主义神话侵蚀，我小心翼翼地看顾着自己的小说，无数次地拒绝高酬电视剧的诱惑，宁肯在纯文学写作中获得精神快感与灵魂宣泄。为此我确实失去很多，但不后悔。

问：80 年代末，您的长篇处女作在当时未引起足够的重视，那么 20 年后再版改名为《海妖的歌声》，文学界的评价如何？您如何评价这部作品？

徐小斌：《海火》是我在 1986 年底参加第三届全国青年创作会议时开始构思的。是一部虚幻与现实结合的长篇。记得中国作协创研部负责长篇的林为进给予《海火》很高的评价，认为是当时比较罕见的纯文学作品。20 年之后，更名为《海妖的歌声》在磨铁再版，沈浩波说此书历时 20 年"一点儿没过时"，并且对我朋友说："可惜徐老师早生了 30 年。"我的朋友则认为我"晚生了 30 年"。但无论是早生或者晚生，都是生不逢时，真是悲哀啊。张志忠先生为此书写了一个长篇评论《海火投影》，他认为是一部"荟萃了大量信息，同时又透露着作家才情的力作"。

问：您如何看待自己获得鲁奖的作品《双鱼星座》？颁奖会上有什么记忆深刻的事情吗？

徐小斌：我写了35年，得的奖其实很少，《双鱼星座》可能也是正巧赶上1995年世妇会在中国召开，女性文学比较热吧。在此之前《小说选刊》复刊评奖，据说此篇得了全票，但是被一封匿名信给告下去了，说里面有对女性身体的描写。此事当时的作协书记陈建功兄直接告诉我了，我那时除了写作完全就是一个浑浑噩噩的人，根本没有为自己争辩，觉得无所谓。到了首届鲁奖，刊物再报，评上了之后才通知我，那时候简单啊。

写《双鱼星座》时我内心处于崩溃状态——本来就常常对现实世界无所适从，完全不懂得处理各种关系，常常万分痛苦却又无法言说。

于是第一次自觉地写了逃离意识——女主人公卜零在男权世界权力、金钱和性的三重挤压下，在现实中奄奄一息无法生存，她逃离在梦中。在梦中，她用三种不同的方式极度冷静地杀死了三个男人——权力、金钱和性的代码，从梦中醒来之后，她走向（或曰逃往）她认同的空间：佤寨。卜零也在经历了一次致命的"爱情"之后获得了完全的成熟。我在一篇创作谈里写道："……父权制强加给女性的被动品格由女性自身得以发展，女性的才华往往被描述为被男性'注入'或者由男性'塑造'，而不是来源于和女性缪斯的感性交往。……除非将来有一天，创世纪的神话被彻底推翻，女性或许会完成父权制选择的某种颠覆。正如弗洛伦斯·南丁格尔胆大包天的预言：下一个基督也许将是一个女性。"这篇创作谈当时被一些批评家认为是所谓中国女性主义写作的一个宣言。貌似有力量，其实内心虚弱不堪，也许是我的下意识告诉我，那一天是绝不可能到来的。而且，我们会离那一天越来越远。

颁奖会上好像真没什么记忆深刻的事儿，只记得当时的奖金很少，只有2000元。

与她多年前的"逃离意识"相比，徐小斌在《炼狱之花》中的表现变得勇敢坚定。她依然以神秘虚幻的文风与现实主义结合，发出了自己独特而不可替代的声音

问：阅读《炼狱之花》的过程中，总感觉您一会儿变成了海百合，一会儿又成了天仙子。是不是她们身上都有您的影子？

徐小斌：写作的时候我会扮演不同的人，挖掘她内心发展的内在逻辑，即使是魔鬼，也是触手可及的。这和演员有点像。本色演员用一种风格，性格演员可以试着扮演很多人。

问：您的作品总是有很多隐喻，您想通过《炼狱之花》告诉读者什么？

徐小斌：有些东西让我无法忍受。我工作的单位是影视界，耳闻目睹很多潜规则。其实外面知道的所谓潜规则只是冰山一角，而且不局限于影视圈，各领域都这样。我一开始没察觉，比如评奖，有些评奖会找一点平衡，但有一些就比较过分，明目张胆。本来好多事情我都不知道，也不想知道，但某件事情突然发生了，揭开了冰山一角。我好奇心极强，想知道背后的内幕。细细追究过去，发现的确有利益交换。我是对现实反应愚钝的人，连我都看出来了……而且我暗自观察他们，发现他们都活得很好，一点没有"有愧于心"的样子。《炼狱之花》里有一句话，"神并不眷顾和保护善良的人，也不会惩罚恶人，是否连神都害怕现世？"其实是我自己的疑问。

问：生活中很多人知道"潜规则"，但习以为常，反应不像您那么强烈。

徐小斌：我属于什么都反应过度的人。别人早都看出来了，跟他们议论起来，大家反应都很漠然，他们谁都不说，就缺一个《皇帝的新衣》里的小孩。我是有话要说的人，所以有一阵对现实彻底失望，对很多事情感到不可理喻。尤其是 2005 年、2006 年我陷入困惑。质疑自己是否不够与时俱进，对人文环境有强烈质疑，内心有种纠结的痛苦。此前老觉得自己的价值观和做人的准则是对的，活得坦然。

问：您把那两年的经历称之为"痛苦的蜕变"，为什么？

徐小斌：我能接受大善大恶但是不能接受伪善，说穿了就是不能接受"装"。我对自己和整个人文环境产生了强烈质疑。而且这种质疑得不到答案。我第一次感觉很恐惧，我对这个世界充满恐惧，忽然觉得这个恐惧不再是精神层面的恐惧，是物质化的恐惧。每天一到黑暗降临的时候，那种物质的东西就像冰凉的蚯蚓一样沿着我的脊椎往上爬。每当有这种感觉，我就在院子里不停疯狂走路，把头脑中的东西全部甩掉。

现在我想通了，这是每个时代都会有的事情。纠结过去了，我用一种不绝对化的姿态看这个时代和人文环境。

问：这种对伪善的不能容忍缘自什么？

徐小斌：跟我关系密切的人，总说我童心未泯。可能内心缺乏成长过程，从小我就是跟整个社会语境背道而驰，格格不入。小学的时候"停课闹革命"，所有小孩子都在外面又玩又闹，我就在家里看书，我家藏书多，又幸好没被抄家，看了很多俄苏文学，陀思妥耶夫斯基的《被侮辱与被损害的》，托尔斯泰的《复活》《战争与和平》《安娜·卡列尼娜》等等，《复活》里讲到聂赫留道夫脑子里经常有两个人在争斗——精神的人与动物的人，我对自己说一定要做"精神的人"。去黑龙江兵团，很多人受不了强体力劳动，我从来就没叫过苦，一说去兵团自己就跑到派出所把户口销了。我一直活在内心世界里，外部世界几乎对我构不成伤害。

问：可是这一次外部的世界进入内心了，而且对您造成了伤害或者说困惑。

徐小斌：是的。各种事经历得多了，就想写出来。这次写作最大的难题是想颠覆自己的风格。如果按以往风格写下去，会非常顺手。但是一种风格写熟悉了就成匠人了，艺术家和匠人最大的区别就是创新。最大的难度就是，用奇幻的壳装现实的内容。这两个东西怎么往里糅，我必须要把所有的东西，都熟稔于心，横向要了解印度教、婆罗门教等等，纵向所罗门、示巴女王等等，我想把很多东西包括对生命的体验融入进去，让整个故事变得鲜活起来，我觉得可能费力不讨好。这次我是冒了很大风险，也是最后一次冒险。现在我总结了一个经验，要写奇幻就全写奇幻，上天入地，放开想象写；要写现实就彻底现实。以后我还是要回到《羽蛇》的风格。

问：书中墨菲定律宣称：总是最坏的那一面会得到实现。在此情况下，海百合决定在人间"熬"下去，这算一个悲剧结局吗？

徐小斌：不，这是个勇敢的选择。勇敢是我以前作品中女性人物所没有的。过去是选择逃离，现在直面现实。我现在慢慢地变得敢于直面现实了。譬如遇到现实中破了道德底线的东西，我会直截了当地表示我的反对，哪怕这样做很得罪人。过去我不会，我会选择逃离。

"一个真正成熟的女人是不可战胜的。真正美丽的女人是历尽沧桑的女人。"她虽然这么说，却在新作《炼狱之花》里，刻画了一个"生瓜蛋子"海百合

问：小说中的人名挺奇怪，像天仙子、百合、罂粟、曼陀罗、番石榴等，5个女的都是植物而且是致幻性的植物，5个男的都是动物，金马、铜牛、阿豹、小骡、老虎。

徐小斌：名字是分好几次起的。我在想，既然写海底生物，就起一个跟海有关的名字。我很忌讳和《海的女儿》相像，不能起鱼的名字，于是就想到了海百合。女人用植物代表，都是美丽的致幻性植物；男主人公名字本来就是金马，后来我想索性都用动物命名。

问：您作品中奇幻的神秘色彩，来自哪里？

徐小斌：我的祖籍是湖北荆门，楚国有巫风，姥姥和妈妈经常会做些怪梦，每天一大早，她们的第一件事就是互相说梦，回忆她们经历的怪事。有一次姥姥说，她梦见自己从悬崖掉下来，被佛掌接住了……这些事对我影响很大，像是听故事，有原始的恐惧感。

姥姥信佛，家里的佛龛里供着一座释迦牟尼像，上面罩了一块红布。姥姥越是不让我看，我越是想看，就在半夜里揭开红布偷偷地看，吓得好几天睡不着觉。

我比较早地读了《聊斋志异》《红楼梦》，看得我神经衰弱，失眠。童年的影响对一个人的成长影响太大了。小时候我是被吓坏的孩子，从小爱做白日梦。有一阵儿，我特别想将来当隐士。像北宋林逋一样过"梅妻鹤子"的生活，在山清水秀的地方待着，就是爱幻想。

问：奇幻的写作方式，会不会使批判现实的力度削弱？

徐小斌：我也考虑过。但是我写作有个忌讳，不愿意和别人一样。写现实主义的太多，中国传统文学中《山海经》《搜神记》《聊斋》等这一脉越来越弱，以至于当代的想象力、原创力都呈现极度匮乏之势。我不想被庞大的现实主义挤掉，只是对奇幻小说有点偏爱，觉得不该消失。

问：您很注重原创力，可还是用了西方奇幻作品中常用的"戒指"作为重要的意象。

徐小斌：戒指是被很多人用过了，这个语境也不是我擅长的，所以我反复修改，不想在细节上跟别人一样。最后想到，把月亮花嵌到戒指上，重点写花。这本书原来叫《记忆之花》，后来首师大教授张志忠建议我改成《炼狱之花》。月亮花是贯穿始终的意象，它知道人的前生后世，人生即炼狱，《炼狱之花》象征人的生命力的顽强，即使在炼狱里也能开出花来。

问：《炼狱之花》中，天仙子说了些令人费解的话："别爱这个星球，这个星球早晚会灭亡，别爱城市，这个城市不久就会破碎……"从某些方面理解，我觉得作品和《阿凡达》所表现的主题很相似。

徐小斌：《阿凡达》是说人类到星球，《炼狱之花》是说海底生物到人间，再回不去了，正好相反，但殊途同归。人本来是自然界的元素，和自然界的花草树木没区别，但是随着人的欲望越来越多，自然力越来越匮乏，人类再听不懂自然界的话了。一系列灾难的来临，就是惩罚的开始。人类向自然界索取的太多了。

问：一些灾难片比如《2012》确实引起人们的反思和恐慌。您怎么看？

徐小斌：我很早在《海火》里也写过，人类对自然索取越来越多，造成自然界的报酬递减。宇宙最终会寂灭，但那是遥远的事情。很早就有科学家提出来。写小说的人更多关心科学自然有好处。当年《羽蛇》写完时没有开头——我总想写一个不一样的开头。后来受物理学的耗散结构启发，像树的枝蔓和枝叶倒着生长，最后才确定了开头。

她曾热衷于小说技术特别是修辞方面的创新。总想"语不惊人死不休"，整个人都痴迷其中无法自拔

问：和您以往的作品相比，《炼狱之花》的语言有很大的变化。

徐小斌：小说最讲究的就是语言。林斤澜说好小说首先一定是好语言，第二是艺术感觉，第三是想象力。我把这句话视为写小说的座右铭；我的小说有些诗化的语言，有时可以空下来，如有神助，突然就有语言跳出叙事的节奏，像音乐中的华彩段。

过去我的文字基本上是藤蔓式地自相缠绕的，《炼狱之花》是冰片式犀利、反讽的语言。

语言有些夸张变形漫画化，适合改成长篇动画。时代在前进，一个作家绝不能停留在某一个地方举步不前，你还得了解这个时代，你要了解这个时代的特定语言，首先就要了解这个时代的年轻人的语言。

问：多数作家的写作都是很自我的，您好像还考虑到了读者是否能接受。因为很早之前您就说过，这是一部适合改长篇动画的作品，风格类似蒂姆·波顿与宫崎骏。

徐小斌：我就是听从内心召唤写作，一旦进入写作，我会被叙事牵着走，不考虑其他因素。但是我这一次确实想知道年轻人怎么看。一个是想颠覆自己，另外我还想往动画上走，看宫崎骏的《千与千寻》、蒂姆·波顿的《剪刀手爱德华》，我特别感动，他们的动画里有让人心碎的质朴的真情。金敏的动画我也看过一些，感觉像有利刃在心上"吧"地敲一下。中国没有像样的长篇动画，长时间被日本美国动画把持着。这跟原创力匮乏有关。

不能轻视动画。动画貌似单纯，其实有很深刻的哲理。《千与千寻》的意欲就很明显，这样的动画很深刻，只是用单纯的东西表现出来，更单纯才更直接，更直接才更有力量。所以这次我是有意为之。

我希望更多年轻人接受，所以不想板着面孔，书里也有一些流行语，好多来自网络，在很长时间内网络用语会变成社会流行语。我一般不怎么改作品，《炼狱之花》中是我唯一改得最多的。现在看基本符合我预期的目标。一家在国内很强的动画公司，正在把《炼狱之花》改编成国际开本的漫画书，在和迪士尼谈合作。

问：很佩服您的自我挑战和颠覆。

徐小斌：我的小说都有深度隐喻。从发表小说到现在 30 年间，我一直坚持两点：一是真诚写作，只有奉献给读者诚意，才能进入读者内心，就像巴尔扎克所说：只有出自内心才能进入内心。现在好多大片很华丽，但是没有诚意，所以没法进入观众内心。二是深度写作。我不想把写作变成平淡无奇毫无历险的过程，不能停留在表层故事上，有深度寓意才是真正的文学。

我写作太投入，太消耗，不像有的小说家能比较轻松地写。我的每一部小说对自己和读者都是挑战。如果概括起来，1985 年发表《对一个精神病患者的调查》（原来叫《弧光》），是一种神秘主义的萌芽；真正完成虚幻与现实互相转换的作品，是《海火》。此前还写了几个现实主义的作品，比如《河两岸是生命之树》，此后也有现实的，比如《别人》。

问：可否谈谈您的写作经历了怎样的变化，这种变化中是否也有不变的原则？

徐小斌：每一部长篇都风格迥异。并非我有意颠覆，而是我所写的每一部小说，其风格都是根据题材决定的。最初的长篇《海火》因为写的是大学，所以叙事风格有点学生味；《敦煌遗梦》写宗教故事，所以比较神秘；《羽蛇》写五代女人的心灵秘史，文字是我比较习惯的华丽句式；而《德龄公主》是历史小说，所以用了一种明清小说的手法，甚至有人说有些句式很有《红楼梦》的味道；《炼狱之花》是当代讽刺小说，因此用了当代年轻人的语言；而《天鹅》，我一开始就定位为白描式的朴素手法。

戴锦华在长篇评论中认为《海火》是我小说形式的分界线，陈晓明则认为变化始于《迷幻花园》。但是实际上我内心的变化时期是《炼狱之花》。那时，我深感整个社会游戏规则的改变。当时很希望此书如那块涂了黄油的面包，能在时代的昂贵地毯上留下一点痕迹。——如墨菲定律所说，"面包掉地时，黄油一面朝下的概率与地毯的价格成正比"。此书获得了第二届加拿大华语文学奖小说奖首奖，但是几年后再回看，我认为此书写得并不好。起码在艺术上犯了"出离愤怒"的毛病，并没有把虚幻与现实糅合得那么好。

当然有一以贯之、始终坚守的。

第一是原创写作。我属于"自虐型"的，对自己要求严苛，既不愿重复别人，更不愿重复自己，希望每一次都能把自己最新鲜、最深刻的感悟带给读者。为此，在我的作品中，基本看不到互文关系。第二是诚实写作。自觉在这方面做到了问心无愧。虽然在中央电视台工作了20年，但我从来没有违心地接受任何一部编剧任务——哪怕此举会给我带来巨大的利益。第三点是深度写作。每一部小说都有着故事背后的象征或隐喻。我希望表层的故事抓住更多的读者，更希望我的知音能看到我内在的表达。

对音乐知识的熟练运用和对音乐审美的独特见解是《天鹅》的突出特点，男女主人公有着对音乐的共同热爱，并且共同创作了一部名为《天鹅》的歌剧

问：阅读《天鹅》，觉得这种纯粹的爱情故事已经久违了。但是又忍不住与《廊桥遗梦》和《钢琴教师》作比。您处理这样的题材，有没有觉得，驾驭这种古老的爱情故事，其实难度更大？

徐小斌：确实很有难度，主要的难度是：正面写爱情，如何才能冲破俗套。

其实最初的想法是来自一个真实的故事，"非典"时期曾经有一对恋人，男的疑似"非典"被隔离检查，女的冲破重重羁绊去看他，结果染上了"非典"，男的反而出了院。男的照顾女的，最后女的还是走了，男的悲痛欲绝。这个错位的真实故事让我颇为感动。

我喜欢那种大灾难之下的人性美。无论是冰海沉船还是泰坦尼克都曾令我泪奔。尤其当大限来时乐队还在沉着地拉着小提琴，绅士们让妇孺们先上船，恋人们把一叶方舟留给对方而自己葬身大海，那种高贵与美都让我心潮起伏，无法自已。

《天鹅》尝试了一种"仿真"式的写法。我弃绝了惯用的华丽句式，尽量让她素朴自然。恰恰 2000 年前后我有一次"走新疆"的经历，于是把故事的发生地设置在此地。为了完成小说，我又前后两次去新疆，成本巨大。本来我以为，这样的写作会比之前容易得多，但是进入叙事语境后才明白，原来难度如此之大，我又把自己逼向了绝境。而这部小说最不一样的，是用了一种现代性来诠释了一个带有古典色彩的爱情故事。

当代科学中的最艰深的"超弦理论"提出了物理世界的"超时空架构"，可以帮助人们观察多重宇宙的存在。美国北卡罗来纳州医学教授兰萨证明，人在心跳停止、物质元素处于停顿状态时，其意识、信息仍可运动，亦即除肉体活动外，还有着超越肉体的量子信息，即我们俗称的"灵魂"。"当生命走到尽头，身体机能尽失时，还会在另一个世界重新开始。"这个最新的当代科学研究成果帮了我的大忙，最后我的处理就是这样的，通过温倩木之口，道出了古、夏将在另一个世界延续生命的真相——这一点，至今还没有多少人看出来，其实我已经给足了暗示。

问：《天鹅》缘自"非典"中一个真实的故事。有这样的故事垫底，怎么还会前后写了 7 年？

徐小斌：《天鹅》说是写了 7 年，其实断断续续都不止。

之所以写了这么久，简单地说只有一个原因，那就是，写的是爱情小说，可写了半截不相信爱情了——我是个不会作伪之人，对于已经不相信的东西我不知道如何才能继续。

突然有一天，我重听圣桑的《天鹅》，如同一个已经习惯于浊世之音的人猛然听见神界的声音——有一种获救的感觉。这时，来自身体内部一个微弱的声音突然响起："写作，不就是栖身于地狱却梦想着天国的一个行当吗？"难道不能在精神的炼狱中创造一个神界吗？不管它是否符合市场的需要，但它至少会符合人类精神的需要。

就这样，经历了，4 年的瓶颈几乎被废弃的稿子被重新赋予了活力，再度展开了一场几乎遥遥无期的自虐苦旅。

问：小说从几个乐句开始，到音乐小品，到独奏曲，到赋格曲，一直到华彩歌剧，环环相扣。小说的结局也是一个典型的双主题的结局，很像希腊神话当中的两头蛇。为什么会有这样一个异想天开的结尾？

徐小斌：哈哈，每一部小说总得让我有异想天开的时候吧。没有异想天开就没有写作的快感。

也是一次文本实验，写这种结构简单的小说，总归得想出一点儿绝招儿让它与众不同。

徐小斌重视的首先是"真"。她同时痴迷一切的美。她的"美"是主观的，不一定为广大群众所接受的

问：您的很多作品，其实一直都在书写爱和美。和您接触，也感觉像个长不大的孩子。而且您的小说中，不论《羽蛇》还是《炼狱之花》，都有一个不愿意说谎的孩子。这种价值观或文学理念，来自什么？

徐小斌：确实很多真正了解我的人总是诧异我"长不大"，说没想到小说写得那么复杂的人这么没心眼儿。其实我为这个问题苦恼过，但是似乎没办法解决，后来我看了高尔基初见托尔斯泰的印象记《哲人·小孩》，心中似乎稍有宽慰。高尔基说世界上确实有些内心真纯的人，会一直拒绝长大、到死还保留着童心。

改不了就算了吧，干脆就一直充当《皇帝的新衣》里的那个戳破谎言的小孩儿吧。

问：《任性的尘埃》比您的小说还要吸引人。因为有您的经历，和我们熟悉的朋友，读来特别亲切而愉悦。不知您在写作过程中，是一种怎样的心态？

徐小斌：回忆过去，其实就是为整个的历史写下一份个人的备忘录。

特别是最后一章《良师益友》，我写了自己钦佩的前辈与朋友们，不仅包括作家、艺术家，还有政治家、经济学家、普通老百姓，都是我在人格上看重的人。包括宗璞、林斤澜、张承志、史铁生、朱嘉明、黄江南、贾平凹、姜文、王朔、苏童、崔之元、芦苇……还有我的同学外交部长王毅，等等。

当然还远远不够，这一系列，以后还会接着写。

宏观历史是由无数个人的历史组成的，所以个人的备忘录极其重要。

问：曾经赴黑龙江生产建设兵团5年，插队5年，工厂3年，这些经历给您的创作带来怎样的影响？

徐小斌：史铁生有句名言："一个人插过队坐过牢离过婚，就什么也不怕了。"

我除了没坐牢，别的也都经历过了。转插回北京的那一年比起黑龙江来真算幸福了。我曾经去过的北大荒，麦收季节，无论男女，都要扛着 200 斤重的麦包上跳板——试想一个尚未发育成熟的十五六岁的女孩子扛着 200 斤的重物，还要走独木桥式的 3 米长 45 度角的跳板，然后把麦包卸进粮囤里，今天想起来是不是很可怕？！有很多女孩因此得了终身的疾病，也有很多女孩尽全力也无法完成，譬如我，被安排去背 100 斤的"尿素"，这是很受照顾了，但即使这样，我也几乎被压得吐血。夏锄季节的口号更为荒唐，叫作"活着就要拼命干，死了埋在黑龙江畔"。人命是不值钱的，领导在动员大会上说，每人每天包一根垅，干不完，哭也得给我哭出来！要知道，黑龙江土地的"一根垅"，是整整 14 里啊！那时我还只有 16 岁，中午老牛车送饭只能往人最集中的地方送，这就意味着我这个落后者永远吃不上中午饭，在那样可怕的劳动强度下生着病并且一口饭都吃不上，喝水都要把前面的水缸放倒，像小狗一样地钻进去，才能喝上一口已经见了底的满嘴泥沙的水。岂止如此，我们在特大涝灾中从齐膝深的水里捞麦子，在 11 月的寒冬从冰河里捞麻，即使来月经也绝不能请假，38 个女孩睡在两张大通铺上，在零下 52 度的寒冬没有煤烧，为了活下去，我们去雪地里扒豆秸烧，喝尿盆里的剩水——我至今吃惊自己是怎么活下来的，唯一的解释就是青春的力量吧，除此之外真的无法解释。

但就是在那种可怕的环境下，年轻人仍然是有精神需求的。大家每天唯一的乐趣就是让我讲故事，后来我把所有的故事都讲完了，为了不让大家失望，就只好现编故事，慢慢地，竟能编得很圆，滴水不漏。这，大约就是写故事的前奏吧。所以我第一次回京探亲时写过一个小说，没完成。转插回京劳动强度小多了。转年分配到西郊粮食仓库机电科当钳工，后来又当刨工、车工，高考制度改革的时候，我是开着刨床复习的，夹一个件 3 分钟，我就偷看 3 分钟课本。实际上我们只有小学水平啊！在世界古今中外的历史上，找不出任何让全国的孩子集体辍学的先例了！我深恨什么"青春无悔"这样的口号，实在太虚伪了，什么都可以补救。唯有青春、唯有应当在青年时代就学会的知识无法补救。

如果不是"文革"我或许会有更多的选择，而那9年的工农兵生活，只给我留下了写作这一扇窄门。

问：您曾经送朋友一句评价"理想主义的最后一颗棺材钉"，但实际上这个评价同样适合您自己——这种理想主义，将伴随您一生？

徐小斌：是的，多年以前，我对参加北大竞选的一位好友说："你不适合搞政治，你是个理想主义者，可以说，你是理想主义最后的一颗棺材钉。"没想到30年过去，在异国他乡，他依然没忘记这句话。当然，这句话其实也适合我自己。

有人说我的写作是"刀尖上的旋舞"，我想也可能是"刀尖上赤足的旋舞"吧，如同小人鱼为了爱情喝下巫师的毒药一样。但是我想是好事。疼痛，会让你清醒，会给你刺激，所以说太幸福的人没法儿写出好作品了，痛苦才能给人power！

我并不是有些朋友说的"坚强"，实际非常敏感和脆弱，而且经常莫名恐惧，神经质。幸好还有一种天生的快乐元素，要不然真不知道该怎么活啦。都说会哭的孩子有奶吃，我从小就是个不会哭的孩子，即使哭也无人听见。所以常常会倒霉。这些我都知道，但就是天性如此改不了。

说到我还有点坚持的勇气和动力，基本上来自两个人，一位是我的父亲，父亲是一位正直善良的老知识分子，早早就离开了这个世界。在世的时候，他总是为我每一点小小的成绩高兴。另一位是在我很小的时候遇见的一个人，从我的一些作品里可以看到他的影子。他们对我的一生都有巨大的影响，换句话说，是他们的精神力量和爱滋养了我的一生，让我即使面对黑暗也永不坠落。

马丽华：书写雪域高原的精神生活

马丽华1953年4月出生于山东济南市，1976年毕业于山东临沂师院中文系，在藏工作27年，历任《西藏文学》编辑、西藏作协和西藏文联副主席。其间就读于北京大学中文系作家班，获文学学士学位。2003年担任中国藏学出版社总编辑。2001年获国务院颁发的政府特殊津贴。中国作家协会第五、六、七、八、九届全国委员会委员。著有涉藏题材作品20余部，以纪实文学为主，代表作有《藏北游历》《西行阿里》《灵魂像风》《藏东红山脉》《风化成典·西藏文史故事十五讲》等，2009年《风化成典·西藏文史故事十五讲》获国家图书馆文津图书奖。2011年《如意高地》获老舍文学奖。

┃采访手记┃

文学生涯的最初阶段，马丽华以诗歌的方式、以西藏的歌者姿态进入文坛。20世纪80年代，她以诗集《我的太阳》和散文集《追你到高原》显示了她在西部诗歌中的独特面貌。从23岁进藏，马丽华将自己最美好的青春献给了西藏，她把西藏当作家园，记述并记忆，这片土地从陌生到熟悉，变得难舍难分，她以一个并非"局外人"的角度，展开了她创作与思考的文化新视野，认真而兴致勃勃地剥着这枚"西藏坚果"，以另一种话语开启了从《藏北游历》起步的西藏自然人文地理的纪实之旅。

马丽华走遍了西藏大地，她的作品扎实厚重，文采飞扬。大约连马丽华自己也没有意识到，有多少读者是因为读了她的作品而激发起要去西藏的热情与兴趣。马丽华的"走过西藏"系列，以及《青藏苍茫》等作品，被人类学家格勒博士誉为"在文学与人类学两座高耸的悬崖之间架起了一座桥梁"。

"我这样穿梭奔走于西藏中部的拉萨、雅鲁藏布江山结水流之间，访问着越来越熟悉的村庄和人们。那些山野不再是一扫而过的彼此类同的，不再是纯粹客体的漠不相关的。某种共同和共通维系着我的情感和视线。探求与整理这一地区的文化现象对我来说无疑很重要，不然何以急切向往并兴致勃勃地走近那些村庄和房屋呢。"在马丽华的《灵魂像风》中，她满怀深情地写道。

然而一部被称为游记文学的终极之作的《忧郁的热带》（人类学家列维－斯特劳斯作品）令马丽华在阅读的激赏与敬服之余，痛下决心逃离了纪实。马丽华在写作方面，总是不安于做一个守着几亩地春耕秋收的农人，不喜重复劳动，即使写得最长久的纪实散文，选材也跨了学科从社会人文到自然科学。她喜爱新鲜经验，写作《如意高地》让她体会到了创世般的爽：不仅无中生有创造世界，连一些描写一些词汇也是别的体裁可能永远都用不上的。

《风化成典·西藏文史故事十五讲》是马丽华从《走过西藏》以来的又一个高峰，无论是史学内涵还是艺术风采，在解说西藏的书中都前所未有。马丽华以长期的积累和才情的卓异，同时也因她诗人和散文家的笔致，把《风化成典》变成一本集历史、传说、散文于一体，把知识与考古、宗教史与人情、远古与现代性杂糅到一起的作品。

马丽华总是谦虚地说，自己只是一个藏学研究的尾随者、藏学成果的转化者、西藏文化的传播者，实际上，经由她的转化和传播，冰冷的历史变得有灵性、有色彩，亦有温度了。阅读她的作品，我们会不由自主地被感染、被感动，我们被她的文字牵引着，一同被西藏这片神奇的土地所感召。她的诗歌如此，散文如此，《风化成典》和《青藏光芒》更是如此。

本文即是12年间对马丽华三次采访的梳理。回望这些文字，交谈甚欢的情景恍若昨日，时光却已辗转流逝多年。

何处幸福，何处就是故土；谁人亲密，谁人就是兄弟

问：您刚去西藏时，是怎样的感受？立即就爱上那片土地吗？会不会也有些不适应？比如气候上的，生活上？

马丽华：1976年我们进藏，走的是青藏一线。那时火车只通到甘肃的柳园，余下的路程就乘汽车，老式客车，路况也差，但一路上情绪高昂，穿越藏北高原时高山反应严重，头痛得要命，还唱歌呢。颠簸了10多天到达拉萨，头也不疼了，兴奋莫名。当时"文革"刚结束，全国各地都一样的清贫和萧条，所以在西藏也没感觉到特别的艰苦和不适应。

问：西藏在您的生命中处于什么样位置？您的出生地是山东，写家乡的作品似乎不多？对于多数作家而言，童年的记忆对创作影响是很大的。您当初去西藏，原因何在？

马丽华：对于山东家乡的确涉笔不多，但是生长之地对个人的影响深远，我是感觉得到的。早年的教育和经历决定了我是这样的一个人而不是那样，决定了性格风格，包括立场视角态度，无论在哪个民族地区待过，都会是个典型的汉人。所以不在于写不写，是深入骨髓血液的赋予啊，潜移默化无处不在地存在着。

当年去西藏是因为大学毕业时响应国家号召，要是号召到新疆云南等边疆，也是一样地要去，并且随遇而安吧。不过如果没有这样的机会，比如留在山东的话，我可能会热衷于研究上古神话，《山海经》之类，就像在这部长篇里向往的那样。

问：您的第一本书出版是什么时间，是否很费周折？

马丽华：1976年发表的第一首诗是在《西藏日报》，1986年出版的第一本散文集在西藏人民出版社，是西藏给予我最初的鼓励。稿源缺，总是一投就中。为此我当年总结了未必很准确的经验：在内地，一件事许多人去做，在西藏，许多事无人去做。不仅文学，适用于几乎各个领域。

问：为什么能够在西藏生活那么多年，不仅仅是随遇而安的性格吧？有没有想离开的念头？毕竟是远离了故土和亲人，孤身在外。

马丽华：当年进藏的我们那批来自全国各省市的应届毕业生有两千多人，后来陆续调回，我算是比较晚的，不过还有极少数看来要在那里工作到退休了。为什么一待27年，既有随遇而安的原因，更因为总有事可做。进藏第二年就参加一个工作队下乡，在农村从年头到年尾；后来创造各种机会去往西藏的这儿那儿，20多年间走遍了西藏，看不完，写不尽，不时经历新鲜经验，结交了一大群藏汉族各族朋友，不存在孤身在外的感觉。现代人其实少有家乡概念了，藏族谚语也说：何处幸福，何处就是故土；谁人亲密，谁人就是兄弟。

问： 最终离开了西藏，什么原因？西藏对您而言，意味着什么？

马丽华： 我一般回答是健康原因，比如说供血不足，大脑缺氧；也说因为不打算写纪实了，旅行告一段落，还有父亲病故时我不在身边的长久歉意，等等。这些因素都有，但也有直接原因，不说了。

从好多年前开始，似乎就被规定为"西藏的"某人了。意味着几乎全部的工作和写作内容，意味着延续至今的人生轨迹甚至生活现状，想要重新择业也做不到了。

《如意高地》中真假虚实的交错组合，有纪实元素，却终归是小说

问： 我特别喜欢《如意高地》封面上的题记：让活过的重新活过，让死去的再死一回，我们都是同一条牛皮船上的兄弟。拿到手里不由自主地放慢阅读的速度，这是您的魅力所在。也许止因此，我们才能细心品味书中诗一般的文字。但是，这同时又是一部不断调动读者思考的书。与那些畅销小说相比，《如意高地》有一些阅读障碍，您如何看待这种"障碍"？

马丽华： 在"创作谈"中我还写过"满篇皆为苦难史，百年俱是可怜人"一句，与"让活过的……"云云传达的都是类似情怀。来自西藏民歌的牛皮船句，大概寓有苦海慈航之意，大概有意无意地套用了古语所言的四海之内皆兄弟也，套用了轮回观中的有缘人世世相逢的说法——这样说来，是不是对矛盾冲突的最彻底解构：一条牛皮船上装载着古往今来，世间所有灵魂都曾互为父母子女兄

弟姐妹。

你说这是一部需要调动读者思考的书显然过誉了，但作者我也并非成心为难读者。相比较以往所写纪实文字的随心所欲，这本书的写作已是十分努力地为读者着想了，虽然还是存在着不仅是何老师，还有李敬泽和一些朋友或公开或私下指出的问题：人物事件众多——每个人物几乎都可以自成长篇；内容密集庞杂——可分解成一个系列；文字过于"精准"——小说不需要如此。另有一些技术问题。阅读障碍还来自于对书中所写这段历史和当下现实作者太明白了而一般读者太不明白。未能消除这之间的反差，该是作者的表达能力欠缺需要检讨的吧。按说若是仅对史实的隔膜产生的障碍也就罢了，对现实描写，因为想要表现今人刘先生一生三世、一唱三叹的某种情结，借助了平行世界的结构方法，若不仔细看去，定然云山雾罩。所以我就说了，你不能一目十行，你要很投入地慢慢去读，这本书最不怕细读，细读中自会看出"匠心"独运。有人会说，这年头谁还有那个闲心细心耐心啊——作者我就无计可施啦。

问：也许有人听说这本书是对智力和耐力的考验，说不定还会特意找来读一读呢。这部长篇小说的出版，对于您是一次转型吗？

马丽华：这本书也许算不上脱胎换骨的转型。"此番我们向何方行进，能不带着旧日伤痕"，这是 20 年前我的一句旧诗，我经常想起它，我们既难走出自己的思想，更难走出自己的躯壳。本书历史故事的情节和细节当然需要虚构，但人物是真人实名，事件基本属实。不过事件的发生演进和人的命运走向，无不超出预料，以致无论经验无论"神通"无不失效失灵，正应了那句"真实往往比虚构更精彩"。而现实故事虽说是虚构的，却比真实更本真地表现了当下的生活常态。这样真假虚实的交错组合，借用音乐术语可说是复调式的，这样的文体构成是由试图传达的内容所决定的。有纪实元素，终归是小说。为什么要转型小说，因为我从来就仰望着它，心存敬畏，几近迂腐地认为小说创作更需要深厚积累，曾说过50岁以后写小说的话。所以只写过三个短篇（均未发表）练了笔就开写长篇。之所以从内容到形式从一开始就选择了繁复的而不是简约的，是出于一向对结构能力的自信，其次是对文字能力的自信，弱项则是编故事的能力，不妨就攀附一个现成的旧藤去开枝散叶——回头想来，竟是扬长避短的策略了，藏拙。

问：非常敬重您的写作，从诗歌、散文到报告文学，您是扎扎实实地边走边写。但我心里也有疑问，为什么一次次地转型，能把自己从23岁进藏至今的写作重点的转移详细谈谈吗？是有目的性的吗？

马丽华：先说"行走文学"，游记题材很有传统，今后还会继续。不知你读过人类学家列维－斯特劳斯的《忧郁的热带》没有，半个世纪前出版的，被人称为游记文学的终极、终结之作的，当年我读它时之激赏之敬服，说五体投地难听了些，效应之一是痛下决心逃离了纪实。当然小说界同样是大师林立，压迫得为文者无处逃遁，你能做到的只是不断超越你自己吧。在写作方面不安于做一个守着几亩地春耕秋收的农人，不喜重复劳动，即使写得最长久的纪实散文，选材也跨了学科从社会人文到自然科学。至于早年为诗的经历就不提了，但那是必要的文字训练，韵律感节奏感的训练。还有大写意和形而上，是不是也属于旧日诗痕？我是如此喜爱新鲜经验，这一次写小说就体会到了创世般的爽：不仅无中生有创造世界，连一些描写一些词汇也是别的体裁可能永远都用不上的。写通讯报道，写应用文调查报告是我最擅长的，但不会写歌词，没尝试过的也有，比如剧本。见异思迁，试试这辈子还能做什么，尽管做什么都不太到位。

说到责任感，还有理想主义英雄主义之类，现在说起来不太合时宜，实际存在，只能悄悄地说了。这也涉及《如意高地》的选材，为何选择这样一段史实。长期在民族地区生活才有的切身感受。一部中国历史，主要是中原史、王朝史，边疆民族地区的边缘化是显而易见的。本由56个民族组成的中华民族，有多少人知道藏族或别的民族历史上的思想家和文化英雄。辛亥革命前后的边疆发生了什么，恐怕也是知之不多。心里着急，有试图充当历史教科书的嫌疑。有一年带了卡尔维诺和鲁迅的书在火车上看，正好看出了中外差别，这种差别被我简化为胸中块垒的有与无。

《风化成典·西藏文史故事十五讲》纵览西藏地区数千年风云，从中撷取西藏历史上十数个最富有生气的历史时代和最精彩的历史片断，以及数十个西藏历史上颇具影响的人物和事件，打通古今，笔墨洒脱

问：《风化成典·西藏文史故事十五讲》的阅读体会，可以用"惊奇"来概括。这样的反应是否超出了您的预期？

马丽华：要是连作者本人在选材的时候都惊奇不已并且被长久地吸引，读者也一定会有同感。我想到过读者会喜欢，但是反响之热烈还是让我喜出望外。当然所有的赞叹首先是针对内容的，精彩属于历史和历史创造者本身，作者只不过是转述者，而且转述者也是热心读者，有些片断让我爱死了，就如"桑哥的末日"，故事主干就是从藏文典籍援引而来，我仅做过文字与史料的补充整理。你不会在意是否属实，关键是藏族史家对这个历史人物的态度，情节对话之天真质朴，令人拍案叫绝，我读过不下几十遍——好看啊！

问：转述也见功夫。您是从哪里搜集到这些素材，怎样想到要写这样的一本书？

马丽华：资料来源大致有三个渠道：一是藏汉文史料。前辈藏学家们做了基础工作，把汉文史籍如新旧《唐书》《资治通鉴》《册府元龟》《明实录》《清实录》等相关西藏的史料已选编成册，同时把部分藏文史籍译成了汉文，包括《敦煌吐蕃历史文书》；二是当代藏学研究和考古发现成果，相当一批专家从事藏史研究，多有专著出版，也为本书的写作提供了线索，其中受益最大的，是西藏社科院恰白先生主持撰写的《西藏通史·松石宝串》；其三是口碑，历史存活在民间，我几十年里不经意间得知了很多，所以书中不乏"独家旧闻"。读来很传奇的人物故事，其实各有所本，不敢戏说杜撰，如果小有虚构，也会尽量告知。至于写作缘起，有偶然的因素，也是水到渠成的必然。置身于汉藏之间，我十几年前写《灵魂像风》时，就意识到被"选中"。从前写《走过西藏》系列，属于空间的、现在进行时态，《风化成典》则是纵向的回望。

问：20年前，您的《藏北游历》最初在刊物上发表时，评论家雷达就称赞它为"当代中国文坛的稀缺之物"，现在国内有一批作家致力于各民族题材的写作，令人钦佩羡慕。我注意到这本书中好些人物，都在历史上为汉藏文化交流做出了贡献。有广为人知的松赞干布和文成公主，也有鲜为人知、经过您发掘得来的故事，面对熟悉以及陌生的历史，您是如何把握的？

马丽华：若讲民族文化交流，唐蕃时期虽然经常打仗，却是藏汉间交流最密切的时段。徐敬业和禄东赞的兄弟子侄各个投往对方阵营，就连汉文的四书五经也被译成藏文，佛经也是藏汉互译。其中有位被陈寅恪先生誉为"一代文化所托命之人"、堪与唐僧玄奘并列的法成大师，藏学界之外很少有人注意到其人的存在。而法成的民族属性至今不明，中国学者说他是藏族人，国外藏学家说他是汉族人，不管怎样都是一个了不起的人。被元世祖忽必烈发遣到萨迦寺的宋朝末代皇帝赵㬎，居然修成藏传佛教大师、大译师，如果不是藏文史籍有记载，他在内地同族人中几乎成了"失踪者"。当然这位"皇家僧"的事迹绝不限于书中所写，还有待于藏学家们继续发现——所以说，有许多内容属于藏学研究成果的转化，经由文学而普及。

真正广为人知的文成公主的故事则被删繁就简了。在西藏她已经成为艺术形象，被写进书里，画在墙上，演进藏戏、唱在民歌；不仅在布达拉宫有她的塑像，大昭寺里有她带来的释迦佛像，泽当有她住过的故居、用过的器物，从拉萨附近到那曲、昌都和山南，远至青海，她走过和没走过的地方，都有她的传说和遗迹：昌都的某种方言声称来自文成公主，山南的传统妇女服饰声称模仿了文成公主的装扮；怒江的藏语名称也与她相关，直译为"公主（思乡）之泪"，等等。不过最让藏学家感兴趣的是，藏汉民间一同传播的有关禄东赞的故事，究竟哪是源，哪是流？尚无定论。据我判断，应当是藏族人最先开讲，流传到汉地的。吐蕃人赞美机智勇敢的人，书中有引自吐蕃古卷里的故事，包括禄东赞之子论钦陵与王孝杰交战前的书信往还，包括"皇帝的金面""只履东归"，看完就知道了。

既有坚实的汉文化背景，又有丰富的西藏阅历，马丽华在全景式宏大叙事的架构中，书写西藏历史的深厚与神奇

问：《风化成典·西藏文史故事十五讲》写作过程中最困难的、下功夫最多的，是哪些内容？是不是熟悉的历史就相对容易些？

马丽华：难写的可能是各时段历史背景的交代，要写得基本准确，需要查找资料并且高度概括，比较费神；具体到人物事件，因为素材本身鲜活，反倒轻松。真正难写的就只有放弃了。本书声称要讲"文史"故事，可是打打杀杀的内容居多，其中有一篇拟好了小标题"从火空海到胜生周"，这两个词是藏历纪年名称，本拟写天文历算，但因相关知识匮乏，只好打消了念头。另外也想过以传统藏医药的标志性图案"愿望树"展开，写一写藏医史上的老宇拓和小宇拓，最终也是知难而退。藏历和藏医涉及大小宇宙，是比较深奥的学问，一直心怀敬畏，岂敢随便涉笔。在此忍不住想说一件趣事，属于这一领域"术"的方面。就像星座测运那样，有藏医或僧人会根据你的生辰八字，推算出你的前生和来世，虽然无从验证，也不必当真，但是妙趣横生。十几年前我做"西藏网"，很想请人据此电脑编程，各人上网查询，看看此前此后的自己是人是动物还是小昆虫，点击率肯定大增。当然了，想归想，作为游戏也不宜做。

问：有意思。封底那句推荐"在史实的主干上开枝散叶，曾经和曾经的曾经顿时生动起来"，我觉得很贴切，书中很多精彩人物和事件，经过您丰富的想象以及妙笔生花的描述，一个个血肉饱满，像在眼前展开了一幅生动的画面。您是怎么想到以这样的写作方式展开历史的画卷？

马丽华：我采用纪录片中的"再现"，而非连续剧的表演。篇幅有限，不便展开，某人，某事，仅够安排一两个场景，然后概述，或夹叙夹议。历史是一个提供轮番上演的大舞台，依次出场亮相，道白和歌唱，一系列标志性动作，退场，下一个。有些人活灵活现，有些人面目不清，而所有的往事重述，都是一次复活仪式。有一个念头是在写作过程中出现的：为再创作提供线索。一本书所呈现的不仅仅是它自身。

问：许多人物故事的确具备了影视剧的基本元素，希望《风化成典》作为题材库，能被作家编剧关注，藏族学者拉巴平措也在序言中发出了呼吁。不过我还是特别喜欢您富有诗意的语言，阅读的过程是一个欣赏和享受的过程，连边角上的资料提示也不放过。但是我想知道为什么您会这么处理？

马丽华：补白文字一开始是作为注释，写着写着就发展到正文内容的延伸、旁及，有些本来可以单列开写，还是限于格式篇幅的缘故，只好作为提示了。编排时特为关照，不要处理成补丁，要做成"绣片"——看上去很美。以前有批评家指出本人书写"浓得化不开"，半褒半贬，我也知道再疏朗一些就更好了；高密度、大容量依然是这本书的特色，就连标题页的图示都是很重要的直观信息。至于文字，起初的读者定位是面向青少年，所以首先注重的是汉语规范，尽量中规中矩，同时兼顾美文。

问：您说写作的过程是个速成学习的过程，这次写作对您意味着什么？最大的收获是什么？

马丽华：以前我对西藏历史了解得不够全面完整，长期积累加上急用先学，这一次总算是粗枝大叶地贯通了，所以说写作过程就是最有效的读书和学习过程，这也是最大的收获。在西藏工作27年，到北京后继续为西藏工作，长期关注追踪相关学科进展，先"拿来主义"，再以文学形式转化。例如"开篇"部分对于自然地理环境的交代，旨在说明西藏的文化传统和历史进程何以独特，正是10多年前采写《青藏苍茫》所得。正式出版前，又请自然科学家予以核实，得知距今3万到5万年前这两万年中，青藏高原上的气候就像全新世一万年以来这样温暖，据此可以认定高原面上的旧石器当为这一时段人类活动的遗存。有两位科学家特为"开篇"部分提供了几幅稀罕的图片，也是令人称奇的亮点之一。

《青藏光芒》作为一部科学人文之作，可以感触到贯穿始终的是满满的情怀。科学家书生报国、勇于探索的人文精神，本身就充满了魅力和感召

问：《青藏光芒》侧重于表现青藏研究一线专家事迹业绩，多阶段，几代人。然而综观本书谋篇布局，前后"画风"有别：前半部分是线性叙述，捋出一条科考史迹，一个群体多种学科；后半部分则是块状结构，以学科领域划界，多个团队围绕一个专业领域。对此您是如何考虑的？

马丽华：回望青藏高原科考研究一路走来的行色，的确称得上史诗级别。正如刘东生院士在 2005 年指出的："这项事业已在时间隧道中穿过了斯文·赫定和金敦·沃德的拓荒阶段，新中国登山科考及综合考察的科学大发现阶段，从专题研究到理性认识的深化阶段，现在已进入'后现代时期的青藏高原研究'阶段。青藏研究正在解释全球，而全球的研究同时丰富了青藏研究。"这段话高度概括了百余年来这项科学活动进展的阶段、程度和意义，本书主体结构依此而来：前半部分主写青藏科考队 1973—1992 年在西藏地区、横断山区和西昆仑—喀喇昆仑的考察活动，只需要把握时间表、路线图、任务书，呈现野外现场和发现瞬间，以填补地区空白为主旨，同时进行高原隆升演化机理探讨，相对单纯；后半部分主写青藏队之后的 20 多年里，青藏研究参与历次国家重大基础科研计划中的出色表现，人员和装备组成、研究内容和手段无不极大改观。举个例子，1973 年青藏科考队出征时，最初仅有 40 多人，每人一个专业；而现在，每一专业都有多个团队在做，每一学科又细分为若干分支，而且各学科定点、半定点观测研究在高原面上铺开，取代了从前的路线式考察，所以学科进展就很自然地成为其结构方式。

问：从《青藏苍茫》到《青藏光芒》，您认为青藏科考研究发生了怎样的改变？您在采写过程中最深刻的体会主要有哪些？

马丽华：本书正好结束在第二次青藏科考启动之际。2017年8月间在拉萨举行了隆重的启动仪式，时任国务院副总理的刘延东宣读了习近平总书记的贺信，整装待发的科考队员们清一色的鲜亮冲锋衣，清一色的高级越野车，清一色的高科技标配……我是在央视新闻看到这一高调出征场面的，不由得联想起老一辈青藏队员的野外形象——"远看像逃难的，近看像要饭的，打听下来才知是中科院的"，来自"老青藏"们的自我调侃。当然这只是表现形式上的，比较深刻的体会太多，难以尽述，最重要的一点，是通过长期的跟踪采访，见识了并记录了中国地球科学界长足的进步。就在最近的半个多世纪里，国际地学界发生了两次"革命"，20世纪六七十年代以板块构造理论为代表的"地学革命"中，我们的科学家还是跟从者，但在八九十年代基于"地球是一个整体"的"地球系统科学"理念酝酿阶段，中国科学界已经是参与者，并且担当了其后"国际地圈—生物圈计划"（即"全球变化的研究"）的先头部队，表现在青藏研究事业中，无论基础科学研究、应用科学研究与实践，都有突出表现，交出了很棒的成绩单。由此也推动了地球第三极的青藏高原成为国际地学关注的聚焦点和竞技场，被公认为开展地球系统科学研究最理想的实验室。

作为一部科学人文之作，可以感触到贯穿本书的是满满的情怀，体现在科学家书生报国、勇于探索的人文精神，也体现在研究对象本身的魅力感召。就像"黄土可以告诉我们什么""黄河如何孕育成长""长江何时东流去"这类专节对于科研成果的介绍，就不仅仅属于知识传播，意义也显然超出了自然科学范畴。与此相得益彰的是好看的配图，各专业考察现场的黑白或彩色照片之外，还有相当数量的地图和一般读者少见的专业图件，为这本书平添了审美价值。对于图片的搜集显然是煞费了苦心的。起初只打算作为配图而已，没想到集中于书稿初排时，就被"惊艳"到了，索性继续努力，多方搜集，就这样科学的也是艺术的，成为科考研究历程中的高光亮点。为此我甚至有些自得——本来高居自然科学殿堂，是一个文科人士让它们"下凡"到大众层面。

问：青藏研究何以能从一个地区性的、时断时续的、填补科学空白式的科考活动起步，做到今天令国际地学界瞩目，并且有望对国际地球系统科学研究起到带动作用，从而达到世界引领地位的程度？通过这么多年的追踪采访和写作，您是否找到了答案？

马丽华：既有内生驱动力，外加多方"神助攻"，于是我们就看到了当年那支小小科考队如何"走"成当今的千军万马——这是我在本书"后记"中所做的总结。内生驱动力，既指青藏高原所具备的地球科学研究资源的先天优势，是自带了光环的，又指研究者们坚持不懈，是自带了能量的；多方"神助攻"，则来自国内和国际诸多方面的实质性助推。综合因素中的关键之点，我认为是在改革开放大背景下，三代科学家群体矢志不渝的坚守。刘东生院士曾对青藏研究的工作范式和"青藏效应"做过归纳：是团队攻坚、探索自然的凝聚效应，是学科交叉、相互渗透的放大效应，是科星涌现、人才辈出的催化效应，是普及科学、促进发展的社会效应。后来地理学家郑度院士写过专论《青藏高原研究的科学范式、效应及其精神内涵》，完整、精到地进行阐释，作为重要补充收录于本书。

问：您希望读者从这部书中了解到什么？《青藏光芒》这部书在您的创作历程中有何特别意义？

马丽华：以往我写西藏题材的纪实作品，面向的是对那片高原心存向往的读者，多为历史文化追溯和当代风貌记录。可是西藏不仅拥有景观之美、人文之美，更有科学之美之壮丽。通过这部致敬高原、致敬高原探索者的《青藏光芒》，算不算得上提供了一个科学西藏的打开方式？希望是。然而就个人创作而言，有了这一部分内容的加入，自认对于西藏的书写才算得上完整。

残雪：冒险是我的命运，我乐在其中

　　残雪，本名邓小华，1953年生于长沙。1985年1月首次发表小说，被美国和日本文学界认为是20世纪中叶以来中国文学颇具创造性的作家之一。代表作有《山上的小屋》《黄泥街》《苍老的浮云》《五香街》《少年鼓手》等。曾获美国最佳翻译图书奖、马来西亚花踪世界华文文学奖等，2018年、2021年两次入围国际布克奖，并被提名德国最重要的翻译奖项——德国豪斯国际文学奖。

┃采访手记┃

第一次见残雪，是 2001 年"中日女作家作品大系"的研讨会上。利落的短发，格子衬衫束在白色休闲裤里，随意地配了双运动鞋。瘦削、清爽，看上去残雪更像单纯的中学生，似乎刚从操场上跑步回来。在实力相当、人气正旺的一群女作家中，残雪像个局外人，她不声不响，却有一种超然的气质。

在后来与残雪的对话中，这种印象更为凸显。她的确是与众不同。作为读者，她的阅读是与作家的对话；作为作家，她的写作是关于灵魂的探索。

从 1985 年开始发表作品，近 40 年间，作家残雪感觉创作势头越来越好，其影响尤其在国外的影响越来越大。有评论用"墙内开花墙外红"形容"残雪现象"。

这一阅读感受得到了她的认可。她也觉得，大概因为自己进入的是一个很少有人敢于探索到底的文学新领域，这些年创作势头越来越好，充满了快乐。外界怎么评论，她不在乎。

残雪的自信、乐观和超脱溢于言表。她的确有底气自信。据不完全统计，残雪迄今出版小说、散文、评论、随笔专著 79 部。各大院校都有学者将残雪的作品作为研究对象，版权输出国外颇多，还有地方出版残雪的评论专著，认为是世界文学领域里的一种新突破。2015 年 5 月，残雪获得美国的最佳翻译图书奖，而且是唯一获得这一奖项的中国作家，同时入围美国纽斯塔特文学奖。

她分析自己的作品之所以在国外文坛上占了一席之地，主要得益于创作本质的开放性。"我总是直击人心。我能做到这一点主要是我对中西两种文化的精髓的吸取。如果你仅仅寄生在一种文化上，就很难做到这一点。我是中国人，特别热爱中国人的世俗生活，中国的物质文化渗透到了我的血液中。但我同时又热爱西方人的精神文化，不知疲倦地在实践中向他们的文化学习。经过40年的实际操作之后，我终于将两种文化元素在文学中（以及未来的哲学专著中）融为了一体，现在已到了得心应手的程度。"残雪说，如果要攀登高峰的话，这应是最好的途径。

"只要有凳子，有支笔，我就可以写"

问：先谈谈您所经历的创作道路好吗？

残雪：我成为专业作家是在1988年，在那之前我和我丈夫做裁缝。从写作的过程看，过去的每个阶段都有特征。早期的《黄泥街》《山上的小屋》，特点是人间烟火的味道重一点；第二阶段，包括《种在走廊上的苹果树》《苍老的浮云》以及我唯一的一部长篇《突围表演》，是从外向里的挖掘，像旋风一样层层深入地旋进去；第三阶段，从《痕》开始，专门集中在一种深层的东西上，是以艺术家本身的创作为题材。以后又写了《思想汇报》。写论文时，有学生说我是"自己吃自己"。现在应该是第四阶段，跟以前又有一点不同。

问：对于"自己吃自己"，您愿意作何解释？

残雪：可以说，所有的实验文学，包括但丁、塞万提斯这样的实验文学，全部都是自己吃自己。如鲁迅先生所说的："长蛇"，"……不以啮人，自啮其身。"问题是如何看待这个自我。前面已说过，我的创作中的"小我"与自然这个"大我"是连体的，可说两个就是一个。这也是为什么我能越写越宽广，花样层出不穷的原因。我希望读者不但要看到作者在自己吃自己，更要找准自己的位置投入作品当中，与作品中的人物和背景共舞，创造出属于自己的"自啮其身"的阅读模式。这当然有难度，但我自己的阅读经验就是如此。实验文学的确有门槛，我想，它也有诱惑，巨大的幸福感属于那些不懈地攀登的勇者。

问：《赤脚医生》中写到药草、行医——您对涉及的材料信手拈来，创作之前一定做了充分准备吧？小说中写人与自然的和谐共处，药草银针是一种传统文化的精神隐喻，药草是有生命的，它们能够发出声音。它不仅仅是药，不仅仅能治疗身体的病，还能治疗人的心灵创伤。您在小说寄托了很多，但是读者真的能领悟到多少，您会担心吗？

残雪：创作之前我从来不做任何准备，也不查任何资料。我写的都是我最熟悉的生活。《赤脚医生》也是我很喜欢的一部作品。这部作品特别能体现人与大自然互动的境界。我总将自己看作大自然的女儿，我幼年时期住在山下，总是同外婆和弟弟们在山里爬来爬去，隔几天不上山就觉得坐立不安。写这部作品给了我重返那些意境的机会。我还是相当幸运的。那时身体虽饥饿，精神上却振奋。后来我又有机会去学习做赤脚医生。你说得对，这篇作品中有传统文化的隐喻，当我在那山上挖掘之际，就会有奇迹出现，那时传统的宝物就会在黑暗里焕发出灵光。那种感觉真是太好了。我写的时候不可能顾及读者。但我也一贯相信，只要我付出了身心两方面的真诚，读者在未来的日子里总会慢慢地增加的。如你所说，我的作品所追求的是身心的一致，这种追求贯穿了我的整个写作生涯。我从来就认为心灵只能通过身体来体现，人的身体则散发着灵光。也许我的这种观点对于很多西方读者是新奇的，所以他们才会青睐我的作品。总之我认为自己有很深的中国文化的根基，我是通过常年不懈的文学实践到达根源之处的。

问：有评论说您是代表现代文学的奇才。您如何看待这一评价？

残雪：每个作家都是奇才。我写的不是外在的东西，都是挖掘潜意识的小说。我的小说就是跟别人不同。我写的所有的题材都是灵魂的故事，不是直接写外面的东西，从《黄泥街》开始。那篇小说开始还有外在的东西，写到中间就开始往"里"转向。大家都知道的，看我的写作状态也能看出，只要有凳子，有支笔，我就可以写，不论外界有多少事情。我以前做衣服时，客人很多，来来往往的，别人打断了我的写作也没关系。我的创作氛围比较浓，不容易被干扰。

问：这一点又和别的作家不同了，很多人在写作时需要特别安静的环境。

残雪：1983 年我写《黄泥街》时我还在做衣服，带了四五个徒弟，有时来了顾客，闹哄哄的，时间被分成一小块一小块。我从那时开始写，拿起笔的一瞬间就觉得跟别人不同。其实我最初也不太明确为什么写，不知道自己写的什么，完全是自发的，朦朦胧胧的，只能在自己原有的基础上写，里面还有现实主义的痕迹。写到中间就开始突破，觉得自己并不是要写外面的东西。有一种很强烈的情绪，想更好地表达自己。于是写到中间就出现了不太好理解的人物：王子光。那是照亮我的写作的"一束光"，从这个人物出现起，我就达到了由外向内的转换。

问：听说您还当过铣工、装配工，从这些复杂的经历到当作家，这个过程是必然还是偶然呢？

残雪：写作总还有基础，就是自己以前的基础和阅读。我从小爱阅读，一直在看，不停地体验，等于在不断地认识自己和否定自己。所以写作应该是必然的，非写不可。

问：这么说您写作的过程很顺利？

残雪：写完《黄泥街》后我并不认为能发表。那时发表作品很不容易。没想到正好碰上改革开放，很顺利地发表了。这就更加刺激了我的写作欲望。我在创作上一向比较顺利，只要有自发的创作

251

冲动，没有越不过去的障碍。

问：每天都有创作计划吗？

残雪：大概每天创作七八百字，每天都写，大年三十都写，加起来也不少了。我一直用手写，用电脑眼睛吃不消。

只要创作，就是在代表大自然发声

问：回到文学本身，我们再谈谈您的新作《水乡》。出版社在宣传这部作品时，打出"残雪成为诺奖热门作家后出版的首部长篇小说"——外界的议论或评论，会影响到您的创作心态吗？

残雪：当然不会。从我的小说中也可以看出，我是那种有能力将自我分裂的人。我投入日常生活，但我又能同日常生活随时拉开距离。常常在一天当中，我要做好几样性质完全不同的事。实际上，我几乎每天都在写。一旦坐下来外界就消失了。

问：《水乡》的创作契机是什么？

残雪：《水乡》的创作契机是从我的终极追求中引申出来的。常有这种念头冒出来：像我这样一名艺术工作者，对于自由的追求会是什么样的？能够将追求的模式形象地演绎出来吗？思想上的自由与身体的自由（也就是外部生活条件）二者之间是一种什么关系？这部作品就是对这些朦胧地意识到的问题的回答。我并没有整天想这些高深的哲学和文学的问题，实际上，我不会刻意去想它们。我只是默默地实践，用艺术家的方式将这些人性的追求不间断地演绎出来。我认为我的这种纯实践的方法是最好的，不论我写下什么，都是来自那种最为古老的根源。我们南方人对于水像对于身体一样既陌生又熟悉，在火热的夏天，我们常常有钻进水的深处的冲动。如果这种行动实现出来了，那究竟会是一种什么样的情况？这就是我的创作冲动的契机。

问：小说共 14 章，在架构小说上，您是怎么考虑的，您的小说创作一般是怎么开始的，会先列提纲或明确故事走向吗？

残雪：我是自动写作。我的架构都是随意的，也从来不列提纲和规定故事的走向，而是沉浸在一种朦胧的营造中，写到哪算哪。但这种随意却是高难度的，因为必须符合深层的情感逻辑，也就是身体逻辑。我在写的过程中会集中意念辨别我的每一个句子：它是否出于冲动？我认为写实验文学的人必须对自己的身体具有超级的敏感，以及掌控全局的气魄。不然写出来的就很可能是夹生饭。一般这种气质是天生的，但热爱日常生活，关注他人也很重要，这些生活体验都是构成作家的身体意识的基质。实验小说是本质文学，属于文学创作中极为重要的一股力量。

问：很喜欢《水乡》的对话，所有人物形象饱满生动，用对话撑起了整个故事。如何确定小说的叙事特点，能否谈谈您的经验？

残雪：我自己也最喜欢我的小说中的对话。我总是将我的小说称作"表演"。处在那种表演的氛围中，对话自然而然就生动了。我用不着像传统文学那样去描写细节，因为我就处在细节感受当中，我用对话来刺激读者对于细节的想象，这种直观的方法比那些描写更高一筹，也更能刺激起阅读的主动性，读者（如果他们是我的读者的话）的代入感也会更强烈。要说我的小说的特点，这就是特点之一吧。我也从来不去描写人的面部外形等，这方面我比一般作家的审美更为个性化，那种常规描写很少进入我的审美范围。所以如果要当我的读者的话，就必须在阅读时提起精神和身体功能，努力发挥想象力，而不是懒懒散散地被书中的文字带着走，像我们文坛流行的很多畅销书一样。《水乡》里面有不少对话也是这样，常常一个人说一件事，却并不是要说这件事，只是为了刺激谈话对象同他或她一道去接近某种境界。我想，这就是交流当中的理想主义的氛围吧。

问：《水乡》在您的创作中有何独特意义吗？可否谈谈您最看重的几部作品？

残雪：写《水乡》这部作品时，我已经写了两部类似主题的作品了：《边疆》和《最后的情人》。正如英国著名文学评论家博伊德·唐金所总结的那样，他说我的长篇构成一些生长的系列，是同一主题的不同层次和方面的变奏。《水乡》对我来说当然是很重要的，因为它是我的又一次冒险生存。冒险是我的命运，我也乐在其中。那里面那种进入身体（即大自然或世俗生活）的黑暗中的活动让我体验到自由的令人着迷的快感。可以说，营造的场景越匪夷所思，作者越能放开肢体的活动。一个人到了老年还能从事这种冒险，这不就是幸福的巅峰吗？那里面的每一个人物都是自我的分裂，也是一种人生的演出。我对此乐此不疲。希望这类作品也能给青年们带来生活的动力。最看重的几部作品？我的创作涉及自我的各个不同方面和领域，各有特色，很难这样来区分。这十几年里，我的创作在缓缓地进入文学的核心本质，写得最顺手的长篇有《新世纪爱情故事》《最后的情人》等。这两部长篇在国际上也受到喜爱，多次获奖。最近《新世纪爱情故事》还进入了德国国际文学奖提名。我希望《水乡》也能走向世界，受到欢迎。

问：作为湖南作家，以故乡为背景的作品在您的创作中占了多大比例？您如何看待故乡对自己的影响？

残雪：肯定占了很大的比例，但从来都不是刻意的。故乡既是我的肢体，也是我的魂，它是丢不了的。只要我还在创作，作品就会散发出故乡的气息——不畏艰难，胸怀全局，幽默达观，沉醉于日常生活，等等，这不正是很多湖南人的特征吗？一方水土养一方人，我就是从那些不屈不挠的"黄泥街"人当中走出来的，我也是从骨子里充满幽默的"五香街"人当中走出来的。我通过自嘲写出了我们所缺少的、但心底又无时不在盼望着的生活。也许今天回过头去看，会有一些老练的读者看出作品中的本质结构来，从而获得生活的勇气吧。我愿这样想。家乡常常是炼狱，但我对它充满了感恩，它让我魂牵梦萦。不过这都是从文学的角度来说的。我将我对它的爱留给文学，而在现实生活中，我是另外一个人，一个讲究实际、不太近人情的人。湖南的世俗生活将我磨炼出了这种分裂的性格，我同样要感恩。因为这种分裂对于文学事业来说是很有益的，这既保护了我的才能又丰富了我的创作。

在残雪的作品中，人可以和树说话，还可以和空气说话。自然中的一切事物都是残雪的身体

问：您的语言的诗意令人着迷，能否谈谈您对语言的追求？

残雪：我在创作中采用的是为一些人所痛恨的"翻译体"，也就是白话文汉语。我认为白话文汉语古朴典雅，他们塑造了我们这些后来者的基本语感。从我的作品输出情况来看，外国读者也很喜欢白话文汉语所传达的语境。这是中国作家的优势，千万不要将它看作劣势而自卑。如果都像某些人那样看待翻译体，鲁迅先生他们当年付出的巨大努力就白费了。我认为我的小说的语言追求的是富有童心、含蓄却又直白朴素的风格，这同我将我的小说定为本质文学是一致的。

问：从早期的《黄泥街》看，您的作品充满烟火气；但到了《种在走廊上的苹果树》《苍老的浮云》以及您的首部长篇《突围表演》，已开始从外向里挖掘；从《痕》开始您的创作又有了新的变化，以艺

术家本身的创作为题材。那么现在，您如何概括自己的创作特点？

残雪：我觉得我的创作历程不应该简单地用"内"和"外"来机械区分。因为内和外总是相对的。比如在我的后期作品《黑暗地母的礼物》与我最近要出版的长篇新作中，我又转向"外部"了，尤其这部新长篇，几乎人人可懂。应该以"表面"和"深层"来区分。我这种文学创作，全部是以艺术家的自我为题材的。由于艺术家代表了全人类，所以我写的也是全人类的事情。当我将整个大自然（包括人类社会）都看作自我的"内部"时，我也可以采用所有的表层的表达去比喻深层的事物。深层同样广大无边，当作者突入进去之后就会发现这个世界既是内又是外，是身体和灵魂的合构，二者互为本质。我的40年的创作可以说是由外到内，又由内到外的一个漫长过程。看来你的阅读感觉到了这个特点，我听了很高兴。但丁、博尔赫斯、卡夫卡、卡尔维诺和塞万提斯这类作家也是以艺术家的自我为题材的。我作为中国作家，我的自我还包括了身体，我特别愿意发挥身体功能，也许这是中国人的优势。一般认为身体（物质生活）是"外"，但我认为这个外也是"内"，它同精神的功能是相互转化的，它正好是精神的本质。一个没有烟火味的作家不可能长期延续其写作。你要能够有很好的内涵，你就必须有很好的外包。也就是说，这类作家必须沉浸于世俗，热爱世俗生活，到世俗生活里面去操练。

问：写了几十年，现在创作对您来说是否已经不存在什么难度或瓶颈？

残雪：好像是这样。我每天固定一个时间坐下来写，每天都是不到一个小时就写完了。写小说基本上不占多少时间，40年里头一直如此。可能是得天独厚吧。整个白天我都在写哲学，只有傍晚写一下小说。我的长、中、短篇都是这样写出来的。我属于高产小说家。我想，这同我是中国人有关系。我同世俗生活，同大自然是一体化的，想什么时候发动身体功能就什么时候发动，愿意停下来就停下来。我现在仍然对世俗生活充满了好奇心，喜欢关注别人的事（多半是间接的）。如果没有这一点，而是像西方一些书卷气的作家一样对待生活，我早就写不下去了。

问：您给我印象非常单纯。是不是生活中也是这样？

残雪：那是表面的，伪装的。我是很复杂的。我的性格比一般人更特别，里面的矛盾非常尖锐。这种对立面在作品中也有表现，不然怎么写出这么怪的作品？就是运用理性的力量在走钢丝。

《残雪文学观》中全面展示了残雪对文坛的观察和思考。残雪批评当代文坛名家在经历过追求灵魂创作的小说之外，无一例外地回归到传统，是一种"自卑情结"作祟

问："我的思想感情像从西方传统长出的植物，我把它掘出来栽到中国的土壤里，这株移栽的植物就是我的作品。"为什么您对西方经典如此推崇？在您接触并受益的文学作品中，西方文学和中国传统文学分别占怎样的比例？能做一下比较吗？

残雪：中国文学10%，外国文学90%。从受益来说，西方经典文学最多，然后是俄罗斯经典文学。

问："在手法上、写作的深层结构上，理念上都要全盘西化才能使中国文学前进"，这一说法也许会受到一些作家的质疑。您认为在中国文化里面受到的限制主要来自哪些方面？

残雪：我主要指的是文学理念应全盘向西方经典学习。我提到我们的传统文化不是一个人性的文化，所以我们的传统文学里面呢，也就没有西方的人性关怀和人道主义。也没有把人性作为一个最高理想去追求的作品。还是像鲁迅感到的吧，读中国书就沉下去，颓废，读外国书才会振奋，产生崇高感而要去干点什么。文学本来就是人学，把最普遍的人性撇开，用地域文化和风俗，以及浅层次的娱乐性、故事性来代替她，只能是倒退，产生一些样板戏的翻版。

问：阅读了大量的西方经典著作的同时，您也关注国内当代作家的创作。您认为他们的写作是肤浅的，而自己是本质的写作。为什么？

残雪：我没有说国内的作品都是肤浅的，我只是说肤浅化是大的趋势。造成这种情况的根本原因是不愿向西方经典文学学习。抱残守缺能有什么大的突破呢？挖空心思编故事而不触及灵魂是当前主流文学的特征。什么时候认识到人性的反省才是解放创造力的根本，我们的文学才会有救。这些我书里头都写到了。

问：像您这样直率、深刻、不留情面地批评文学界的作家，在中国很难找到第二个。但是，您不担心这样会失去文学界的朋友吗？比如格非、王安忆等人，他们的作品出版时，评论界可是相当重视。

残雪：我的批评是公对公的，没有任何私人杂念混在里头。众所周知，我不太和文坛的人来往，我是从作品出发去分析的。正因为我提到的那些人影响很大，我才觉得自己有必要讲出自己的看法——既作为内行的批评者，也作为一名特殊的读者。他们也可以反批评嘛。

问：受不同的文学土壤滋养，您认为自己早期的《黄泥街》《山上的小屋》《阿梅》《旷野里》等作品，和同时期同类型的中国作家的作品，主要的区别在哪里？

残雪：我的作品在早期就可以看出里头那个人性的原型，创作的过程便是人性的矛盾斗争发展的过程。每一篇作品如此，每一批作品如此，将20多年作为一个整体来看也是如此。其他类似作品里头，余华早期部分作品有这个内核，但他后来没意识到，所以没能坚持下来。

问：先锋作家们，比如余华、马原、格非、洪峰，似乎只有您还在坚守着先锋的姿态？

残雪：我根本就不承认自己是国内批评界归纳的那种"先锋"，他们仅仅是依据描写技法这种表面的东西作出划分。我将我这类文学称之为"新实验"。再说先锋后面有大部队，我的部队在哪里？

问：网上您有文章，认为中国文学缺乏幻想的传统。我不认同。从古到今，奇幻绝妙的作品太多了，屈原的《离骚》、四大名著等等，哪一部作品都不缺乏幻想。这样的观点，您会觉得偏颇吗？

残雪：对于什么是文学幻想，我的看法同国内文学界并不一样。

在我看来，承认精神的独立性，承认人是因为有了精神才成其为人，是一个民族能形成文学幻想传统的根本。而幻想又必须有坚强的理性来维护她，才会延续下来。我们的传统文化和文学，既缺理性也缺幻想，因为这个文化和文学太世俗小气，太物质化，不能上升到人性。所以古代文学家来写文学，只能触景生情，不能无中生有；只能低姿态地发些感慨（因为所有的人都在皇帝之下），不能义无反顾地追求那些纯精神的东西。几大名著也就那个样，不能将没有的东西说成有吧。

问：您在接受采访时，多次谈到对中国现当代文学的希望，很小。这种不乐观的评价，来自于什么原因？

残雪：我早说过了，来自于文学界的集体民族自恋，不肯向国外优秀文化文学学习。成天唱自己的赞歌，可又拿不出过硬的作品。

问："压缩自己的世俗生活，退到只有两个人的世界"，您的这种生活状况，会影响自己的思路或者视野吗？

残雪：这样做的结果，是扩大了自己的视野。当我排除了表面的干扰时，就能更执着于精神的东西，胸怀变得更开阔。我想所有从事艺术活动的人都会是这样。而我，由于职业的特殊性，在这方面更走极端一点。文学界缺的不是到处跑的人，缺的是具有内省精神的艺术工作者。

问：《最后的情人》销量达 4 万册，文学界却鲜有评论。对于这种状况，您是怎么看待的？其实也许不止您，不是所有的作家都受到评论家的关注。

残雪：这个情况同以前没什么区别，我很坦然。也许因为作品太超前，写评论的人还未产生。我的朋友近藤直子打算写评论，而且这本书的英译本版权一年多以前就卖给美国的一家出版社了。有这么多人欣赏，我感到欣慰。

问：看到《为了报仇写小说：残雪访谈录》，标题就很引人注目。能否为没看过这本书的读者解释一下？这么做标题，不仅仅是为了吸引眼球吧？

残雪：那是一本早期访谈录。我想，人在世界上生活，肉体和心灵都会有很多屈辱。而写小说是最大的释放——所谓化腐朽为神奇。所有从前的屈辱都是动力，你依仗它们做出美的事物，仇也就报了。小说家都是一些念念不忘的人。

问："残雪访谈录"将媒体的采访文章结集出版。我觉得，您一方面致力于个人化的纯文学写作，一方面却并不沉湎于书斋，而是尽力传播自己的观点，这与您所表达的"感觉到文学界某些权威对我的敌意"有关吗？

残雪：因为我的作品是超前的，观点也是崭新的，所以我感到有必要尽量传播。现在的大环境比过去好多了，但某些人思想上的守旧并没有多大的改变，只要不对他们路的东西，他们就看不惯，歧视。对我们这样的大国来说，媒体是好东西，记者尤其需要。一些人之所以恨媒体，是因为媒体扰乱了他们心目中的文学界的秩序。

有很长时间，残雪沉浸于与大师的对话，并自信自己的创造会刷新文学的观念。这和她表面的文弱是完全不同的气势

问：近年来您转移到对文学大师的解读。从小说创作到对文学大师的解读，是有意识的转变呢还是顺其自然？

残雪：应该是顺其自然。这种解读同时也是对于自己思路的整理。搞了 16 年的创作，思想应整理一下，我写的是别人，实际上也是自己的创作观念，解读大师也是在探讨自己、探讨灵魂，这种探讨只能建立在写的过程中。但我在写评论的同时也写了很多小说。

问：从什么时候开始解读的？

残雪：这项工作从 1997 年开始，那时是解读卡夫卡，从近代开始越写越远。只要是我受过影响的作家，都来写一下。

问：与写小说相比，这种解读是否更为不易？

残雪：当然了。自己的写作是凭灵感，原创的东西或"无意识"多一些，没有事先的构思；解读大师除了创造还要理解别人，力求跟你的对象达到最深层次的沟通。我一般是反复地看，至少看一年，然后开始写。比如我看了日本作家松浦理英子的《大拇指》，就觉得能与作者达到深层次的沟通。如果只是一般的理解，写出的评论也只是表面的；只有达到一种非常高的境界，心有灵犀了，才能有灵魂上的沟通。

问：听起来好像有点玄妙。怎么样才能感觉自己已经达到和作者的"神交"了？

残雪：一定要有所准备。我已经有一二十年的准备了，这么多年我一直做同一件事情。创作和解读都是在做同一种事情，那就是

灵魂的探索。有人说这种事很快就可以做完,这是对文学的无知。

问:您对于卡夫卡和博尔赫斯的研究与评论,是非常深入的,作家担当起评论家,您认为对自己的创作有何帮助或者意义?

残雪:我认为自己是可以做评论家的那种作家。我写的卡夫卡的评论,日、美两国的出版社和专家都认为是第一流的。创作是反省自己,评论同样是反省自己,只不过是通过别人提供的镜子而已。我通过多年的评论训练,更加坚定了搞创作的信心。作为现代艺术,评论与创作的界限正在逐渐重划,二者相互渗透,卡尔维诺和博尔赫斯多次提到了这种情况。

我过几年还要继续写。因为以前写的那100多万字还不够深刻,还可以改进。那时还没有达到现在这样的世界观。在解读的过程中我觉得自己的眼界越来越宽,而且有利于保持创作的活力。

残雪认为,自己的作品之所以在国外文坛上占了一席之地,主要在于创作本质的开放性

问:您从1985年开始发表作品,近40年间,感觉创作势头越来越好,影响,尤其在国外的影响越来越大。有评论用"墙内开花墙外红"形容"残雪现象"。您怎么看?

残雪:我确实是势头越来越好。可能是因为我进入的是一个很少有人敢于探索到底的文学新领域吧。最近这些年我已经写开了,生活中所有的事都是我的原材料,爱怎么写就怎么写,一点都不费力,充满了快乐。外界爱怎么评就怎么评,我不怎么在乎。当然我也有很少的几位知己。他们总是给我鼓励和力量。

问:不少院校有学者将您的作品作为研究对象,版权输出国外也有很多,还有地方出版您的评论专著,认为是世界文学领域里的一种新突破。您的作品"走出去"，分哪几种情况？

残雪： 我现在"走出去"的作品主要还是小说，日本和美国也出版了少数我的文学评论。英文版已有13本，日本版12本，其次是西班牙语、法语、德语、意大利语、丹麦语、韩语等等。现在我在美国麻省理工学院有一个文学网页，出版人可以通过那个网页与我取得联系。目前出版我的作品最积极的是美国、德国、西班牙、日本和韩国。我估计自己的作品终将在世界各地都有出版，凡研究实验文学的人都会来读。

问： 2015年5月，您获得美国的最佳翻译图书奖，而且是唯一获得这一奖项的中国作家，同时入围美国纽斯塔特文学奖。如果请您分析，自己的作品在国际上获得文学地位，您认为主要有哪些方面的原因？

残雪： 我的作品之所以在国外文坛上占了一席之地，主要在于我的创作本质的开放性。我总是直击人心。我能做到这一点主要是我对中西两种文化的精髓的吸取。如果你仅仅寄生在一种文化上，就很难做到这一点。我是中国人，特别热爱中国人的世俗生活，中国的物质文化渗透到了我的血液中。但我同时又热爱西方人的精神文化，不知疲倦地在实践中向他们的文化学习。经过40年的实际操作之后，我终于将两种文化元素在文学中（以及未来的哲学专著中）融为了一体，现在已到了得心应手的程度。我想，如果要攀登高峰的话，这应是最好的途径。

问： 从国外翻译中国作品的数量上讲，您是有较多作品被翻译到国外的作家。中国翻译外国文学作品很多，而国外翻译中国作品很少。您怎么看这种作品互译比例的失衡？

残雪： 总有一个接受作品的过程。1995年以前我只在国内发表了两本小小的书，1997年以后到现在，出版了近80种了。国外有幻想文学的传统，日本也是向西方学习，我们国家学习西方文学只是学到皮毛，本质的、核心的东西，理性和幻想的传统还没有学到。这两样是我们中国文学传统中最缺少的。中国人不太习惯那种无中生有的创造，只习惯触景生情似的感慨。从小我就喜欢看西方的经典文学，但丁、莎士比亚、歌德、堂吉诃德，他们对我的影响是决定性的，我也觉得自己是那一类的人。受的影响最多的文学就是你的传统；我是在理性和幻想上成长起来的，我又是中国人。有这个优势，西方文学接受我的作品就容易些，翻译的文字也比较早。我自己认为西方文学在走下坡路，走到头了，应该从我们这里重新刷新。

问：2019年9月，您再次进了博彩公司赔榜率，成为诺贝尔文学奖热门作家，能描述一下那时的情况吗？是否电话都被打爆了？您以怎样的心情应对这些事情？如果真的获得诺奖，您会怎样看待？

残雪：当时确实轰动很大。据我所知，国际文坛上这几年仍有余波。我认为这是个好事。获不获奖没关系，主要的好处在于传播了作品。现在我的作品不论在国内和国外，出版的速度都加快了很多倍。我从网上了解到，一些文学青年读者认为不读我的作品就很难算进入了实验文学。我不认为我很快会得奖，即使将来得了，也不是因为那时就写得比现在好了。获奖这种事作家左右不了。国内也许有人为操纵这种事，在国外除个别外都很难实施。即使如此，国外的奖项也有许许多多的同文学无关的因素影响它们。其中最主要的是文学的口味。我认为世界本质文学的影响较之卡尔维诺和博尔赫斯的时代大大地降低了，高水准的学者和读者极为少见。这也是没办法的事。

残雪喜欢《红楼梦》里面的日常生活的描写，更热爱外国文学作品中的精神塑造

问：您曾谈到自己接触并受益的文学作品中，中国文学 10%，外国文学 90%。能否具体谈谈接触外国文学作品的机缘是什么，那时您多大？

残雪：这种说法并无什么褒贬的意思，只是指我在学习上花费的精力。从数量上来说，顶尖级的中国文学，尤其能给我这样的人带来影响的作品少一些。我是通过创作实践来吸取中国文化的营养的，我认为这比那些读死书的方法要好得多。我是中国人，我吃饭穿衣和审美的习惯都有很浓的中国元素，我在作品中发挥了这些元素，因而也就领略了老祖宗们的文化的精髓，达到了同古人的相通。所以我主张凡有创作能力的人都拼命去写，不管写出的是什么文化，都会对弘扬民族文化有贡献。当然，从策略上来讲还是多读外国文学好处更大，因为两种文化要结合才会出精品。只要长于实践的人都会在创作时感觉到这一点。掌握了西方文学和俄罗斯文学的核心功能曾让我如虎添翼。我五六岁就接触外国童话，那时我父亲在图书馆做清洁工，常给家里小孩借书。有安徒生童话，也有《三国演义》。我快二十七八岁了才接触但丁、卡夫卡、歌德、塞万提斯等人的作品，那相当于在我面前出现了一个新的世界，创作的欲望马上高涨了。博尔赫斯等人是后来接触的，他们的作品让我爱不释手，读了又读。

问：您同时代的作家中，我觉得像您这么热爱外国文学作品的似乎不是太多，您读外国文学作品，和读中国文学作品，有何不同的感受？

残雪：也许吧。能坚持阅读的更少。中国文学中我最爱的是《红

楼梦》，十一二岁就开始读。对我有启发的还有鲁迅的诗性小散文和萧红的少量作品。我喜欢《红楼梦》里面的日常生活的描写，尽管作者要宣扬佛教思想，但他的创作反对着他的观念。那里面有些诗句我至今能背诵。外国文学更注重精神，比如博尔赫斯。这在中国人看来也是很新奇的。我希望将中西文化的两种元素在我的作品中结合为一体。我用不着刻意这样去做，只要在创作中往深处挖掘，就会时刻感到我们的古老的物质文化的魅力。

问：能否谈谈您的童年阅读？童年时代特别喜爱的人物或主角是谁？有哪一本书您希望所有的孩子都读到吗？

残雪：童年时代我特别喜欢的是普希金诗歌中的女主角塔吉亚娜。我感到这位女孩是那么柔和、优雅、细腻，但又十分坚强内敛。后来我长大了，就不再喜欢这种类型了，因为新的作品给出了另外的更为美丽的形象。我不希望所有小孩都读一本书，还是自己选择的是最好的。

问：您最钟爱的文学类型是什么？

残雪：当然是我自己正在实践的这种实验文学。我认为它是描写本质的文学。这种文学不会大家都去读，但它是在文学的前沿的，有寓言性质的。人类如果连寓言都不要了，就会从肉体到精神都走到末路上去了。

最理想的阅读体验，是同作者一道起舞

问：能否谈谈您的枕边书？最近在读的书是什么？

残雪：我从来不在睡前读书。我总是正儿八经地坐在桌旁读书。我一般在家里读书。有时也在飞机上和火车上读书。对于我来说，读书既是享受又是艰苦的劳动。现在我几乎不读闲书了，一有点时

间就在网上看看信息，了解世界大事。

问：让您感到"真正了不起"的是哪本书？

残雪：有好多本。文学书大概有十几本，哲学上目前只有一本康德的名著——《纯粹理性批判》。

问：您最理想的阅读体验是怎样的？

残雪：就是同作者一道起舞。双人冰上舞蹈。我已经有过无数次这种体验了。读到一本自己喜爱的书，是人生最大的幸福。

问：您常常重温读过的书吗？反复重读的书有哪些？

残雪：所有这些我喜欢的书我都要重复阅读。目前重复阅读的是罗伯特·穆齐尔的《没有品性的人》。他写得非常精彩，但有些地方还是流于肤浅了，可能是时代的缺陷所致吧。这本长篇巨著让作者陷入了困境，写了一辈子也没写完。死后好久才得以发表的那些片断都有缺陷。我认为他陷入的是经典哲学的困境，因为他最崇拜的哲学家也是康德。我觉得自己完全可以超越他，因为时代已经变了，从前认为不可能的事今天都会可能了。他的书给人以百读不厌的感觉，但不要每一个章节都去读。他的文学受现象论的影响很深，还未完全达到我所说的本质文学。

问：对您来说，写作最大的魅力是什么？

残雪：写作的最大魅力，就是能给你的个人生活增添勇气。因为写下的文字赋予了你的日常生活以意义。我每天写完后都会有这种感觉：瞧，我的日常生活是多么有质量啊！这种欢乐感是任何旅游、任何荣誉的获得都比不上的。只有在写作中，我才能最充分地发挥身心两方面的功能，达到极致。

问：如果要在您的小说中选一本改编成电影，您会选哪一本？

残雪：我会毫不犹豫地选择《迷人的异类生活》。这部长篇非常亲近读者，几乎人人能懂，和我的所有的小说都大不相同。而且里面充满了优美的环境氛围和激情又幽默的对话，拍电影会很精彩。
作品的主题是用几对情人之间的复杂爱情来体现文学的本质之美。
到现在为止，凡读过这部作品的我的青年朋友们都被深深地打动。

范小青：写作慢慢地走向自然王国

  范小青，1955年生于上海松江。1978年初考入江苏师范学院中文系，1985年调入江苏省作家协会从事专业创作。现为江苏省作家协会主席，全国政协委员。共出版长篇小说21部，代表作有《女同志》《赤脚医生万泉和》《香火》《我的名字叫王村》《灭籍记》等。发表中短篇小说500余篇，以及散文随笔若干。长篇小说《城市表情》获第十届全国"五个一工程"奖，《灭籍记》获第二届吴承恩长篇小说奖。还曾获得第三届中国小说学会短篇小说成就奖、第二届林斤澜杰出短篇小说奖、汪曾祺短篇小说奖、第四届鲁迅文学奖等奖项。曾任第十一届、第十二届、第十三届全国政协委员。

┃采访手记┃

范小青的勤奋与多产有目共睹。每次看到她一篇篇出手不凡的作品，总会讶异，一个看上去被文山会海淹没的作家是如何挤出时间写出那么多好小说的？

她又是一位特别让人愿意走近的作家。先前并不认识范小青，单是作品就生出了无限的魅力，愈看愈觉得这名字真像《白蛇传》里的人物，有着几分妖魅几分诱惑，总想着探究小说深层的意味；待到相识，她的直爽、随和、亲切而又得体的举止，既像邻家大姐般让人亲近，又不失大家闺秀的风范。

再看她的笔下，皆是日常生活的普通事件，她不断地将目光投注于庸常百姓，忧戚于他们的喜怒哀乐，描绘他们的生命情态，从最早写于1988年的《瑞云》及至获鲁迅文学奖的《城乡简史》，她总是充满热情地执着描写变动中的中国时下底层百姓的生存面貌和人伦情感的微妙变化。

万变不离其宗。范小青说，有时候，她觉得自己的小说变化已经很大了，但是别人读起来，还说是从前那个味儿。因为一个人经过几十年的努力和塑造，某些东西已经深入骨髓。

也有评论家敏锐地注意到了范小青的变化。程德培说，就范小青的创作而言，变化是一个持续不断的过程，其中有着值得肯定的过去完成时和难以预测的未来时。他说，承认变化不是个问题，而阐释变化却成了问题。

如何阐释，成为范小青留给评论家们的难题。

范小青以她数量庞大的小说创作，为读者营造了一个丰富的多维度世界。

"睁开眼睛，我看见她的远山近水，闭上眼睛，她就是我永远的念想。"范小青在她的作品中没有离开过"苏州故事"

问：《顾氏传人》是您较早的代表作，此后的系列作品，也都打着深深的地域烙印。您是怎样开始"苏州故事"的？

范小青：一开始创作算是比较顺利的，在处女作发表之前，我只投过一篇短篇，那是在 1979 年，编辑老师让我修改过，虽然最后没有发表出来，但是对我鼓励很大。1980 年投出第二个短篇小说《夜归》，就在《上海文学》发表了，应该算是很幸运的。

其实在《顾氏传人》之前的一些作品，已经开始有了苏州的烙印，大概在 20 世纪 80 年代后期开始，苏州这个"我城"就进入了我的创作，从此以后，一直盘旋不离。苏州是我的家乡，是我生活了几十年的地方，推开门窗，她就是我的街景；不开门窗，她是我心底的涟漪；睁开眼睛，我看见她的远山近水；闭上眼睛，她就是我永远的念想。她就在我这里，我也就在她那里，我和这个地方是不可分割的，是无法隔离的，所以在我的小说或其他作品中，我都不可能脱离我的"苏州故事"，即使近年我的小说中不再出现像《顾氏传人》这种鲜明的地域色彩和人物符号，但是我的作品内在的灵魂的东西一定是苏州的，最苏州的。

问：童年的经历对作家的影响是巨大的，很多人用"小巷文学""苏州地域风情作家"来指认您的"我城"故事。在做文与做人上，苏州对您有怎样的影响？

范小青：苏州这块水土和这个地方的人，特点是努力而不张扬，温和而又坚韧。许多人常说，宁和苏州人吵架，不和某某人说话。苏州的性格也许是有些柔弱的，但绝不懦弱，无论在经济生活、政治生活、文化生活中，苏州从来不把精力浪费在无谓之争上，苏州的环境是宽松宽厚的，在苏州这样的环境中，苏州人勤恳地劳动，无论是"苏州园林甲天下""苏州红栏三百桥"，还是今天的苏州经济发展，都是苏州人辛苦创造出来的。我想，这些都是"我城"对我做人和为文上的重要影响。

范小青的写作，大多数与时代有关，大多是时代生活投射到内心所产生的反应

问：从1980年开始发表作品，一上手就写短篇吗？在我有限的视野内，您好像是写短篇比较多的女作家。短篇其实对写作题材、技巧和语言等要求更高，且市场效应一般，为什么您会这么执着于此？

范小青：我的短篇小说是比较多。从1980年发表第一篇到现在，大概有300多篇了。事实上写短篇小说是我最喜欢做的事情，不受任何外界的影响，无论它的市场效应还是其他什么效应好不好，我都喜欢写短篇小说，不写小说我会难受，不写短篇小说我会更难受，所以会执着。

问：早期的短篇，有非常鲜明的地域特色，细腻生动，琐细到有些唠叨，读者也熟悉了您的"小青式"唠家常般的叙事。我特别想了解您在写作时是怎样的心态，自己觉得耐烦吗？是否沉浸其中？您如何看待个人化书写与宏大叙事的关系？

范小青：琐细的唠叨，自己当然是耐烦的，沉浸其中的，还津津乐道，乐此不疲，全然没顾及别人的感受，这是很自我的，太过自我，必定会局限自己的读者群读者面，近几年我开始反思，自己觉得稍微利索一点了。

个人的东西中，必定有历史和时代的宏大，而宏大的东西，也必定是体现在某个具体的人和事上，这个具体的人和事，可以是大

人物、大事件，也可以是小人物和小事件。

问：《城乡简史》获第四届鲁迅文学奖短篇小说奖，这篇小说，您是在什么情况下创作出来的？

范小青：这篇小说是 2006 年 1 月发表在《山花》上的，写作时间大约是 2005 年的下半年。我的写作，大多数与时代有关，大多是时代生活投射到内心所产生的反应。2005 年前后的时代背景，应该是大量农民工进入城市，给城市生活的方方面面带来了极大的变化和冲击，这是千百年来前所未有的。这种变化，肯定会影响到写作者的关注目光，会让写作者深入思考。一方面，农民工进城，几乎承包了城市的所有的底层的工作，最艰难最辛苦的工作都由农工干了；另一方面，农民工却很难真正融入城市生活，无论是物质的基础，还是精神方面，他们似乎始终被隔在城市之外。《城乡简史》就是在这样的背景下写出来的。

问：今天您怎么看待自己当年的作品？

范小青：这篇小说确实是我的许多短篇中比较好的一篇，今天回头再读，也仍然能够打动和感动自己，仍然感觉是比较有分量的一篇，正如评委们一致的意见，它的以小见大，就是短篇小说的典型特征。这其实也是我在后来的写作中一直提醒自己、勉励自己的。

写作是最自由、最无拘束的一件事情，如果给自己定了类，那就等于是画地为牢，更谈不上思想和创造和自由了

问：1987 年，您发表第一部长篇小说《裤裆巷风流记》。从短篇到长篇的转换，是否顺其自然？

范小青：无知者无难。当时写第一部长篇的时候，根本就没有考虑过从短篇到长篇转换中间有没有难度，有多大的难度，更没有考虑或研究过怎么解决其中的难题，恐怕连转换都没有想过，几乎就是盲目上马，盲目写作，那倒有一点顺其自然的意思。等到长篇写多了，才慢慢地知道有多难，才知道顺其自然原来是怎么样的境界。

问：您是一位创作题材多样、风格多变的作家。既有《女同志》等"三部曲"的官场小说，也有《城市表情》《百日阳光》这样描写城市现代进程的作品，还有《误入歧途》《天砚》等"拟侦探"小说，每一位作家都会在创作中寻求变化和突破，不同题材的驾驭，对您来说有何困难？

范小青：因为每一部长篇小说的写作，中间都会有间隔的，这种间隔很可能就是变化的开端，间隔的时候，应该就是思考的时候，学习的时候，积累的时候，经过了学习、思考和新的积累，创作上一定会有变化的，尝试着重新驾驭另一种完全不同的题材。

另外，长篇小说的创作，和自己的生活经历也是有关系的，比如早些年我曾经在苏州的司法机关体验过生活，这个阶段，可能会有疑似侦探小说出来，而《干部三部曲》，是长期生活积累的结晶。

问：在《女同志》之后又有《赤脚医生万泉和》《香火》等作品，这几年您的每一次出手都是大手笔，大变化。为什么会有这样明显的变化？

范小青：过去我的创作是非常纯粹地崇尚自然，写到哪儿是哪儿，想写什么写什么，想怎么写就怎么写，近几年我多了一点学习和思考的习惯，可能这就是变化的原因吧。

偶尔地使用口语、方言，也同样是范小青在写作过程中最有乐趣的地方

问：为什么《香火》的书写涉足这么多特殊的领域，如禅语、对联、算命卜卦、流言蜚语、人说鬼话、鬼说人话等？

范小青：在农村，对农民而言，庙也好，佛也好，祖宗也好，很多都是一种实用主义的宗教，与其说是迷信，不如说是他们的精神寄托，所以对于菩萨、对于和尚、对于死去的先人（鬼）、对于算命先生等等，他们往往是用同一样的态度在求助于他们，这就构成了《香火》中的众多的特殊领域。

问：《香火》中对佛教文化和鬼文化两种传统文化有深刻的表现。主人公香火经常打交道的就是两类人：一是和尚，二是鬼。在写作中，您觉得表现佛教故事的难点在哪里？对作家来说，应该具备哪些方面的条件和素养？

范小青：表现佛教故事的难点，是我自己对佛教的了解不够深，我得小心地避开我的短处，以免露怯。其实《香火》不是一个纯粹的佛教故事，如果要写一个真正的纯粹的关于佛教的故事，我想我是写不来的。

问：评论称《香火》是个"异类"，形式上近乎于当下时髦的"玄幻小说"或"穿越小说"，但内涵与品格上又有着坚实的现实主义质地，叙事上更是展示了"高难度"的技巧与功力。您怎么看？

范小青：这样的评价令我汗颜，当然也给了我极大的鼓励。

关于现实主义的质地，因为我本身就站在现实的大地上，我写的就是生活，我平时的所有生活，都在为我的写作积累现实的基础。只是在写作过程中，我遭遇到了一些变化。我们生活在这个时代就像在疾行的时代列车上，由于速度太快，节奏太强，变化太大，我们醒来的时候，常常会不知身在何处，得聚拢精神想一想，才能想起来，呵，昨天晚上我原睡在这里。有一天我在一个陌生的地方住宿，晚饭后天已经很黑了，我到院子里散步，因为陌生，因为黑，到处影影绰绰，光怪陆离，有一瞬间，我忽然怀疑起来，我觉得我到了另外的一个世界，或者另外的一个星球。那天晚上，我做了很奇怪的梦，梦见了许多很奇怪的事情。或者，在我疑惑的那一瞬间，我真的已经脱离过了。

一个人，如果身体过度劳累，如果心灵过度疲惫，是有可能产生出一些错觉的，那么，一个时代，一个社会呢？有些感觉，果真是那么真实吗？另一些感觉，真的就是错觉吗？

许多本来很踏实的东西悬浮起来，许多本来很正常的东西怪异起来。于是，渐渐地，疑惑弥漫了我们的内心，超出了我们的生命体验，动摇了我们一以贯之的对"真实"这两个字的理解。

有人读了《香火》，觉得这个小说在写法上有浓郁的魔幻现实主义色彩，其实我想，更主要的可能不是手法，而是感受，是感受影响了写作的方式和写作的技巧。

问：多年来您致力于口语、方言的文学性探索，但是《香火》中很少有对人的外貌、衣着、面容及周围场景的描述。您怎么看待叙述的繁复与简洁？

范小青：我的小说中一直以来都不怎么写外貌、衣着、风景、周边环境等等，到底是为什么，我说不清，也许从一开始，我就没有按照惯常的写作要求来写作，就是想怎么写就怎样写。

偶尔地使用口语、方言，也同样是我在写作过程中最有乐趣的地方，用到这些方言时，我会独自个儿笑起来，真是一种享受，当然我得考虑更多的读者能够接受的问题，所以有时候会对口语和方言作一些改造。

问：通过寺庙和祖坟地，您的笔下其实牵挂的还是时代生活的巨变，同时也有对中国传统文化及当代中国社会的深刻反思。您希望通过《香火》传达怎样的理念？

范小青：人对任何东西都应该存有敬畏之心（哪怕是鬼）。时代、生活变了，对生活的敬畏之心不能变，如果人对任何东西都失去了敬畏之心，人类也就失去了最后的底线。

《香火》的言谈总是充斥着怀疑和不解，一切都不确定；在《我的名字叫王村》中，范小青又带着读者走了一趟似是而非的迷宫

问："对话"是您的创作比较常用的叙述方式，尤其是早期的作品，对话之密集构成整个创作的风格，为何您如此钟情这一方式？

范小青：正如您所说，我写小说比较钟情人物的对话，经常用对话展示人物性格，用对话表达思想，甚至还用对话推动情节，这和我一开始写小说就形成的习惯有关。我的小说创作较少使用比喻、咏物、状事等手法，更多的是一种朴素的叙述，大白话的叙述，而其中的对话，基本上也都是大白话，因为我觉得我能够在大白话中蕴含许多滋味，蕴含许多言外之意（当然，这是我的主观意愿，客观上，作品有没有达到那样的效果，那是另一个话题）。总之，这是我自己最喜欢的写作方式和习惯，所以无论是长篇小说还是短篇小说，对话是我的最爱。

问：《我的名字叫王村》折射了中国社会变革中隐含的一系列问题，包括农村干部的竞选、经营蒜厂的内幕、土地流转的交易等。与洗脚妹的对话，又透露出农村土地被征用的现实……您平时通过什么渠道关注农村生活？为了写这部作品，做了怎样的准备？还是更多地依赖于想象？

范小青：关于中国社会变革中的许多问题，比如土地问题，我平时一直是很关注很留意的，在平常的日子里做一个有心人，时时处处可以积累素材。从现实生活来说，许多年来我和农村的关系始终都没有断裂过，从少年时期随同父母下放到农村，后来又自己插队到农村，再后来我父亲和我先生都曾经在县里工作，在我家生活了几十年保姆家也是农村的，我家里有许多农村的亲戚，等等，所以我和乡村始终有着千丝万缕的联系。现在，从县城，到乡镇，再到乡村，我隔三岔五就有机会去走一走。当然，除了这样的日积月累，在写作中，想象是极其重要的。

问：王全与赖月的爱情，让我看着很会心。虽然没有经历过这样的感情，但是看着就感觉特别真实，着墨不多，却写得无比鲜活。您是怎么把握的？

范小青：您的这个问题让我特别开心，因为许多人似乎都没有在意这一点，这其实是我蛮用心写的一块内容。一、写他们三次交流都是通过短信，这也是我用心设计的，现代社会人与人的交流不就是这样吗？二、这其实是小说整块灰色中的一点亮色。

对于自己的创作变化，范小青总结为"中年变法"。于是有人说，范小青"变得大气了"，从小巷子里走出来了

问：您是一个风格多变的作家。每一部新作都会有新的突破，总让人感到意外的惊喜。这种自我挑战的勇气和动力来自哪里？

范小青：前些年的变化基本上是不自觉的，那时候作品风格变化，似乎是受内容的影响才变化的，但近几年的变化，自己是有所努力的，确实是自我挑战。勇气可能谈不上，但动力是有的，动力就是来自于对写作的热爱，因为爱了，所以想要做好，想要做好，就会想着怎么做才能更好，这就有了变化。

问：您认为支撑自己创作变化的理念，来自阅历与经验顺其自然的积累，还是有意识地设定目标？

范小青：从 1980 年发表第一个短篇小说开始，写作 35 年，几乎是一个人的最精华岁月都用在这上面了，花了这么长的时间，琢磨写作这事情，现在回想起来，真是十分地感慨。经历的最大的变化，是从必然王国慢慢地走向自然王国，这里我用的是"走向"，而不是"走到"，走向是一个动词，永远在动着，永远在走着，没有哪一天可以说，我已经"走到"了。写作风格上，也是从传统的封闭式写作，慢慢走向现代的开放式写作。当然写作不可能完全随心所欲，但至少在自己的内心，是放得开了。

问：勤奋多思，并且在文学创作上传承中国传统文化的脉络，但是又具有特别时尚、不落潮流的前沿意识。既背靠深厚的文化积淀，又密切关注现实，您的作品总给人一种清新、超前而且目光深远的印象。您觉得呢？这种通常意义的既脚踏实地又能在天空飞翔的双重潜能，来自哪里？

范小青："既脚踏实地，又能在天空飞翔"是我的努力的方向，也许我一辈子都达不到这个目标，但是我会努力的，虽然年纪不小了，但我始终会是一个"好好学习，天天向上"的孩子。如果说我能够站在现实和未来、文化积淀和前沿意识的交织中，我想，原因主要是生活加思考，因为生活太丰满太深邃，我沉浸在生活中，不想思考也会思考，不想有收获也会有收获。

问：在您的心目中，有没有一个标高，希望成为怎样的作家？希望写出怎样的作品？

范小青：心目中没有什么明确的高标，也不知道自己应该成为一个什么样的作家。更享受的是写作的过程，是接受（自己加给自己的）新的挑战。

问：阅读的过程始终特别矛盾的印象是，觉得您的语言汪洋恣肆不甚收敛，又觉得是刻意为之，精简生动。对于语言，您有怎样的追求?

　　范小青: 对于语言,我是有追求的,是刻意为之的,那就是我希望能够用看似随心所欲的大白话,一是说出更多的言外之意,弹出更多的弦外之音;二是体现出现代社会的时时处处的悖反和荒诞。

40 年间,乡村场景和乡村人物曾陆续出现在她的作品,2016 年出版的《桂香街》,则回到了她熟悉的居委会

　　问: 30 多年前您刚刚当上专业作家时,曾经到苏州的居委会深入生活。现在的居委会和您印象中的居委会比,有何不同?

　　范小青: 当时是 1985 年前后,30 年过去了,居委会发生了很大的变化,从工作人员的情况来看,从前我在苏州去过的居委会,一般只有两三个、三四个干部,都是中老年人,而且以老人为多,有许多是退休以后到居委会工作的。现在的社区居委会,除了书记或主任年纪稍长,也不过 40 多岁、50 来岁,其他大部分都是年轻人,也有书记主任都是年轻的;他们有些是从单位提前下岗的,也有大学生。居委会的办公场所、办公条件也有很大的变化,为居民办理各种手续进行各种服务大多电子化了。当然,最主要的是,居委会面对的要处理的情况变得复杂、多元,不像从前那么单一了。过去的居委会干部面对的大多数是本地的市民,都是老街坊邻居,知根知底的,现在的社区人员结构十分复杂,什么人都有,什么事也都可能发生。

　　问: 和那个时期的作品相比,《桂香街》是否更具有时代特色?更复杂?

　　范小青: 和 80 年代相比,现在的社会生活更复杂,更丰富,作品肯定也会更复杂一些,更丰富一些,而且呈现出许多说不清道不

明的东西，许多社会现象无法用简单的评判批准去衡量，也无法用简单的结论去归纳。这可能是《桂香街》区别于我的 80 年代的小说的地方。

至于时代特色，当年的作品有当时的时代特色，今天的作品有今天的时代特色，我的写作，几十年来，始终是从时代生活中获取灵感和素材。

问：《桂香街》的写作重回纯粹的现实主义。

范小青：主要是由题材决定的。我曾经反复考虑，也十分犹豫，到底应该怎样处理这样的题材，最后还是觉得，这个题材很难用其他的写作手法去表现，至少从目前我的创作水准和思想水准来说，我无法用别的方式去表达。只有老老实实回归现实主义，而且着力从塑造人物形象去努力。

范小青的创作整体上是现实主义的，但同时很多作品又充满荒诞感。在写作《灭籍记》的过程中，她不止一次为笔下的人物笑出声来

问：《灭籍记》由三个部分组成：寻找房本、寻找档案以及寻找一个不存在的人，三个部分的故事相互纠缠，相互推进，在阅读中要十分警惕保持清晰的思路，否则很容易被绕进去。

范小青：这部作品的写作，分两个阶段，第一个阶段不怎么顺利，因为起初我是想正面去写一个苏州老宅的故事，恐怕写了有好几万字了，可是怎么写也找不到感觉，难以为继。后来放弃了正面强攻，确定了现在这样的幽默荒诞的基调，将沉重的题材放进好玩的故事，写作就顺畅起来了。这让我想起多年前写长篇小说《赤脚医生万泉和》的时候，开始是写一个完全正面的正常的一心为农民的农村医生，也是难以为继。后来将主人公设置成一个低智商（脑膜炎后遗症）的形象，就是写一个笨笨的人，怎么在医疗条件十分落后的农村治病救人。后面的写作，一路就行云流水般了。

如果真的就是简单的行云流水，那只是一杯白开水，不会有滋味的。很多读者喜欢行云流水的文风，是因为作者在行云流水的背后，掩藏了他们非常厚实沉重的心思。

问：《灭籍记》中的"好玩"的人物郑见桃，是一个必须冒名顶替才能生存下去的老太太，也是一个好玩的"老不正经的老太"。

范小青：我写了几篇《灭籍记》的创作谈，其中一篇题目叫《好玩的背后》，说到郑见桃，我写她的时候，确实好多次忍俊不禁，这是个很好玩的人物，一个调皮的老太太。但是郑见桃决不仅仅是好玩。我们要看到的是好玩的背后——郑见桃，一个必须冒名顶替才能生存下去的人。年轻的时候为了追求真理和爱情，丢失了身份，一辈子都无法做回自己。在人生的最后一程，冒名顶替了一个有钱的老太太，所以她活得姿意自在，爱吃吃，爱喝喝，想骗人就骗人，一个好玩的老不正经的老太太，自以为足智多谋，无往不胜，可她的人生到底是赢家还是输家呢？她已经有多长时间没有听到过郑见桃这个名字了？一方面，她是一个冒名顶替的成功者，胜利者；另一方面，她是彻底失败的，她永远不能是她自己。

问：小说中还有着墨并不算多的人物郑见桥。为了表现对组织的忠诚，一心要把郑家的老宅捐献给国家，却因为找不到房契惹来麻烦。这些人物带着悲剧色彩，荒诞又悲凉。

范小青：在历史的往事中，写满着类似的悲凉，它们看起来简直荒诞不经，简直不可思议，用一句最通俗的话说，就像是编出来的。确实，这就是编出来的，这是故事。但是这个故事，这个"编"，是建立在真实的基础之上的。曾经在历史上，类似的真实事件比比皆是。这确实很搞笑，用这样的手法写悲凉，就是含着泪的笑，就是我想通过文学作品，写出过去曾经有过、今后再也不应该重新出现的荒诞。

问：您是如何看待"寻找"？

范小青：其实从主观上讲，我并没有觉得自己对"寻找"这个主题有特别的关注，特别的执着。有时候自己也不太清楚到底是什么原因，写小说，写着写着，就写到"寻找"那儿去了，或者才开始构思，想着想着，又到了"寻找"这儿了，似乎绕来绕去也绕不过去。正如你说的"格外深情"，我想，这种深情，真是藏得很深，有时候自己都发现不了，但是到了关键时候，它就冒出来了，非常执拗地掌控你，指挥你，霸占你的作品。

因为写了较多的寻找题材小说，我曾经几次在笔记本上写上大大的"不再写寻找"这样的字，并加上几个感叹号来提醒自己。但是没有用，我拗不过我的思想。所以干脆就听从思想他老人家的思想，就继续寻找吧。

寻找，从具体的人和物和事，到抽象的精神、哲学的意义等等，在寻找的过程中，我变得越来越愿意寻找、乐意寻找，越寻找，就越觉得需要寻找的东西太多；越寻找，就越觉得寻找有着极大的诱惑力；越寻找，就越能发现寻找的意义。

问：您说过，"也许是这种贪'玩'的心态，直接影响了我的写作。"但是我想很多时候，您的写作是沉重的。

范小青：我们的世界和生活发生了巨大的变化，变得更丰富、更复杂，变得很有趣，变得奇怪，无厘头，好玩，但绝对不是简单地傻傻笑那种好玩，是暗含着错综复杂内容的不可捉摸的有趣，是有着特殊分量的奇怪，是让人感叹的沉重的好玩。在这样一个时代写作，写的又是时代的故事，我们已经无法用从前的一本正经的老眼光、老观念去看待、去提升，我觉得自己已经回不去，回不到一本正经的状态。

关系的倒置，真假的难辨，观念的对峙，一地的鸡毛，满脑子的混乱，组合成了时代的风貌，世界在变化，文学怎么样？至少我想，我们的写作可以有、也应该有更多的路径。好玩的故事承载历史的命运，"好玩"的背后，是对现实的剖析和生存的思考。这是我想做的事情。

王旭烽：我想建构纸上的杭州

　　王旭烽，1955 年 2 月生于浙江平湖，江苏徐州铜山人。1982 年毕业于杭州大学历史系。现为浙江农林大学文化学院院长，浙江省作家协会副主席。著有长篇小说《茶人三部曲》《爱情西湖》，纪实文学作品《家国书》，随笔集《爱茶者说》，戏剧剧本有越剧、昆剧、话剧等。其中，《茶人三部曲》获得第五届茅盾文学奖，并被译成英、俄、吉尔吉斯等多种语言在外国出版。

| 采访手记 |

1996 年，王旭烽《茶人三部曲》中的《南方有嘉木》《不夜之侯》获第五届茅盾文学奖，被称为文坛杀出的一匹"黑马"。那时，王旭烽在接受我的采访时就明确表示：从《茶人三部曲》开始，将以杭州为题材作为自己今后文学创作的定位。

如果说当年写作《茶人三部曲》，如同一个历史的绣球责无旁贷地抛在她的身上，那么 27 年后的今天，那个"绣球"是否依然须臾未曾远离？

"作为一名小说家，一位茶文化的传播交流工作者，我目前所做的一切，正是用茶文化这样一个符号，去进行精神与美的劳作，去创造茶的世界，不管是虚构的，还是非虚构的。"多年前王旭烽在美国耶鲁大学讲台上自豪而凝重的表达，让人充满敬意。

在获得茅盾文学奖之后不久，王旭烽调任浙江农林大学，目前在这所全球唯一的茶文化学院担任院长。除了正常教学，她的创作涵盖戏曲、随笔、小说等，王旭烽已然成为浙江的一张文化名片，甚至成为"茶文化使者"，向全世界传播她的茶文化理念。由作家出版社推出的《茶语者》是一本有关茶的主题散文集，分"茶之史""茶之事""茶之人""茶之器" 4 部分，系统地阐述茶的发现、栽培、加工、营销、品饮、传播等等，使博大精深的中国茶文化得以在书本上集中呈现；而《茶的故事》则是以随笔方式写成的关于茶的科普读物。对茶的文字表达，王旭烽有着小说、散文随笔和科普读物的区别，但却具有共通的茶文化思考引领着她的文学表达。

时隔 20 多年，继《茶人三部曲》之后，王旭烽推出了近 40 万字的长篇小说新作《望江南》（浙江文艺出版社），在翻天覆地的大时代中，写出了江南烟雨浸润中的中国人的选择和敞开、融入和奋进；在时代的激昂与风雷声中，王旭烽写得悠远低回又荡气回肠，写出了茶香和茶性，写出了江南文化的诗意和力量，写出了中国的风度、情怀和品格。

小说取名《望江南》用意颇深。王旭烽解释，一是"望江南"为一味中药，疗效和"茶"非常接近，二是来自于苏东坡的一首词《望江南·超然台作》，把茶的精髓叙述得既有层次，又有温度。用作这部长篇小说的题名，已经暗含了她对茶叶时代的立场和认知。

很难想象王旭烽的处女作是电影。她写小说、研究茶文化，她的兴趣很广泛，但是希望把每一个类型都做到极致

问：近年来您的作品不断获奖、不断地"走出去"，能谈谈具体情况吗？

王旭烽：茅盾文学奖获奖作品《茶人三部曲》（浙江文艺出版社）正被翻译成英文和俄文，散文集《爱茶者说》在出版20多年后，又被重新被翻译成英文，双语版已由光明日报出版社和纽约商务新闻社共同出版。《茶的故事》被翻译成塞尔维亚语，在塞尔维亚的茶文化孔子学院得到广泛认可。下一步还将成立汉办的国际茶文化传播基地，向全球的孔子学院传播茶文化。

问：《茶人三部曲》之后，您的《家国书》《主义之花》等作品先后三次获"五个一工程"奖，为茅威涛量身定做的越剧《藏书之家》曾相继荣获文化部第十七届"文化新剧目奖"等重要奖项。昆曲电影《红楼梦》连中三元，获得当届电影节唯一最高荣誉"最佳影片"天使奖，音乐获得"最佳原创音乐奖"，服装获得"最佳服装设计奖"……您是跨界比较多的作家？

王旭烽：不管写了什么，获得怎样的认可，最终外界还是把我和茶文化联系在一起。最后我认命了。

问：您已经成为世界茶文化传播的使者，在茶界具有广泛的影响，您觉得自己是作家还是茶文化学者？

王旭烽：我思考过这个问题：我到底是作家还是文化学者？我没有单纯地爱过小说，我爱诗歌、散文、纪实文学，特别爱电影、戏剧、音乐，我的处女作是电影。我担任茶文化学院的院长，有很多专业课我都可以去开课。很多作家写小说就把精力放在小说上，我的兴趣很广泛，但是我要把每一个类型都做到极致。

问：获得茅盾文学奖之后，您作为浙江省作协常务副主席，为什么选择了离开？

王旭烽：离开作协是在 2006 年 5 月，因为文学的原因。我写了《走读西湖》，被邀请去浙江农林大学讲课时，校领导告诉我，他们最近正在申报全球唯一的茶文化学院，我讲了些茶文化的常识。半个月之后，他们打电话问我能否去担任学科带头人。我一点儿没有犹豫——我希望能有机会再静下来写小说。

问：那么去了之后是否如愿以偿？

王旭烽：我用了 3 年时间，把这门学科做起来了。农林大学常常被以为是农学，其实严格意义上是文化学，是在夹缝中求生存。如果不努力的话，这个学科建立不起来。后来三个学院合并为农林大学，学校的新老书记同时来找我，希望我担任院长。此后就没时间写小说了。所以这几年间，除了《爱情西湖》之外，我没写小说，写的多是纪实文学，还有大量茶文化的随笔，《爱茶者说》《品饮中国》《茶语者》类似茶文化随笔三部曲。

问：茅盾文学奖给您带来了什么？

王旭烽：我获奖完全没有思想准备。我以为三部完成才可以报。那时才写完两部，突然报上去，我以为肯定要打回来。没想到没多久就获奖了——你会觉得你前面的路很长，会觉得《茶人三部曲》是你文学的开始，不会认为是标志高度的作品。我以为更好的作品在后面。

在中国，获得茅盾文学奖肯定会立刻成名。另外我最欣慰的是，茶界对我非常认可。《茶人三部曲》第一部出来时，就有很多茶界的学者评价说没有专业知识上的错误。中央电视台陆续推出了系列纪录片，第一部是《话说茶文化》，第二部是《茶，一片树叶的故事》，获得中国首届茶界"鼎承奖"，在国际纪录片评选中获人文类纪录片大奖等，在茶界影响特别大。我作为茶文化的学者，在圈内是被完全认可的，他们认为我是比较踏实的、有专业知识的人。

小说中茶的知识都是真实的，王旭烽在大段的文字描写里写了大量的茶文化知识。正因为此，很多茶馆把《茶人三部曲》作为进入茶文化修养的读。

问：当年采访时，您提到自己受《日瓦戈医生》影响特别大？

王旭烽：我深受《日瓦戈医生》的影响，不但受作家鲍里斯·帕斯捷尔纳克的影响，也受到主人公的影响。我不需要为了谋生写作，而是因为热爱才写作。我有专业的知识，假如我不是作家，我可以做一个茶馆，可以做茶的培训师，或者可以当中学哪怕小学的茶文化的老师，可以开茶器店。而茅奖给我带来了这种便利，得到茶人更广泛的认可。因为我的小说中茶的知识都是真实的，我在大段的文字描写里写了大量的茶文化知识。正因为此，很多茶馆把《茶人三部曲》作为进入茶文化修养的读本。

问：也有评论认为这是《茶人三部曲》的不足。

王旭烽：第一部出版时，有评论给我提意见，认为我的小说有些掉书袋。我在写作时想过这个问题：你选择什么缺点作为小说的缺点？我选择了掉书袋。在小说中我必须要有块状的散文式的叙述。《日瓦戈医生》是一部40万字的作品，但是充满诗意。作者完全超越了生活，在大段的对话里阐述他的观点和思想。正因为这样，这部小说在1958年获了诺贝尔文学奖。这些所谓的"掉书袋"，可以帮助读者了解更多的茶文化知识。《茶人三部曲》在茶界阅读的人非常多，每年不停地加印，我关于茶文化的随笔很多，但是每次去演讲，签名最多的还是《茶人三部曲》。

问：您最有开创性的是茶文化的传播与梳理，写了几十万字的茶学专著，其中《饮茶说茶》还被韩国作为茶文化的大学教材。

王旭烽：中国茶文化的话语系统应该自成体系，我希望好好梳理茶文化的话语系统，编写了茶文化教材《茶文化通史》（上卷是编年，下卷是叙事）。很多茶文化的内容大家都知道，重要的是用什么办法传递知识。

王旭烽认为，茶是拉住欲望的强有力的东西。从春秋到两晋，茶文化叫俭，不是勤俭，而是内敛

问：这么多年来，您写茶人茶事，写茶文化随笔，那么您的作品中对于茶文化的传播以及传达给读者的理念有什么变化吗？

王旭烽：我的天性是建设性的，不是批判性的。有的作家像牛虻一样，勇敢地批判这个世界。我是建设性的，势必会选择茶这一类的文化。一开始我没想到为自身之外的人传递什么，我只是想把自己修补好。

但是逐渐地我有余力把和谐的观念传播开来，用对话的方式解决问题，直接从农耕文明进入生态文明。我有这种愿望，把这种观念表达出去。我的《茶人三部曲》一直是主张改良，主人公杭嘉禾及他的孙子，一代代用渐进的方法，维护人类的生存。因为人类的欲望不被遏制就会越来越强烈，茶是拉住欲望的强有力的东西。从春秋到两晋，茶文化叫俭，不是勤俭，而是内敛。"敛"这个字是在贵族产生的。两晋时出现了"敛"的风气，就是为了抵抗奢侈。中国文化有一个理念，有相应的力量，冲出去的力量有多强，抓住他的力量有多强。就像一滴水，有两种力量，一是拼命往下落，一是被外面的张力裹住的力量。我想表现中华民族饱满的、被裹住的力量。

问：您的创作多以杭州为背景，地域对自己的创作是否形成很大的影响？在《爱情西湖》里，您将西湖称为"一个有终极意义的人文之地"。

王旭烽：我的全部著作以西湖景观和历史作为背景。曾经有很多机会离开杭州。之所以坚定地留在这里，归根结底是因为西湖的文化，这是非常完整的中国文化中的雅文化。生活的艺术化和艺术的生活化，这两个概念是不一样的。首先是看山是山，之后是看山不是山，再回到看山是山。还是生活的艺术化，不是需要时刻提醒人家：我在艺术。任何事情的最高的境界是忘我，生活的艺术化也是这样。

如果没有西湖，没有杭州，不可能有我这样的作家。所以我一直遗憾，写《茶人三部曲》时，我很想建构虚构的纸上的杭州，但是后来就直接进了学院，没能再继续虚构。

问：在您的创作中，看上去的确是非虚构作品更多一些。《爱情西湖》也是吗？

王旭烽：《爱情西湖》由 10 个有内在联系的中篇爱情故事组成，故事发生时间有的在古代，有的在现代，但发生的地点都是著名的"西湖十景"。书里的 10 个故事的写作方法不尽相同，比如《雷峰夕照》很先锋，《曲院风荷》用了白描手法，风格很像"三言两拍"。我对西湖的理解、认识都有把握，但是也非常难表现。当我写第 7 部《三潭印月》时，我突然想明白了一个哲学理念：以前我在想，月亮是什么？我用了 6 年的时间，才悟出满月是温暖的金黄色的泪珠。

每一篇故事写了之后在杂志上作为头条发表。我相信许多年之后，会有更多人理解这部作品。我在写这部作品时，希望除了作为小说集出版外，还希望作为大学的教材拍成视频。我还把"地域文化与小说创作"这门课的视频做了出来，内容就改编自《爱情西湖》，被评为国家的精品视频课。我还在想，应该把这部作品拍成 10 部电视剧或电影。因为这些作品实验性非常强，非常现代，读懂不容易，写法上很新颖，实虚结合，最后一篇是用网络小说的形式写出来的。整个小说是寻找一个真实事件的过程，我把自己写进去了。我在小说中想表达一个观念，离真越近，离美越近，离善越近。我觉得只要把真实的善找到了，就统一了。

问：您怎么评价自己？

王旭烽：我真正调到大学是 2007 年的 4 月，我把这个时期称为我的"三剧时代"。我一直在辛勤劳动，而且所有劳动都不是无用功。如果我有一天离开这个世界，我会觉得这 8 年是值得的。

在高校已经 17 个年头了，文学从来没有离开过王旭烽。时隔 20 多年，王旭烽推出了《望江南》

问：继《茶人三部曲》之后推出新长篇《望江南》，非常让人期待。获得茅盾文学奖后，您从浙江省作家协会调至浙江农林大学茶文化学院，从来没有间断过关于茶的写作和对茶文化的推广。这样长期的积累和学习，对于这部新长篇的创作有何帮助？您的身份从作家到教授，回到文学创作，这中间经历了什么，心态上有什么变化？

王旭烽：这些年我其实写过许多作品，也获得过一些大奖，但是，无论茶界圈内外人，还是盯着我的茶文化与茶学创作，最后我只好说，不是我喝了茶，而是茶把我喝了。进入高校从事茶文化专门研究和教育，不像在作协时只是创作需要，而是专业工作，这才恍然大悟，其实我在开始写作"茶人"小说时，我已经和我的命运提前遭遇了，只是自己不知道而已。

写这类专业性很强的小说，一定要浸润其中，不能半桶水晃得很，所以在高校当学科带头人，当茶文化学院院长，和同行与学生在一起，产学研相结合，写论文论著，肯定对我的创作有很大帮助。

另外，我去高校的10多年，其实一天也没放下文学，只是转移到文化随笔和纪实文学上来罢了。其中还写过一些戏剧作品，电视纪录片，获过一些大奖。现在我们的学院，是全球唯一的茶学与茶文化学院，招收的第一批学生的第一堂课就是我上的。其间的千回百折，"精行俭德"的生活磨炼，对文学创作是绝对有利的。

我在高校已经进入第17个年头了，文学从来没有离开过我，所以也没有感觉那种转折性的变化。

问：为何取名《望江南》？"望江南"，您"望"见了什么？

王旭烽：一是"望江南"为一味中药，它的疗效和"茶"非常接近。望江南，中药名，为豆科决明属植物。分布于我国东南部、南部及西南部各省区。具有肃肺、清肝、利尿、通便、解毒消肿之功效。主治咳嗽气喘，头痛目赤，小便血淋，大便秘结，痈肿疮毒，蛇虫咬伤。

二是它来自于苏东坡的一首词《望江南·超然台作》。苏东坡两度为官杭州。《望江南》原唐教坊曲名，后用为词牌。据说它是唐代宰相李德裕为悼念爱妾所作。

> 春未老，风细柳斜斜。试上超然台上望，半壕春水一城花。烟雨暗千家。
>
> 寒食后，酒醒却咨嗟。休对故人思故国，且将新火试新茶。诗酒趁年华。

最后三句词把茶的精髓叙述得既有层次，又有温度，是茶界中人示为格言的句子。所以我用来作为这部长篇小说的题名。当然这里也已经有了我对这个茶叶时代的立场和认知，因为"望"是有空间、有视野的，所以这个年华还是可以用诗酒品茶来"趁"的，但要抓住机遇生活，因为命运的欢愉是相当须臾的。

问：《望江南》的叙事非常从容，从吴觉农到杭氏一家三代，饱满而生动，无论是主人公杭嘉和、杭嘉平等，还是次要人物，比如小说中对婉罗姆妈、小撮着这样的底层市民的描摹，诙谐幽默——众生相皆栩栩如生，让人过目难忘。您的写作有何特点？会列提纲或制图吗？在刻画人物上，您有怎样的追求？

王旭烽：我的长篇小说创作，说来有点奇怪。"当代茶圣"吴觉农先生曾经说过"即知即行"的格言。他是上虞人，和余姚人王阳明同属姚江流域人，主张知行合一，即知即行。我的创作也是这样，不管什么体例，从不写提纲，心里有那么模糊一团，有一个人物出来了，于是开始写，每天3000字左右，肯定有1000左右是第二天写时要作废的，而人物、故事、场景，就在这样的写作中即知即行出来了。关键在于你开始身心酝酿的那团混沌之气对不对，只要对，就跟毛线团找出线头了，你只管拉，不会错的。如果不对，那就一团乱麻，那就得重写。所以这部小说我拉过三次线头，前两次都差不多写到 10 万字了，感觉不对再重写，第三次感觉对了。

您说的《望江南》的叙事非常从容，这使我很欣慰。因为这 20 多年来的时代风云际会，眼花缭乱，我特别担心自己的文本节奏出现问题，或者文学修养已经落伍。最后定稿时我正好生了一场重病住院，在医院静下心来从头到尾读了一遍，松了一口气。别的我不知道，但节奏是对的，是沉住气的。茶人，就是这样的人。

在西湖边喝茶，王旭烽视为"可以实现的幸福生活"，而且是终极的日常的幸福的生活。所有具备这种幸福目标和体验的人们，都是有"茶脉"承传的

问：小说人物众多，有实有虚，有吴觉农、马寅初、蒋介石、汤恩伯等历史人物，也有杭家人的百态人生。杭家人中，有共产党也有国民党，杭嘉平从政，杭嘉和则相反。但"杭家只管茶有没有喝到一起"，这样的说法是否有所暗指？

王旭烽：人物有实有虚，是写这类历史长篇小说时我的常用手法。回过头来想，可能和我专业为历史学还是有关系，自觉与不自觉中，总会渗入历史的要素。我读大学时，先生们跟我们讲《史记》，会说其为"无韵之离骚"，又说"文史不分家"。其实在茶的历史中，许多史实都是充满文学性的，尤其是人性。

"喝茶"，在西湖边喝茶，我把它理解为"可以实现的幸福生活"，而且是终极的日常的幸福的生活。所有具备这种幸福目标和体验的人们，都是一类人，我把他们称之为有"茶脉"承传的人们。所有不具备这种目标和体验的人们，他们是另一种人，哪怕有血缘关系，哪怕从事茶业，他们也都是没有"茶脉"的人，是没有来龙去脉的人。

问：小说以吴觉农的出场为引子，体现了民族危亡中的士大夫形象。您如何看待吴觉农这个人物，他是不是理想的中国茶人的形象？

王旭烽：《望江南》中"序"里的吴觉农先生带着弟子张堂恒买下房子后，日本住家还没搬走，他们就铺张席子住进了他们家客堂；又比如小说第一章是写陈布雷死后就葬在杭州五云山茶园中。这些过程都是真实的，但又包含着强烈的文学性。吴觉农先生不是一个传统意义上的自然科学家，他去日本留学时，改名吴觉农，已经决定把自己的一生和中国农民的命运结合在一起。他一直在跨自然科学与人文科学进行茶业活动。早年从事过出版业，做过妇女解放运动的宣传家。我工作过的中国茶叶博物馆，就是在他90岁生日时由他倡议建立的。在中华茶界，陆羽是古代"茶圣"，吴觉农是"当代茶圣"，代表着民国一代以来最优秀的中国知识分子。我曾经专门为他写过一部传记《茶者圣》，如今能在小说中再次体现他，自感非常必要。

问：这部作品可见您对茶文化研究得透彻，关于制茶、采茶、泡茶等细节描写非常细腻，引经据典颇多，涉及茶的历史、故事传说等等，非常舒展。这部小说时代背景发生在20世纪40年代到60年代之间，20年间中国经历了战火纷飞、政权交替以及社会制度的变革。如何处理这些时代背景，对您来说有难度吗？

王旭烽：1949年之前的那段历史，反而比1949年后了解得多。当代史太近，不容易写好。但又不应该绕过或淡化甚至曲解。茶叶从人民政府建立后，就建立了全中国第一个国营企业公司，吴觉农任总经理。以后又经历了诸多风雨。不能绕过但可以超越。所以我每一个环节都写到了，但基调还是"望江南"式，且将新火试新茶。这17年的茶行业，总体是前进的，为我们民族的复兴在添砖加瓦的，同时也走了弯路，就是这么个事实。有难度，但也要表达出来。

问：小说对话较多，融入了一些杭州方言，如婉罗姆妈常说的"不搭界""安耽歇落""贼骨头""哭竹猫儿"等，富有生活气息，突出了地方特色。您如何看待方言在作品中的运用？

王旭烽：我一直以为，中国书面语言虽然是以一种方言为轴心而演化的，但总体说，是从各民族的方言中诞生、建设和完善的，故西汉扬雄就专门写过《方言》书，那时出现的"采风"，就包括中央政府派往各地收集方言，集中后再进入雅言的使命。经过千百年来的锤炼，文言文已进入炉火纯青的境界，而现代白话文还只有百把年的经历，故还在成长之中。我从小在杭州大院长大，一直以普通话作为生活用语，直到年轻时在拱宸桥最底层的工厂工作，从工友处学到了正宗标准的杭州话语。以此为参照，逐渐了解了杭州方言集北国与吴越方言的杂交优势，比较后深感兴趣，并一直在文本中探讨这种杭州方言加入普通话语系，使之超出地域进入国语层面建设的可能。至于写作过程中的使用，我掌握一个原则，就是当所用方言不须专门解释就能用书面语言传递出来，使中国人一般都能意会。比如杭州人说"海威"，带有张扬、呈现有力等意思，但用"海威"，即使从前没听过此词的人也会理解；又比如"一世八界""炸了王天"，这些词语，书面意思和方言意思是统一的。汉语白话文还在创新完善过程中，杭州话将为此做出自己特有的贡献。

问：叶子、杭寄草、杭盼的爱情在时代背景下都有些悲剧色彩，您如何看待笔下的女性角色？

王旭烽：总体而言，东方女性在数千年传统社会中，经历的不是男女平等的生活，这是小说的文化大背景。但相对而言，两浙沿海地区，人们又有特殊地理环境的熏陶，有着走向广阔世界的更大可能性。浙江码头多，集市多，商人多，女性较内地人稍多了一点点精神生活。另外，我在小说中暗自对男性作出这样一条底线：越尊重女性的男性，越像茶人。因为古代茶的特质中，有一条十分关键：不移，移即亡。古代的茶树不能迁栽，不能移，只能种子下地成长。所以订婚又叫下茶，以茶比喻爱情和婚姻的忠贞。这些女性的悲剧，带着自觉和自由，有着独立人格的魅力，温柔而有韧性，是我最欣赏的江南女性。

就文字而言，王旭烽可能是写杭州最多的人之一。因为杭州是写不尽的，她是一个整理思想的地方，创造美的天堂，王旭烽希望能够终身表达

问：书中还写到了日本茶道、苏联在格鲁吉亚的茶园以及东南亚的锡制茶器，甚至写到了美国人喜爱冰茶……不论国民党还是共产党，杭家人还是他们的老对头吴家人，不论中国人还是日本人、苏联人、美国人、南洋人，茶文化在巨大的差异之中始终有一些本质的联系。小说中融入对茶文化的理解，中国作家中您是最有发言权，也是最适合的。您如何看待茶文化？

王旭烽：中国是茶的故乡，它青枝绿叶走天涯，在世界各地生根发芽。有的国家并不产茶，但茶成为国饮，成为工业革命的润滑剂，比如英国；有的国家种茶历史很短，比如土耳其，1929 年才开始真正种茶，但现在是全世界喝茶排名第一。我国排名第 19，听说现在排名第 7 了，那也还是打脸。有的国家茶文化连根开始就是从中国搬过去的，比如日本，现在全世界爱茶人多学习日本茶道。有的国家开始死活不要中国人的茶，只要貂皮，比如俄罗斯，现在全民喝茶，为茶专门设计茶炊。有的国家建立就和茶有关，比如美国独立，波士顿倾茶，但现在冰茶鸡尾茶就诞生在这个国度。茶是中国人的国饮，也是世界上质量最为优秀的健康饮料，更是 21 世纪全球饮料，全人类的和平饮料。每天我们都可以问我们自己一次：今天您喝茶了吗？

问：小说有一个细节，专门写到杭州的茶树花，是属于被世人遗忘的花。但杭嘉和却坚持制造品尝茶树花，茶树花有何特别的寓意？您如何看待茶人精神？

王旭烽：我们杭州人明代的高濂写了部养生专著《遵生八笺》，专门讲了冬日茶事杭州茶花，说：两山种茶颇蕃，仲冬花发，若月笼万树，每每入山寻茶胜处，对花默共色笑，忽生一种幽香，深可人意。且花白若剪云绡，心黄俨抱檀屑，归折数枝，插觚为供，枝梢苞萼，颗颗俱开，足可一月清玩。

我想这就是杭嘉和坚持和继承的茶脉——中国文人对日常生活的艺术化表达吧。因为在温饱之中的生活艺术化，是人性中精神层面的日常呈现，具备了人类精神生活的永恒性。所谓茶人精神，应该就是这样一种"对和平的日常生活"的坚守和体验吧。

问：无论是《茶人三部曲》还是《望江南》，您的作品具有史诗的品格。能否谈谈您对于"史"的追求？是无意识的吗？

王旭烽：年轻时我曾经有过一个秘愿，要写下一个纸上的杭州。至于杭州的民俗历史等场景，更是我希望传递的内容。杭州作为故都，中国文化符号的重要承载之地，南宋文化 100 多年的遗风，至今还保留在杭州的大街小巷湖光山色之中，它迷人精巧深邃悲怆喜悦，有时不免颓唐，瞬间又载欣载奔，朦胧中些许暧昧，情在将许未许之间，隔空传恨，清谷听音，刹那又电闪雷鸣，慷慨悲歌，这些人类精神的珍珠，镶嵌在历史的迷径中，远远尚有着显现、深挖、诠释和提升的空间。我这样生活着，也想这样书写。

算起来，就文字而言，我可能是写杭州最多的人之一。因为杭州是写不尽的，她是一个整理思想的地方，创造美的天堂，容我终身表达。

问： 小说讲述的是杭氏家族的故事，但它展现的是中国人的生活方式，传达的是中国人特有的品格和理念。您希望《望江南》达到怎样的效果？现在看完成度如何？

王旭烽： 我想表达，这个世界上，有一个文化族群，叫"茶人"，他们爱喝茶，更爱茶的精神和它表达出来的茶之形态。人们往往赋予茶许多品质，但在我看来，所谓茶道，就是有关茶的人文精神和相应的规则范畴。而它的核心，正是"茶圣"陆羽给我们写下的"精行俭德"。因为茶尽全力克制人类的劣根性，它不放纵，不粗鲁，不低级趣味，充沛着人性。我希望我每一本关于茶的书，都能够真善美，但我不知道完成度怎么样。其实我又写作又教学，太忙了，甚至没有时间回头看看，自己到底种了几亩茶园。您的提问或许会让我坐下来回头品品呢。

池莉：从未停止过对写作高度与深度的探索

  池莉，作家，现任武汉市文联主席，连任五届中国作协主席团委员，连任四届全国人大代表。20世纪80年代始发文学作品，80年代末90年代初的"人生三部曲"《烦恼人生》《不谈爱情》《太阳出世》，发轫中国新写实小说并成为该流派代表作品。近年新作有长篇小说《大树小虫》，诗歌集《池莉诗集·69》，散文集《从容穿过喧嚣》《和女儿一起长大》。历年来获各种文学奖80余项，作品有法、英、西、日、德、韩、泰、越等多国语言的翻译出版，《来来往往》《小姐你早》《你以为你是谁》《生活秀》《云破处》等多部小说改编为影视以及戏剧。

┃采访手记┃

文学是为心灵筑巢，池莉的写作，就是想让自己的精神世界和读者的精神世界找到一个藏身并可以倾诉的地方。

她的文字，透射出一种原始的美丽，那就是生命的真诚。《烦恼人生》《不谈爱情》《太阳出世》"三部曲"作为"新写实主义"的代表之作，曾是20世纪80年代女性写作的明显标识。池莉对平凡人生的持续书写，自觉或不自觉地参与并见证了芸芸众生的所有生命特征和情怀。早在《预谋杀人》《你是一条河》中，池莉以"沔水镇的故事"描写凡人庸众日常生活间的本世纪激变的历史风云。更早之前，这个生机勃勃的小镇已出现在池莉的早期作品《月儿好》之中。这以后，是土地革命时代的故事《凝眸》、近代传奇《青奴》。"沔水镇是我的一个载体。每当我对历史有所想法有所感悟时，沔水镇那些历史人物便走入我的笔端。我写出这些人物的故事来，他们虽是活动在江汉平原，却是中国人的缩影，全人类的缩影也许我的笔力达不到这一步，但主观愿望挺宏伟的。"

池莉曾在自己的追忆中确认自己与新中国历史的特定的血肉的联系，因之而将自己称为一个"新孩子"，她不断地体味、咀嚼着孤独与放逐，自觉地参与历史重写与虚构。无论是"江汉平原上一个商业古镇"，新写实主义代表作《烦恼人生》，还是富有市场号召力的《来来往往》《生活秀》等等，池莉都客观、尖锐、毫不留情地剥去所有的大话，拂去遮蔽在我们真实生活上的泡沫，又怀着悲悯与善意的提醒，揭示生活的沉重及凄美。她说，对文学有真正的热爱，对人世有真正的爱惜，对自己有真正的珍视，一旦这三种理智与情感兼具，你就会发现自己格外清醒。

写人民中间那些个体人物的人性、写他们不可言说的内心深处、写他们特别隐秘的生命热望或者生命冷漠或者生命方式，是池莉的写作从一而终的宗旨。同时她也一直在追求表达方式的善变。比如《烦恼人生》的结构和语言就与《请柳师娘》完全不同，《一夜盛开如玫瑰》和《冷也好热也好活着就好》截然两样，《你是一条河》与《她的城》也是不同的风貌。40 万字的长篇小说《大树小虫》更是对传统长篇小说结构和语言的全面颠覆，以颇有勇气的探索尝试了多声部叙述视角，打破既定语法，尽可能精简虚字虚词，由动词为主导的活力感与代入感更有力量，而且不但结构不对称，表述方式也打破了常规。完成后通读，这是一种崭新的阅读体验，不冗长，无水分，不拖沓。她对于时代的把握如此准确，笔下人物个性鲜明生动，所涉及的市井人情缭绕着烟火气。

"所有山峰 / 都是我的亲戚 / 我潜伏在小草根部 / 认真成长 / 每天我都吞食泥土 / 那是因为没有其他方式走近你……我坐在云端深处 / 成为最接近天使的物质。"这首《坐在云端深处》，或可看作池莉走向大地的生命状态的写真。

诗歌在她的写作和生活中占据相当重要的位置。十六七岁的时候，池莉就开始写诗。时至今日，写诗仍是她的常态。"我相信自己的生命性质如同我的故乡和命运，先于我的存在而存在，早就隐藏在文字里。而我对于他的认识与服从，也一如认同我的故乡和命运。面善得无法陌生，亦无法选择。"池莉就是这样在理解生命，每一次裂变都可以发生巨大的能量转换，否定和与变化越多，越能感觉到自己生命的本质生机勃发。她在不断的裂变中顽强地成长，悄然呈现了女性写作的轨迹；她以柔弱而决绝的背弃者的身份，在不期然间记录了一个变迁的时代与变迁中的语语。

对池莉来说，文学上的引路人，应该是古今中外所有她阅读过的作家作品和哲学、自然科学以及旁门左道杂书，还有大自然与现实生活本身

问：您的阅读是从什么时候开始的？有什么选择标准？

池莉：阅读从小开始。最初逮住什么书读什么书，读多了就知道自己的喜欢了。标准就是读己所喜吧。阅读也没有太具体的计划。现在对于我来说，阅读就是吃饭，就是每天生活的必需。这十几年也不看电视了，基本都是看书。

问：您如何看待读书与写作的关系？

池莉：广泛阅读非常重要，它是作家认识无限世界保持准确自我定位的坐标，否则你在什么位置以什么角色发出写作视线和笔力呢？

问：您有枕边书吗？床头柜上一般会放什么书？

池莉：好书。我自己的好书。目录没法列出来，太长，也太有变数。这些书就像四季一样会不断更新。当然也有10年都在的，例如，以赛亚·伯林的书以及关于他的书，传记呀谈话录呀等等。再例如，一本只有23页的超薄绘本《爷爷的天使》，作者是尤塔·鲍尔，德国绘本师。《爷爷的天使》已经翻坏一本了，后来又买了两本，以备再次翻坏。

问：您最理想的阅读体验是怎样的？

池莉：被激活，被兴奋，被开脑洞，被安静。

"书就是用来重温的，新不如旧，重温是一种积淀式的成熟过程，美是有厚度的，厚度是要靠重温的"

问：您常常重温读过的书吗？反复重读的书有哪些？

池莉：重温那就太多了。以赛亚·伯林的书，《爷爷的天使》一类的书，就是家常便饭了，属于日常营养，不得断食的，吃了还得吃。还有胡里奥·科塔萨尔、赫拉巴尔、爱丽丝·门罗，还有一堆诗人：佩索阿、莱姆、里尔克、辛波斯卡、玛丽·奥利弗，都会重温。还有台湾诗人夏宇，她的那份叛逆，每个字都拽，特带劲，以及写诗使用的繁体中文字，坚实有力丰厚饱满，喜欢经常看看，还经常让我生出一些寒碜与羞怯，感觉自己写简中字，跟衣服穿少了似的。我认为书就是用来重温的，新不如旧，重温是一种积淀式的成熟过程，美是有厚度的，厚度是要靠重温的。

问：在写作过程中，是否不断要从书中寻求帮助？

池莉："帮助"不准确，但我一时找不到合适的词。试试这么想象一下吧：你的壁纸？你井底之蛙的那个井的内壁？你的沿途风景？你徒步中的旅伴？说不好。是写作的生态环境吧？总之你的写作过程不可能完全不存在别的书，也不可能直接依靠别的书——除非抄袭。

问：在创作小说过程中最享受的是什么，最困难的呢？

池莉：最困难的是文字不够用。精准表达需要精细材料，越写越觉得找不到你想要的那种精细材料了。最享受的是你陷入写作状态的那种状态：独自一人，书桌前，静静写作——这感觉非常好。

池莉经常网购书籍，如果说网络是海洋，她觉得自己更像渔民，享受坐在岸边把网来的图书分类甄别

问：什么书是您一直想读却还没开始的？

池莉：有这么一本书，书名是：《所谓好玩的事，我再也不做了》。作者是大卫·福斯特.华莱士，美国作家。先是在杂志上读到他的《说说龙虾》，就开始留意他，然后他新书出版就买了，大约在2017年或2018年吧。书就放在书架最重要的那一排，多次经过，多次停留，多次伸出手指，轻轻抚摸，可就是无法取出阅读。我一直不能够接受他的自杀。一个1962年出生的人，2008年就离世了，才46岁，才华横溢，这可正是生命闪闪发光的黄金时段。我不忍直视，直到今天，不敢触碰。

问：您现在还买书吗？

池莉：现在当然还买。现在买得更多了。什么书都买，只要喜欢。当然在网上买。现在网购书籍的方式对我特别合适，我把网络当作海洋，把自己当作渔民，一网打起来，我就坐在岸边，挑选分类甄别，当场料理好。前面说过，网购书快递来了，我就坐在门口分拣，糟糕的书，都是直接当垃圾扔掉，好书才拿回家。

问：如果您有机会见到一位作家，在世的或已故的，您想见到谁？

池莉：我想见到曹雪芹。我想知道他写作《红楼梦》当时的言禁，苦到什么程度，以至于大厚本的故事竟然都是"满纸荒唐言，一把辛酸泪"？

问：如果您可以带三本书到无人岛，您会选哪三本？

池莉：这个梗既有趣又无聊还反复被人出题考别人，好吧，我选择不带任何书：既然是无人岛，想必再也无须用文字交流了吧。

问：假设策划一场宴会，可以邀请在世或已故作家出席，您会邀请谁？

池莉：我会广撒英雄帖，愿意来的都欢迎。

问：如果您可以成为任意文学作品中的主角，您想变成谁？

池莉：我就变《金瓶梅》的西门庆吧，哈哈哈。

池莉认为医学与文学有着非同寻常的血缘关系。她十分庆幸自己在成为专业作家之前能够学医

问：您最初的理想是什么？走上文坛的经过顺利吗？

池莉：3 岁的理想就是写作，30 岁的理想还是写作，一辈子就这么一个理想。我希望自己通过写作，变成最接近天使的物质。

我生活中条条道都不顺，唯有写作除外。写作特别顺，自学医开始发表作品，至今无一字退稿无一篇压稿，永远都在被约稿被催稿，几乎所有中短篇都是头题发表并获得纷纷转载，长篇小说发行量可以达到 20 万册以上，80 多项文学奖都给了我不小的惊喜，一部小说《生活秀》的虚构无意中创造了一个全国性的"鸭颈"食品产业，让许多人致富或者有饭吃，这是获多少奖都比不上的欢喜欣慰。像我这样一个性格孤僻、不善社交的人，我觉得冥冥之中确有神佑。

问：30 多年的文学创作历程，您走过了怎样一条心路历程？

池莉：以前还真没有梳理过，前年整理出版《池莉经典文集》，有了一个简单梳理，大约有三个时期。第一时期：28 岁前后，是青而不涩的时期，充满青春激情充满成名渴望满目都是现实生活的真相，并努力撕裂宏大话语启用新的真实细致的文字进行写作。第二个时期：30—45 岁前后，是熟而不透的时期，不断怀疑，猜测，颠覆，学习，重构；对自己，对生活，对社会，对历史，对世界。第三个时期：45 岁至今，是透而不达的时期，在 45 岁那年，我断然确立一种远离文坛喧嚣的个人生活方式，更多地切入其他各阶层生活，更大地扩展阅读面、阅读量和思考范围，终于获得拨开层层迷雾之感；不过，还远不够通达，还是较真的和激愤的。从《池莉经典文集》中，可以清楚地看到这条脉络。

问：为什么会有从医到从文的转变？根据从医经历，您创作了小说《霍乱之乱》，此后有没有相关的作品？这段经历对您的创作有何影响吗？

池莉：我自幼热爱方块字，19岁时候的学医是被动选择。当年我们知青最热门的是回城当工人，我是"黑五类"子女，热门轮不到我，一般普通专科学校的招生就轮到我了。我母亲和外祖父都行医，从医对于我来说就是很熟悉很自然的选择。但是学习3年又工作3年以后，形势改变，作家这个职业又恢复了，我自幼的理想重新燃烧，因此弃医从文，再次报考武汉大学中文系汉语言文学专业，为当作家做准备了。

我以为医学与文学有着非同寻常的血缘关系。我十分庆幸自己在成为专业作家之前能够学医。除了《霍乱之乱》我其实还有不止一部作品与从医有关，学医这段经历对我一生的写作以及认识人性与生活本相，影响巨大到难以估价。

问：作为一个有过医学经历的作家，您和您的作品一样兼具理性敏锐与充满智慧的热情。哪怕是疫情最严重的时期，也保持着客观冷静的心态，时时现身说法，以医生的身份冷静地告诉大家应该怎么做。

池莉：我做过3年流行病防治医生，清楚地知道传染病对人类生命的吞噬是何等迅猛，何等地让人猝不及防。流行病防治的基本以及根本要义是"四早"，尤其是"早隔离"，对于阻断烈性传染病至关重要，只有最大可能地进行严格阻断，病毒才有可能失去传播链条，直至失活。

我希望最大限度地传递着善意和温暖，传递战胜疫病的信心与希望。病毒已让世界充满了恶，作为人，当以善来抵抗。该是检视自己的时候了。该是抑恶扬善的时候了。每一个人，你做好了自己吗？

总之我在努力地做。传染病已经超出了我们对传染和病的理解。生活已经超出了我们的生活经验。世界也已经超出了我们的世界观……如果说 60 多天好难过，最难过的在心里。

隔离的日子，焦虑和急躁在人们心里蔓延，需要对付更多敌人，包括在自己心里逐渐扩大的阴影。因此我们能做一件事情，就做一件事；能帮一个人，就帮一个人，底线是我们首先做好自己。这个时刻，真正到了我为人人、人人为我的时刻，我们得靠每个人点点滴滴的力量汇聚成人类的强大意志，把我们的生命夺回来！

在池莉的诸多作品中，《所以》并没有得到文学界足够的重视。我却在《所以》中读出太多的忧伤、悲凉和不屈的抗争

问：读过您若干作品，《所以》写得别有味道。阅读的过程中我也成了主人公叶紫，跟着她一起开心，一起刻薄，一起掉眼泪。善良单纯的叶紫在这样一个复杂多变的社会，如何健康不被伤害地生存下去？这不仅仅是她母亲所担忧的，也是每一个读者所牵挂的。这是不是也反映了您的一种担忧？

池莉：我不仅仅担忧《所以》中的叶紫。面对我们的历史和现状，我为中国女性深深担忧。中国女性总是这么单纯和轻信，总是这么感性和认真，太容易受到伤害了。

问：所幸叶紫始终还是乐观向上的，她一再地受欺骗、受打击，可她充满自信、不服输、不服老，坚持要为儿子营造一个阳光的世界，堪称完美的女人，可是为什么却在这个世界找不到真爱？为什么选择了这样一个无奈的、无解的话题？

池莉：这不是一个话题，而是一个主题。女性永远都在寻找真爱，而真爱实在过于稀少，这是生活本身存在的沉重主题。这个主

题的永恒性与无解性，注定了它的辛酸和凄美。文学正是这种辛酸与凄美的不断吟唱，我喜欢这种吟唱。

问：您写的是寻常百姓的凡俗生活，但是却隐含着大悲悯。您如何看待不同时代的女性？写叶紫时，您表达了女性"总是这么单纯和轻信，总是这么感性和认真，太容易受到损害"的看法，那么，今天的女性，又会是怎样的情形？

池莉：今天的女性，还就是《所以》里头的叶紫。我的《所以》，写的是整个时代女性。中国女性从 1949 年以后至今，都是单纯和轻信的，感性和认真的，太容易受伤的。并且这种特质形成得更早，几乎可以说中国社会发展史，就是一部女性被轻蔑史。

问：在语言处理上，虽然有很多注释，但没有感到障碍，相反正是这些括号，及时准确地体现出叶紫的所思所想，更丰满了叶紫的人物形象。这种写法不同于您以往的作品，是有意这样处理的吗？

池莉：你阅读了括号，我很高兴。在这部小说里，我最大胆的创意和实践就是启用括号。我把括号的意义扩大了，它已经不仅是注释，而是心理旁白，是感情冲动，是无法说出口的语言和行动，是记忆的瞬间点燃，是意识的超时空对流，是冒犯，是发泄。

过去，我最不喜欢阅读当中遇到括号。这一次把括号当作文字使用，我几乎都爱上了符号。自己都特别爱读，一读括号，人物就特活，仿佛就站在眼前了，符号完全可以是文字。我当然是有意这么处理的。事实上现在的信息很多都是用符号传递的。我这么使用之后，小说里平面叙述的字数，有效地减少了一半。当然，减少字数也许减少了稿费收入，也许减少了被人认为是史诗性大部头的可能性，但我不在乎这些。

问：作品中反映出的各种问题，奶粉问题、"二奶"问题、噪音问题、重复建设问题、网恋问题、网络时代带来的家庭矛盾甚至敲诈勒索等若干问题……是否为您一向关注的问题？

池莉：我用《所以》作为眼睛，缓缓扫视中国几十年的社会生活状态，包括中国的公私合营时期。我个人洞悉这部历史，现在已经没有多少困扰。但许多人还是困扰的，还有许多人是无知的，尤其是更年轻的人。《所以》表现的是大多数人的困扰。

问：《所以》不仅反映了时代变迁，而且还表现了若干角色不同的女性缩影，每个读者大概都能从中或多或少地找到自己的影子。题为"所以"，想知道你为什么将作品主题归结于这两个字？

池莉：小说中若干女性的影子当然是读者的影子。时代给予我们的东西太芜杂，太混乱，太虚浮了。中国城市的飞快发展，在带来了丰厚物质和泡沫信息的同时，也带走了许多优美隽永的东西，这是令人非常忧伤的。因为有这样一些因为的存在，于是就发生了所以。所以是一种果不其然。所以是一种万般无奈。

在自己的作品被影视改编最热闹的时候，池莉选择了独自背着行囊行走，去接近、了解不同的人群，学习、思考和修正自己

问：亲眼见证自己的作品被拍成影视是什么感觉？影视作品中有什么出乎您意料的重大改动吗？

池莉：亲眼见证自己的作品被拍成影视的感觉就是魔幻。你常常会目瞪口呆。我那些被影视戏剧改编的小说，每一部都有出乎意料的重大改动。不过我认为，改编就是改动，再重大也不意外，作为原著没什么可说的，要么事先你可以拒绝授权，不给改编。视觉作品与文字作品原本就是两类不同的审美。

问：您觉得自己的作品改编成影视剧，是在情节上占了优势吗？

池莉：我真不知道我小说的情节是否占有优势，我只知道现实生活情节的叹为观止常常挑战着我的想象力。影视人缘何热衷改编我的小说，这个你应该采访他们。由于是我的小说在前，改编在后，由于我根本不知道什么小说合适改编，由于我从来不参与改编，由于改编对我从无诱惑，因此我该怎么写就怎么写，一贯如此。

问：在《生活秀》等作品被改编成各种影视剧，最火的时候，您的生活发生了怎样的变化？为什么会如此冷静地选择了类似世外桃源的生活？

池莉：《生活秀》的确给我带来了巨大的热闹，头题发表，头题转载，频频获奖，评论不断，改编电影，电影获得多项国际电影节大奖；改编电视剧，电视剧收视率不俗；又人艺改编话剧，又京剧团改编京剧；还有吉庆街迅速崛起一个鸭脖子食品产业，一时间全中国到处都是武汉原味鸭颈：久久、精武、来双扬，都是我小说取的名字。那两年，我成为空中飞人，到处出差，飞来飞去地签约、领奖、采访、讲座、饭局，许多其他行业也纷纷找上门来，五花八门的邀约不断。但是，我天生就不善于应酬，也不乐于应酬，热闹中我是身不由己，其实一直知道这些都是身外之物，更一直都懊恼自己个人的时间完全被占，静心写作也被破坏。忽然有一天，我觉得好累好累，就不管三七二十一地大睡一次懒觉，醒来之后，异常清醒地认识到，热闹中的我已经忙碌焦躁得狼狈不堪了！够了！我应该懂得选择生活方式了！于是很快我决定：搬家，重建，种菜，步行，阅读，写作，听音乐，看影碟，少应酬，躲媒体，远离文坛，同时尽力扩展对文坛之外丰富世界的了解与感知，无限接近、了解和理解各阶层人群，再用我的文学，慢慢写出来。我要成为一个健康洁净、从容精致的人，成为一个有能力感受与领悟世界上所有美好事物的人，成为一个善于思考，善于客观，善于理性与善于感性的人。至于是否能够做到？能够做到多少？那都没有关系，关键的是：我必须开始做。

我觉得我的选择与"世外桃源"无关，我以为我这才是真正地入世了，在大社会的背景下，文坛圈子才有多大？

《来吧孩子》是一部字里行间洋溢着浓情蜜意的亲子书，写出了母亲们心中所有隐秘的情感

问：关于与女儿一起的成长与相处，您曾写过《怎么爱你也不够》《来吧孩子》——愿意谈谈女儿吗？

池莉：女儿给我这个不懂事的女人，带来了一步一步的成熟和进步。长大后她成了我真正的闺蜜。是女儿给了我一个家，因为有这么一个女儿，我的家庭是快乐的、开心的、有趣的，我为有这么一个女儿而自豪！

我们几乎没有矛盾。比如她3岁那年，大年初一的清早，穿着我给她缝制的花衣服跑出去，又惊喜地跑回来，告诉我："妈妈，外面下红雪了！"我纠正说："那是鞭炮。"她肯定地说："哦，我知道了，鞭炮就是红雪。"我乐得哈哈大笑。这就是我们母女的"矛盾"。到现在，我还管鞭炮叫红雪呢。

问：《来吧孩子》中表达了作为母亲无私无悔倾情奉献的心愿。我想普天下的母亲，不论她贫穷还是富有，不论她善于言说还是保持沉默，对于儿女，大多是这样的心情。大概任何读者拿起这本书都会有不同的收获：同样作为母亲的读者当然会感同身受，父亲们也会理解母亲的艰难与隐忍，而孩子们会感受到母爱不可想象的伟大。您和女儿亦池都是幸福的，我想知道她看了是什么感觉？

池莉：《来吧孩子》写作之前包括照片的选择，都是和亦池商量

的。书出版以后亦池一口气看完，很喜欢，唤起很多童年回忆，我们聊得呵呵大笑。她谦虚地说是不是把她写得太好了？而我告诉她我很克制，生怕母亲过分夸孩子让人不舒服，因此还有许多优点没有夸呢。

问：当她知道您偷看了她的日记，什么反应，会不会有些恼火？

池莉：亦池没有恼火。因为她的抽屉和日记都不上锁。她说，如果你们想看，那就看呗。我们家成员之间都有一个基本生活习惯，那就是不经过允许不涉足他人私人领域，提倡互相尊重。所以偷看孩子的日记主要是我自己不好意思，觉得自己不够君子。

问：我特别佩服您的勇气，在当前的教育环境中能坚定不移地实施另一种"素质教育"，这需要多大的定力啊！我能理解您对于孩子的爱，以及希望她快乐的心理，可是落实到教育上我还是觉得很冒险。您能否给我们总结一下，能赢得这场较量靠的是什么？是什么力量支撑着您一直坚持下来？

池莉：其实还是中国优秀的传统教育观念在支撑我，三百六十行行行出状元。不管孩子做什么只要做得出色都是最好的。根本没有必要让孩子去与千军万马挤独木桥。我想这一点在书里面写得更透彻。

所经历的苦难都成为池莉宝贵的写作资源。她不想仅仅为疼痛呻吟，而是为疼痛的必然性立传

问：一直在写武汉，您如何看待这座城市和自己作品的关系？您觉得自己创作的作品，内在流淌的"精神血脉"是什么？

池莉：我已经在散文里说过，我与武汉的关系，是狗与狗窝的关系。也许我经常跑出去，无论跑多远，我都要回来；回来嗅嗅，是无比熟悉的气味，在窝里扒拉扒拉，很快就香甜入睡，连睡梦都允满写作激情。

如果说我的文字中有一股血脉流淌，我以为那只能是长江或者无数湖泽。

问： 20世纪50年代出生的作家，很多是将农村的苦难经历作为自己的创作资源的宝库。但是看您的插队生活，埋头吃苦、无怨无悔的样子。是性格的原因，使您和其他作家有所区别吗？

池莉： 这一点我也一样，我所经历的苦难都是我宝贵的写作资源。不同只是怎么写，我不想仅仅为疼痛呻吟，我想为疼痛的必然性立传。

问： 对一个作家，尤其是成名的大作家而言，如何在既有的创作成绩上，获得对自我的超越是一个最为重要的问题。您是如何突破已有的成绩、获得自我的超越和心灵的提升的？是否有一个源源不断的精神源头？

池莉： 对文学真正的热爱，对人世真正的爱惜，对自己真正的珍视，一旦这三种理智与情感兼具，您就会发现自己格外清醒，这就是高贵灵魂的源头。

问： 很多与你同时期的知名作家，创作出有非常影响的作品，但是后来逐渐放弃，您如何看待这一现象？持久写作需要具备哪些条件？怎样才能保持写作的持久性？

池莉： 人与写作，该持久就会持久，该放弃就会放弃，根本无须人为保持，这就像一桩失去爱情的婚姻，刻意维持是没有意义的，离婚了说不定找到更合适的。

问： 中国为什么没有大作家？大时代呼唤大作品，您认为怎样的作品具有大作品的品相？

池莉： 仅说中国没有大作家是不够准确的，应该分历史阶段来评判。是 30 年来没有？还是 60 年来没有？还是 80 年或者 100 年来没有？如果说当下没有，那是有太多历史、政治、社会以及人文因素的，大约不仅仅只是作家单个的原因。再说并不是每个时代都呼唤大作品，有许多时代只需要这个时代自己想要的作品。

问：您个人有什么创作理想？

池莉：一个族群，不管你的文化是多么个性和独特，内核中都应该具有人类共同生命情怀和人类进化以来的普世价值观，如果缺乏，当然无法唤起文学审美。说到这里，我想也已经表达了我的写作理想。

池莉总结自己的创作是"一条小路曲曲弯弯细又长，一直通向心灵的远方"。路过的风景多了，经历的风雨多了，人就渐渐长大了

问：《大树小虫》小说里的所有人，都有各自不同的苦恼和困惑。在这个时代洪流中，他们貌似成功人士，可是他们有各自的精神困境。每个家庭都有暗礁，每段婚姻都有波折。看完不禁让人思考，当代人的精神困境，真的是到了无法解决的境地吗？

池莉："不禁让人思考"——这一点非常可贵！能够激起读者思考，是我写《大树小虫》的痴心妄想之一，同时我也认为这是好小说的质地之一，至于当代人的精神困境是否到了无法解决的境地，则不是《大树小虫》所考虑的。

问：描写这些"小虫"在大树（大时代）爬过的痕迹，您是怎样的心态？

池莉：平静又不平静的心态。有我又无我的心态。

问：您在写作中触及了当下社会的种种弊端，小说对于传统伦理、道德底线、自我价值缺失等问题都有剖析，而且包含了丰富的知识和信息。比如俞思语钟鑫涛的婚姻看上去是幸福的，但是他们在环境污染等一系列社会问题的影响下，政策放开了，却无法如愿生二胎。这其实是当下很普遍的一个问题。这种关注现实、和现实保持密切的紧张对抗的关系，也恰恰是您几十年的写作中一以贯之的。但是这又是中国作家普遍面临的难题，所以很多人选择写历史、写散文。在现实主义题材的书写中，您觉得有难度吗？

池莉：我以为写现实的难度最高。社会高速发展着，社会关系高度混乱着，社会知识越来越丰富的同时也越来越充满伪知识。作家得进入沼泽，再蹚出沼泽，定睛回眸细思量，才能够进行文学写作。否则细节就会大量露馅，情节就会与新闻故事雷同，很容易变成无效写作。

问：小说中的女人，甚至不同家庭的三代女人都有为了爱情的勇敢表现，跳楼者有，离家出走者有，未婚先孕者有，但是她们最终发现，爱情是很难维持一生的。婚姻最后只留下了形式。对于爱情，您是怎么看的？

池莉：早年我就写过小说，书名是《不谈爱情》。这个否定性书名其实就已经是我对爱情的看法。爱情肯定是生物体内的一种化学物质。化学物质肯定是逃不出衰变过程的。爱情是化学，而婚姻是物理。婚姻是一种生活结构。本质上就没有可统一性。只是说，当年我还不那么残忍，不忍心残忍，有时候会笔下留情，赞美赞美爱情，安慰安慰女性读者，因为女性往往甘当爱情守望者。但是，写到《大树小虫》了，也到了写真相的年纪了。

问：可否谈谈《大树小虫》在整体写作上的构思？小说的结构看上去并未保持前后一致，是您有意为之？第一章的结构以人名命名，算不上是新鲜的形式。让我好奇的是在第二章的线性描写中，写主人公从备孕到最终失败的经历，题目如此重复，您觉得对作品来说是一种有益的尝试吗？

池莉：《大树小虫》的结构，我当然是刻意的。一般 40 万字以上的长篇，弱点往往就是后半部分中气不足，篇幅上会产生累赘感。读者明明都知道什么结局了，作家还在故弄玄虚搞文学描写、风景描写、揣着明白装糊涂的人物心理描写。我决定避开这个弯道。我的《大树小虫》后半部分，开始线性奔跑，仿佛高速列车。紧张，意外，由大量动态细节构成明快又悬疑的心理节奏，最后结局出乎意料：生殖焦虑。人类最严重的焦虑，在结局的时刻凸显出来，小说到此戛然而止。

至于这样写长篇，是否有益的尝试？我想意义更在于尝试本身，至少我的体会是这样。

在《大树小虫》的重点是一种全景式注视。池莉在写作中反思：在生活中我们真的是在进步，还是在倒退或者是在迂回？

问：小说中有两个着墨不多的人物，一是彭大厨子，一是俞非洲，前者对于美食的追求，以及后者对于鸟的研究，都令人心生敬意。这两个人物，在您的小说中起到怎样的作用？

池莉：如果说我们作为人类，生活再糟糕，也还是得相信人类。那么彭厨子和俞非洲，就是能够令我们保持相信的那种人。

问：格瑞丝是连接钟、俞两大家族的纽带似的人物，不但一手设计了男女主人公的婚姻，也和两家男主人有着隐秘的非同一般的交情。能谈谈您对这一人设的想法吗？

池莉：复杂的当代生活，产生了不同于传统生活的悲剧人物，远远不是潘金莲、秦香莲或者国外的麦克白夫人身上的悲剧性可以涵盖的，于是我就写了格瑞丝，我希望自己能够直面当代悲剧女性。

问：小说看完，觉得写得太真实了，看似一些不能理解的行为，其实在生活中也普遍存在。有一些传统观念其实现在也依然存在，比如重男轻女，比如钟家男主人的处女情结……总觉得您在这部作品中有太多对于现实社会的思考，一时竟无法整理清楚。多年来您深居简出，这些素材是如何得来的？

池莉：我的所谓"深居简出"，大约是对文学界而言吧。对于现实社会的思考与写作素材的获得，我其实就像薅羊毛那样，一直在勤奋地深入地薅。关于《大树小虫》的笔记，我都写了七八本。

问：每个人的特点以关键词的形式呈现在最开头，关键词之后是人物自己的故事。人物故事有彼此重叠与交织的地方，当然是这种不同的叙述视角不可避免的，为什么选择这几类人物，您是怎么考虑的？当重叠或交织时，您会觉得是小说创作应该避讳的吗？

池莉：小说比较容易单线条，塑造人物也好，强化主题也好。只要把小说与音乐一比较，就能够非常明显地看出这种区别。事实上，小说与音乐可以有相同的创作手法，就是主题音乐在每个乐段中的反复回旋，这种反复回旋并不是简单重复，是带着我们所熟悉历史感的新的展现，这样使得乐感大大丰满与升华。《大树小虫》的人物与事物，正是这样，不是由作者独自主观塑造，是由他们自己生活中的不同角色彼此塑造，貌似复调式的挖掘与补充，人物因此会更加复杂化立体化。

问：为什么您总在写作中强调"人物表情"？

池莉：我以为"人物表情"对于我们这个民族的性格来说，是内心独白的一种符号。一般我们能够说出口的话语，往往不是我们的真实内心。而表情，则是我们更为逼真的，无处逃遁的内心符号。

问："生活就是一棵巨大的树，我们人类都是小虫，在奋力地生活，奋力地爬行，但是也许从宏观上看我们爬行的轨迹真的是弯曲的，人们以为向上的时候实际上可能在向下。"借助量子理论来映照生活的复杂，以及这一复杂中恒定不变的东西，在您也是第一次吧？为什么会想到借助"量子理论"？

池莉：100多年来，从牛顿力学到爱因斯坦的相对论到量子力学以及薛定谔的猫，自然科学家的思想力与想象力突飞猛进，不由人不受到强烈震撼。显然，自然科学日益融会贯通到人文领域，它们一次次启发我，刷新我，开阔我和提携我，并且一直是这样。

"写作的缓慢也并不等于从容。关键还是在于一个作家是否长期浸润在文学之中，是否能够随着年月的增长有提高和进步"

问：10年间，您有不少作品发表，但是长篇是首次，提笔40万字，写作的过程顺利吗？多年来您的写作状态经过调整，又有随笔和诗歌练手，是否写作的感觉和10年前已大有不同？

池莉：10年来，我的确在不停写。除了小说，更用诗歌、散文进行写作感觉的探索和深度触碰。探索和触碰的感觉是越来越难写了。《大树小虫》修改了N遍，花了好些年工夫。这是我此前写小说从来没有的事情。

问：近10年间，您写了一批中篇小说、诗歌与散文。在《三联生活周刊》和上海《新民晚报》开专栏。还出版了《池莉经典文集》（9卷）。这些写作，对您的长篇的创作是有益的影响吗？

池莉：是的，有益。我说过我试图用诗歌、散文进行写作高度与深度的探索和触碰。

问：您觉得自己的语言有何特点？

池莉：让我自己说自己语言的特点，我距离太近无法对焦。只能说我一直在寻找和实践着属于我自己的小说语言，更符合汉字特有结构和含义以及韵律的语言，而翻译小说的西式腔调，因为我们长期和大量阅读翻译的外国文学，太容易受影响了。

问：您曾连续几届担任全国人大代表，又担任武汉市文联主席，这些职务对创作来说有何利弊？

池莉：当我把所有经历都当作写作积累时，我与社会的关系就没有矛盾了。所谓深入生活，无须刻意。我身上的种种职务，就是生活本身，只要恰当安排好时间就是了。不过我担任的文联主席这个职务有特点，行政工作比较少，上级同意我还是以写作为主业。人大代表这一职务对于我，是一份厚重的写作营养，连续四届二十年，我已经懂得了一个国家政府社会是怎样的形态与复杂性，所谓站得高看得远，我深深感谢这个职务的赐予。

问：关于作家的创作速度，您能谈谈自己的看法吗？

池莉：一般说来，从容的写作总比仓促的写作值得期待。但是，写作速度的快慢并不直接等于作品质量，写作的缓慢也并不等于从容。关键还是在于一个作家是否长期浸润在文学之中，是否能够随着年月的增长有提高和进步。

问：对您来说，写作最大的魅力是什么？

池莉：是一人一宇宙，独享空间够大。

问：您一贯秉持的文学理念是什么？

池莉：曾经我以为展现与揭示是客观生活的真相。现在我以为是打破所有文学理念的恣肆汪洋聪明智慧的文字运用。

铁凝：文学最终要向世界传达体贴之情

　　铁凝，1957年9月生，河北赵县人。1975年7月参加工作，1975年11月加入中国共产党。现任中共二十届中央委员、十四届全国人大常委会副委员长、中国文学艺术界联合会主席、中国作家协会主席。1975年开始发表文学作品，主要著作有长篇小说《玫瑰门》《大浴女》《笨花》，小说集、散文集50余种。2007年人民文学出版社出版9卷本《铁凝作品系列》。作品曾6次获包括鲁迅文学奖在内的国家级文学奖。她编剧的电影《哦，香雪》获第41届柏林国际电影节大奖，以及中国电影金鸡奖、百花奖。部分作品已译成英、俄、德、法、日、韩、西班牙、丹麦、挪威、越南等多国文字。

┃采访手记┃

铁凝爱笑，坦率真诚的笑容让每个接近她的人都如沐春风。她很随和，似乎每个角落的普通人都能感受到她的关切的目光。

但她在创作上却很"拧"，她珍爱自己的写作，认准了毫不妥协。做人可以随和，但是遇到跟文学有关的事，还是要较较真。她认真地说。

很多时候，人们愿意用温暖、明朗等词语来形容铁凝及她的作品带来的印象。的确，即便她的作品中有诸多触及现实的尖锐和苦难，最终也仍然有不屈不挠的对未来明亮的期待。有一个作家说，我有的时候的确对生活不恭敬，那是因为我渴望生活更神圣。现在，铁凝愿意借这句话表达自己的内心："我的文学有时候也对生活不恭敬，那是因为我渴望管理科学更神圣。"因为温暖的力量是强大的，穿越了沉沦以后上升的力量更需要勇气和境界。铁凝说："所谓温暖，那个温暖不是小的恩惠，是非常有震撼力的。作家应该追求大的情怀，我希望能获得这种情怀。"

在装帧精美的铁凝散文精选《惊异是美丽的》的封二，是铁凝在厨房里的照片。她的背后是整洁有序的厨具，一件件如艺术品般挂在墙上。

这一帧充满了烟火气的照片，让人觉得亲近自然，甚至忘记了她是继茅盾、巴金之后的中国作协第三任主席，是中国作协50年历史上的首位女主席。

这让我想起她的散文《厨房》。她从颜文梁先生的《厨房》想起当下的有些小说，思考为什么一些小说所表现的"日子还是离'厨房'"那么遥远。

她说，人类还是需要厨房的，在那里毕竟有"生"和"活"的具体过程。

这就是本色的铁凝。在中国作协主席、作家等诸多社会职务中，她觉得写作是"本"。她愿意融入作家同行们的圈子，和他们分享写作的困惑与喜悦，她也乐于享受写作的艰难与美妙。这是她写作近50年一直的思考和努力的方向，也是这次采访侧重的原因之一。

自2006年起，铁凝担任中国作协主席已有17年，此前她担任河北省作协主席10年。贯穿新时期文学40年的文学创作中，她发生过怎样的变化？为官一任，她怀有怎样的梦想？在滚滚向前的时代洪流中，她将和中国作家们怎样一道担负起文学的重任？

乡村生活练就了我的人生态度

问：很多读者最早熟悉您，是从《哦，香雪》《没有纽扣的红衬衫》开始，但实际上此前您写过儿童文学，写过诗歌，我还记得您还有一首诗《我要执拗地做诗人》："伟岸总是向后退 / 向前的是渺小 / 伟岸不动声色 / 渺小在跳跃"——您现在还写诗吗？

铁凝：诗歌是我从小的情结，插队的时候也写过诗，还发表过，但是写得很难看。所以我开玩笑说，写不好诗了，只好写小说。

我把诗看得很高。诗人对语言的珍惜和苛刻，特别值得小说家学习。如果小说家不断对自己提高警惕，应该向诗人学习他们对语言的挑剔和讲究。君特·格拉斯说，好的小说是从诗里诞生的，到今天我也一直喜欢诗歌，包括获得诺奖的诗人特朗斯特罗姆的诗歌，只是现在变成了诗的欣赏者。

问：早期的文学训练对您的写作有怎样的影响？

铁凝：当时也许自发的成分更多。最早是从写日记开始的，我从小学就喜欢写日记，不觉得是负担。阅读也是另一种方式的训练，在当时中国文化荒凉的背景下，偷着读了很多禁书、书店里被下架的书，还读了一些被"批判"的名著，这些都是最初的文学准备。

写儿童文学，是因为那时自己也就是中学生，刚从小孩儿脱胎出来，相对自然的，你关注的就是跟你年龄差不多的群体。长大了之后，到了这般年纪才知道，儿童文学其实不好写。

问： 最初走上文学道路，徐光耀对您起了决定性作用。但是为什么执意要去农村？那会儿您还是一个孩子。后来有没有因为当初的选择有过遗憾？

铁凝： 当时我也不认识别的作家，读书的时候没想到还能认识书的作者，那时觉得作家非常遥远非常神秘。有一次我写了一篇7000字的作文，语文老师先在全班朗读，回到家里我又给父母读，他们听了觉得有点像小说。父亲就说："我认识一个作家。"

徐光耀当时从总政创作室"发派"回保定古莲池的群众艺术馆，写一些命题的报告文学。《小兵张嘎》给孩子们的印象太强烈了，一听说父亲认识他，他的劳改身份完全放在一边，我的内心里对这个作家充满了尊敬和敬仰。见了以后，他和父亲谈郑板桥、陈老莲的画，我鼓起勇气要给他朗读我的作文，他很淡漠，说："我不太习惯听人读，你放那儿，我还是自己看吧！"等我再去见他的时候，他说："你不是问我什么是小说吗？我告诉你，这就是小说了。"后来他向我解释，他自己就是因为文学因为文字，受到这么大的摧残，他不希望孩子，也不希望朋友的孩子再踏入这个领域。其中的辛酸，没有一点社会经验的中学生，是不理解的。我又问他：怎么才能当一个作家？他说，当作家要有生活。我说生活在哪里？他说，生活在农村。

也有人说，很多作家没有去过农村，不照样写出漂亮的小说吗？10年前，中国的农村人口就占全国的75%左右，近几年因为城市化进程的加快，比例没那么大了。作为当代的中国作家，可以不写农村不写农民，但如果对中国的农村没有一个相对饱满和一定深度的了解，不可能真正了解中国社会的来龙去脉。推五代以上，我们都与乡村有千丝万缕的联系，谁也不能说"我就是一个城市人"。有这些东西做底，你下笔就会不一样。徐光耀的话可能有他的片面性，但是有道理。为了理想——我称之为很"鬼祟"的理想，主动选择去了农村，我不后悔。

问：回过头来看，您觉得那 4 年的插队经历，对您的人生和写作有怎样的影响？

铁凝：乡村是我从学校到社会的第一个落脚点。我种了 4 年棉花和小麦，不光是跟几个知青在一起，还跟老百姓、跟乡村的女孩子在一起，他们给我一些我认为是不可磨灭的痕迹。我想起一位老作家的话：在女孩子的心中，埋藏着多种人类原始的美德。我想，这句话在乡村的女孩子身上体会到了。

我到现在还挺怀念那一段生活，乡村生活练就了我的人生态度，奠定了我的一种看世界、看人生的眼光，当然这种眼光会不断变化，但是有一个核心不变：人生有很多不如意，有很多苦难，但是我觉得，一个作家可以写灵魂的沉沦，可以写黑暗，可以写悲伤，最后还是应该有能力让你的灵魂上升。文学的最终目的，我想还是要带给世界一种体贴之情，或者是一种暖意。写温暖是不容易的，写温暖也需要你有犀利的眼光和大的悲悯，不是说让你放弃对现实的批判精神。

问：其实您的很多作品，包括近年来的作品，正是向读者传达这种暖意。

铁凝：最近我又看了狄更斯的《大卫·科波菲尔》。我从 9 岁就读狄更斯，现在读仍然被打动。他对现实充满了深刻的关注，具有非凡的观察力，他写伦敦的阴霾，写平民所遭遇的苦难，写倒霉的欠债者，写了底层人民被欺诈的悲惨，但他也有明亮的祝福，也让你看到对未来的期待。后来在《匹克威克外传》的前言中，他自信地说："我的书没有被时代丢下，未来你们还会觉得，它还是有意义的。"他的小说里充满暖意，但是他不回避现实当中的伤痛。

我想，一个作家能称得上伟大，就是因为他的作品不是独属于哪一个国家。

曾经是那个时代的"80后"

问：英文版的《中国日报》曾经称您是"婴儿作家"，为什么？

铁凝：中国作家协会对青年作家的关注是有传统的，这是好的传统。前几年对于"80后"作家入会，有人质问：他们凭什么入会？1982年我加入中国作协的时候也20多岁，是那个年代的"80后"。1975年，《会飞的镰刀》被收入《盖红印章的考卷》由北京出版社出版，共收入7位作家的作品，我是年龄最小的。当时觉得很荣耀，能跟刘心武这样的名作家在一起。1985年，我是中国作协有史以来最年轻的理事。

当时年轻作家有一批，我是其中年龄最小的；在知青里也是小的，插队赶上了一个尾巴。可能主要跟年龄有关。

问：是否与早期的作品纯净温暖的特质有关？

铁凝：当时，我们的国家刚刚解冻，文学充当了先锋，冲在了最前面，作家们率先以一批伤痕文学的作品，对整个民族的伤痛起到了疏通、宣泄、抚慰心灵的作用，所以那个时候，反思的、启蒙的文学都是相对比较沉重的主题，《哦，香雪》的出现，有一点辛酸，但是没那么沉重。我用这样的方式传递一种这个民族和国家清新的、向上的、纯净的气息。

《没有纽扣的红衬衫》改编成《红衣少女》，获第五届中国电影金鸡奖最佳故事片奖、第八届《大众电影》百花奖最佳故事片奖。在颁奖会上，我正好和夏衍在一张桌上吃饭。我吓得一句话也不敢说，夏公对我说："铁凝，我想告诉你一句话，我很喜欢《没有纽扣的红衬衫》。"我也很激动，语无伦次，说了些什么也都忘了。后来我才知道，他是力主《红衣少女》得奖的，因为他从中看到了青春的力量。

《哦，香雪》获第41届柏林国际电影节大奖，以及中国电影"金鸡奖""百花奖"，前段时间中央电视台"流金岁月"又播了《哦，香雪》，请了一些主创演员，我发现有一些以前我也不知道的事情，了解到这个片子在当年获大奖的情况：柏林电影节除了成人的评审团，还组织了少年评审团来打分，他们解释了一些电影为什么获奖的原因，这部电影让他们受到感动，因为电影里的女孩子和父母的心灵很纯净，他们看到了精神的富足和美。"香雪"的劳动是快乐的。比如父女俩开荒回家，香雪跑前两步，掀起门帘，让父亲先进去。他们说，女孩非常美，体现了东方的伦理道德。这部电影在中国才卖出去十几个拷贝，但在德国被列为中学生必看的电影。

问：您说过，一个作家应该在千变万化的生活中保有自己心灵当中最宝贵的那些东西，有坚守这份东西的勇气；同时也应该有回过头来打倒自己的勇气，用新的作品打倒以前的作品。从1975年发表文学作品开始算起，您认为自己的创作经历了怎样的变化和进步？有评论说以1988年您发表的第一部长篇小说《玫瑰门》为界线，认为您的风格由清新转型为凝重，彻底撕开了生活中丑陋的一面，并且开始走向成熟。您这么认为吗？

铁凝：从《没有纽扣的红衬衫》往前推，我不觉得有太大的挑战性。但是此后，探索人性的深度和复杂性有了新的追求，我也想打倒从前的自己。

我至今仍然怀念 80 年代，不是因为那时的文学位置有多高，而是怀念当时的文学氛围和写作的激情。那时笔会其实是改稿会，每位作家带着半成品，我带的是《哦，香雪》。每天生活特别有规律，上午写作，修改稿子，下午可以游泳。晚上回来同行之间互相看小说。我写完之后，几个同行先肯定了这个小说，说这是一篇好小说。现在回忆起来像做梦一样，大家互相读未完成的作品，互相提意见。

在《玫瑰门》之前，我的文学叙述是笨拙的，也不地道。但我看重这种笨拙。之后，能够看到作家自觉改变自己的意识，会碰触到人性的更深层次、丰富复杂甚至女性丑陋的一面。体现这种思考的还有《灶火的故事》，发表后在河北也引起争议。有老前辈很关心我，好心劝我不要这么写，认为我的写作路子有问题；但是我对作品的判断很拧，他们没能说通我，我又把作品寄给了孙犁先生，他对青年作者很关心，很快在《天津日报》的《文艺》增刊发表，《小说月报》立刻转载，这对青年作者是很大的鼓励。在那部作品里我试图开掘人性的深度，但是想法和笔力不匹配。

写《玫瑰门》我耗尽心力，这跟人物原型有原始的模特有关，虽然创作中变成了虚构的文学创造，但是涉及家族的人物，有感情的纠结，个人的感情色彩注入太多，投入很多情感的积累。写了 6 万字之后我觉得把主人公漫画化，伤害了文学人物的塑造，全部推翻重新开始。我力图摆脱女性的视角，出现第三性视角。

《玫瑰门》是我的第一部长篇，写完之后，我跟主人公经历了一场精神和灵魂层面的跨涉。现在我仍然认为是我至关重要的长篇，不是顺应了某种时尚。《玫瑰门》1988 年发表，1989 年由作家出版社出版。这时有两种声音，一种说，这部作品标志着铁凝的成熟，另一种声音呼喊：单纯的铁凝去哪里了？

问：在您成名之后，读者大概可以分为两类，一类认为铁凝就应该光写这样的，甚至读者认为作者也应该像主人公香雪那样纯净透明；一类也期待着有所变化。您对自己有怎样的评价？

铁凝：提出这些问题的都是关爱我的人。《哦，香雪》和《没有纽扣的红衬衫》，都是我在编辑之余写的，香雪是乡村的女孩子，安然是城市的中学生，身上也有单纯和诚实，更多的是反叛的意识。那时评论家雷达评论说，安然脸上有笑容，但不是傻笑了，对于不假思考地灌输给她的东西，她会说不。外在的表现就是衣服外面的扣子。那是迄今我接到读者来信最多的，很多中学生来信说，他们觉得不被家长和老师理解，看了以后觉得被人理解了。《没有纽扣的红衬衫》引起大的讨论，当时安然的衣服还挂在服装店，挂一个大牌子："安然服已到货"，这也说明了社会的影响。

我并不想夸大作品本身，作品本身没有那么强大。我只是说明当时中国社会欣欣向荣，呼唤着一种生机，民族的方方面面的复兴和生发，由于整个民族的开放，也带来了个人改变命运的可能性。

我也在思考，在作品中设置了这样的疑问：社会要把年轻一代塑造成何样的人，他们是祖国的未来，是倡导诚实、独立思考？还是要世故、没有创造力的、面孔模糊的年轻人呢？国家正在蓬勃的开放时期，年轻人赶上了多么好的时光，他们个性里有非常光彩的一面，不该被遮蔽。我作为写作者有强烈的感受，是有感而发写出的作品。

作家一定要有能力打倒自己

问：作为女作家，描写女性是您最擅长的，但是在《玫瑰门》里，您尝试了既非男性也非女性的、超脱性别之外的视角，现在看，您觉得这个视角成功吗？后来的文学创作中，有没有再做类似这样大胆的尝试？

铁凝：在文学上的进步是很难的。不是你努力就能旧貌换新颜。作家是什么？有人说作家就是写作困难的人。所向披靡，面对白纸，没有障碍——没一个同行是这样的，特别是有了几十年写作历练的作家可能会觉得前边的路更不好走。1983 年《哦，香雪》获奖，我有点小得意，有点小虚荣，如果有某个读者某一天跟我说"今天我又读了你哪篇作品"，我一定会拿出来自我欣赏一遍。这个坏毛病现在还有。伴随着这种心态，我就想写作没什么难的。

现在越写越知道害怕了。当你刚开始写作时，什么都不知道的时候，觉得很容易；知道得越多，知道你不知道的越多。1985 年我去美国，待了 10 天，写了十几篇观感。那是我第一次走出国门。后来我想，如果一个人去一个国家，10 天能写成 10 篇，当他住一年，可能一篇都写不出来了，待的时间越长，越明白自己知道得少。文学就是这样，你要献给读者的是什么东西，惯性的写作是可以的，但首先你觉得没什么意思。一定要打倒自己，同时坚持一些核心的力量，可是想打倒自己很难。

问：在您的作品中，《无雨之城》似乎是被关注相对较少的作品？您自己最满意的作品是什么？

铁凝：《无雨之城》盗版比较多，我一位亲戚在南方的渔船上还买到过这本书的盗版。可是当时《无雨之城》出来后，有人问长篇小说可以这么写吗？不是通俗化了吗？他们认为长篇小说应该是厚重的。我也受到了这些评论影响。这篇作品写得快，3个月就完成了。但是写得很累，有时候写一天写一万字，一天不说话，晚上会短暂地失声。

当时是作为"布老虎丛书"的一种推出的，同时加入的作家还有莫言、马原等。过去的小说概念里没有品牌。现在我仍然认为，"布老虎丛书"作为一个相对轻松的品种，对推动中国长篇小说的发展是有贡献的，除了沉重的、正襟危坐的小说之外，也应该寻找一些轻松一些的作品。我心里正有个故事，又想给自己一个挑战，就抱着尝试一下的心态创作了《无雨之城》。

《无雨之城》写的不沉重，没有更深刻的内涵，有的读者说好，有的读者说耐读，但在当时销量很好。1996年江苏文艺出版社为我出版5卷本文集，我自已排除了《无雨之城》。现在回过头来看，我看重这部长篇的训练和实践，对之后《大浴女》的写作有着至关重要的意义，包括叙述的结构和节奏的把握。结构篇小说的能力，有意无意之间做了一次练兵。在这个意义上我不忽略它所包含的厚度和深度。

问：您的很多作品都伴随着争议，比如《大浴女》中的性描写。

铁凝：我始终坚持认为，涉及性描写，是严肃的事情，非涉及不可的时候不必回避。涉及人性的深度的层面的时候，如果绕不开它，我也愿意有节制地面对。我不是怀着低俗之心给读者添一些佐料，也不应该是成为文学的佐料和挑逗。

你看我在变，我也没被潮流丢下

问：改革开放初期，中国文坛受到西方文化强烈的冲击。您的创作在这一时期有怎样的变化？

铁凝：如饥似渴地阅读，把所有书拿来也觉得不够用了。中国作家在短短几年里试验了国外十几个流派，这也是一个国家的朝气。我在模仿当中也有造作和刻意为之之处。《麦秸垛》就是急于改变自己的作品，画外音都有了：你看我在变，我也没被潮流丢下！后来又写了几个中篇，包括《对面》《棉花垛》，到《永远有多远》，我就觉得沉静下来。

一个作家在写作实践中，应保留强烈的敏感，有能力打倒自己的作家是了不起的，但这只是事情的一个方面。打倒自己，还应该保有一个核，守住一些对人生的体贴，对世界的追问和质疑，还有乐观的希望。

问：那么，您觉得自己在西学浪潮中吸收了哪些营养？

铁凝：凡是优秀的经典的，不必分古今中外，经过历史淘筛的作品，一定是全人类的财富。不同时期欣赏不同的经典，这种营养的吸收是至关重要的，作家应该张开怀抱不断地补充。我现在回过头来看中国的古典戏曲，比如《借靴誓》，她告诉我人怎么说话，女人怎么说话，絮叨，但不觉得厌烦，诸多的细微之处全在精致的啰嗦里；我从京剧《乌盆记》里，看到了现代感和先锋性。孙犁和赵树理不同，但我都喜欢；屠格涅夫、陀思妥耶夫斯基……托尔斯泰的伟大，在于他勇敢地表达了他的没有出路感，他不是无所不能的。这也是伟大的。他对灵魂的拷问，带给读者的钝痛，也是钝痛的享受，享受的钝痛。这是经典留给人类的遗产。另外一些人我也同样喜欢，卡夫卡、米兰·昆德拉、卡尔维诺、海因里希·伯尔……我最近正在看费正清和莱西尔《东亚文明》，谈到对个人和社会的关系、个人和群体的关系，没有一种文明比东亚文明处理得更好。东亚文明的中心就是中国的传统文化。

问：您怎么看待中国的传统文化？

铁凝：柏林电影节的少年评委能从香雪和父亲开荒回来，跑前几步给父亲掀起帘子的细节看到中国传统的美，我由此想到，中国确实有一些宝贵的精神财富，包括一些用词，比如"推己及人""将心比心""三人行必有我师""国家兴亡，匹夫有责"……我们今天讲诚信，中国人最应该讲诚信，这些传统的东西，中国人应该捡起来。我接触一些前辈作家，见识到他们的风骨和担当，优雅的情怀，很有触动。

我见过冰心先生几次，她在大的是非面前有爱国之心，但是她居家过日子时，又是一个最普通的妇女。我到福建长乐看到了她的账本，家里的支出她一笔笔清清楚楚地记着，根据超支或者盈余做不同的安排。那支笔那么伟大，她也用来记账，我想这么一位有名的文学前辈，得到几代读者喜爱的一个作家，不是不食人间烟火，也有凡俗的生活，她的另一面让人觉得她更可亲近。她在晚年也对中国的教育有简短的发言，还向受灾的贫困山区捐款。她没有割断和现实的联系。

刚到北京工作时，我去看望杨绛先生，问：我怎么称呼您？杨绛先生？杨绛老人？还是叫奶奶？姥姥？她笑眯眯地看着我，说："何不叫我杨绛姐姐？"我顿时大笑。她带给你的不是暮色，而是青春的活力，对人生的豁达通透与乐观，有一种出世的境界，入世的情怀，同时她也不蔑视琐碎的日常生活。她家的屋顶上有很多白的手印，我问了才知道这些手印是钱锺书先生在世的时候，他扶着杨绛先生踩着凳子上去换灯管留下的手印。我算了一下时间，那时她也有70多岁了。她家里白灰白墙，非常简单，但是她把几百万的版税捐给了贫困大学生。

杨绛先生100岁时我去看她，她穿着自己年轻时织的蓝毛衣，鞋子一尘不染。这是她的优雅，她对对方的尊重，这也是文化的一部分。跟这样的前辈接触，她的平和纯净能够净化你，所以我把看望文学前辈当作是一次充电，我从她们那里获取的营养弥足珍贵。哪怕是静静坐一会，也是一种浸润，他们所保有的风骨、优雅的品德够我学习很久。他们是文化的一种象征、一个符号，是民族文化的一部分。

我还会写长篇，但不会放弃短篇

问：近两年，您的创作更多地倾向于短篇小说。仅仅是职务与创作的冲突、时间所限吗？《伊琳娜的礼帽》《咳嗽天鹅》《告别语》等短篇的写作，在人性的开掘上进一步深入。这是您今后创作努力的方向吗？

铁凝：我不勉强自己，如果内心没有召唤，我也不刻意写作长篇。否则也属于自我虐待，也不是对文学的尊重。新的长篇并没有完全准备好。也在做写作前的案头的准备，恐怕也需要我去一些应该去的地方。

当然写短篇跟时间的零碎有关，我的心里必须有服务的意识。如果该做的工作不做，就变成另外一种意义的自私。我没有权力也没有资格这样。所以现在又到了业余状态的写作。

我想，是一个写作者，你应该坚持写作。如果连写作也没有了，你拿什么和你的同行对话？如果你不是写作者，没有对文学敏感的实践，你会真的关心他们的创作状态，关心他们怎么样的心境吗？和同行之间互相讨论小说，我感到非常快乐。

问：现在写作的心态，跟过去比有什么变化吗？

铁凝：对于一个作家，积累到一定时候，一定要用长篇的形式才能更丰满、更深厚、更完整地表达，长篇无疑是体现作家综合能力的实践，我相信一生也不会忽略短篇。短篇和散文，在我来说都是非常宝贵，我还会写长篇，但不会放弃短篇。

短篇小说毕竟跟长篇小说相比，工程量和劳动量要小，但是，写着写着，短篇也挺耗时的。一个短篇不改六次以上，我不敢拿出来。写完一放，立即发现问题。写作有时候会不断地重复自己。刚写完初稿，会自我陶醉。我不相信电脑，因为上面的文字太流利了，它会蒙蔽你。我会打印出来，在确凿的纸上修改。修改也是对语言锤炼的一种方式。我对改小说有瘾，特别享受那道工序。这样的过程对我来说有苦恼，也是享受的过程。

我是作家当中的一员，我愿意和大家一起进步。哪怕进步得慢。就像跳高运动员，眼看着再高一点就能跳过去，但打破纪录很难。我想，作家要给自己设置障碍，对自己不要有误会。

问：但是短篇小说相对来说创作的人少，稿酬也低。您怎么看待纯文学与市场的关系？

铁凝：短篇小说有点像平衡木上的技巧，不给你犯错误的机会，也不给你改正错误的可能。在有限的空间，这种苛刻也是一种诱惑，但是短篇小说稿费低，付出的智慧和创作与报酬不匹配，市场越来越清淡。这是国际性的问题。也因此，短篇小说一直被认为是纯文学。在这样的情况下，不同年龄作家在坚守这个阵地。中国有很多优秀的作家像刘庆邦、蒋一谈，一直坚持短篇小说创作，甚至打出"短篇小说"的旗号，这也很可贵。

有次我听一个德国文学的讲课，介绍德国的短篇小说也经历过衰落，原因多种，比如版税的低廉微薄，连带作家的动力。他们采取的办法是对于出版短篇的出版社政府有一些倾斜，提高短篇小说的版税，同时动用优秀的书评家，在权威媒体上介绍。而德国的书评家是很厉害的，见解会影响一大批最普通的读者，有很大的倡导性。

问：我喜欢您的散文其实不亚于小说。我特别喜欢文字里流露出来的真诚与善良。对于不同文体的创作，您是怎样不同的心态？

铁凝：我不认为散文是文学品种中的小摆设或者填空。有人会说要做一篇小说，但散文在某种意义上有不可制作性。写散文首先要求真，所有人写作，唯独在散文里有真的性情。小说的叙述者可以是两个人，叙述者可以是旁观者的态度；散文不可以，如果没有真正触动你的东西，就不能写，对散文我没有经历过制作感，没写过虚构散文。每当我写散文，我在做一件事，就是我在做人生的学徒。散文确实关乎你的人生，不像小说有时候可以规划。正因为有这个特点，散文在某些方面有高出小说之处。我不轻视散文。

问：说到评论，您怎么看待今天的文艺批评？本人曾经关注过评论家与作家的对话，接受采访的作家对于评论家的工作有些微词，认为评论家的见解对于自己的创作没有什么影响。作为作家，您是否认同同行们的态度？

铁凝：评论这个群体是非常重要的。总体上说，对一部作品的说好说坏都不是特别重要，说准是重要的。说得准的评价才是最宝贵的。批评家准确的一针见血的评论，对作家还是有积极意义的。

今天的文坛还是要呼唤一个成熟的书评家的队伍，但书评家的待遇又在哪儿呢？这也是一个应该关注的问题。如果他的报酬也非常少，那么他的积极性也会受到影响。书评家的介入不应该是一般意义上的商业炒作，现在中国有一些书评家，主要是对长篇寄予期待，当然这里也有商业性的需要，因为出版社出版长篇更多，在国内，有出版社主动找来出版短篇小说集，还只是少数作家能享有的待遇。短篇也就更不容易被评论顾及到，所以我们不能回避报酬。优秀的作品都值得评论家关注。

在作协主席的位置上，我是为大家服务的心态

问：您说过会试着不让做"官"和写作相互对立，会把工作和写作当作一种挑战，事实上呢？您怎样看待做"官"和写作的关系？

铁凝：上任时我列了5个不敢忘记，最后一个是不敢忘本。我在作协主席这个位置上，是为大家服务的心态，在学习中服务，也确实学到了很多东西，有些同行们——有的都不是作家协会会员，会跟我聊聊，我听到很好的建议。在这种前提下，当写作跟主席的位置发生职责冲突时，我毫不犹豫地放弃写作，回过头来，再尽快地回到写作。

问：我们常常呼唤大时代应该出大作品，但是大作品迟迟没有出现。

铁凝：这个时代是伟大而艰难的时代，大时代又是有难处的，但是有些媒体在表述我的观点时，把伟大保留，常常把艰难去掉，这是没有道理的。伟大一定是艰难的才能显示其伟大，没有艰难的时代充其量是平庸的。

这个时代应该是能够出好的文学作品的时代，也应避免急功近利之心。我还是秉持这样的想法，既要热情呼唤，同时要耐心等待。创作是要遵循艺术自身的规律。作家一方面不要忽略读者的等待，一方面需要沉下心来要有一个定力，对自己要有耐心，这也体现出对文学的耐心。我相信还是大作品是存在的，我也相信有一批作家，现在正在劳动中。

问：在中国作家协会第七次全国代表大会闭幕式上，您说作协要更广泛地团结作家，鼓励艺术创新，让不同流派、风格、不同年龄的各民族作家都能够心情舒畅地尽情迸发创造活力，自由绽放艺术才情。您怎么评价目前国内的创作环境？

铁凝：我们谈任何问题都要有参照系。社会写作的大环境是最好的时期，但是还有作家的内心环境。20 世纪 80 年代，作家写作的心境单纯；在市场经济的大背景，现在利益诱惑太多，作家创作内心的环境的干扰随时存在。这也是需要正视的问题。在这样的情况下，作家如果没有能战胜内心的环境，一味地说写不出东西就责怪社会环境不好，也是另外一个意义的上心灵的懒惰。

德国有一个知名作家叫马丁·瓦尔泽，他发自内心地说，他非常羡慕中国作家，能处在当今这个时代，对写作者来说是幸运的。德国太安静了，作家经常不知道写什么。当然写内心写邻居都可以写出精彩的小说，但是作为德国作家，为中国作家现在所能拥有的写作资源，作为旁观者他感到幸运。

我希望能为他人带来快乐

问：20 世纪 80 年代曾经非常有影响的作家，很多都昙花一现，或者改弦易辙，不再写小说了。您如何看待作家创作生命力的问题？

铁凝：我对有些作家也很惊讶，托尔斯泰 70 岁的时候写《复活》，还有饱满的创作激情。我个人觉得，写作是完全自主的选择，没有人强迫你写或不写，你写是因为写作能带给你快乐，当然也希望快乐延长时间。如果再重新选择职业，我还是选择写作。

其实一个人的一生，真正做自己喜欢的事情不多。你选择的就是你喜欢的事情，我觉得还是幸运的。基于这一点，你要保持写作下去，就要有很多因素，第一不能失掉对生活的兴趣，不能失掉对世界的惊奇之感，不能失掉敏感的心，不能冷漠；第二应该保持对生活的激情，不懈怠；另外不能懒惰。当我不想写的时候，为了表示对文学的尊敬不硬写，硬写没有意义。当你能写，有感受，不能老用没时间敷衍自己。

这有一定的难度。创作得有闲，有闲不一定创作。我更愿意文学是创造，又不能说，我像劳动模范，一努劲就出来多少产品——此产品非彼产品。

问：您希望自己成为一个怎样的作家？

铁凝：我曾在《像剪纸一样美艳明净》中提到过法国画家马蒂斯晚年的一张照片，他坐在画室的轮椅上，光着脚，在专心地剪剪纸。他的神态非常单纯专注，左脚的几个脚趾还用力翘着。那时他因癌症手术，已经不能站着画画，即使坐在轮椅上，他也坚持艺术创作。这样一个艺术劳动者的姿态，很凡俗很朴素，但是他不放弃。这个艺术家的一瞬间是我羡慕的。陈学昭说，工作着是美丽的。假如你的工作和创造关联，你不能怠慢她。

成为什么样的作家我不知道，我想，第一，我希望有健康的身体；第二，希望有一颗明净的心，可以经历不愉快、麻烦和痛苦，最后这颗心仍然要保持明净；第三，我希望我是一个对他人有用的人，我希望有能力帮助他人，成为给他人带来快乐的人；第四，是希望写出好的东西。

问：您把写出好作品排在第四？

铁凝：当然如果你的写作让读者快乐，也很有意义。当你的同行需要你帮助的时候，你应该去帮助他们。这是义不容辞的，没有条件可讲，如果有一天我不当主席了，那另当别论。健康很重要，否则心有余而力不足，不可能做成满心想做的事情。所以我呼吁作家同行们对自己的身体要爱惜，现在整个作家群体的健康是一个问题。

文化需要相互凝视

问：我想大家都注意到了，您作为作协主席，为作家群体的写作、为激发作家的艺术创造力营造更好的环境所做出的努力，中国作协为推动中国文学"走出去"采取了多措施，比如 2006 年启动"中国当代文学百部精品对外译介工程"，各界也陆续发起"中国文学走出去""中国文学海外传播工程"等项目。但是这一行为也有不同的声音：我们花费这么大的精力和财力推出我们认为的好作品，在国外会有市场吗？会得到外国读者的认可吗？

铁凝：首先有一个为什么要"走出去"的背景。其他国家一直在交流，互通有无，中国的情况是封闭太久，一旦打开，迫切需要补上这一课，让世界了解我们。这个过程实际上从一开始就不那么简单顺利。

"走出去"必要吗？"走出去"很必要，也很重要。国际上对中国一直有一种妖魔化的认识，现在经济崛起了，国家开放了，我们有条件在文化上做一些事情。这些事情不光是中国在做，比如德国在中国有歌德学院、法国使馆文化处设立傅雷翻译奖……很多国家都在不遗余地强调文化对于国家竞争的重要性。中国也应该理直气壮地拿出中国文化，而且中国的文化几千年没有割断过，文学囊括在文化这部分。实际上，国际对中国文化的了解远远不够，国际复杂的情况又使得他们怀有一种越不了解越带有偏见的心态，这个时候文学可以发挥她的作用。

文学"走出去"，不一定是翻译出多少作品。我想，"走出去"也包括人和人见面，作家和作家见面，比如说中国作家这些年和西方主流作家的见面，组织论坛，中国作家以文学的方式，向国外的普通读者和国际同行介绍中国作家的生活状态和写作感受，文学是最能互相拉近人心的方式之一。

艺术创作要讲"三贴近",我个人感觉文化"走出去"也需要"三贴近"。第一,贴近国际视野,用什么方式让对方接受?我们要研究其他国家是怎样传播本国文化;二是贴近人心;三是贴近时效。这个时效,我想具体的办法就是先接触到国际的主流作家。我最近在中国作协接待瑞典国家作协主席,双方作家在谈话中忽然发现隔得不远,我们为这一点兴奋。跟法国作家交流也是这样。不同文化背景的作家,关心的问题是一致的。

这些论坛、这些直观的感受,和通电话、在网络虚拟的空间漫游是不一样的,文学的人需要见面,需要作家跟作家之间的面对面的你来我往,那些妖魔化的看法不攻自破。2009年法兰克福书展的"中国文学之夜"上,阿来、余华的表现非常出色,他们以文学的方式消除了普通读者的误会,润物无声地增进了互相的了解,以文学的方式,渗透了中国的价值观。

中国的文学在打开自己,这是第一步,这第一步一定见效吗?要让世界上所有人捧一本中国小说阅读吗?这太急功近利,也不现实。作家们在打开自己的中国文学,也在向世界的同行打开自己。

问:您认为中国向世界打开自己,中国文学走向世界的过程中,最关键的问题是什么?

铁凝:文学"走出去",最终两国作家的交流还是阅读作品,不能指望一两次论坛就征服世界。文化需要互相凝视,在这个过程当中积攒文化自信,同时寻求更科学更有效的方法,不能奢望一两次交流就完事大吉,需要延续性,需要踏踏实实地深化这种交流,而不是即兴式的,突然想到了就做。文化"走出去"、文学"走出去"不是一蹴而就,其中汉语非常难,翻译也是大问题,在这方面,作协应该探讨更有效的方法,比如怎样凝聚起更有水准的翻译队伍。

有些翻译家经常发邮件提供好的建议，有很多都可以采纳。一个人的想法是有限的，大家都在关心这些事情，总能找到一些办法。

"走出去"的办法之一还要"请进来"。国外除了主流作家，有一批优秀的汉学家，几十年默默地、苦苦地翻译中国作品。中国作协召开的汉学家文学翻译国际研讨会非常成功，大家希望再举办一次，还希望建一个翻译网。我们会邀请出版社、翻译家来一对一地谈翻译问题，全世界使用不同语种的人有机会在中国见面，比如莫言作品的译者，德语的、法语的译者在中国互通信息。所有这些都没有先例，都是摸着石头过河。

我们不强迫谁一定要翻译某一个作家的作品。文学"走出去"需要有耐力，需要有人不断地拿出时间和精力，需要吃苦，遇到困难不退缩，需要细致、细心地一件事一件事地做下去。

问：您对目前的生活状态满意吗？对创作还有怎样的期待？

铁凝：多数的时间还是比较满意，我希望自己能更科学地安排时间，除了本职工作以外，有更完整的整块的时间写出让自己更满意的作品。

一切事情都是相对的，你做的事情，是你主动的选择、自觉的选择，这个写作过程的本身占据了你生命中很重要的一部分，而且是你乐意的，这个过程中不断带来满足感。你能够以自己的力量，能真诚地付出，成为被别人需要的人，帮助别人的人，能够给别人带来快乐，那个时候我也有满足感。

林白：写作是自我成长的一部分

　　林白，1958 年出生于广西北流，现居北京。著有长篇小说《北流》《北去来辞》《一个人的战争》《说吧，房间》《妇女闲聊录》《万物花开》等多部。另有中篇小说《回廊之椅》《长江为何如此远》多部，散文若干。曾获华语文学传媒大奖年度小说家奖、老舍文学奖长篇小说奖、人民文学长篇小说双年奖、十月文学奖、首届及第三届中国女性文学奖。小说有日、韩、意大利、法、英、西班牙等文字的长篇和中篇小说单行本出版。有诗集《过程》《母熊》出版。少数诗歌翻译成英、德、西班牙、意大利语在海外网站及杂志发表。

┃采访手记┃

一段时期内，林白曾被认为是"个人化写作""女性主义"的代表作家。《一个人的战争》《玻璃虫》……她写出了所有人的青春期，写出了所有人的成长，更写出了女性群体的命运。

她也总想着挑战自我，总是在新的作品中打破既有的惯性，于是我们在《万物花开》中看到了浓烈而散漫的一束束光，明亮而灿烂，充满强烈的生命能量。《妇女闲聊录》则呈现出"完全的他者"，几乎颠覆了她既有的文学观。2021 年，沉潜 8 年的长篇小说《北流》出版，林白猛然发现，自己已经到了《红楼梦》里刘姥姥的年龄；而刚刚开始动笔的时候还是个中年作家。

中国作协副主席、著名批评家李敬泽高度评价《北流》："我们每个人身上都经历了沧海桑田。这个沧海桑田不仅仅是作为故事，也不仅仅是作为叙事，而是作为一个人类的经验。如何在人类经验中，像普鲁斯特那样在回忆中保证生命的饱满，林白给我们提出了一个很大的题目。"他甚至觉得，这个题目在某种程度上可能也有助于我们理解此时此刻中国小说面对的新的可能性。

20 世纪 90 年代以来，林白一直活跃在文学现场，我曾在 90 年代末采访过林白，时隔数年，再度采访，亦是缘自《北流》。访谈间隔时间太久，因为林白总觉得回忆像是"从山上下来再回望另一座山"，这样的反复有可能会是疲惫，但完成采访之后，竟觉得这样断断续续的采访，生出另一番诗意。

我很认同沈阳师范大学教授孟繁华的话。他说，多年来，林白极其暧昧地站在文学前沿，她说了什么并不重要，重要的是她用极端化的个人姿态曼妙又欲说还休，有了林白，文坛便更加地生动。

从 19 岁开始写诗，几十年后林白再次出版诗集《过程》，收入的诗作题材多样，充分反映出作者的敏感、善思

问：您在 19 岁就开始写诗，是在什么情况下转向小说写作的？

林白：接受关于《北流》的采访，就好比是八九年的时间爬一座山，完了下来，下来之后再爬另外一座山，到途中有人让你回忆前面那座山，你走过山腰的时候看见什么，那我还得从正在爬的这座山下来再爬到前面那座山半山腰去。从 19 岁开始回溯，那就得下了山之后再往回走 40 多年的路，实在是非常远。当然，现在算是想通了，一是对作品有一定责任，同时可以认识一个从前意识不到的自己。

好像波拉尼奥说过，写不出诗就写短篇，写不出短篇就写长篇。估计我当时就是写不出诗了，我的诗很难发表，一次次退稿，《青春》退得最多，越退越写不出来，越退越没有感觉，就写一下小说。结果小说发表非常顺利，很容易得到认可。最早是在四川的《青年作家》发了一篇，然后北流文学界的前辈覃富鑫老师写了一篇短评，发在《广西日报》上，这就开始正式写小说了。

问：2020 年一年间您写了 100 多首诗。为什么突然间诗情迸发？诗集《过程》的出版流传甚广。这个时期的写诗，和 40 年前的写作状态有何不同？诗歌风格也有很大变化吧？

林白：有什么内在的能量被激发出来了？也许。

这个我自己猜想了一下，是不是打坐了几年，把潜意识里的什么激发出来了？

海子有两句诗，"黑夜一无所有，为何给我安慰"，"开天辟地，世界必然破碎"，就是这么神秘。写诗的事情是很神秘的，是没办法知道的，只能等待，等待天启吧。诗歌风格？推荐《植物志》《苹果》等几首吧，《白鹭》（19 首）里面有几首也不错，沈浩波选了那

首《当冰雪涌入甘蔗变成甜汁》推出来在他的公众号。还有几首也可以。本来诗集《母熊》打算选精一些，后来一想，是特殊时期一气写成的 100 多首诗，就尽量多收点吧。

自 1977 年发表处女作到 2022 年，从事写作 45 年之后，《北流》出版了，林白觉得，好像是 45 年的时间给自己的一个礼物

问：您的处女作是在哪里发表的？文学的热爱和创作受到哪些作家或作品的影响比较大？

林白：处女作，组诗《从这里走向明天》（这个题目，回忆了一天才想出来），发在《广西文艺》1977 年。算起来到现在已经有 40 多年了，这么长的写作时间真是难以置信。

编辑部把我从北流县民安公社六感大队竹冲生产队叫到南宁去，他们打长途电话到大队，大队的文书通知的我。编辑部给我看了小样，一共是 4 首，窄窄长长的纸，一溜连起来的。我 17 岁插队，被指定为公社报道员成员，每个月都要有任务，写出来的报道如果在北流县人民广播电台播出，就觉得很有成就感。有线广播网是千家万户都有，如果写的报道被广播站播出，就会有人来告诉我母亲，说广播站播了你女儿的文章。若是在《广西日报》发表出来那就不得了了，是非常非常大的成就。但是写诗不同，它是变成铅字。我很着迷于自己的文字能印出来变成铅字。大概 19 岁前后，我对写诗有了兴趣，觉得写诗吧分行排列，很新鲜的，比写通讯报道有趣多了。就这么写起来。

忽然想起，自 1977 年发表处女作到 2022 年，正好是 45 年，《北流》就好像是 45 年的时间给我的一个礼物，真是很安慰。如果有人在我 19 岁的时候告诉我，45 年之后你还会写出一个 600 多页的长篇，首先我不能相信，而且 45 年，那简直是一个看不到头的时间，是不可能到达的，我们年轻的时候经常觉得 30 岁已经是很老很老了。结果，现在就到了。觉得满神奇的。

诗歌……惠特曼应该是影响过我，聂鲁达我也是挺喜欢的，后来读得就多了。

《北流》里提到尤瑟纳尔，其实她不太对我构成影响。但她有一本书我一直念念不忘，就是《阿德里安回忆录》，1989 年买到的《尤瑟纳尔研究》，收有片断，我一直觉得我有可能写一部类似的书，后来东方出版社出版了单行本，译为《哈德良回忆录》，但我也一直没有从头到尾看，只看了开头和结尾。

法国作家对我影响比较大的是普鲁斯特，整个 1990 年代我都热爱他那本《追忆似水年华》，我有 3 套，一套是七大本平装的，还有两套是精装的，都是译林出版社的。有两本看破了，封面脱落了。

当然杜拉斯也有影响的，她的语言、她生活的勇气，她的自传或者自撰写作……我记得法国文学研究者兼译者袁筱一说过，无论自传还是自撰，这些都不耽误杜拉斯成为杜拉斯。有个诗人叫安琪，她出了一本诗集，送给我一本，叫作《像杜拉斯一样生活》，我觉得这个书名很带劲。那时候，大概是 2004 年？

好像是 2018 年，彭伦做了一本袁筱一的书，到北京来做新书分享，就在单向空间，请了两位嘉宾，一位是余中先先生，一位是我。本来我特别不适合做新书分享，一般我在这种公众场合大脑都是一片空白，人木木呆呆的没精神。由于是法国文学，我还是比较有兴趣，就去了。我记得就是那次分享会上袁筱一说了那句话。她和余先生谈了很多法国文学，别的我都没记住，只记住了这一句。

杜拉斯的《情人》，实在是激荡人心，王道乾先生的译笔也真是好。最近我看的一本书《礼拜五，或太平洋上的灵薄狱》，也是王道乾先生译的。

我 2012 年买到波拉尼奥的《2666》和《荒野侦探》，非常喜欢，我还写了一首诗就叫《波拉尼奥》，就是 2012 年冬天，北京市作协开文代会，我看谁桌上摆了这《2666》一大本厚厚的，我翻了一下，觉得我要买，然后马上就下单买回来了。他还有一本叫《美洲纳粹文学》，我看是他的，马上又买回来了，这本我一点都不喜欢。现在在喜马拉雅听奥地利作家罗伯特·穆齐尔《没有个性的人》，厚厚两大本，上册听了有大半了。

我写《北去来辞》的时候每天早上先读一篇古文，就是我女儿大学课本，《古代作品选》是上册，从《诗经》开始的，每天读一读觉得不错。我也不知道受没受影响。

2020 年开始，晚上临睡前听《楞严经》。这个《楞严经》，最早是 2016 年我去香港，跟工作坊到广州、珠海参观，到了广州，《一个人的战争》初刊责编林宋瑜来看我，她送给我一个小挂件，一个小玉瓶，里面放了楞严咒，然后我就忘了。一直到 2020 年，我忽然想起要听一听，这才听起来，在喜马拉雅 app。所以《植物志》里就顺手加了一段《楞严经》句。

之后养成临睡前听佛经的习惯，除了《楞严经》还有《圆觉经》《药师经》《维摩诘经》，主要是听南怀瑾讲，还听了点别的，像《黄帝内经》呀，《道家、密宗与东方神秘学》呀这些东西，临睡前总要听一些东西，觉得听佛经比较好。

有时，偶尔也想想"万法归一，一归何处"的玄虚事。于此类，我是最无悟性的。但也觉得愉悦。万法归一，一归万法，万法归空……这时也会想到《北流》中的"异辞"，"去却一，拈得七，上下四维无等匹。人有七窍，北斗有七星……"其实百岁姨婆所嘟嚷的，我也不能参透。

那就这样吧。生有涯。

所谓小说，其实就是写作者认为她听见了人物说话的声音，当然最早的时候人物不是说的这些，最早的时候是南新仓街心公园那个老太太嘟嚷的那些，"千锤百炼出深山、清明时节雨纷纷、一江春水向东流"，然后远在几千里之外、现在已经肉身不存的百岁姨婆，她说出我写在《北流》中的那些。

问：可否分不同时期谈谈您的创作状况？具体到作品，先谈谈1994年发表的长篇小说《一个人的战争》吧，这部作品被认为是"个人化写作"和"女性写作"的代表性作品。作品最早在《花城》发表，7年后才由中国青年出版社出版？中间经历了什么？

林白：在《花城》发表的当年，由甘肃人民出版社出版单行本。有些指责吧，就在《中华读书报》，也许有些文章能找到。我具体不太记得了。

作为女性代表性作家，林白的书写激荡而清晰，营造出至为热烈而坦荡的个人经验世界，创造出女性写作独特的审美精神

问：《一个人的战争》是在什么背景下创作出来的，"我"与多米可否理解为两种不同身份？比如过去与现在，虚构与现实？发表后给您带来怎样的影响？

林白：写作没什么特殊背景。但发表的第二年或第三年，是世界妇女大会在中国召开，获得一些关注，带来的影响就是作品的出版和发表更容易些了。现在《一个人的战争》大概有13个中文版本。

问：自传色彩的书写与表达是需要勇气的，这种勇气不是所有作家具备。您在写作的时候，只遵从自己内心的表达需要？您如何看待所谓的"私人写作"？

林白：为什么会有"私人写作"，因为改革开放之前，只有集体的人，所以要用"私人"来标志自己的独特。改革开放40年，早就发生了翻天覆地的变化，早期的私人，有当年的历史意义。就我而言，现在的私人，是更开阔的私人了。《北流》，是经过跟世界交流后的私人，就是用个人来理解世界的努力。

这是一个90年代的问题，一个旧问题，确实可以重新思考。

年轻的时候，大概是只盯着自己内心的一点点东西吧，如果遇到不顺利，就是世界出了问题。随着年龄的增长，时间会赐予我们一些什么，不管有意还是无意，人会慢慢跟世界或世界的一部分和解，写作虽然仍然是私人的，容纳的内容已经不同了，或许也不能用"私人写作"来概括了。西方的成长小说，说的好像就是一个人跟世界相处的过程中慢慢长大，那，我慢慢了解世界，慢慢写作，这个过程，总体来看，也可能是自我成长的一部分。

问：评论家孟繁华甚至认为，《一个人的战争》是中国女性文学里程碑式的作品，从《一个人的战争》开始，中国女性文学进入一个新时代。您如何看待女性文学，对于他的评价，您认同吗？

林白："中国女性文学里程碑式的作品"，这么大的名头，觉得荣幸啊。当然无论如何，《一个人的战争》写作的时候并没有特意考虑女性文学的问题，我是1993年用了半年时间写成的，1993年3月开始，写作完成的时间我记得很清楚，是1993年9月，本来答应了朋友，把这个作品拿到10月份的深圳文稿拍卖会拍卖，但是后来我一想，这个东西不能随便拍卖，就退出来了。半夜给他打了电话，他声音嘶哑着说：好吧。1994年《花城》首发，1995年世界妇女大会才在北京怀柔召开，才出来女性文学这个概念。

问：能否谈谈您的《玻璃虫》？我第一次采访您，就是 2000 年出版《玻璃虫》之后。那个时期，您从《中国文化报》辞职，生活状态如何？您觉得生活状态会影响到写作吗？

林白：生活状态当然会影响到写作，那段时间没有收入，孩子才 4 岁，心里不免慌张。就猛写长篇，一两年就出来一部长篇，一般都是写一稿就拿出去，没有时间很好修改。《一个人的战争》《守望空心岁月》《说吧，房间》《玻璃虫》《枕黄记》《万物花开》《妇女闲聊录》，包括《致一九七五》，都是一稿写了就拿出去，其实后面两部长篇都是到武汉之后，有正常收入之后写的，但也延续了之前的习惯（2004 年到武汉当专业作家），直到《北去来辞》，才经过了一年半的沉淀修改。

问：您在很多作品中并不回避性描写。您如何看待性描写在小说中的作用和意义？

林白：性描写，我觉得是非常高级，非常能说明人的生命状态、人和人的关系的一件事情，非常非常难的一件事情。要靠生命力才能写好性。我经常梦想将来，假如我修炼到一定的程度，能有更强悍的生命力，说不定能写一部极之高级性描写的作品，基本上是做不到的。生命力会越来越弱吧。人又不能逆天。不过，我听《黄帝内经》，还有南怀瑾讲《小言黄帝内经与生命科学》，总还是有一些幻想。

万一能写出来，30 岁的时候写和 70 岁写，估计也不是一码事。

问：《玻璃虫》仍以自传体的纪实方式讲述个体生命体验。您的勇气和探索来自什么？

林白：只能说，《北流》之后，我对谈论旧作品已经提不起精神了。

问：2000 年您还出版过一本《枕黄记》，这部作品记录了您走黄河的一路见闻，这次行走对您带来什么影响？

林白：最大的影响就是克服了社交恐惧症，硬着头皮去走了一趟，硬着头皮采访了很多人，去问陌生人家里几口人种了几亩地，儿子在哪里打工，吃饭吃什么，种菜种什么菜，生孩子痛不痛，又琐碎又无聊，人家不把你赶走还能回答你，就发现这个世界不错。这是多难的一件事情啊，然后克服了，心里还是很愉快的。之前不能跟人交谈。之前是很难很难的。

《万物花开》以虚构的村庄王榨为背景，从脑子里长了五颗瘤子的少年大头的视角，描画了一个热烈自由的村庄和村庄里一群沸腾昂扬的灵魂

问：此后，您的《万物花开》中出现的是完全不同于先前的人物形象。《妇女闲聊录》更是一次让读者感到惊喜的作品。对于一个以自我为创作中心的女作家来说，转向乡村底层的写作应该面临很多挑战吧？最要解决的难题是什么？

林白：没有特意转向乡村底层的写作。是素材自动来到。

有时候就是这样，《万物花开》看起来比较特别的表达，《妇女闲聊录》看上去平实的表达，虽然都取自现实生活，但都不是刻意的。民间的东西丰富，很有活力，当然其实，也不是主动来到的，有时候看上去是主动来的，其实是自身的气足了……有一种来自更深广处的认识，内心的体量有所增加，才能碰得到，而不是仅仅在模仿民间。我觉得这个很重要。

问：长篇《枕黄记》《万物花开》《致一九七五》《妇女闲聊录》，包括您的短篇小说集《枪，或以梦为马》中的部分创作，小说主题都有所转变，不但抛开了以往私语化写作的模式，从全新的创作视角（民间叙事）入手，呈现出乡村生活长卷，而且，还以"闲聊"的实践，为文学发现了一种更为自由的写作形式。能否以《妇女闲

聊录》为例，具体谈谈您在写作中的发现和改变？

林白：到了一定年纪，才能见自己，见天地，见众生……看见更广阔的世界和人的生活。

北京大学中文系教授陈晓明认为，林白在为"50后"人物画像，他们这一代人的生活像植物一样生长过，像植物一样扭曲过

问：《植物志》的诗一开始就说"寂静降临时／你必定是一切"，似乎暗示当北流的方言不存在时，只有植物才能将北流保存下来；后章《语膜》中有对于非物质文化遗产标本项目"北流话语膜"的表述，更有对未来世界的描写。是否可以理解为，方言的丢失，或者说记忆的丢失？

林白：后章《语膜》，灵感来源是我女儿，2019年她编一本青年作家小说集，给我讲了一下这个。我当时觉得"语膜"这个意思一定要写进去，这样等于多了一个维度。我觉得不能说是丢失。反而是语言的嬗变。我们现在说语言只是在说口头的语言，叙述的语言，但其实语言真正的重要性，我认为是记录时代的信息，保存不同阶段的活力。小说，或者说一切文学艺术作品，它是在提取不同的活力，用作品把它们保存，或者说保护下来。随着时间的更新，很多东西都叠在一起了，还有的东西被其他一些东西所笼罩，那么语言也自然是如此。我们现在看到一些东西好像消失了，但其实它只是被其他东西裹挟了，进入另外一些东西的包围圈之中，它的重要性好像被取消，但并不是不存在。肯定要重视正在发生的，甚至未来的一些预判性的想象，因为这些东西是现在的活力。我觉得在写作里，所有的时间，所有的语言，它们都存在一个竞争关系。记忆本身会被新的记忆覆盖，但新的记忆里面又有旧的记忆。如果我们感觉新战胜了旧，或者说我们觉得方言被丢失了，那其实只是我们对现在正在发生的，对现在的语言方式更熟悉。丢失的从来不是语言，是人的内心发生了位移，过滤掉了一些东西。

问：《植物志》的诗歌表述非常灵动饱满。每一章开头的《李跃豆词典》，耐心细致地解释粤地方言、异辞的民间语汇，您认为这样的结构在小说中起到什么作用？

林白：每章开头的词典，在小说的作用，第一是间隔，第二是调性，第三是像诗一样有一种节奏，大概是这样吧，原来的那种重复出现可能诗的意味更重一些，反复出现闪电，虹……写《植物志》，我自己最吃惊了，再也不可能有这种状态了，前一天下午四五点开始动笔（用铅笔写在本子上），第二天下午四五点就写完了……有一种狂喜。后来我修改小说，也写了很多诗。我觉得这之间有奇妙的联结。我从来没有说要写一个故意很不一样的作品，但有时候自身的状态也和作品一样在构成作品。写这个小说，我也许是把自己完全打通了，就是我方方面面的感受都要不同层次地灌入这部作品中。你提到的这些方言、词汇就是这么找到我的。自身打通了，它们就自然而然来了，结构也渐渐形成了。

注疏志典式的写法既是文体需要，也体现了作者对世界的复杂性的认识。在林白笔下，中国文章传统仍然可以成为承载今日生活的容器

问：结构是独一无二的。为什么会以注、疏、笺、异辞的文本结构方式？这对于一般读者来说，会不会有些陌生感？

林白：把庞杂的东西放进一本书里，这个结构、这个文本是可以无限扩充的，当然会有陌生感。尤其是笺这部分，我一直想放进文本，无论如何都没办法，结构解决了这个问题。有一个想法之后，比如注疏，要针对经来注疏，应该有个相当于经的文本；异辞最早就是经，但是什么样子我不是很清晰的，直到在南新仓碰到一个嘟嘟囔囔的老太太……其实有时候就是这样，看起来很特别的表达，其实反而都取自现实生活。

问：内心的探索、文体的探索……您对汉语的使用总能带给读者新鲜感。您如何看待《北流》的艺术形式？是不是也有意探索？

林白：小说的艺术形式很有特点。很多人都在说要写契合时代的作品，但其实这个时代是什么样的，确实很难说得很清楚，最终大部分作家都选择找一个切入口，用展现一个横切面的方式去呈现一个复杂视角。但是《北流》就没有，它的结构也展示出它是一个容器的状态，它把看到的感受到的都放进这个容器里面了。复杂性是逐渐孕育出来的。有关创新探索——并不是刻意地要创新刻意探索……实在是因为《北流》这个，我想要容纳的更多一些，比较舒服地把这些庞杂的内容都容纳进去，确实要找这么一个容器，探索……实验……非也！文学，既不是马戏也不是杂技。它是自然形成的。但这个自然是前期包括很多准备。就像每个作家都有自己的写作准备期。在这个过程中，需要调动一切力量去进入一个作品的核心地带，但一旦进入了，小说自己就会提要求。《北流》是记录进入世界的过程，带出的是一个观看方式的变化，然后很多更复杂的东西自然出现。

问：《北流》是艺术感很强的小说，您有没有这种情况——有的段落没有想着要去写，却写下了？

林白：有时候不是段落，是整整很大一块没打算写的忽然就觉得要写，比如"火车笔记"三卷，整整一条线，是2020年才加进去的，还有长诗，还有异辞，有时候会有一点触动，就出来一大堆东西。一开始我确实做了很多功课，但后来更特别的是很多东西自己找到了我，也是那些一段一段没想到要去写的东西一点点提出要求，有时候我是跟着它走的。就像一条河流的感觉一样。

《北去来辞》中林白处理的是改革开放后的当代城市流动史；到了《北流》，叙事重点放在了 1990 年代之前的广西本地生活中，用当代眼光回望传统、地方与个人经验

问：《北流》的叙事重点 1990 年代之前的广西本地生活，作品的结尾对于北流的历史沿革做了清晰的说明，"北流"不只是地名，也有很多的隐喻，您愿意谈谈吗？

林白：叙事内容，很多是当下，也有很多 90 年代的，之前的也不少。它可能是一个文化坐标意义上的故乡。就现在谈论一个地方的时候，很多描述都太具体了。我们看过很多讲一个地方的故事、文本，但抽掉那些情节，你根本不知道那个地方是什么样子的。我想可能是因为对作为背景的那个语言挖掘不够。什么是背景的语言？也许这个就接近你说的隐喻。就是对一个地方的了解不光是要了解它的历史文化，了解它的习俗，更重要的是对气息的了解。就像第一次见面的人你肯定不能跟他说什么，只能是观看。对一个地方的观看也是如此。你观看它，感受它里面生活的人的面貌，你就才真的是走进它的背景之中。最终小说不是要留下一段故事，故事是为了让我们理解这个地方为什么是这么来的。最终小说记录的是时代的背景语言。90 年前的北流和现在肯定是不同的，其实这个小说里好几十年前的时间点都有，很多细节其实都在说这种不同是怎么来的。

问：《北流》涉及社会的方方面面，从工农商到医学、教育，以及风俗文化方言饮食等等，时代感强，更有历史感。写这样一部长篇，您觉得累吗？对您来说最大的挑战是什么？

林白：前面几年还是有点累的，素材太庞杂了，读各种各样的东西……2020年气比较足，主要的几稿都是在2020年改的，这一年倒不累，《植物志》的初稿一天就写完了，异辞，也是，人比较兴奋。精神饱满的时候是感觉不到累的。那时候我骑车，骑共享单车。我觉得这个太有意思了。精神的跋涉久了，体力的消耗反而又让人变得有精神起来。写长篇整体来说不可能没有不累的时候。长篇会自己提出很多要求，每一个要求都要给它安排妥当。面对它没办法像面对生活中的一些事情那样，你可以省略过去，那种要求是必须要面对的要求。否则作品的状态会停滞。这是对作者难以估量的损失。所有写作都是递进，是一场长跑，在这里面体力和精神渐渐融合成一种东西，然后汇聚到作品提出的那些要求那里。

问：素材是有所准备的还是边写边进入的？

林白：有些是有准备的，有一些是边写边进入的。后者的状态看起来很神秘，很多时候要靠天。但其实也和前者没有什么不同。可以理解为是作品本身渐渐形成一股力，推着作者把自己的感受全部打开，所以会一边写，一边出来很多东西。这个还挺有意思的。因为每一天都很新鲜，心里面都是力量，就看哪个节点适合释放出一些来。眼睛看到很多东西，耳朵听到很多东西，写下来的时候，交织的东西就变多了，人也变得轻盈许多。

问：小说中个别地方是重复的，比如两次出现您在武大时买的大衣。

林白：重复是有的，向来有互文，我自己称之为重叠，同样的内容在不同的文本，节奏肯定变了，能量也变了，气息也变，会构成一个新的文本的一些复杂或微妙的东西。

独特的叙事雄心、强烈的艺术风格，《北流》提供了阐释的多重意蕴，林白说，她希望此书装得下自己的全部感受

问：《北流》是一部集大成的著作，语言的集大成、个人经验的集大成，甚至是您本人之前所有著作的集大成。能否谈谈您希望这部作品呈现的面貌？最终完成的作品是否达到预期？

林白：没有一个既定的面貌，《北流》的面貌在写作中一直变动，我的预期是，所有庞杂的东西最终要能够放进一本书里。而且它得尽可能装得下我全部的感受，同时和世界的联系是十分紧密的。我想到这几十年，我们的文学是活在全球视野下的。民族的东西，在地性的东西，也是包裹在这个全球视野下。《北流》和我之前的小说很不同，它更强调包容与流动。

问：在您的作品中，万物有灵。平时您也在不断拓展艺术领地，写诗、写字、画画，包括打坐等等，这些对于您的创作有何帮助？

林白：打坐对写作肯定有些帮助，主要是气比较足。当然现在气又不太足了，写完病了3个月，主要是肠胃不好，吃了几服中药就好了，现在开始又能打坐了，睡眠不好打不了坐，病了也打不了坐。我原来是临楷体，后来临碑，叶兆言推荐了游寿临的《董美人墓志》，我临了以后才能自己写写毛笔字，光临楷是写不出来的。游寿跟沈祖棻是民国两大才女，沈祖棻是民国最好的女词人，她原来武大的。我有一个大学同学的母亲是沈祖棻的学生，现在还健在，90多岁老太太还能弹钢琴，挺厉害的。这些东西对我来说可能就是多了一些感受的维度，很多感官会打开。这些打开的东西最终会进入小说里，以不同的形式，不同的语言。小说最终应该寻求的是更好地打开。

人打开了，才可能落地。如果只以文学的方式进入生活确实是不够的，文学作为背景，但方式是多元多样的。

问：《北流》中，李跃豆在香港的大学讲课时提出要求："找到自己最喜欢的方式琐碎，琐碎到底，将来琐碎会升华，成为好东西。"是否也可以理解为您的创作原则？您似乎曾经说过："我们真心热爱宏大叙事……"您如何理解"琐碎"和"宏大叙事"？

林白：我觉得很奇怪，为什么大家都注意到这一段话，这个绝对不是我的创作原则，我也不认为《北流》琐碎。

问：我也非常喜欢您的《北去来辞》，在某种程度上，似乎与《北流》有着精神上的持续，您觉得呢？

林白：《北流》与《北去来辞》有精神上的持续吗？我好像不太觉得，不过也许……每个写作者的作品之间，都会有一定的精神联系？

她希望继续写下去，哪怕前面又是重叠关山路

问：您的作品密度不算太大。很多作家每隔一两年都要推出新作，似乎以此才能证明写作的潜力。您认为呢？

林白：虽然密度不算太大，但还是写了很多。刚才还列了一下，我发现我写得太多了，不应该写那么多，如果我有稳定的收入绝对不会写这么多。

问：您觉得创作的持久性需要刻意保持吗？

林白：这个我想，不能刻意保持的。很有可能到了一个时候，忽然就写不出来了，更大概率是这样。

或者，换句话说，创作的持久性不知道怎么保持，但有一个基本的问题可以确认，就是如果长时间不写肯定保持不了。

问：您的很多作品之间都有内在的隐秘的联系。有一种观点认为，作家一生都在写同一部作品，您赞同吗？

林白：可以这样说。

问：您的创作状态越来越好了，是不是又有新的规划？

林白：正好这几天又听《圆觉经》，就是南怀瑾讲《圆觉经》，讲到"止"，把各种纷乱的念头止住。我想那就样样都止下来吧，其实念头只能止住十几秒。一想到止，会忘记呼吸的，自动止息，但一想到我呼吸停止了，马上又呼吸起来。

十几年前碰到海男，每次她都说我们要写到80岁，后来变成线上说，最近几年她不说80岁了，她说我们都要写到90岁。说两句闲话，齐白石90多岁的时候画画，到最后"九十"的"九"字往哪边拐弯，那个钩，他都不知道了，得问旁边的人才知往哪边拐弯。但还能画个牡丹什么的，画得出神入化，作家要是到"九"字钩往哪边拐都不知，就不知道能不能写出来了。不记得是哪一位美国女诗人，阿尔茨海默病以后还写了很多诗，好像是从张新颖的文章里看到的。阿尔茨海默病还能写诗，这最值得羡慕。

这次停下来说不定就不再写了，随时能放得下，不写也能随遇而安。

当然也许还会再写。我对自己的希望是：既可以安住在写作中，也可以安住在不写中。最好是，随时可以写，也随时可以停下来。

陈染：穿越表层生活的维度才是我创作的源泉

　　陈染，1962年生于北京，当代作家。1986年大学毕业。已出版小说集《纸片儿》《嘴唇里的阳光》《无处告别》《与往事干杯》、长篇小说《私人生活》、散文随笔集《声声断断》《断片残简》《时光倒流》、谈话录《不可言说》《陈染文集》6卷等几十种著作。在英美德日意韩瑞等十几个国家及港台地区出版近200万字文学作品。是中国当代文学史重要的"纯文学"作家。

┃采访手记┃

作为 20 世纪 90 年代中国大陆最具代表性的女性作家之一，陈染的作品因为带有浓厚的心灵自叙传色彩和强烈的女性意识，被文学史叙述成个人化写作的代表作家。她的《私人生活》等作品以其对自身和社会有着深刻而清醒的认识，以及对女性心理和身体的细致描写，在文坛产生了广泛影响。

从 20 岁发表诗歌算起，陈染成名已有 40 年。小说《私人生活》出版后，陈染曾一度搁笔。她更多的笔墨执着于散文。在她看来，无论小说还是散文，都是立足"个人"的，时代、国家等等宏大概念，都是通过有血有肉的"个人"来体现。文学中所谓的"我"即一个个体，一个存在。她更喜欢血肉饱满的作品。她的阅读，也随之转向："一个愿意思考的成年人，多知道一个故事或少知道一个故事，没什么所谓，我们读书是为了故事之外深含的东西。我这些年更喜欢散文这种接近生命本质的真性情的东西，而小说有时候往往会做一些装模作样的花架子，叙述一些离奇古怪的故事，我平时自己看书的时候，已经不大看那一类东西了。"

2021 年 9 月，百花洲文艺出版社推出《陈染文集·典藏版》，包括长篇小说《私人生活》，中短篇小说集《潜性逸事》《沉默的左乳》《与往事干杯》，散文集《与另一个自己相遇》《谁掠夺了我们的脸》等 6 卷。从中，我们能看到陈染走过的足迹，能看到表面胆怯、温顺却是内心极富个性的陈染。她成绩优异地从小学走到中学，那时，她的愿望是成为音乐家。

阅读使她爱上文学。大学一年级开始，她开始发表诗歌，并很快在青年诗人中占有一席之地；大学三年级，她开始发表小说，为自己找到一个比诗更能表现与施展自己的形式而兴奋。她重新回归于自己恬静、孤独而充实的艺术世界。

从早期的《无处告别》《与往事干杯》，陈染细腻又尖锐地书写现代都市女性的故事，写女性的自审，写女性的迷惘，写女性的反叛。

表面上，陈染很时尚。她的衣着富有品位且优雅大气，她的发型也是自己固有的时尚又很酷的风格，实际上，她的内心却有一种永远不为潮流裹挟的坚守。这种坚守，缘自对文学的崇敬，更有她对于自身清晰深刻的判断。

优秀的作家作品，都会有"心灵自传"的成分，无论书写社会人生什么样的话题，都会包含作家本人的思想、情感和爱憎。这套文集完整地呈现了陈染40年来走过的文学历程，《陈染文集·典藏版》的出版，使陈染重新走入我们的视野，唤起人们对于女性文学的再审视。

重新梳理自己以前的那些文字，陈染仍然如遇故人。"那些激情与绝望，那些冰冷与热烈，那些傲慢与反骨，那些清冷与孤寂，那些痛苦的幸福以及那些义无反顾的决然，都是成长时期的人生课题。我想，这些课题直到今天也没有完全解完。"

今天的陈染，已朝着沉着释然、气定神闲的方向迈近了一些。所以她在《写在前面的话》中说："我要感谢时间，感谢人间所有的温暖，感谢书籍，更要感谢那些精神上曾经的挣扎、痛苦和心碎，感谢冷漠、轻视甚至感谢恶毒，它们使我成长，而且继续成长！"

在音乐和阅读中找到自己

问：能谈谈您早年的阅读和写作吗？从《陈染文集》中了解到，您从很小的时候就喜欢音乐？

陈染：10来岁的时候，在我窄小的天地里，我崇拜盛中国先生，我的音乐老师告诉我盛中国小时候一天练琴十小时。我曾多次默默在台下观看盛先生的独奏表演，他那时清秀潇洒，头发一甩一甩的。那甩头的姿势真让十二三岁的我发疯。我对妈妈说，我长大要成为音乐家。

小伙伴们在院子里跳皮筋、玩砍包，而我却躲在阴暗冷清的房间里练琴。高考的时候，社会上卷起读书热、文凭热，我放弃了视之为生命的音乐，捧起了书本。

我天生不具备坐在桌前背书的本事，并对背书深恶痛绝，宁可用跑1000米来换背一页书。也是在这时候我开始阅读文学作品。与很多作家不同的是我很晚才接触文学，在这之前我几乎没读过什么文学作品。第一本小说是母亲念给我听的。当时我忙于功课，午休时躺在床上母亲就给我读小说。那本小说是雨果的《九三年》，我躺在床上静静地听。当母亲读到最后一章"太阳出来了！"西穆尔登把自己最亲爱的朋友和学生郭文送上断头台，刽子手的斧头滑下来在郭文的脖子上发出丑恶一响的瞬间，这时，一声明亮的枪响呼应了那斧子声，西穆尔登用一粒子弹洞穿了自己的心脏……我呜呜咽咽哭起来，泪水顺着我的脸颊滚落到枕巾上。

这时候，我发现了一个新世界，我又找到了在音乐里感觉到的东西，我再一次找到了自己。在母亲的影响下，我发狂地读起小说来，一本接一本，那个时候自然读的全是世界名著。《简·爱》《傲慢与偏见》《红楼梦》《红与黑》《安娜·卡列尼娜》《小酒店》《还乡》《呼啸山庄》《西游记》《三国演义》等等，也是这个时候，我的作家梦诞生了。我从一发现这块美丽诱人的文学土地起便全力执着地追求她，钟情于她，别无选择。那时候，高考的压力和读小说的狂热以及我那个年龄的极度敏感、情绪动荡，使我一度患上神经衰弱。

20 岁时，我考上北京一所大学中文系本科。大学期间我完全投入了吸引我的文学世界。除了名著，我还读现代诗以及各种流派的现代主义小说和哲学。我开始写诗，恬淡、温情又忧伤，吐不完的情怀，挥不尽的惆怅。有一次母亲外出开会，我独守着空落落的房间和心灵，孤寂难耐。半个月后，当母亲回家时我便成了"诗人"。我捧着一摞小诗，说：妈妈我写诗了。

在《我的道路是一条绳索》中陈染提到，自己始终在中国主流文学之外的边缘小道上吃力地行走。"应该说，我不算是一个更多地为时代的脉搏和场景的变更所纷扰、所侵蚀的作家类型"

问：您的写作是从诗歌开始的？

陈染：我从大学一年级开始发表诗。写诗热潮一发而不可收。我在大学里出了两本油印小诗，在同学老师中传阅。班里有同学认为我"才情过人，只是有点怪"。学校的老师也劝我多多参加集体活动。那时候，我的生命处于分裂状态。在公共场合腼腆沉默，回到自己的世界里才把积郁心中的无尽情怀倾洒诗中。我颇为"入戏"，我感动着自己，也感动着别人，活在自己制造的氛围中，也在精神世界寻求诗中的情人。当我空空落落徒然而归时，便再一次把贫瘠与孤独抛至诗中，诗成了我平衡自己的手段。20 岁至 22 岁，正是诗人的年龄，我在《诗刊》《人民文学》《北京文学》等刊物发表数十首诗，并在中国青年出版社出版的《青年诗选》里占了一席。

问：但是两年后就开始了小说写作。

陈染：像大海里一朵美丽的浪花，诗人的我仅仅眨了几下眼睛就睡醒了，那朵漂亮的浪花很快便找到一个新的艺术形式展现。我从大学三年级（23岁）开始写小说，处女作《嘿，别那么丧气》发表在《青年文学》上，这给了我很大的鼓舞。我找到了一个比诗更能表现与施展自己的形式，极为兴奋。当时的文坛正是百花齐放最为活跃的时期，正是"一人一流派，各领风骚三五天"的热闹景象。

我最初的文学创作还曾得到老一辈作家们的关怀和帮助，我对他们怀着敬意。这一时期，我在《人民文学》《收获》《当代》《作家》《北京文学》等全国多种大型刊物发表小说，并由作家出版社出版了我的第一本小说集《纸片儿》，一些小说还被介绍翻译到国外。

第一篇评论我小说的文章刊登在《作家》杂志上，题目是《论一种现代的创作情绪——从陈染的小说谈开去》，令我震惊的是这位当时没见过面的著名评论家能那么准确、敏感、深入地把握我那堆文字。我为这种理解与真挚深深感动。我将永远怀着无比的崇敬，感激那些给予我支持、热情和友谊的文学朋友。

整个大学时代我都是在读书、写作的狂热中，同时又抵抗着书本里那些没用的东西。当有的老师讲到生动精到之处，我便兴奋得如坐针毡，崇敬备至；当有的老师把一些表面上道貌岸然实际上自欺欺人的破东西强加给我时，我便无声地把它们扔回去，甚至逃课。

谈及教育，陈染认为，我们往昔的各种教育，多看重共性，几乎不讲个性

问：曾有位署名唐山的作者，发表了一篇《幸好还有陈染》的文章，文中提及您曾在大学里教他写作课，"她真正平等地去对待每个人。当她的学生，最大收获是自信，而这，是一切教育中最可宝贵的成果，偏偏很难在课堂中得到。"您毕业于师范类大学，也有从教经历，对于读书和教育，您有着怎样的见解？

陈染：整个学生时代，包括早已离开学生生涯的我的后来，一直都是在书的拥围里。在老师逼迫下的读书与自己在家里的读书却在感情上存有天壤之别。

在学校里，老师屡屡告诫我们的是刻苦、苦学，还用古人们的故事来教育启发我们，诸如"头悬梁锥刺股"，什么"铁杵磨成针"之类。总之，离不了一个"苦"字。可是，干吗要"头悬梁"去读书呢？！可见那书有多么乏味，我看，应该立刻丢了书本跳进水里去游泳，或者站到阳台上冲着黄昏的夕阳干一杯；干吗要用粗铁棍去磨针呢？！用铁钉或更细的铁丝去磨不好吗？和"苦"连在一起的书，在我的眼里就是"奴隶主"，而我天性就不想做任何形式的奴隶。当然，我并不是说带苦味的书一定不好，它也许是绝顶的智慧，但同时它也许离你太遥远，你满眼的苦颜色，你的心在抗拒它，那么再好的书也是读不好的。所以，不要去学古人把头发系在房梁上，也不要用铁棒子磨针的精神去啃一本啃不动的书。

从小到大，我始终在可乐地忙一件事：逃。我们往昔的各种教育多看重共性，而几乎不讲个性。有些学校里的教师往往强迫学生功课以外该读什么不该读什么，总想做别人心智的主宰，这无疑是一种"霸权主义"。现代奴隶在我眼里就是丧失心智自主权的人。所以，做个任人摆布的玩偶是件悲哀的事情。这也是我总想逃离群体而最终不能成为一个老师眼里的本分学生的根本。

问：在《另一类伙伴》一文中，您提到自己小时候是在书的包裹里"玩"大的——当然，您说的"玩"并不是指真正的玩，而是指读书时的一种轻松、自由、纯净与快乐的玩的心理与情绪。但是这种境界非常难得。

陈染：我先"偷"两句古人的话做我的保驾。中国有个活了两千三百岁的老头儿叫庄周，他曾说过"至乐无乐、大智无智"这样的话。在我现在的理解里，那就是：文化乃至任何一种事物发展到一种极单纯极轻松的境界才是最为高级的境界。我们常常看到一种"哲人"，他们把生活里最为简单易懂的事物硬是死去活来地倒腾成深奥莫测似是而非的东西，嘴里冒出的好像也不是人说的话。我不知该称这种人是什么。我所崇敬的是那些懂得化繁为简、懂得轻松自如的知识分子。复杂后的简单，动荡后的宁静，悲哀后的快乐是人类成熟的一种标志。这当然也不是社会上普遍存在的傻玩与傻乐。任何一个伟大的人物，我相信他（她）临死时所渴望的是自如、轻松与单纯。

我说玩的另一层含义是，我读的书实在不博大也不精奥。我敬重那些抱着读一辈子书目的的读书人。但对于我自己，却一直缺乏对于某些书本的刨根问底、究其终果，甚至认为那是不够自由的表现；对于终极追问，只知其然不知其所以然，也许有其聪明颖悟的一面。因为这个世界并不一定完全存在着因为与所以。

北京大学教授戴锦华认为，陈染始终只是某一个人，经由她个人的心路与身路，经由她绵长而纤柔的作品系列走向我们又远离我们。以一种并不激烈但执拗的拒绝的姿态，陈染固守着她的"城堡"，与其说那是一处精神家园，不如说是一处对社会无从认同、无从加入的孤岛

问：能谈谈长篇小说《私人生活》吗？是怎样的写作状态？我们知道，小说毕竟是虚构的产物，但因为您的一些作品因为第一人称的表述方式，很容易让读者产生疑惑：这是作家本人的生活吗？您对于"个人化写作"是怎样的看法？

陈染：但我写作这部小说时，始终沉浸在虚构的兴奋中，我试图深入地表现现代人精神和情感的困境，并想寻求一种出路，这些思想始终缠绕着我。我喜欢用第一人称写作，但这并不能说明我的小说完全是我个人生活的"自叙"。人们是以两种（或两种以上）的方式经历现实的，有的是真实的经历，而更多的是心理的经历。

"个人化写作"这个话题，的确触碰到我的敏感点上，它首先涉及"个人与群体、个人与人类的关系"这样一个在东、西方文化中完全不同的社会观念与哲学问题。我记得有位哲学家曾说，每一个个人都代表着全人类。他是人种的一个特例，他即"全体"。他是具有独特性的个体，在这一点上，他是唯一的。与此同时，他个人的人格是由所有人的共同存在的独特性所决定的，所以，他又是人类全部特征的代表。人类是什么呢？人民在哪里？人类或人民的全部潜能难道不是由每一个个人来实现的吗？从我发表作品至今天，我从未迎合过广泛意义的"文学活动"或者各种主义流派的潮流，对舆论界也缺乏随和精神，觉得那些有不少是缺乏诚实与认真的。我始终坚持在主流文学之外的边缘位置上一笔一画地写作。我并不以为文学中的"个人"比较起"群体"是一种大与小的关系，一百个人与一个人并不能说明什么，这只是一个"量"的问题，而不是"质"的问题。其次，在一些传统的文化观念中，认为每一个个性化的个人是残缺的，非普遍意义的，习惯于接受和认定被"社会过滤器"完全浸透、淹没过的共性的"完整的人"，他们只是在张三李四的表象特征上有所不同，而在其生命内部的深处，却是如出一辙。他说的话，即社会的话语，即千人一面，毫无个性。其实，我以为，在人性的层面上，恰恰是这种公共的人才是被抑制了个人特性的人，因而才是残缺的、不完整的、局限性的。纪德也曾经提到过"体现尽可能多的人性"。我想，应该说，恰恰是最个人的才是最为人类的。

问：您曾作为 20 世纪 90 年代文坛"私人写作""女性文学"的

代表……对于这些说法，您怎么看？

陈染：文学作品关于外部世界的叙述，或者关于人自身内部的慎独，应该不是一种对立的关系。人内心世界的反应或描述，肯定是人与外部世界碰撞的结果。

作家的类型有所不同，有的比较倾向关注外部世界，以向外探索为特征，乡村、工厂、矿山、企业、官场、国家、战争……外部事件构成了作家的叙事主体框架；而有的作家则比较感兴趣人自身的灵魂或人性的体悟，比如把我们那些平庸琐碎的日常生活，那些人们不经意的举止情态，以及光线草木流水迷雾的痕迹、时间的流逝、视线所及的风云变幻……吸纳到无限的内心空间里来，以一种非由外部事件构成的情节为主线的、内在而隐形的心理流动为主体。理论家们称之为"追思生命的本源"也好，或曰什么主义也好，我以往的小说大致就属于后面这一类。

葡萄牙作家佩索阿曾说："我的内心是一支隐形的交响乐队……真正聪明的人，都能够从他自己的躺椅里欣赏整个世界的壮景……他仅仅需要知道如何运用自己的五官感觉，还有一颗灵魂里纯正的悲哀。"我确实感同身受。这里并不是说，我们只是关上门，自说自话，拒绝外部世界，只感受自己。任何一个思想着的人都不会如此。每一个认真的作家都会将人世间的一切视为自己的源泉和财富。

这些年来，我其实一直是，一边忙着"开门"一边忙着"关门"。这里只是强调，我们也需要摆脱喧哗与嘈杂、需要静心沉湎于内心和精神深度的一面。

有人教导我们，创作"要大""要宽"，我在虚心反省自己的同时，也与同行朋友切磋这个话题。

有一次，在谈到这个话题时，王朔说，陈染你知道你的写作对我有什么启发吗？原来我的写作是受海明威影响，认为内心活动必须通过对话通过外部事件表现，也就是冰山理论那一套。那当然是一种很好的技巧。但时间一长就会轻视内心活动，精神的东西。可是我看了你的小说之后，我意识到它的重要性。就是外部东西看似千差万别，其实你仔细检索描写当代生活的小说，都是一种模式的，所谓的不同就是指的内心感悟。我认为你的方式是对的。关于外部描写现在有纪录片、电视电影，那表现得更直接，跟你抢夺同一块阵地。那么我们的文字就应该达到镜头达不到的地方——内心。也就是说文学再往前走，恐怕你那个方向就代表了文字的未来……王朔的话当然对我是一种鼓励。

　　我还看到苏童的言论更为直接，他说："我最后要说的也许是个谬论，对于一个作家来说，重要的不是如何开放自己，而是如何封闭自己。"我自然是继续思索这个问题。但是，迟早这将不再成为一个问题。现在，我的立场仍然是，向内与向外是两股道上的车，有交叉，但并不对立，也不可比。我个人更偏爱前一种。既然百花齐放，那么百鸟争鸣便是一种丰饶的景致，即使是一只小鸟、一只弱鸟或者是一只丑鸟，也不能扼住它的喉咙。

陈染仍在写作，因写作于她而言是一种有乐趣的工作。若这乐趣消失，她也会坚定地放弃，不写作也同样是一种坚强的选择

　　问：您最近在写什么？

　　陈染：记得《英国病人》中女主人公说过这样一段话：在我生命的50%时间里，觉得没有你简直就活不下去；在另外的50%时间里，觉得没有你也没有什么……

　　对现在的我来说，倘若把这个"你"比作文学、比作一切身外

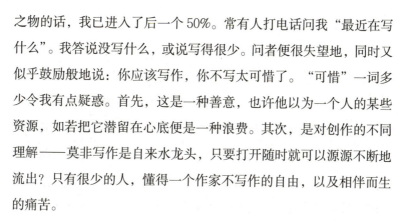

之物的话，我已进入了后一个50%。常有人打电话问我"最近在写什么"。我答说没写什么，或说写得少。问者便很失望地，同时又似乎鼓励般地说：你应该写作，你不写太可惜了。"可惜"一词多少令我有点疑惑。首先，这是一种善意，也许他以为一个人的某些资源，如若把它潜留在心底便是一种浪费。其次，是对创作的不同理解——莫非写作是自来水龙头，只要打开随时就可以源源不断地流出？只有很少的人，懂得一个作家不写作的自由，以及相伴而生的痛苦。

经常是，我把房门紧闭，电话关上，电脑打开，手指洗得干干净净，茶水也泡好，把头脑中所有的压力和杂念统统排开，外边的天气也正好是阴雨绵绵……似乎一切准备都合乎写作的心境。可是，坐在电脑前，有时呆呆地一坐坐上半天，一个字也写不出，脑子里空空洞洞，如同一个废弃的仓库。每当这时，我便会停下来，或者随便翻翻闲书，或者干脆把自己打发到街上去瞎走。

其实，不写作的自由正如同写作的自由一样，自然而然，没有附加条件。什么时候，作家的身份不再成为一道虚幻的光彩或者一道阴影，浮现在真实境况中我们的脸孔之上；什么时候，作家的身份不再同时寄附在现实生活的我们的身体里，让"他"浑然不觉中游离成另外一个单独的人；什么时候，那个作家的身份只是报纸杂志上的一个署名，而生活中的我们只是安静地生活在北京某条宽敞的街道拐角处有些多思多感的人；当报纸杂志上那些褒贬我们的作品的嘈杂之声，或者熟人在电话里讨论我们要不要写作的感叹，对现实的我们来说如同在说一个不相关的另外的人的时候……这种时候，自由的光辉就真实地降临了，那将是什么样的境界啊！

问：但是很少有人达到这种境界吧？

陈染：在我所见过的优秀作家中，的确有一些人做到了写作的自由（相对而言的自由），但是，至今真正做到不写作的自由的不多。适时地金盆洗手或者江郎才尽之后，一些人愤愤不平，死死拽住昨日光辉的余晕，在早已超越于自己的后来者身上指指点点，我曾经见到过一位有些名气的"文学英雄"，面对新勇的后来人，他无法抑制自己的失落，当众宣布，要设立一项以他自己的名字命名的什么文学奖，亲自颁发给后来人；还有另一种人，干脆假装超然，似乎什么都想开了，似乎已得"正道"而获大平静，对创作困境中袒露真诚与苦恼的文学之人极尽嘲讽，一副好为人师的样子；再有一种人，就是那种暂时的或者永久失去了写作的热情和才力之后，依然不肯罢休，继续无休止地与自己较劲，使得自己终日在苦恼和抑郁中纠缠不开，作家的他已经完全地淹没了现实之中的他本人，对于创作枯竭的恐惧和忧虑使得他在整个绿树飘香的夏季或者春天毫无生气，他自己成为作家的他的奴隶。

这些，终归是缘于无法真正做到不写作的自由。我想，任何一个作家，在实现了写作的自由之后，接下来都将面临"不写作的自由"这个问题。

现在，每当写作中空洞和麻木的感觉降临于我的时候，我便会果断地关上电脑，坐到窗前的大沙发里去，在那些或晨或暮的时刻，我一边认真地翻阅茶几上的闲书，一边同样认真地喝茶，有时候我会站起来在洒满光线的地板上走来走去，影子也随着我的身体在房间的每个角落晃动。

问：作为很早成名的作家，这种状态会让自己焦虑吗？

陈染：我的内心并不很焦躁，虽然想起一天的日子没有任何"业绩"就流逝过去而不免内生点点失落，但是这一种失落仍然无法全部抵消现实的我的身体里的某种安静。

能怎么样呢？除了凝神观看落日余晖一点点从墙壁上退离，除了向往昔充满写作激情的自己以及那些正在沉浸于此种激情的作家们深深致意之外，没有什么可行的办法。任何一个作家概莫能外。只有期待下一轮的写作激情吧。

记起博尔赫斯在《等待》一文里的一句话，"有时候，他的厌倦像是一种幸福感；有时候，他的心理活动不比一条狗复杂多少"。

我终于感到些许安慰。

我忘记从哪本刊物上读到过另外一句话：不写作难道不是对写作的最高敬意吗！我想，这是如我一类的作家，暂时或者永久停止写作的最为理想的理由吧。

陈染几乎不相信排行榜一类的事物。她经常重读书柜里的旧书，读旧书如同品味陈年的醇酒，韵味无穷，她希望在书中与自己相遇

问：能否分享一下您读书的状态？您在《谁掠夺了我们的脸》一书中，曾把读书人分为"书主和书奴"，这个说法比较有趣。

陈染：我读书基本上是在"玩"的心境下进行的。每每夜幕低垂，窗外黑风响得紧、雨珠敲得勤的时候，特别是冰冷彻骨的冬夜，房间里暖融融的，一盏孤灯、一杯香茶、一把软椅、一个平和的心境，加上一本好书，真是世间难寻的幸福，一个默想人生领悟世界的境界。这份宁静与沉思的享受并不是谁人都可以得到的。

世间读书人大致有书主和书奴两类。"锥刺股"们以及在考试的压力下读书的，即是书奴；相反，那种借着书页浏览了大自然美丽景致或者似与一位大智者长谈一番的快乐忘情之人，便是书主。当然，有时候往往是那些书奴表现得最为谦逊、最为随和、最为合群，也容易获得社会的认同与成功；而那种心灵极度自由、深爱孤静、沉迷一灯一椅一茶一书的书主却显得落落寡合，不易为常人所接纳。遗憾的是，在很多人眼里，前者往往被看作合乎规范与情理。我却不这样看，勉强心智去做自己不喜爱的事才是不合规范与情理的。

问：您特别强调读书的自由？

陈染：读书的自由也许像所有的自由一样，是一种中庸或一种技巧，只看我们怎样使用它了。我并不提倡这种中庸。只是说，消极、被动的一半是为了更好地使积极、主动的一半得以施展和发挥。这是一种消极的积极。

话说回来，对书的选择应是自由，与书的依附关系更应是自由。我和书的友谊就是一个由紧密到松散的过程。正像一对情人，由初恋的如蜜似胶相依相偎，发展到后来的一种无须言语然而却默契理解的散淡。

大约爱书成癖的人最初都很"痴"，他们用一本一本的书砌成一个个沉重的城堡，把自己围在里面，生活本身却在城堡的外边。他们一本一本地狂啃，带着一种忧思，一种模糊，一种梦幻，以为吃完了城堡就可以把真理攥在手里了。

我曾经就是这样一个痴人，也许现在仍然是，只是似乎领悟了点什么。其实，城堡外边的生活里，智慧是那么简简单单没有加工地明摆着。

当然，这个道理只有把自己关在城堡里的人关到最后才能拾到。

现在，当我外出旅游时，不会再像以前那样背上一堆书，甚至背上大字典，它们已经无形地装在我心里了，书是否带在身边已经不再是最重要的事情。我可以看许多许多其他的"大书"，看老榆树沉稳地站立，柔弱的风怎样躲开雨滴，看夜色皮肤的衰老，看悲哀的病鸟躲进黄昏的瓦缝，看泪眼里面的晴空，看晴空后边的背影，背影里死亡的梦和没有梦的宁静，去看很多很多。世界比书本的颜色多得多。

问：能谈谈您喜欢哪一类书吗？有什么读书方法？

陈染：读书方法仍然是自己选择，不强迫自己，也爱把自己喜爱的书推荐给朋友们。除了文学，我感兴趣于中国古典哲学、宗教与中医学，也感兴趣于西方精神分析学与现代主义哲学，感兴趣于超自然界、宗教以及边缘科学。我从不给自己设防，也没有禁区。书可有形，亦可无形；书可以穿上衣服变成我，我也可以脱掉衣服钻入书。我们相互依赖，又彼此独立。书永远是我的朋友。

问：您喜欢的旧书有哪些？有怎样的枕边书？

陈染：有前一段时间，我重读几本书柜里的旧书，《大哲学家生活传记》（美国，1992年5月，书目文献出版社出版）成为我的一本枕边书，这本书可以作为我在庸琐的现实中寻求自己的精神位置的一本书，我可以没前没后翻开哪儿是哪儿地读下去，而且只需片刻时间，我便可以进入另一种精神状态——那是和我的内心非常符合的深沉的精神所在，一种寻找自己并能够与自己相遇的精神状态，说到底，它是一本通过哲学家的思想脉络梳理我们自己思想的书。

另一本书是漓江出版社出版的《魔鬼辞典》（美国），这几乎是一本令人百读不厌的书，作者用辞典的方式，为周遭事物进行幽默、调侃和反讽的定义，阐明作家对人类及其文明的深深的沉思与质疑。还有一本书是三联书店出版的《现代人的焦虑和希望》（德国），该书涉及一些困扰我们这个时代的重要问题，探索了西方文化尤其是西方思想的根源，反省我们的社会结构、人对自然以及我们自身生命的嬗变、更迁，并试图指出一条脱离困境与危机的路途，在人类思想的不断破旧立新的激变中，在全球性的思想多元化的世界上，如何寻找我们自己。

迟子建：当作品染上岁月的风霜

　　迟子建，1964年生于黑龙江漠河。1984年毕业于大兴安岭师范学校。1988年毕业于北京师范大学和鲁迅文学院联办的研究生班。现为中国作家协会全委会委员，黑龙江省作家协会主席。著有长篇小说《伪满洲国》《额尔古纳河右岸》《白雪乌鸦》《群山之巅》，中短篇小说集《北极村童话》《雾月牛栏》，散文随笔集《伤怀之美》《听时光飞舞》等。其中，《额尔古纳河右岸》获得第七届茅盾文学奖。其作品被译成英、法、日、意大利、西班牙等多种语言在国外出版。

┃采访手记┃

她是开朗的，又是忧伤的；她是明快的，又是苍凉的；她的小说写尽悲伤，背后却依然四溢温暖的阳光。

迟子建，一个在文学的沃土辛勤耕耘了40年的写作者，一直执着深情地注视着故乡的大地和底层的人民，从《北极村童话》到《伪满洲国》《额尔古纳河右岸》《白雪乌鸦》《群山之巅》……迟子建独自走在北国的原野，并不归属某个文学流派或创作群体。这种"不入流"，恰恰给了她自由，给了她广阔的生长空间。她的这种坚持，在今天的时代大概因固守而显得孤独，但是却明明白白地昭示一种光明和值得期待的未来。

评论家谢有顺曾评价迟子建的创作态度是"忧伤而不绝望地写作"。"忧伤"是迟子建作品弥漫着的一种气息。在迟子建看来，这种"忧伤"表现在对生之挣扎的忧伤，对幸福的获得满含辛酸的忧伤，对苍茫世事变幻无常的忧伤。"不绝望"可以理解为，对生之忧伤中温情亮色的感动，对能照亮人生的一缕人性之光的向往，这些，是人活下去的巨大动力。

想象在她美丽而亲切的故乡，她坐在书房里，享受窗外的山，享受月夜下泛着银色光泽的河流。她投入地写作，非常舒展，那种幸福感洋溢在她的笔尖和纸端，也洋溢在她写完后的放松。

她的多数作品，都关乎脚下的黑土地。迟子建说，没有童年的经历，是不可能有自己的写作的。一个作家的童年经验，可以受用一生。这经验像一颗永不泯灭的星星一样，能照亮你未来的写作生活

问：能谈谈您的创作经历吗？从作品中可以看出童年的经历对您的创作产生了深远的影响。

迟子建：小时候我是在外祖母家里长大的，那是个广阔空间，感觉人很渺小。呼吸什么空气会产生什么气息，童年的经历会不知不觉地影响你的写作。北极村是我的出生地，是中国最北的小村子。每年有多半的时间被积雪覆盖，我在那里度过了难忘的童年。我记得那里的房屋的格局、云霞四时的变化、菜园的景致和从村旁静静流过的黑龙江。记得姥爷、姥姥、小舅和二姨，记得终日守护着院子的一条名叫"傻子"的狗，记得一位生了痴呆儿的喜欢穿长裙子的苏联老太太……于是我在写《北极村童话》时充满了幻想，完全没有感觉是在写小说，而是一发而不可收地如饥似渴地追忆那短暂的梦幻般的童年生活。

当我写完它时，对它充满了信心。毕业回到家乡当山村教师，我又对它做了局部修改，然后投给两家刊物，都被退回，说它太"散文化"。1985年，黑龙江省作协在萧红故居呼兰县办了一期小说创作班，我去参加了一段时间，其间《人民文学》编辑朱伟来讲课，在他临离开呼兰的前两个小时，我忐忑不安地将《北极村童话》交给他，让他看看，这像不像小说？朱伟当时正在会议室休息，他说马上要走，只能翻翻。我很失望地回到房间，想他也许连翻也不会翻一下。即将出发前，朱伟找到我，未等我问，他就说，这篇小说不错，为什么不早些寄给《人民文学》？朱伟带走了《北极村童话》，发表在《人民文学》上。我一直认为它是我早期最具代表性的作品。

我的写作是从大兴安岭师专开始的，那时课业不紧，我大量阅读图书馆的藏书，并开始悄悄地写作，毕业时就开始发表作品——应该说是比较顺利的一个。

问：您写的每一部长篇都是大题材，《伪满洲国》《额尔古纳河右岸》《白雪乌鸦》，是否在确定长篇写作时，题材是首要考虑的？可是您又如此擅长写小人物。大题材和小人物之间，您是如何驾驭的？

迟子建：这是个很好的问题。的确，我所写的几部长篇，在别人眼里是"大题材"，《伪满洲国》写了14年历史，《额尔古纳河右岸》写了鄂温克这支部落近百年的历史变迁，而《白雪乌鸦》写的是发生在清王朝末年的哈尔滨鼠疫。不过在我眼里，题材没有大小，也没有轻重，关键要看作家对这样的"题材"是否产生了感情。喜欢上一个题材，如同喜欢上一个人，你才愿意与之"结合"，才会有创作的冲动。否则，再大的题材，与你的心灵产生不了共鸣，融入不了感情，你就驾驭不了这个题材。好在这3部长篇的题材，都是让我动心的。我与《伪满洲国》是马拉松式的"恋爱"，资料准备了七八年，写了两年，直至它出版，我与它"相恋"了10年。《额尔古纳河右岸》也是这样，对这个题材的爱，早就埋在心头，我一天天培养它，做了大量资料和实地调查，这颗爱的种子在发芽后终于成长起来，我用两个多月的时间就完成了它。而与《白雪乌鸦》是闪电式的爱，很快就掉入了这种写作情境，开始了一次鼠疫之旅。如你所说，我的这些长篇，不管题材多么大，写的都是小人物。即便《伪满洲国》里写到溥仪这样的大人物，我都是用描写小人物的笔法。因为我坚信大人物，都有小人物的情怀。而情怀才是一个人的本真的东西。

问：关于"伪满洲国"的题材大家并不陌生，您在构思时是如何考虑的？能谈谈《伪满洲国》的创作原因吗？

迟子建：我在鲁迅文学院学习的时候就有这个想法了，那时对东北这段特殊的历史所知甚少，想写也无从下手。1991年底我去日本参加文化交流，在东京召开一个欢迎会，一位白发苍苍的日本老人走过来突然张口问我："你从满洲国来吗？"我听了很震惊，感到刺耳，仿佛受了污辱。那段不堪回首的历史已经结束，为什么在日本、在中国的老人中烙印这么深？我觉得伪满14年的历史值得我去想一想，看一看。

这本书的落脚点不是史实，而是特定的时代，充满乡土气息、民俗文化，而人的情感经历在里面占据了主导地位。我断断续续地查资料，想法成熟了才开始闭门写作，全力以赴地写。计划写40多万字，实际上写了60多万字。写完后自己都觉得吃惊，怎么会写这么长？但我觉得写得还是比较精练，因为它涉及的社会生活层面较广。我做了许多资料准备，在酝酿成熟后才动笔。《伪满洲国》是我比较满意的一部作品，写的过程也比较顺利。写作这部作品时，我沉浸在"满洲国"的氛围里，傍晚走在街头，感觉调子都是灰的。

问：我很欣赏您的创作状态，不急不缓，每一篇拿出来都是留得住、值得放在书架上仔细回味的作品。

迟子建：我从1983年开始写作，其间经历了新时期文学种种的潮流。我不是任何一个"主义"下的人，也不是任何潮流中的人，这种不入流，恰恰给了我自由，给了我广阔的生长空间。我觉得写作不能急，要慢慢来，持之以恒，而坚持是需要勇气的。写《伪满洲国》，给我最大的启发就是，作家要不断面对有难度的写作。我每写一篇东西，发表出来后，至少要读一遍，给自己挑挑毛病。常批评自己，就会有所进步。我觉得作家最大的敌人就是他自己。我对自己的作品总有种种不满意的地方，从这点来说，我可能还会有所发展。

我们能感受到她对自己生长的那方土地、对每一个世俗的日子恒久的爱，执着地贯穿于字里行间。她甚至常常在梦里遇见大自然的景象，她怀着又敬畏又热爱的心，不由自主地书写这些真正不朽的事物

问：《额尔古纳河右岸》的写作，使您进入鄂温克族人的生活世界，以温情的抒情方式诗意地讲述了一个少数民族的顽强坚守和文化变迁。这部作品像一面镜子，照耀着那些远离山林和自然的灵魂。但是单纯地把这部作品理解为历史小说，也失之偏颇吧？

迟子建：是的。我去追踪这个部落的时候，心灵受到强烈的震撼。山里的条件很艰苦，但他们的生活快乐。他们从不乱砍滥伐，打猎也决不滥杀，够一周的食物就行了，不过多索取，在知足中产生富足感，他们唱的歌旋律优美——我觉得他们的生活方式对我们是有益的启示。

问：看到这个行将消失的鄂温克部族、面对其文化正在逐渐消失的现状，反思现代生活和原始生活的冲突，是这部作品的真正用意？

迟子建：为什么一定要把这样一个朝气蓬勃的部落变得和我们一样呢？我们为了所谓文明生活，对我们认为落伍的生活方式大加鞭挞，本身就是一种粗暴。不仅鄂温克这个部落面临如此境遇，世界上其他少数民族也面临这个问题。那些有自己生命信仰的弱小民族，在现代文明面前面临的生存艰难和文化的尴尬，值得我们反思。我们太贫血了，所以当真正的鲜血喷溅时，我们以为那是油漆！

问：这部作品获得第七届茅盾文学奖。授奖辞说，迟子建怀着素有的真挚澄澈的心，进入鄂温克族人的生活世界，以温情的抒情方式诗意地讲述了一个少数民族的顽强坚守和文化变迁。

迟子建：我不会刻意追求一部作品的厚重感，因为"深刻"是求不来的，只能是自然而然呈现。《额尔古纳河右岸》其实是我的中短篇小说在艺术上的一个延伸，不同的是，写作这部长篇时激情更为饱满，大约触动了我灵魂深处的一些东西。其实写它是有难度的，首先我要把自己变成一个鄂温克老女人，其次，我要在一天中把近百年的故事讲完。好在我熟悉那片山林，也了解鄂温克与鄂伦春的生活习性，写起来没有吃力的感觉。我其实想借助那片广袤的山林和游猎在山林中的这支以饲养驯鹿为生的部落，写出人类文明进程中所遇到的尴尬、悲哀和无奈。这其实是一个非常严酷的现实问题。

问：《白雪乌鸦》以 1910 年冬至 1911 年春哈尔滨暴发鼠疫的历史作背景，所有深藏的爱怨情仇，在死亡的重压下枝缠叶绕。起意写作《白雪乌鸦》有什么原因？书名有何寓意？

迟子建：2003 年"非典"，当时政府采取了很多防控措施。哈尔滨的媒体报道说，这与 100 年前发生鼠疫时，清政府派去防治鼠疫的医官伍连德采取的措施几乎完全一样。我查阅了资料，1910 年鼠疫时，2 万多人的傅家甸（也就是哈尔滨道外区）竟然有 5000 人死于鼠疫！我开始留意这个事件，留意伍连德，但我感兴趣的不只是他这个人物。我想知道鼠疫突来时，身处其中的普通人的心理感受，他们的喜怒哀乐。另外，当年老哈尔滨的社会状态我也特别感兴趣——中东铁路兴起没多久，有 8 万俄国人和几千个日本人生活在那里，城市里有很多西式建筑，剧院上演的是芭蕾舞、西洋戏剧，而傅家甸则是尘土飞扬的流民区域。如果把鼠疫放在这样的背景当中写出这段历史，会很有意思。

在生活中，我偏爱黑白色，它们对比强烈，也是最能与其他颜色达成和谐的色调。哈尔滨的冬天，最常见的是白雪，长达半年的冬天，使雪花成了从天庭来到人间的常客；而乌鸦在满族人的心目中，是报喜鸟。传说乌鸦救过清太祖，朝廷里特设"索伦杆"，祭祀乌鸦。而这场大鼠疫之后，清王朝就灭亡了。而我在查资料时也看到，当年的哈尔滨，尤其是松花江畔，乌鸦很多。我觉得黑白色调特别契合我这部长篇小说的气氛，所以就用《白雪乌鸦》作书名。

在《黄鸡白酒》之后，迟子建很快又完成了《晚安玫瑰》。前者来自辛弃疾的词"谁唱黄鸡白酒，犹记红旗清夜，千骑月临关"，后者则不像书名那么浪漫迷人。在作品中，她融入对社会更多的体察和反思

问：《晚安玫瑰》中，景物的描写由大自然转移到城市，在露台、在屋顶、在高窗上。当您笔下的舞台转移到城市，心中会有不一样的感觉吗？

迟子建：没什么不一样的感觉。我描写的露台、高窗、坡屋顶，这样的房屋基本都在哈尔滨中央大街一带，那里被誉为"哈尔滨建筑博物馆"，都是历经沧桑的老建筑，各种风格的，是个露天艺术长廊，我的笔徜徉其间，一样滋润！因为我把这样的建筑当成了自然的一部分。能够活在这样的屋檐下，比活在一个模式建造的钢筋水泥混凝土的楼群中，要曼妙得多！当然，我的笔也抒写都市里的狭窗陋巷，抒写像《黄鸡白酒》的小酒馆，它们在我眼里充满了世俗烟火气，一样是动人的风景。

问：《白雪乌鸦》《黄鸡白酒》《晚安玫瑰》单看书名就是诗意并且色彩绚烂的。是有意为之？

迟子建：没有。也巧了，这3部抒写哈尔滨不同历史时期的作品，标题都是4个字的。《白雪乌鸦》因为写的是清朝末年发生在哈尔滨的大鼠疫，疫情恰好在冬天达到了高峰，而那个年代的哈尔滨，冬天最常见的就是白雪和乌鸦，所以就有了这个篇名，而它与鼠疫的气氛也是相符的。至于《黄鸡白酒》，它来自辛弃疾的词"谁唱黄鸡白酒，犹记红旗清夜，千骑月临关"。辛弃疾是我最喜欢的词人。至于《晚安玫瑰》，原来并不是这个篇名，是发表的最后一刻改的。

问：《晚安玫瑰》借着描写小娥的爱情，折射了中国百姓的生存状况、买房的压力、婚姻的矛盾甚至亲情的悖离……我很感兴趣这个题材是从哪里来的？写作的过程，是怎样的心态？您对这部作品比较满意，满意在什么地方？

迟子建：写作《晚安玫瑰》，差不多花掉 3 个月的时间，是我写的篇幅最长，也是注入思考最多的中篇。小说中的每一个人，都在欲望中挣扎，通过神灵或自我救赎，走上精神的皈依之路。在这里，我们可以看到时代的风云变幻，对个人的命运的影响。这里的两个女人——流亡到哈尔滨的犹太后裔吉莲娜和报社校对员赵小娥，都有"弑父"行为，所以最早篇名是叫《弑父的玫瑰》。编辑们觉得"弑父"二字放在篇名太直露，所以我最后改成了《晚安玫瑰》。我对它最满意的地方，就是对这两个女人的塑造。她们的精神世界和情感世界是复杂的。

问：《额尔古纳河右岸》中有酋长的遗孀，《黄鸡白酒》有春婆婆，《晚安玫瑰》有吉莲娜，您在描写笔下的老女人的时候，是否有格外的感情？

迟子建：我希望自己也能活到她们那般年纪，宠辱不惊，宁静如水，朴素地活到人生的夕阳时分。

问：您作品中的任何女性，几乎都具备健康、不屈、积极向上的心态。如果有迷茫，肯定也会在某种寻找之后豁然开朗。我想这跟您本身的性格也有关系。您能总结一下作品的女性人物吗？

迟子建：其实我在写作的时候，从来没有想到笔下的女性人物是什么样的，男性人物又该是什么样的。小说如同一场戏，开场后，谁先登场，谁表演的时间长，谁是什么性格，男人女人哪个抢眼，完全取决于他们在戏里角色的分量。我想我写过的女性人物，最典型的特征，应该是一群在"热闹"之外的人。不过让我细致地"总结"她们，我还是很吃力。因为在"女"字上做文章，对我来说，跟让我登珠峰一样难。

中短篇的写作能锻炼一个作家的气韵。在迟子建看来，如果没有中长跑的基础，是不会有优秀的马拉松运动员的。同样，一个作家历经了中短篇的千锤百炼，奔向长篇的时候，才会体力充沛

问：中短篇的写作，其实一点都不亚于长篇所耗费的精力和心思。您确定体裁时，以怎样的标准判断？

迟子建：作品"容量"的大小，决定着体裁的长、中、短。比如我做《伪满洲国》和《额尔古纳河右岸》的资料，我就知道，手中握着的，是长篇的种子。因为它容量大，张力大，可塑性强。可是像《清水洗尘》《逝川》和《亲亲土豆》那样的题材，它出现时，就是短篇的姿态。

相反，类似于《世界上所有的夜晚》和《起舞》这样的小说，我打腹稿时，就知道它会以中篇的形式出现。容量大的水流，你把它注入窄小的河床，它就会泛滥成灾；而你非要把一条小溪引到大河的河床上，水流活跃不起来，势必会成为死水。所以，把短的东西拉长是臃肿乏味的；而长的东西，你想遏制它的生长，也是不可能的。

问：您的作品被改编成影视作品的好像很少。

迟子建：其实，我的小说出来后，想要改编影视剧的确实有很多，但真正能落到实处的寥寥无几，可能我的作品缺乏影视剧所需要的流行元素吧。因为对影视公司来说，收视率高于一切。我写作，就像你说的，只遵从内心，不会考虑它是否适合改编。作家留下来的，最终还是文字，而不是其他。

问：您对于小说技巧的把握、语言的精致以及讲故事的能力都让人佩服。写作素材又是怎样获知的？

迟子建：如果问我作家的命脉是什么，我会说：想象力。一个只拥有生活而缺乏想象力的作家，会灿烂一瞬，如流星；而那些拥有丰富想象力的作家，有如一颗恒星，会持久地爆发光芒。有了想象力，你就不会把"生活"那么快就用空，你的内心总会有激情和动力，好像一台汽车加足了油，随时都可以驰骋。所以我觉得一个作家，一生最要爱惜的，就是保护和发掘想象力，它是写作的火种。

问：故乡在您作品中的呈现，或者说故乡与作品的关系，这么多年来有怎样的变化？写《北极村童话》时那么清新天真，到《额尔古纳河右岸》与《白雪乌鸦》，已经具备了史诗般的厚重。

迟子建：没有故乡，就不会有我的写作。但是，喜欢一个人，会"爱之深，责之切"；喜欢一个地方，同样如此。因为深爱那片土地，它光明背后的"阴暗"一面，也越来越引起我的注意。我想当一片土地由亲切变得相对陌生的时刻，那么拷问作家良心的时刻便也到了。我愿意接受这样的考验和锻炼。从《北极村童话》到《额尔古纳河右岸》和《白雪乌鸦》《黄鸡白酒》，毕竟相距20多年的时光。创作初始的那种恬淡和忧伤，我至今迷恋着，也许那是我与生俱来的气息。我并不特别清楚写作的变化在哪一个时间节点上，就像我不知道，眼角的皱纹，究竟是哪个时刻悄悄爬上去的。

问：在您的很多作品中，对自然景物都有非常细致的刻画，那些美丽的自然风光像涓涓细流融入故事。这种对于自然的热爱与描写，在当代作品中越来越少了。似乎大家都没有心思去关注周围的景物了。您的这种风格，是来自俄罗斯文学的熏陶，还是受生活环境的影响？

迟子建： 最主要的是生活环境的影响。你想啊，我出生在大兴安岭，17 岁之前，都没出过山，满眼看到的是大自然的风景。那里人烟稀少，四时景色不同，所以从童年起，我等于在看老天绘制的一幅幅风景油画——春日森林的嫩绿，夏日林间缤纷的野花，秋日五花山的绚烂，冬日冰河的苍茫，还有那沼泽上的水鸟，林间的溪流，变幻无穷的天空，都给我留下了深刻的记忆。我想起故乡，往往就是这一幅幅诱人的风景图画。每当写到故乡，这样的风景自然而然从笔下流淌出来了，因为我小说的人物就活在这样的风景中。

问： 回顾 30 年的写作，您愿意作何评价？

迟子建： 1983 年我在大兴安岭地区师范学校开始写作时，并没有想到手中的笔，会这么让我不舍，一直到今，还牢牢在握。写作帮我打开了生活的另一扇窗——那个源自现实，又与现实有着不一样气象的天地，它是那么令我着迷！我早期的作品，确如评论家所说，是纯净忧伤的，而近期作品，有了苍凉之气。我想这与我对文学的认识的加深和人生阅历的增长有关。但我所有的变化，都是渐变，而不是一夜之间的突变，所以对自己的写作，我也很难划分明确的阶段，因为创作是有延续性的。我有个习惯，就是作品发表之后，再读上一遍。我读它是为了给自己找不足。我在很多作品中都能找到不足，所以总是寄希望于自己的下一部作品。可下一部作品出来后，我读后又发现了不足。知道自己的"不足"，我想或许我未来还能写得好一些。从生活的意义来说，写作帮我度过人生的难关，我爱人离世后，是这支笔给我强大的支撑，为此我要感谢写作。

也许是因为神话的滋养，迟子建记忆中的山川河流以及笔下的人物，无一不沾染了神话的色彩。也许是由于善良隐忍宽厚，生活里到处是融融暖意，当然也不乏痛苦和烦恼。迟子建从他们身上，领略最多是随遇而安的平和与超然

问：您曾在作品中不惜笔墨地描绘萨满治病招魂的全部细节，从萨满治病的禁忌（不许点灯）、萨满跳神的服饰（彩色神衣）、法具（神鼓）、萨满神歌以及神奇效果（除岁奇迹般地好了）等方面细致再现了整个治病招魂的过程，让我们看到萨满跳神所具有的科学无法解释的神秘力量。

迟子建：大自然确实有股神秘力量。我在做《额尔古纳河右岸》资料时，知道有的萨满在跳神时，能把大地踏出一个坑来。超自然的力量，是我们所不知。而我小时生病，家长也用"烧邮票"的方式给我叫过魂。我去北京天文馆参观，看着陨石展厅中一颗微小的来自月球的岩石，我总想夜晚时它会不会发光，它会不会是嫦娥舞蹈时，衣裳落下的一颗纽扣呢？科学可以探明宇宙的奥秘，但对于一些超自然的力量，科学也无法解释。其实世界有谜团是好事，我们对世界还有敬畏之心。

问：文学写作本身也是一种具有宗教情怀的精神活动，而宗教的最终目的也就是达到真正的悲天悯人。在写作中，是否也贯穿着这样一种精神诉求？

迟子建：悲天悯人的前提，是这个作家对世界没有绝望，哪怕生活落入不幸之境，他们依然能用湿漉漉的眼睛打量尘世的风景。这个世界神灵与鬼魅共存，一个富有宗教情怀的人，会把"根"扎得很深，不会被鬼魅劫走。

问：智障人物也是您作品中的常客，这些被世俗社会视为异类

的人物身上，您发掘出他们纯净的思想、奇异的智慧：《额尔古纳河右岸》中的安草儿是个愚痴的孩子，《第三地晚餐》中陈青的哥哥陈墨是个遭人嘲笑的智力欠缺的人，但他却有着自己的生活理念……这样的人物，在很多经典作品中都会出现，包括世界名著。

迟子建：我的短篇《采浆果的人》，也写了智障的人，这与我童年的生活经历有关吧。我们小镇不大，但有好几个智障的人，他们在我眼里不是"傻瓜"，而是有光彩的人。他们不循规蹈矩，说出的话永远满怀天真，他们在一种"天籁"状态下生活——虽说那是病态的。我总想，我们觉得他们可笑，可他们也许觉得我们可笑。

问：但凡写作者，总希望突破。您肯定也会有这样的想法吧？每次动笔之前，会在哪方面着力更多？

迟子建：如果说素材是柴火的话，当你准备了高高一摞柴火后，最希望找到火种点燃它。这个火种就是形式。找一种恰当的表达方式，对我来说是着力最多的。比如我的几部长篇，《伪满洲国》14年的历史太庞杂了，如果面面俱到，4卷也可能写不完，最终我采用编年体，60多万字完成了它。写《额尔古纳河右岸》也是这样，当资料做得完备后，就是找一种最理想的方式表达它。结果我采用一个老女人的自述方式，以一天中的3个时段来讲述故事，整个素材就被点燃了，写起来非常顺畅。

叶弥: "越轨的笔致"冲破思想的牢笼

  叶弥, 本名周洁, 1964 年生于江苏苏州。1994 年开始小说创作。江苏省作家协会副主席, 中国作家协会第九届、第十届全国委员会委员。代表作品有长篇小说《风流图卷》《美哉少年》《不老》。中短篇小说集《成长如蜕》《桃花渡》《亲人》等。短篇小说《香炉山》获第六届鲁迅文学奖。

▎采访手记▎

相比较而言，30 岁开始经营文学，稍微有些晚。但是这有什么呢？对叶弥来说，就刚刚合适。

30 岁生日过完，她才发现自己的人生只能用文学创造价值。这时，她已经有了一个 6 岁的儿子，对生活的感受饱和到一触即发，文学的花骨朵自然而然在叶弥的世界里绽放，汁液饱满、新鲜欲滴，像她满园子的植物，散发着诱人的芬芳。

叶弥本名周洁。改笔名的方式，和作家格非如出一辙：把名字交给字典。她随机翻了字典，翻到第五次发现"弥"，加上母亲的叶姓，组合就这么简单。

评论家吴俊觉得，叶弥的写作就显得从容，作品数量不多，但成熟度却远在许多作家之上。把叶弥的作品放在差不多同代的作家中相比的话，会发现她的小说写得最踏实，而且"气度也最豁达"，从容的心态和大气的性格使叶弥的小说能够进入故事内在肌理的细密隐幽之中，同时不失超拔的想象和意蕴。

2008 年，作家叶弥搬去了太湖边。从夜里遍地月光住到遍地灯光，从一片农家的平房住到遍地高楼，从到处泥路住到到处柏油马路，15 年间，叶弥在这里养好了身体，认识了许多善良的人、许多动物、植物，写的小说也比以前多，写作的内容以及对文学的认识皆比以往拓宽了许多。她准备在这里展开自己的长篇巨著《风流图卷》，却发现之前的自信笃定发生了变化。这部小说写得如此艰难，最痛苦的时候甚至觉得小说里所有的人物都消失了。这对作家来说是可怕的暗示。

当她最终战胜了自我，写作也自然发生了显著的变化。从《风流图卷》到《不老》，叶弥在一座"吴郭城"里铺展开形形色色的"风流人物"。她把人和时代融合在一起，展示时代变革中，人们的耐心、韧性和热情，寄托了她对一种理想生活和理想人性的追求。时间让她对人生和社会有了新的认识，她和她的作品互相引领，互相见证，共同成长。成长的全部内容就是识得"命运"。总之对叶弥来说，一切的付出都是值得。

作家苏童说，叶弥的小说，总有妙处。妙在她的人物、故事甚至叙事系统，都是不走寻常路的。《不老》更是如此。

尽管很早就爱上文学，但叶弥曾经的愿望就是当一个普普通通的家庭妇女

问：爱上文学是什么时候？是受到谁的影响比较多？

叶弥：我爱上文学很早，四年级就开始看《石头记》和《普希金文集》，五年级看《水浒传》。当然看不懂。而且也不知道这就是所谓的"文学"，只是一个语文和算术都会不及格的孩子，在苏北农村里到处疯跑后无意中拿起的一本书而已。我的小伙伴们都要干家务或干农活，我什么都不干，五年级时还得母亲帮忙穿衣服。这样我就有时间拿起这些书看一看。书都是我母亲通过各种渠道搞来的。她是那个年代的文学青年。

问：早期的阅读和写作是怎样的？

叶弥：我早期的阅读是杂乱无章又很单调的，有什么看什么。主要是苏联的和国内允许发行的一些小说、诗歌。实在没东西看，就看看《赤脚医生手册》，因为我母亲既当老师，又当赤脚医生。那时候看的一些小说意识形态很浓，但我年纪小，并不受到影响，只对书里的美好情节留下深刻印象。现在回想起来，那时候看的大多数小说，语言功底都非常棒。到了 20 世纪 80 年代初，我看了一些西方小说，像马克·吐温的，大仲马小仲马的，没觉得有多好。

我成立家庭后，就不再看文学书籍，最多看看金庸的小说。

问：处女作在哪里发表？是自发投稿吗？愿意谈谈和编辑交往的故事吗？

叶弥：处女作这个概念我有些吃不准。按照现在的惯例，我得把发表在《雨花》和《钟山》上的小说算成处女作，好像这才是正经小说。但在这之前，1994 年，我在《苏州杂志》的小说栏目上也发表过小说，3000 字吧。可能算不上严格意义的小说。

1996 年第 10 期的《雨花》上发表了我的短篇小说处女作《我们的秩序》。这篇稿子是我丈夫去南京出差带到《雨花》编辑部给了当时的主编姜琍敏。他俩不认识，但他们有共同的市政府办公室的朋友。在《雨花》上发表了短篇小说处女作后，我写了中篇小说《成长如蜕》。同样是我丈夫交给了姜琍敏老师。这次我想投稿到《钟山》。于是姜老师依言把《成长如蜕》交给了《钟山》主编徐兆淮老师。徐老师就把这篇稿子分给了刚到编辑部的贾梦玮老师。《成长如蜕》应该是我中篇小说处女作。那时苏州有许多文学青年，我是其中一位。我并不想把写作作为我的终生事业。但我可能是写得最久的一位，到现在还在写。其中原因很多，我想真心热爱写作是主要的，那么多的编辑老师大力支持也是主要原因之一，使我不得不写。只好写下去。

从生活到写作，是否从中找到了心灵之路、得到了救赎也无从证明，但叶弥确实是打开了另一扇门

问：是从什么时候明确了以文学作为事业？1994 年开始发表作品，至今也近 30 年了，能否分阶段谈谈自己的创作经历了怎样的变化？

叶弥：真正明确以文学作为事业，是到了 2007 年底，那时候我觉得我心浮气躁，也许文学能让我找到心灵归宿。为了更多地省视自我，2008 年春，我从市中心搬到了靠太湖的一个乡镇接合处，一直住到现在。我的写作生涯应当就是以这个时间作为分水岭，前后分为两个阶段。

前一阶段是 1994 年到 2007 年，这一阶段写出了《成长如蜕》《现在》《明月寺》《天鹅绒》《父亲和骗子》等中短篇小说，另外还有一个长篇小说《美哉少年》。这时候我的小说特点是追求自我、灵动、唯美、有趣。第二阶段是 2008 年至今，写出了长篇小说《风流图卷》《不老》和一系列中短篇小说，如《逃票》《混沌年代》《文家的帽子》《消失在布达拉宫的一头鹰》《桃花渡》《雪花禅》《另类报告》《香炉山》等。其中《香炉山》获得了第六届鲁迅文学奖短篇小说奖。第二个阶段的写作特点是仍旧追求有趣、美感、灵动，但同时也追求文学的"有用"，关注社会发展和人类的命运，使我获得前所未有的认知，这一阶段的文字，是否对别人有用不得而知，但对我的认知水平是一个提高。我是否从中找到了心灵之路、得到了救赎也无从证明，但我确实是打开了另扇一门，从生活到写作。

问：先来谈谈您的中短篇创作吧，一般确定写作是基于怎样的情况？写之前会列提纲吗？

叶弥：年轻的时候写中短篇，基本上不列提纲，全凭坐下去以后思想朝什么地方流，等着灵感出现。这样写作能充分享受写作中的快感，但有时候能写好，有时候就写砸了。45 岁过后，随着精力、体力的不够，我开始打提纲，在没写前有一个基本框架。但文字是一个调皮捣蛋的小精灵，它往往不朝你的框架里走，这样写作也有很大的愉快。

问：一般读者会将中篇小说《成长如蜕》视为您的成名作，而

《美哉少年》中几个人物的经历和成长几乎令人钻心地疼痛……有评论把你早期的创作归为"成长小说"，你认同吗？

叶弥：我早期的写作确实总在谋求成长，这和我的性格是一致的。我也是一个晚熟的人。

问：您的短篇《天鹅绒》被姜文搬上银幕，也使更多读者认识了《太阳照常升起》影片背后的叶弥。这篇作品的来历是什么？

叶弥：这篇作品来源于几个故事。一、我听说过一个穷女人，为了一块猪肉无故不见，变得神经兮兮。这个故事我在1995年写过一个短篇，但没有写好，就搁在抽屉里了。二、我五六岁时跟着父母下放到苏北，其间听说过一家下放户母女俩为了生活与大队书记相好的事。三、在我小时候，我认识了几位大人，他们身上都有传奇色彩。这些事合在一起成了《天鹅绒》。

《香炉山》中，女主人公夜游香炉山时与陌生男子的相遇，也是一颗戒心与一颗爱心的邂逅

问：能否重点谈谈您获得鲁奖的作品《香炉山》，这篇作品的创作背景是什么？

叶弥：《香炉山》是我写得最从容的一篇，因为是从我的一个经历而来。我搬到远离城市的乡镇接合处，这里靠太湖，鱼米之乡，风景很好。从我的房子二楼西边看下去，一片稻田。当时这里的路上还没有路灯，晚上出去散步要带着手电筒，月光明亮的时候不需要。有一天我就带着手电筒到乡间夜游，我进入了一个又一个的村庄，一片又一片的田地。那些村庄都是连着的。我越走越远，后来就迷路了，再也找不到回家的路。经历了最初的慌张后，我关掉了手电筒，靠着一点点夜光，在陌生的路上信步而走。到半夜，突然

我走到原路了。

这段夜里迷路的经历让我感慨很深，当你抛却恐惧和杂念，把自己当成大自然中平常一分子，你就像一棵会走路的草一样，你会获得安宁、平静、来自土地的力量。后来就把它写成了《香炉山》，加上了人物和事件。在我的小说中，这一篇小说是与众不同的，它比较恬淡，也很从容。没有大起大落的东西，但里面也有着深层的精神因素，譬如人和人之间的关系，男女之情中，信任会有多少？在这篇小说中，我把男女之情定位于浅尝辄止，一场夜间的邂逅，也许注定是没有结果的。但这个故事的意义在于，他们在一种爱的氛围里取得了正常的信任。

问：请以《香炉山》为例，分享一下创作经验，您认为好的短篇应该具备哪些元素？

叶弥：好的短篇，应该是没有匠气的。不管写的内容侧重于故事表达还是用别的什么方式表达，它一定是充满热情，能引起读者共鸣或兴趣的。

问：您如何评价获得鲁奖对自己的意义？有人认为评奖很考验一个作家，有些获奖后创作就没太大动力了，对您来说好像并不存在？

叶弥：鲁奖的意义，既不要贬低，也不要拔高。这样在获奖的过程中，不会迷失自己。获了奖以后，不会失去创造的动力。我得奖后拥有了一笔钱，有了这笔钱，我可以混个好几年，不需要想着赚钱的事，只需要朝着自己的文学目标努力。所以得奖后，我继续在文学上开拓自己，可以说，我现在又把我的文学之门打开了一点点。这是我满意自己的地方。

写《风流图卷》，叶弥翻来覆去打磨了近 10 年，修改完的那一天，她感受到真正的解脱，无关文字，而是解脱了人生里许多妄念

问：您在 2008 年搬去太湖边住，有什么契机吗？搬到这里后生活状态如何？写作心境是否有了变化？此后创作的《风流图卷》是否也和从前大不一样？

叶弥：2008 年我搬到了太湖边（其实离太湖还有 3 公里路），当时是觉得身体不好，心情也浮躁，想找一处离市中心远一点的地方好好待几年。结果一住就住了快 15 年，是我住过的时间最长的地方。从夜里遍地月光住到遍地灯光，从一片农家的平房住到遍地高楼，从到处泥路住到到处柏油马路。以前不管什么季节，一到下午 4 点，路上就没人了。现在一夜到天亮，人来车往。我还是喜欢 15 年前的这里，那时候早上起身到外面，空气是清新的，有时候可以说是清甜的空气。现在的空气很不好，本来一出小区就看到稻田、菜地，见到各种鸟儿，听到各种虫子鸣叫。下了雨的话，夜里蛙声一片。现在这些都没有了。消失得很快。我又想搬走了，可是不知道搬哪里去。但不管怎样我很感激这块土地，15 年里，我在这里养好了身体，认识了许多善良的人、许多动物、植物，写的小说也比以前多，在内容上也拓宽了，对文学的认识也宽了一些。这些改变在我的小说中都有所体现，尤其在长篇小说《风流图卷》和《不老》中，把人和时代融合在一起。

问：《风流图卷》里有大爱和悲悯之心。强暴孔燕妮的人、王来恩……都被原谅了。您对笔下的人物，是持怎样的态度？

叶弥：很多时候，我都是没有态度的，刚写作时，很想控制人物。但后来发现人物会自己行走。而我不过是跟着人物记录、理解他们的那个人。

问：我不太理解的是，孔燕妮的姑姑入佛门、读佛经，还是自杀了。可否谈谈您对于禅海佛经的理解？这种理解对于小说创作来说有何裨益？

叶弥：孔燕妮的姑姑入了佛门，却不能离苦，所以自杀。但没有死，后来还是和青梅竹马的恋人心心相印了。我接触佛教很多，我所理解的禅、佛并没有那么深奥难解，就是"解脱"二字。禅与佛是在人解脱的过程中，不管走过多少弯路，帮他最终回到无牵无挂之中。

问：您曾表达想要在《风流图卷》中探讨个人和时代的关系？

叶弥：每一个时代的人性都不尽相同，但每一个时代里都有共同的东西，就是人追求幸福的愿望。怎样处理自身和世界的关系？怎样处理个体和他人的关系？动机也就是正视自我的价值，并从中得到精神的幸福。

《风流图卷》表现的是时代潮流中，个人通过追求正确的思维方式，体现出来的意志和独立性。古今中外，这种独立性有时都会冒犯特定的时代，时代的车轮总是滚滚而过，有些冒犯者虽然身败名裂，但时间会补给他们生命的价值。《风流图卷》在处理个体与他人的关系中，是既有矛盾又有统一，主人公孔燕妮在与他人的矛盾里了解世界，获得宽容、和解，最终得到解放。真正的解放是精神的解放，是靠自己不断进步才能得到的。

写《不老》的初衷，还是想讲一个通俗的爱情故事。她觉得"不老"这两个字放在一起很美，值得为它寻找成立的理由

问：先谈谈您的创作契机吧，《不老》的故事是怎么来的？

叶弥：写完了《风流图卷》。按照设想，要继续写下一部新长篇，也就是《风流图卷》的姐妹篇。《风流图卷》写了1958年和1968年的事。姐妹篇准备写1978年和1988年的事。一共30年间的事。我甚至有了新长篇的名字《激流图卷》，小说里也是第一人称。但在做准备工作的时候，大量的背景资料阅读、整理和做笔记，使得我十分怀疑这一本小说将会淹没在无休无止的背景里。所以我当机立断，中止了《风流图卷》姐妹篇的写作。但是准备好的资料不能不用，而且书里的几个人物也有了大致的走向。于是我就截取了1978年的25天时间，展开了一个爱情故事。人物也不用第一人称，而用了第三人称。这就是现在完成的长篇小说《不老》。

问：主人公孔燕妮有原型吗？非常喜欢这个饱满生动、对爱情充满渴望，甚至一直在拿自己冒险的人物。这个人物在中国文学的人物长廊里是独一无二的。您在她的身上寄予了自己的一些理想吧？

叶弥：孔燕妮没有特定的原型。她是一位江南女子，我也是，而且我的朋友中有许多江南女子。她们的喜怒哀乐，内心的追求，精神的丰满，她们对美好生活的坚定向往和不怕失败的勇气，都是我非常了解的。其实全中国的女性都是这样，她们对生活有无尽的理想，她们的理想就是我的理想。

问：整部小说结构紧凑，分上下两卷，时间浓缩在25天内，人物涵盖了干部、知识分子、工人、农民等等。能否谈谈自己的构思？

叶弥：1978年是个神奇的年份。1977年恢复了高考，1978年第一次派了留学生到美国。给"右派"摘帽，补发工资，知青返城，开始各行业的拨乱反正。春天召开了全国科技大会，稍后进行了全国性的真理标准问题的大讨论。冬天小岗村18户村民签下"包产到户"的秘密文书。年底召开了十一届三中全会。1978年属于全国人民，在这一年里，思想上的不同，导致社会层面上截然相反的两种主张，中国朝何处去，不仅是中央的一纸文件，其实是人民在选择。在这种情况下，书里的人物都在选择自己道路。爱情从来就不是真空里的，暴风骤雨里的爱情才更为动人。

问：您在创作手记中谈到，后半部分时得到一些机缘，使您得以冲过小说的障碍，能否具体谈谈写作《不老》中所遇到的所谓"障碍"，后来是如何解决的？

叶弥：是的。写到下卷的后半部分，觉得人物很平淡，不出彩。照理说应该出现惊心动魄的情节，但没有。这不应该啊，不是我要的那种爱情故事。这部小说里一定还隐藏着什么，和我捉迷藏，不让我发现。就在我无法修改下去的那几天，我家南边的群租房里，一个小男孩整天哭闹，他的母亲对这小男孩又打又骂，母子俩整天上演鬼哭狼嚎的闹剧。南边的群租房里，住着五六户人家，十几个大大小小的孩子，卫生状况堪忧，噪音不断。二房东把一包玻璃碴倒在路边，被我劝了一句，二房东夫妻俩就跳到我院门口，指着我鼻子骂半天。且会打110举报我。因为只准每家养一条狗，显然我收留了太多的狗了。然后地方派出所就一次一次来我家捉狗，我得拿出十分的精力才能阻止他们进我的院子里捉狗。群租房里最吵的就是这对母子了。他们住在二楼北房，正对着我家，我写不下去的那几天，他们除了睡觉，就是在吃饭还在哭闹吼叫。我忍无可忍，走到他家楼下，让他们声音轻点，这是住人的地方。那位母亲听了，二话不说，就朝我身上扔下几根衣架，这衣架应该是她打孩子的武器。我一人根本不是他们的对手，我只能去找物业。物业和我说，这对母子过得很不好，儿子是小儿多动症，因为上课多动，影响别的孩子学习，所以学校只能让他回家待着。小孩的父亲在坐牢，他还有二位姐姐。年轻的母亲带着三个小孩艰难度日。我听了以后，就托当地一位姓顾的女作家，请她找一找小孩的校长，能不能让这小孩读完小学。后来学校也就让这小孩继续上了一阵子学。这件事的结局是意料之外的，处理完这件事后，我想我的小说应该有个意料之外的结局。有了这个念头后，几乎是一瞬间，小说的结局就出来了。

《不老》延续了叶弥"以江南写中国"的整体思路，展示了在剧烈变动的大时代中一群普通人的生命状态

问：《不老》中的孔燕妮经历了一个付出、得到、再付出的过程。追求"不老"的精神，是您一开始就想好的主题吗？

叶弥：不是。一开始只有那几个人物在眼前晃。只知道他们在相爱，在求进步，在思考民族的命运，别的没有。是在写的过程中，尤其在修改的过程中出来这个主题的，不是我想出来的，而是我从小说中、从人物的身上找到的。每一部小说都有它自带着的主题，就看作家是否能找到。

问：您的很多作品中，都有一种神秘的气息，或者说禅意，这种气息来自哪里？

叶弥：来自于童年少年对世界偶然的印象。尤其是童年，我碰到了两件无法解释的事情，后来一直觉得很神秘。我的个性里有喜欢孤独的一面，人在孤独时，会听到热闹的人无法听到的一些声音，梦到别人无法梦见的神奇之物。这种气息影响到了我的小说，可能就是你说的那种神秘气息，或者是禅意。禅意是我追求的，那是有意义也有趣的一种精神境界，更重要的是，它让人得到解脱。

问：这部长篇完成后获得很多好评，包括获得首届"凤凰文学奖"评委会大奖。作品反馈在您的预料之中吗？您如何自评《不老》的完成度？

叶弥：作品完成时，只能说是初稿。但它具有了一个与时代相关的大容量，这种容量会产生一些可能性，使得一个通俗的爱情故事变得不平常。所以我判断这部作品的质量至少是中等以上。另外在写作时，我会考虑到普通读者的阅读习惯，我不会把一部小说写得貌似高级、学术。让读者读不下去，是作家的失败。不管你怎么装神弄鬼，读者不愿读，说明作家没有水平。一部好的小说，首先是它的通俗性，它的思想和情感通过它的通俗性向外传播，它自带着它的生存密码。从这个层面上来说，我觉得我这个小说的完成度是高的，可读、亲民、通俗，这就是一位作家应有的态度。

问：《不老》在您的创作中有何独特的价值或意义？

叶弥：它让我觉得最初选择的写作方向是对，走到今天，我在写作中没有迷失，反而得到了力量。这也让我感到自己的成长是有意义的，所谓活到老学到老。

问：您的作品，在主题甚至在人物上都有延续性。比如《风流图卷》堪称长篇《美哉少年》（2006）的姊妹篇，情节设置、主题表达都有相似之处。《不老》中似乎也延续了《风流图卷》的人物和主题？

叶弥：三本小说有相同的地方，也有不同的地方。《美哉少年》是讲两位少年无处可去，就离开了家乡，一路朝着青岛去。因为他们听父母讲，出差时见到青岛一个旅馆里，有一位美得像神仙一样的女子。他们也想去看看这位女子。但到了那里，现实让他们失望了。《风流图卷》主要是写孔燕妮对杜克和张风毅的爱恋，写她和一帮年轻人在特殊时代的青春和自我救赎。《不老》中，人物更加具有主动性，而不是挣扎在时代的洪流中。这也是《不老》所处的时间给予人的积极心态。孔燕妮、张风毅、俞华南他们都有自己的追求。孔燕妮不仅自我救赎，还想用自身的热力焕发俞华南的活力。

问：很喜欢您笔下的女性，为了爱情不顾一切地决绝，那种执着和狂热，令人感动。您总能把女性对生活的热爱、对情感的追求写得动人心魄。能否谈谈您对女性人物的塑造？

叶弥：我写女性人物，基本上不用多想，就是排列整合的一个过程。我没有在西方国家生活过，我不了解西方的女性是怎样的，但我了解中国女性，了解东方的女性。她们吃苦耐劳，勇于奉献，敢于承担。但她们又有着另外一面，就是内心矛盾重重，看问题囿于片面，经常认命。当她们开始讲科学、哲学的时候，她们就是世界上最有能力的女性。我想在小说中塑造一个来源于生活，又不给生活压倒的女性。她必须是有知识有境界的女性。

"如果一位作家坚持写下去的话，一定会出现各种软肋，我很乐意看到自己的软肋，这表明有进步的可能"

问：《不老》中各种信件和诗歌，都出自您手吧？对话其实体现了作家对生活对世界的观察力和洞察力。您觉得呢？描写人物的对话，对您来说是不是可以不假思考？

叶弥：对，信件和诗歌都出自我手。我从小就喜欢写诗，但写不好。写小说写了这么多年，对人物的个性有所把握，所以描写人物的对话都不是太难。但很容易描写对话时，又会怀疑自己是不是写油了。

问：少年和寺庙是您小说中常见的，有什么原因吗？《不老》中的吴郭城是以苏州为原型？您如何看待地域和创作的关系？

叶弥：少年是全世界的作家都喜欢写的，代表着青春、美好，寺庙是东方作家都爱写的。中国古代文人的笔下寺庙是常见的。《红楼梦》《西游记》里到处是寺庙。我是苏州人，苏州自古佛教兴盛，但凡出门游玩山水，一定会碰到寺庙。《不老》不仅仅是以苏州为原型，我祖籍无锡，还有无锡的影子。另外我也喜欢常州、镇江、绍兴、乌镇、杭州这些地方，青年时常常到这些地方游历，这些地方的某些特色合成了一个江南城市吴郭市。1978年的吴郭市，它的城市特点还是与现在的城市有很大的差别。

问：写作中您经常切换视角，也常用第一人称"我"，而在《风流图卷》里视角转换最多的是僧尼如一和明心。您在写作中会考虑写作视角的问题吗？

叶弥：以前不会，写作从心而发，觉得总是考虑视角很累人，也受限制。中国传统戏剧里，经常有视角切换的场景，觉得很有趣。但我现在会考虑视角的问题，不会随意切换视角。因为现在很少有圈外人读您的小说，大部分读您小说的人都是专业的文学工作者，他们很讲究视角问题。所以后来我有时候一篇小说写下来，只用一个视角。一篇小说中，换不换视角，要看情况而定，换要讲究科学，不换要讲究灵动。

问：好像在《风流图卷》中，您也提到了写作的艰难。和《不老》遇到的问题一样吗？您如何看待写作中的"软肋"（如果有的话）？

叶弥：每个作家都有软肋，在每一个小说写作中都有不同的具体表现。有些容易克服，有些难以克服。尤以思维上的一些错误定式，不容易更正。如果一位作家坚持写下去的话，一定会出现各种软肋，这是给他纠正的机会。我很乐意看到自己的软肋，这表明有进步的可能。

叶弥说，自己是一个随着年龄而变化的人，年纪大了，反而心中滋生出力量

问：迟子建评价说，您的小说最吸引她的，"是那些'越轨的笔致'"，这句话引自鲁迅为萧红《生死场》所作的序言。您认同吗？如何理解自己"越轨的笔致"？

叶弥：迟子建是一位了不起的人，写作和生活同样通透。"越轨的笔致"我当然有，我是希望有"越轨的笔致"冲破思想的牢笼。

问：都说文如其人，您认同吗？您在很多朋友的眼中，是直率可爱的。您觉得自己是怎样的人？《不老》中所表达的对抗命运、对抗苦难甚至对抗衰老，是不是和您的个性有关？您希望成为怎样的作家？

叶弥：我认同文如其人的说法。一般而言是这样的，至少您的文反映了一部分真实的你。我是一个随着年龄而变化的人，年轻时喜欢轻松，随遇而安，年纪大了，反而心中滋生出力量，对世界有了一份积极的心情。我希望保持着这种积极的心态，成为一个既安静又有力量的作家。

问：您对未来的创作是否持乐观的心态？是否还会继续挑战自我，继续"对抗"？

叶弥：说"对抗"还是不太准确，对抗有一种消极因素在里面。人活世上，要知"命运"二字，要知天高地厚，同时也要努力改变困境。困由心来，改变了心，就会改变一段境遇。我对我未来的写作没有预测，我只知道写作会带来认知的进步，进步会带来快乐。

尹学芸：写出对乡村的那份情感和期许

尹学芸，1964 年出生，天津市蓟州人。中国作家协会全委会委员。天津市作家协会主席。已出版散文集《慢慢消失的乡村词语》，长篇小说《菜根谣》《岁月风尘》，中篇小说集《李海叔叔》《士别十年》《天堂向左》《分驴计》《青霉素》等。作品被翻译成英、俄、日、韩等多种文字。多部作品入选年度排行榜和各类年选。曾荣获首届梁斌文学奖、孙犁散文奖、林语堂文学奖、《北京文学》优秀作品奖、《当代》文学奖、《小说月报》百花奖和第七届鲁迅文学奖。

┃采访手记┃

"生活就是这样，表面是打碎的台灯，可它柔和的光亮在暗处隐藏着。你轻轻启动它的开关，你眼前的一切就都亮了。生活就是这么回事。"

这是尹学芸的小说常常表现出的特质。也许日子是暗淡无光的，也许内心是悲伤凄苦的，她也一定要用温暖的然而坚韧的笔锋，划破黑夜的长空，让光亮穿过云层透射这质朴的生活。

齐耳卷发，宁静的目光，举止从容镇定，尹学芸给你的印象像清风一样轻淡温和。这位常年浸润于乡野间的作家，早已读透了那片土地，所以才会觉得故事如乡间的野草俯拾即是，所以她说，因为太过于熟人社会，任何一个微小的元素都可能被放大，文学的元素也因此蓬勃。她不停地书写着乡村与城市的人情冷暖，传递着生活中最细微的情感表达，写出了在大时代洪流的裹挟下前行的小人物的蹉跎命运，家长里短的烟火气里缠绕的是亲情、爱情与人情，但追问的却是人性、道德与这个时代。

其实，从事写作的很长时间里，她都处于一种懵懂的状态，不太懂得散文和小说的区别在哪里。她是一个习惯使用笨办法的人，从来没想过走捷径。而且她也发现，任何想走捷径的想法都行不通。

评论家王春林很就开始关注尹学芸的创作，对她的创作予以高度评价。他认为，尹学芸借助于罪案悬疑小说的外壳，其叙事意图其实带有突出的一箭双雕色彩，表达了当下时代已经越来越罕见了的亲情温暖与底层人格尊严，其重要的意义和价值值得高度关注。

她把《红楼梦》所有人物分成宁国府、荣国府，列成两张表格贴在墙上，每天放学都会过去看一眼

问：您早期的阅读是怎样的？童年生活对您有怎样的影响？

尹学芸：见到的第一本杂志是《河北文艺》，上面的一篇小说和一首儿歌现在还记得。童年的记忆就是这么深刻。那本杂志大概是哥哥从城里带来的，在家里只停放一两天，我用很短的时间就从头看到尾。童年读过很多长篇小说，基本都是革命战争题材。但印象深的是《红楼梦》，因为没头没尾，那时不知道书名，也不知道那是部伟大的著作。因为看不懂，所以越发想看。高中毕业之前大概看了三四遍。记得放羊时腋下还夹着这本书。但仍然看不懂。后来看张爱玲关于红楼的文字就特别汗颜，觉得自己真是看了也白看。

问：您曾经提到，如果作家可能培养，那就是阅读。能谈谈您的阅读经历了怎样的历程吗？

尹学芸：有些记忆自己也怀疑，是不是出现了偏差。上小学时有个巴掌大小的日记本，专门记录书目。记得四五年级的时候我就记了很多部。但现在我有些狐疑，那个年代真能遇到那样多的文学书籍吗？村里如果有一本书，大家竞相传看，传到哪里了，我们都会盯着，迟早都会盯到家里来。哥哥从城里借了部《沸腾的群山》，像砖头那么厚。姐姐前半宿看，我后半宿看，天亮之前保证要看完，因为天亮哥哥上班要带走。那种阅读，真是一目十行。还记得第一篇日记写一堂劳动课，一共两三行字，有3个字因为不会写用拼音标注，那也受到了老师的表扬。因为其他同学还不会把文字排列在一起变成一句话。小学遇到了一个好的班主任，叫孟淑兰。我们每天默写生字，作业抓得特别紧，后来升到初中，明显的语文基础扎实。现在想起来，那可能是最早的倾诉和表达，我还能记起当时被

表扬了很得意。

问：您的阅读有何方法？听说您读托尔斯泰《安娜·卡列尼娜》时先把人物名字背下来再去看小说。看《红楼梦》曾把所有人物分成宁国府、荣国府，列成两张表格？

尹学芸： 记忆中深刻的依然是《红楼梦》和《安娜·卡列尼娜》。现在的年轻一代读者不需要使用那么笨的办法了。那两张大纸贴在墙上，我每天放学都会过去看一眼。那些诗词和判词整整齐齐抄在本子上，背诵它们占用了很多时间。就是喜欢，这是没办法的事。事实证明小时候记牢的一辈子都不会忘掉，就像安娜的哥哥，那么长的名字，我比中国人的名字还记得牢固。

问：有没有一读再读的书？

尹学芸： 一读再读的书除了《红楼梦》，还有《百年孤独》。我不太愿意讲，是因为它影响了莫言、余华等很多作家。我隔几年都会重新看，是有些东西放不下。我莫名觉得它离我近，很多年前我就有个想法，村庄是怎么来的，初始是什么模样。下乡的时候经常留意看村碑，一句明代建村就涵盖了所有，让人颇觉得不甘。村庄与村庄之间中外可能都没有什么特别的区别，它一定聚集着一群人，有奇闻异事，有奇人异禀。有许多传说，有许多事物又形成新的传说。《百年孤独》的恣意形成了魔幻。我经常想，马尔克斯当时怎么想，营造了这样一个氛围。如果剥去那些神秘，你会发现世界上的村庄都差不多。任何一座村庄都比城市的历史要深厚，要具有文化属性。我甚至梦到过自己创造了一个村庄，以土抟人。

问：初学写作，哪些书或哪些作家对您产生了较大影响？是从什么时候，觉得自己可以成为一名作家？

尹学芸： 我在很多场合谈过浩然，他的作品在早期给了我很大的支撑。因为是家乡人，我跟他很熟悉，那种影响不言而喻。我到现在也觉得自己是业余作者，因为没待在专业作家岗位，很少有归属感。少年青年时代看过那样多的书，都杂乱得不成系统，所以很难说到底是什么元素影响了我。但有一段时间我迷萧红，那时是20世纪90年代，我回老家看孩子也带着本她的全集。后来迷张爱玲。前段开会遇到魏微还跟她谈起过，写不下去了就去看张爱玲。对人物的洞察，对生活细节的捕捉，言不由衷、旁敲侧击或王顾左右的那种语言路数，什么时候看，都有感觉。有人说她刻薄，我觉得她"坏"。在我这里，"刻薄"是贬义词，"坏"不是，是可爱延伸出去的一部分。

年轻的时候写过怀念三毛的诗，便有人觉得我是三毛的粉儿。不是的。很多人把她的散文当传记读，凭直觉我不怎么相信。所以我在诗里写：

> 三毛是女人
>
> 三毛是一个让人心疼的女人
>
> 她教会了别人热爱生命
>
> 却把自己留在了严冬
>
> 你去世的时候
>
> 女儿还是一粒种子
>
> 现在她已经长大
>
> 她问我三毛是谁
>
> 我说
>
> 三毛也是妈妈

也只有在那个年纪才有这样的诗句，三毛的梦想是有很多孩子。

问：那时候您有偶像吗？

尹学芸：我就是奇怪，从来也没有成为谁的粉丝。可能就是因为阅读的范围有限，也不够深入。没人提醒你应该读什么，也不知道谁的作品应该读。而且我还有个习惯，不太记作者。通常是，小说读过了，却没看见作者是谁。

始终都在一个自我磨炼过程中，不放弃，就会有收获

问：是从什么时候开始写作的？处女作发表顺利吗？

尹学芸：有时候想，我的创作经历也是一部小说。因为在 10 岁以前就对文字敏感，所以热爱始终如一。不像有的人，写着写着就放下了。我觉得，始终都在一个自我磨炼过程中，不放弃，就会有收获。发表是一个漫长的过程。从给报纸写豆腐块，到整版发小说，用了七八年的时间。那时有好的全民阅读环境，发了一篇小说到处都有人在议论，这对作者是很大的鼓励。确切地说，小说处女作发表在《上海文学》1988 年第 4 期。责编是姚玉明老师。

问：出手就是小说？早期的写作，有过刻意模仿吗？

尹学芸：初始写诗和散文，很长时间都是一种懵懂的状态。不太懂得散文和小说的区别在哪里。也曾有过小说被当成散文发表，一篇小说被人怀疑跟某个名家作品雷同等等。我是一个习惯使用笨办法的人，从来没想过走捷径。而且我发现，任何想走捷径的想法都行不通。比如说，认识某个人。最后会发现，能够帮助你的都是陌生人。从来都没有想模仿谁的想法，可能就是人笨的缘故，看不出什么样的故事能够模仿。

问：您在《天津日报》发表的《一个叫素月的女人》被改编为电视剧，当时是谁编发的？您觉得之所以被改编，是因为偶然吗？

尹学芸：这个小说当时反响不错，有多名评论家写过评论，编

辑是孙秀华老师，有一年去市里开会，我还特意去家里看过她，带了一大盆盛开的杜鹃。电视剧拿了当年的飞天提名奖。影视改编很大程度都是偶然因素。后来有个导演想排我的另个小说《一方水土》，他们把主题歌都写出来了，最终因为资金问题搁浅。

问：能谈谈您和编辑们的交往吗？写了这么多年，一定有很多印象深刻的故事？

尹学芸：对啊。很多编辑都成了很好的朋友。总的来说我还是运气好的人，总是能遇到非常好的编辑。上面谈到的孙秀华老师，我有一段没有写东西，孩子小，生活也浮躁，唱歌跳舞打牌猖獗的年代，忽然收到了她的来信，说你得到各方面的承认不容易，自己要珍惜。这是90年代中期的事，我还记得当时脸红了。她所说的各方面承认是指在天津这个层面，我起点低，走到那个平台也非常不容易。《天津日报》的副刊经常整版给我发小说。还有沈阳的一位老编辑，到天津警备区来讲课，特意到蓟县来看我。他在文化馆给我们村打电话，而我当时就在文化馆参加学习班，怀疑曾在廊下见过他，但最终没能碰面。还有《天津文学》的编辑，为了修改一篇稿子专程到蓟县找我。我当时正在县里的宾馆开"两会"，用自行车把他从火车站驮了来。那个小说叫《渔阳小说三题》，也是我第一次被《小说月报》转载。林林总总很多过往，想起来都很温馨。

问：《曾经云罗伞盖》曾经被多家刊物退稿，被退稿的经历在您的创作中很多吗？您在"创作谈"中提到自己在编辑们的指导下改了三稿，究竟改了哪些方面，能具体谈谈吗？这些修改意见，您都能接受吗？

尹学芸：退稿是我年轻时的梦魇。我母亲不识字，却能准确从大队的信箱里，挑拣出我的退稿信拿回家，从没拿错过。他们不觉得这有什么难堪，觉得我会写小说，能跟远方发生关联，已经很奇迹了。这部中篇在我的经历中有着特殊的意义，还不仅仅因为与我年轻时的生活相关联，还因为这个人物命运本身是大时代的一部分，特别让人唏嘘，她原本可以活成另外一个样子。修改的一些细节还记得，是涉及家庭伦理的，编辑觉得削弱了文本的力量。当时我正在登山，突然发现山顶是条路。虽然山顶之间错落，但只要你登上一座山顶，就容易找到下一座山顶的路径。这是我那天得到的启发。

说到修改稿子，就不能不谈《收获》杂志。很多稿件都曾修改过。我不知道他们内部的运行机制，也没问过。意见可能不是责编一个人的。他们的意见总是中肯又明确，让作者有的放矢。

反映个人生活以外的其他生活，深入社会生活是重要的。挂职使作家成为有职位的人，处于社会生活中的焦点位置，接触更多社会矛盾

问：您有过挂职的经历，挂职是怎样的机缘？

尹学芸：我挂职比较简单，没有通过作协系统。在县内到下边的乡镇挂职，组织部门帮助协调了一下。当地领导都很支持我的创作，从很多年前都如此。

问：挂职几年？其间主要做哪些事情？

尹学芸：挂职两年，主要对信访和拆迁工作比较感兴趣。那正是城市改造热火朝天的年月，许多工作与人民群众息息相关。

问：挂职的感受如何？您如何看待挂职对自己创作的影响？

尹学芸：换一个角度介入生活，对丰富阅历和拓展生活都有好处，可以走得更深入一些。因为是在区域内挂职，有些事情或事件知道些线索，人也很熟悉，这为我开展工作提供了便利。

问：您一直在基层写作，也主编过文学刊物，曾经是业余作者，

也团结了周围的一批业余作者，您愿意和业余作者分享一下自己的写作经验吗？

尹学芸：基层没有专业作家岗位，近几年工作一直在变动。但组织上照顾，让我有充足的时间搞创作。年轻时一同热爱文学的朋友一直走到现在，我们曾在纸媒发专版，取名"同林鸟"。前段给朋友们签名时写了一句话：30 年还在左岸。其实是写这种情谊。30 年前是我的读者，现在还仍然能够坐到一起。我发现好的书也会介绍给他们阅读。他们的稿子也会发给我看。随着年龄的增长，阅读和抒写都变得更纯粹。他们有成绩，也会像他们一样高兴。

文学创作没有捷径可走。或者，你可以走一时，不可能走一世。时间是最好的试金石，这样想，内心会特别安稳。

问：您认为业余作者怎样才能避免少走弯路？

尹学芸：该走的弯路可能一步也不会少走。但经验告诉我，弯路不妨走一些。也许走着走着，路就顺了。天下的路就是给人走的，弯路直路都是路。很多事情不是别人教会的，要靠自己学思践悟。

《李海叔叔》获得第七届鲁迅文学奖。评委们普遍认为，这就是我们常说的"中国好故事"

问：《李海叔叔》获得鲁奖，这篇作品是如何创作出来的，有何背景？

尹学芸：《李海叔叔》是最接近我生活的一部作品。是我的中篇小说《玲珑塔》首发《收获》后，第一时间选择做了这件正确的事。这个题材在我心里积郁了若干年，那个时候写出来，也是它的定数，让李海叔叔这样一个形象天下尽知，也难说不是他的命运。写下了小说的第一句，接下来的一切简直是顺理成章。那种叙述的酣畅和表达的自由从来没有过。人物、事件都心心念念了很多年，它只是需要一个泄洪口。

问：这篇小说是您最满意的吗？写作过程是怎样的？顺利吗？

尹学芸：我没想过这个问题。但小说写完包括发表后，我大概有一年左右的时间陷在那个情境中。只要脑子空下来，便是小说中人物和故事，我甚至会背诵某些章节。比如父亲去世时的那场大雪，那些文字轻易就会从脑子里跳出来。写作过程是宣泄的过程，这不是指对李海叔叔这样的人物，而是指对情境和背景以及人与人之间关系的烂熟程度，能让你体会到什么叫真正的信手拈来。

问：《李海叔叔》获奖，您觉得意外吗？关于获得鲁奖的前后，您都了解什么？鲁奖给您带来了什么？

尹学芸：小说获奖还是颇觉得意外，之前总是感觉这样的事很遥远，不是我一个基层作者能够关心的。的确任何情况也不了解，不认识哪怕一个评委。但有一点我很高兴，就是很多基层作者在我身上看到了希望。

问：鲁奖前后，创作心态有什么变化？

尹学芸：因为没带来什么改变，所以也没有多少机会变化。只是高兴了一下。嗯，高兴了一下而已。有时看到某些作者标注自己是鲁奖获得者，因为闻所未闻，心下也很寥落。获奖不像奖项本身那么重要。

问：能否以《李海叔叔》为例，谈谈您对于中篇小说的理解？一般来说，您是如何开始一篇小说的创作？

尹学芸：从短篇到中篇，是一个自然而然的转变。我写了很多年的短篇，基本以一万字为限，曾经觉得故事永远也写不长。我是对时光敏感的人，很多转折需要放到时间的维度上考量，人物命运的转折都不是在短时间能够完成的。所以，任何人的历史，都是历史长河的一部分。年龄大了，看多了人间悲喜，尝多了世态炎凉。

小说总是先有人物，把人物想清楚了，就基本上可以动手了。

问：您认为什么样的小说是好小说？

尹学芸：好的小说先有立得住的人物，然后有讲得出的故事。而最终呈现这些靠的是语言，准确，灵动，有意味，都是最起码的要求。还有更重要的一点，故事不单薄，除了表象，还有能挖掘的隐形元素。

问：您的很多小说很善于借助悬疑小说的外壳？

尹学芸：好像也没刻意追求，而是一种自然而然。这与讲故事的方式有关，应该是继承了民间传说的一些技法。小时候特别愿意听别人讲故事，也特别愿意讲故事给别人听。弟弟小我三岁，每晚我哄他睡觉，把故事讲得奇形怪状，跌宕起伏，才能让他睡着。民间故事都有一个神秘的外壳，吸引人探求究竟。后来特别喜欢听评书，"且听下文分解"是卖的一个关子，曾让我非常惆怅。

即便是专业作家，整天想着一鸣惊人也未必能惊动谁。很多时候投入和产出未必能成正比

问：在很长时间里，您默默无闻地写作，为什么会有这么强的定力？

尹学芸：于我来说，写作是一件开心的事。身边有很多热爱文学的朋友，他们虽然籍籍无名，但我们彼此相扶相帮着走过了这许多年。没有谁能剥夺一个人热爱文学的权利，这是一个相对公平的竞技场，写稿子发稿子不用授权签字盖章，是人生难得少有约束的时刻。

有朋友在微博上 @我，说我的生活是"打打牌、跳跳舞，顺便写个小说获个鲁奖"。事实上，我是一个做事认真的人，做喜欢的事尤其认真而已。我也经常提醒自己，要把有限的时间放到值得去做的事情上去。

无论哪个阶段，都是寻常人生该经历的河流。顺势而下当然轻松，但无法体会逆流而上那种快感和愉悦。再换个角度，这对体验生活和观察人生都有裨益。前几天还有位老兄问我，小说发得不好的年月，你焦虑过吗？我认真地想了想，我可能沮丧过，但确实不会因为发不了或发不好而焦虑。作品发表了就属于别人了，发不了的才属于自己。这是可以聊以自慰的想法，就像财主囤了几亩地，收成好不好，是另外回事。

所以喜欢做才是第一位的。否则，漫漫人生，你干什么呢。

问：2016 年，您发表了 14 部中篇，3 部短篇，几乎覆盖了所有约稿的期刊。能否谈谈在"写出来"之前您的经历？在坚持写作的过程中，最大的困惑是什么？能否给有相同境遇的同行们一些有效的建议？

尹学芸：2014 年《收获》第 1 期发表了中篇小说《玲珑塔》，才陆续有编辑约稿。那年发了 5 部中篇。2015 年，发表了 10 部，除了《士别十年》年底《小说月报》转载了一下，其余都如石沉大海。所以才有 2016 年所谓的"喷发"。所有的约稿都给，这在我是属于发表得淋漓尽致的一年。

世界上没有哪个行当像文学这样迷人，而且有相当庞大的阅读和创作群体。虽然文学日益被边缘化，但仍然比其他领域的人数要多。随便一个小城，都会有自成一体的文学圈。尤其在天津这一方土地，各区县都有自己的文学内刊，这是业余作者的交流和发表平台，有这样一个平台，大家就可以抱团取暖。我也曾当过很多年的期刊主编，非常熟悉这一群体。他们都有自己的日常工作，在闲暇写些对生活的感悟，没有所谓名利的驱使，纯属是对文字的热爱。

打牌的时候没人能想到要成为顶级高手，就像跳舞的时候也没人想要成就个什么地位。我觉得，对于很多业余作者来说，文学创作也是这样一种状态和心态。慰藉心灵该是基本属性，其余都是副产品。即便是专业作家，整天想着一鸣惊人也未必能惊动谁。很多时候投入和产出未必能成正比。其实，哪个领域又不是这样呢？

坚持是心性，坚守是品格。

问：如果不能写出来，是不是有必要坚持，除了毅力，是不是也要看有没有写作的天赋？

尹学芸：我经常听人说，谁文学感觉差，谁没有天赋，谁天生就不是干这行的料。我们这个社会，除了寥若晨星的知名作家，不知名的作家占了很大比重。你不能说，谁没有长跑天赋，就不要跑步了。或者，谁没有读书的天赋，就不要读书了。文学创作不是只有成名成家一条路可走，况且，成怎样的名，成什么样的家，也有太多的边框可容纳。生活中的很多人，他们通过读书和写作提高了自身修为，谋到了更好的工作和位置。或者，有人因此而开悟，解开了生活中的疙瘩。再或者，他一分稿费都没赚取过，但他因此让生活充实愉悦，这都是文学应该有的功效。很多作者生活在社会底层，他们需要文学作为信念去支撑。很多爱好者升职了、升迁了，却远离了文学。我想，这最能说明问题了。

我从小就想当作家，所以很幸运，我一直按照自己的路线行走，未曾偏离。我也从未对自己失去信心，因为我从未对文学失去信心。

好好做人做事，上帝总会有一只眼看到你。获奖不过是个热闹，回去该干什么干什么，我非常清楚这一点。

《菜根谣》通过一桩意外失踪事件，巧妙地借助于罪案悬疑小说的形式，一方面是对人性温暖的呼唤，另一方面则是对底层人性尊严的表达

问：您的很多作品中，都有能引起悬念的命案，《菜根谣》也不例外。但破案的过程都是从简从略，有意这么处理吗？

尹学芸：应该说，对整体的驾驭和把握我是有重心的。命案在故事的叙述中处枢纽地位，但依然只是外壳。实事求是地说，我对案件本身没兴趣，兴趣点在案件引起的连锁反应。"小说只对寻找和救赎这件事感兴趣，这是小说的内在经纬，她要为晦暗的生活燃亮一束微光，为逝去的生命送去一份祈祷，为人类的精神寻乡提供一种血色表达。"（摘自黄桂元《菜根谣》：寻找与救赎》）

问：叙述也是处处留白，草蛇灰线的笔法，处处有埋伏。包袱抖得也恰到好处。在叙述上，您有怎样的策略？

尹学芸：方法与技巧很多时候可意会不可言传。但如何把握故事的内在肌理该是作品是否成功的关键。这一点，我想我是借鉴了民间故事和民间传说的表现形式，张弛之间，首尾之间，人物与故事之间，找到了属于文字自身的平衡点。有一句俗语是"卖关子"，基本属于口头民间文学范畴。"关子"卖好了，同样吸引人。

问："我"是常用的叙述角度。"王云丫"也是常用的人名，阅读中很容易将"王云丫"与现实中的"我"联系在一起——采用这样的角度，真真假假，您有什么用意吗？还只是习惯而已？

尹学芸：我写的乡村题材大多取材于"罕村"，那块土地里生长出来的故事与我有血缘之亲。不管是"我"还是"王云丫"，都是"罕村"的一分子，包括《菜根谣》里的第二叙述者，都很难逃离那种命定的成分。我第一次使用"王云丫"这个名字就是在《李海叔叔》里，后来便成了人物标识。如果说有用意的话，便是指特定的属于地域的元素和符号。

在尹学芸的作品中，人物像植物一样从故事里长出，也吸收了土壤里的日月精华

问：您的一些作品中，总有不服输的人物。《李海叔叔》中的李海和"我"父亲之间摽着劲过日子，《天堂向左》里的千叶和王云丫，《菜根谣》里的伶俐和"我"。

尹学芸：小说就是写人与人之间的关系，有关系才构成各种各样的矛盾。两个互无关联的人，是没有矛盾可以罗织的。细究起来，现实生活中的各类矛盾丰富多彩，但若归纳，最常见的都是两相比较互为参照而来的。我们是个熟人社会，人与人之间，结成了丰富多彩的关联构架。很多故事和情感只有汉语言能够表达，所谓中国故事的讲述，莫不与此相关。人物像植物一样从故事里长出，也吸收了土壤里的日月精华。没有哪个民族像我们这个族群一样用心用力地活着，这给作家提供了丰富的文化元素。

准确把握人物生长脉络，是小说的第一要务。

问：无论哪篇小说，"我"的定位始终是稳定的。一个诗人、官员、文学爱好者，爱读书、爱写作、淡泊名利，却受到命运的眷顾，家庭幸福，有一个始终伴随左右不离不弃的爱人——是不是这就是您的真实生活？故事是多样的，却总有这样一个知识分子的固定角色，您有没有担心读者会觉得重复？

尹学芸：暂时还没有，也许因为我储存的情感记忆还没有用完。这样一个角色与社会发生关联，其实已经是多重身份了，其中有我的影子，但肯定不独属于我个人。视野之内的生活才熟悉，这也是

没办法的事。小说中的"我"和"严先生"，成了一对固定搭档，有次北京一位作家来旅游，见到我爱人，开口就叫了声"严先生"，这也说明角色定位在读者中有了形象，这是值得高兴的事。客观地说，每处理一个素材都是根据自身角色的需求，我没想到这已经成为格式化。但你这些问题给我提了醒，我会及早提起注意。

问：现在提倡关注现实题材，但是很多作家都认为生活如此雷同，同质化写作越来越严重，但您总能找到独特的题材，能谈谈您的秘诀吗？

尹学芸：其实很简单，你的文字如果不是在编故事，就不会担心与别人雷同。记得很多年前王蒙先生说过一句话，大意是，你永远不担心自己的儿子长得跟别人一样。作品其实就是自己的孩子。你今天出门遇见的人，发生的事，你的联想和感悟，或者你记忆中的储存，怎么可能与别人一样呢？我想，同质化写作问题是源于作者没有发掘到属于自己生活的那口井，你的那块生活区域，只属于你个人。人与人之间千差万别。跟风写作才会出现同质化。

问：您的"创作谈"很有特点，一般作家，能从中读出创作背后的故事，对于小说是一种补充，但是您的"创作谈"常常比较隐讳，未见得能比小说更容易走进读者心里。您觉得呢？

尹学芸：感谢你关注到了这些小块文字，我还是比较喜欢这种创作谈的方式方法。看似言不由衷，却有言外之意。1990年的第一部中篇小说名叫《大河洼纪事》，那也是我第一次写"创作谈"。写了第一稿，编辑不满意。当时《天津文学》的冯景元老师说，创作谈可以不去阐述文本，可以稍微有点距离。这句话深深影响了我。故事摆在那里，怎样理解是读者的事。最近读到一个读者的评论与作者的创作意图南辕北辙，这也好玩。源于他不理解，也源于他就是这样理解，这是他的权利。"创作谈"这样写还有一种好处，就是不剧透。不知别人怎样想，我还是喜欢的。

《鬼指根》是尹学芸的全新中篇小说集，每个故事都似有无尽深意，那些记忆里的人和故事随文字层层撕开表象，内里的真实让人触目惊心

问：《鬼指根》收录了《大宝出生于1971》《风雅颂》《鬼指根》《会飞的父亲》《我所知道的马万春》5篇作品。这些作品分别发表在哪里？这些作品结集，仅仅是因为达到出版小说集的数量吗？

尹学芸：五部小说战线有点长，其实有些篇章的雏形更早一些。它们聚在一本书里，肯定不是"凑"在一起这样简单。而是，我一直在准备这样一本书，把心怡的作品放到一处。当然，这样说显得有点矫情，但我确实是这样想的。比如《大宝出生于1971》发表在《长江文艺》。没有比它更坎坷的命运，它曾经走过很多省市，后来寄稿子简直不是为了找地方发表，而是让它代为旅行。这一点，我在"创作谈"中谈起过。很多编辑看不上它，但我坚持它是部好作品，甚至不想轻易让它进入到哪本集子。就是这样。《风雅颂》发表在《福建文学》。后3部都发表于《收获》杂志。主题和叙述手法各异，但想起它们，我都觉得没有缺憾。

问：能否谈谈《鬼指根》？小说意象丰富，您说想写人心的归属问题——是写作之初就安排好的？小说中倪依没有告诉张居士她也在读《楞严经》。您是不是也在研究佛学？

尹学芸：小说是在行进过程中逐渐明晰和确定的方向，这也是我的一贯手法。我对佛学有种景仰，没做过专门研究。但骨子里觉得喜欢，遇见佛教元素会心动。30年前去五台山，南台顶的主持无故给我列了份书单，送我们下山时依依不舍，这份书单我现在还保留着。这种心理有点说不清，好像是保存了对佛缘的一点念想。对于倪依来说，她读《楞严经》也许与张居士有本质的不同。各有各的出发点，各有各的结论和结局。

问：您的小说可读性很强。《我所知道的马万春》的叙述者"我"是一位叫陈四宾的司机，从他的视角反思顶头上司马万春是好人还是坏人。故事并不新鲜，但是您的讲述还是很有新意。很好奇，创新在您似乎不存在难度？

尹学芸：很多读者都觉得我写个中篇好像不怎么费力气，其实不然。马万春这个小说在叙述方式上就改了好几次，而且还曾以"王云丫"这个视角尝试，写了几千字，觉得隔，又改辙了。找到合适的叙述感觉非常不容易，通常要费尽心思。后来用陈四宾这个第一人称，属灵机一动。那种人物之间的知此知彼，不是编故事那样简单，很考验对人物关系的把控能力。我对那样一种人物关系有些着迷，生活中处处充斥着撕裂，我经常会琢磨何以造成这样的局面。犹记得在泸沽湖畔石一枫曾跟我谈过马万春这个人物，他的肯定让我觉得很鼓舞。

问：《风雅颂》讲述两代女性婚恋观冲突的故事，更显示出您从日常生活中提炼艺术的高超艺术。如何在我们熟视无睹的生活中发现小说素材，能谈谈您的经验吗？

尹学芸：乡村题材的小说越来越难写，是因为越来越不知道它的脉搏在那里，怎样才能生成故事。有一次下乡，偶然听老乡说，一个外来的媳妇是网恋，因为婆婆不接受在工棚里住了6个月，直到怀孕，婆婆才草草办了婚礼。这个事很触动我。乡村的改变千头万绪，情感方式最是与时俱进。《风雅颂》寄托了我对乡村的美好愿景，如果说有经验，那就是从情感入手。不是说写乡村爱情，而是写自己对乡村的那份情感和期许。

问：《会飞的父亲》塑造了一个"不成器"的父亲，不会干农活，在家中挑不起大梁，也不被尊重。父亲年轻时就喜欢出走，年纪大了，又从养老院出走，再也没有回来。这篇小说的结构和意象很独特，"我"在寻找父亲的过程中看到了黑暗中的微光，执意的"寻找"暗含着什么？

尹学芸：找寻父亲，其实也是找寻自己。当找寻变成一种执念，其实就已经超越了行为本身。寻找意味着明知找不到，或者不为找得到，从被动到主动，是寻觅光的过程，是找寻人生的意义。微博上有作家私信我，说这是我最好的小说。他说得未必对，但于我是很大的安慰。对应文本里的寻找，简直有点异曲同工，就像找寻父亲本身也是很大的安慰一样。人生其实就是不断找寻的过程，只不过，很多人意识不到。

文学对时代的书写有许多新的元素。这也要求作家沉下心来面对

问：小说中常有梦境。梦境对您来说非常重要？评论家王春林说您是有些"巫性"的作家，您怎么看？

尹学芸：春林教授的看法，我大概能感受到一点。我有很强的第六感官。经常怀疑自己有点未卜先知，生活中应验了很多事情，其实就是有点预判能力。没有哪一天没有梦，年轻时的梦境经常让自己陷入绝境。现在不会这样了。梦境也像人一样成熟和成长。

问：您获了那么多奖，依然保持高水平和高产量，创作的动力是什么？

尹学芸：就是喜欢，热爱。喜欢塑造人物，喜欢汉字排列在一起散发出的气韵。同样是一句话，你说跟他说就不是一个味道。有

些人物生活中有原型，他们离我塑造出的人物好远，但经常想，把这些人攒到一起喝顿酒，是个有意思的事。但他们在生活中都是寻常人，有寻常的样貌，寻常的思想。想到这一点，有点让人泄气。

问：写作中还会出现瓶颈？如果有，如何克服？

尹学芸：不着急，慢慢来。文字也有机缘，该来的都会来。不来的，不去强求。

问：作为天津市作协主席，您如何看待天津的作家队伍和整体的创作状态？

尹学芸：天津最近几年态势良好，只是有点青黄不接，难以形成梯队。接下来会在队伍建设上下功夫，重心下移，培育和培养更多的年轻作者。

问：作为全国政协委员，这一身份会对创作有什么影响吗？您如何处理社会职务和写作的关系？

尹学芸：我也是老委员了。从县级到市级再到全国政协委员，一路看了很多风景。这一身份对创作还是有好处，会认识很多人，了解各种行当。在履职过程中，也会多途径了解社会生活的方方面面。用积极的心态面对，逐步调整和适应，是我面对问题时的基本态度。

徐坤：与时代同行，为生民立传

　　徐坤，1965年出生于沈阳。文学博士。现任中国作家协会《小说选刊》杂志主编，中国作家协会全委会委员，享受国务院政府特殊津贴专家，全国宣传文化系统"四个一批"文化名家。已经发表各类文体作品500多万字，出版《徐坤文集》8卷。代表作有《先锋》《厨房》《狗日的足球》《神圣婚姻》等。曾获老舍文学奖、中宣部"五个一工程"优秀长篇小说奖、庄重文文学奖、鲁迅文学奖以及《人民文学》《小说月报》等文学期刊优秀作品奖。长篇小说《野草根》被香港《亚洲周刊》评为"2007年十大中文好书"。部分作品被翻译成英、德、法、俄、韩、日语、西班牙语。

｜采访手记｜

"一直是短发，戴一副不断变换样式的眼镜，仔细看，她的短发讲究，总需要及时修理，打扮得利落而入时。她酒量大、酒品好，任何时候都是体面地坐在那里，比男子更有气魄……"

在作家邱华栋简笔素描式的勾画中，徐坤就这么生动地跃入眼帘了。印象中，徐坤总是笑眯眯的，说话不疾不徐，让人如沐春风。她评价自己年轻时的文章很幼稚，但有激情，敢冲撞，想当前锋，想射门，有快感；年老时的文章、技术纯熟，但倦怠，围着球门子转，兜圈子，看热闹，就是不往里进球，知道射门以后会有危险后果出来。

实际上，她的文字与思想日渐成熟，作品也在逐渐走向阔大与深沉。2022 年，八卷本的《徐坤文集》记录了徐坤从事文学创作 30 余年的履踪展痕。文集囊括了徐坤的长篇小说四卷，中短篇小说两卷，散文及学术论著各一卷。徐坤将自己的第一部文学评论著作命名为《双调夜行船》，想必是因为学者和作家的双重身份。文学创作起步时，她还是中国社会科学院亚太所的一名青年科研人员，短短两年时间，《白话》《呓语》《先锋》等中篇小说的问世，使她一度成为文坛熠熠生辉的明星。她研究女性主义文学批评，犀利地透视世纪末人文精神的衰落，叩问知识分子的灵魂，探寻欲望与挣扎背后的心灵，也温情款款地书写亲情、友情和爱情。

2022 年底，徐坤出版了长篇小说《神圣婚姻》。这是一部带有鲜明的徐坤风格的作品。读完之后，你会觉得，徐坤又回来了，那个写《厨房》《狗日的足球》的徐坤，那个洒脱智慧的徐坤，给我们讲述新时代的北京故事，讲得神采飞扬，讲得酣畅淋漓。小说探讨的主题切近生活肌理，不仅写出知识分子的坚守，也写出对市民阶层与城市精英、知识分子与海归青年遭遇的审视。小说融入了她丰富的生活经验、生命体验，富有魅力的叙述语言、张弛有度又简洁凝练的叙事风格。这也是她认真思考、呕心沥血打造的一部符合新时代特征的长篇，篇中每个人物小传，她都写下了几万字的笔记。

她希望充当寻常百姓的代言人，为生民立传，同时也希望能真实记录自己所生活的这个时代，记录世事迁徙和风起云涌的变革，以及其中的人心嬗变。

作家王蒙曾称徐坤"女王朔"，其先锋姿态与女性视角令人耳目一新

问：您曾说过对自己影响最大的是随社科院同行下乡锻炼的那一年，回来就按捺不住地要写小说。能具体谈谈是怎样的影响吗？

徐坤：20世纪90年代初，我刚毕业进中国社会科学院工作，一身学生气，带着年轻人成长过程中普遍的叛逆和冲撞精神。80的结束和90的开始，对于中国的改革开放进程来说，是一段非常特殊的历史时期。刚参加工作不久，我就随社科院的八十几位博士硕士一起到河北农村下放锻炼一年。远离城市，客居乡间，忧思无限，前程渺茫。在乡下的日子里，我们这群共同继承着80年代文化精神资源的二十来岁的青年学子，经历浅，想法多，闲暇时喜欢聚在一起喝酒清谈，读费孝通的《乡土中国》，看昆德拉的《生命中不能承受之轻》，播放中关村淘回来的各种国外艺术片，在高粱玉米深夜拔节声中，在骤雨初歇乡村小道咕吱咕吱的泥泞声里，凌虚蹈空探讨国家前途和知识分子命运，虽难有结论却兴味盎然。回城以后，这个小团体就自动解散，然而，在乡下探讨的问题以及与底层乡村民众打交道时的种种冲突和遭际却一直萦绕我心，挥之不去。终有一

天，对世道的焦虑以及对于前程的思索，催使我拿起笔来，做起了小说——相比起"板凳要坐十年冷"的做学问方式，激情与义愤喷发的小说更能迅捷表达作者的情绪。

问：中篇小说《白话》让您一举成名，《中国作家》《人民文学》《当代》等刊物几乎同一时间刊发您的系列小说。您如何评价那一时期的创作风格？

徐坤：在1993—1994两年间，我以《白话》《先锋》《热狗》《斯人》《呓语》《鸟粪》《梵歌》等一系列描写知识分子的小说登上文坛，文化批判的锋芒毕现，又都是发表在《中国作家》《人民文学》《当代》这三家大刊物上的，立即就引起了读者和批评家的广泛关注。年轻时的写作，十分峻急，仿佛有无数力量催迫，有青春热情鼓荡，所有的明天，都是光荣和梦想。仿佛可以乘着文字飞翔，向着歌德《浮士德》中"灵的境界"疾驰。

问：《先锋》刊发于1994年第6期《人民文学》时，评论家李敬泽首先以"欢乐"形容它，说"如果说以艰涩的陌生化表现世界并考验读者曾是一种小说时尚，《先锋》对世界、对读者却摆出了亲昵无间的姿态。"评论和作品相得益彰，读来特别过瘾。您还记得当时作品发表后的情景吗？

徐坤：相当激动！接到通知稿子采用后，就天天等着《人民文学》第6期出刊。那时我在社科院亚太所工作，住在学院路，总去学院路的五道口新华书店看看杂志到了没有。前一次去五道口书店还是排队去买《废都》。5月底的一天，终于看到了有卖，只剩下一本了。赶紧买下来，拿起杂志一翻，哇！第6期整个卷首语都说的是《先锋》啊！天呐！我只是个新人呐！我还是第一次上《人民文学》啊！我是投稿过去的啊！跟他们一个人也不认识啊！这是谁写的啊！这么会写，表扬得这么的好！激动得我啊，立刻，骑着自行车就直奔了王府井新华书店，因为知道那里的书报杂志到得多。十多公里的路，没多久就骑到了，也不觉得远。到了王府井书店，一下子买光了店里的30本刊物！那是的杂志是3块钱一本，花了我90块钱，差不多是一个月的工资。

问：那时候人们对文学的虔诚和激情，很令人羡慕啊。

徐坤：是啊！那期的卷首语，我几乎是能够背下来，还曾一笔一画地抄到了本子上。后来才知，是个跟我一般大的年轻人写的，叫李敬泽，刚升任了小说组的主任。那是他写的第一篇卷首语，"《先锋》是欢乐的；如果以艰涩的陌生化表现世界并考验读者曾是一种小说时尚，《先锋》对世界、对读者却摆出了亲昵无间的姿态。它强烈的叙述趣味源于和读者一起开怀笑闹的自由自在；它花样百出的戏谑使对方不能板起面孔……"寥寥600字，将近30年，关于《先锋》的评论也有千百篇了，我认为竟没有一篇能超过它。

问：王蒙先生说您"虽为女流，堪称大'侃'。虽然年轻，实为老辣，虽为学人，直把学问玩弄于股掌之上，虽为新秀，写起来满不论，抡起来云山雾罩，天昏地暗，如入无人之境。"您是怎样理解的？

徐坤：那是王蒙老师发表在1994年《读书》杂志"欲读书结"专栏上的文章。我理解他的本意，一是震惊，刚进入90年代没几天，年轻人写的东西已经变成这样后现代了；二是希望文坛多出几个王朔，不管是男的还是女的，都能够以年轻的话语，冲撞的身姿，把进入90年代以来的文坛特殊的沉闷的日子捏出个响来；三是希望年轻写作者除了戏谑、解构、嘲笑外，能不能再稳健庄重些，能有一些建构的思想意见表达。他的话让我深受教益。从此以后就逐渐收敛起锋芒，努力在文章中做一些文化建设性的工作。

**在北京作家协会期间，对于徐坤是创作上的拓展和深化。
《野草根》《八月狂想曲》等都是这一阶段完成的**

问：早期的写作，您以知识分子题材为主，后来您写《厨房》
《狗日的足球》《午夜广场最后的探戈》《春天的二十二个夜晚》《爱
你两周半》《野草根》等，不断关注着女性的生存状况，书写她们独
特的生命体验。这种转变的契机是什么？

徐坤：20世纪90年代初，刚开始写小说那会儿，不考虑男女，
只是按先贤先哲大师们的样子，追寻文学审美的传统精神之路，写
《热狗》《白话》《先锋》《鸟粪》，写我熟悉的知识分子生活，探究
人类生存本相，相信能成正果。后来，某一天，女权主义女性主义
潮涌来了，急起直落，劈头盖脸。忽然知道了原来女性性别是"第
二性"，西蒙娜·德·波伏瓦告诉我们，子宫的最大副作用，是成为
让妇女受罪的器官。

《厨房》写于1997年，距今已经有25个年头过去。依稀能记
得，原先想写的是"男人在女人有目的的调情面前的望而却步"，写
着写着，却不知最后怎么就变成了"没达到目的的女人，眼泪兮兮
拎着一袋厨房垃圾往回走"。之后，《厨房》的主题给批评家演绎成
了"女强人想回归家庭而不得"，所有同情方都集中在女性身上。

《午夜广场最后的探戈》，写在2005年，距今也已经17年。2005
年的夏季，不知在哪家厨房待腻了钻出来放风的那么一对男女，开
始在大庭广众之下的居民区的午夜广场上发飙。他们把社区跳健身
舞的街心花园广场，当成了表演弗拉门戈、拉丁、探戈舞的舞台，
男女每天总是着装妖艳，嘚瑟大跨度炫技舞步，像两个正在发情的
遗世独立的斗篷。最后以女方在大庭广众之下摔跟头收场。

问：您有没有想过把《厨房》和《午夜广场最后的探戈》两篇

小说放在一起比较一番?

徐坤:《厨房》和《探戈》两篇中间跨度有近十年、却又横亘了两个世纪的小说,前后放在一起考察时,连我自己也不禁悚然一惊!十余年来,竟然用"厨房"和"广场"两个喻象,用"拎垃圾"和"摔跟头"的结局,把女性解放陷入重重失败之中。小说的结局都不是预设的,而是随着故事自己形成的。但愿它不是女巫的谶语,而只是性别意识的愚者寓言。

十年一觉女权梦,赢得人前身后名。乐观一点想,"厨房"和"广场"的意象,如果真能作为跨世纪中国女性解放的隐喻和象征,二者的场面也已经不可同日而语,不光活动半径明显扩大,姿态和步伐也明显大胆和妖娆。如果真有女性的所谓"内在"解放和"外在"解放,我真心祝愿二者能够早一天统一。

《野草根》被评价为女版的《活着》。三代女性始终在生活的夹缝中挣扎奋斗、狂欢跳跃,如风中摇曳的野草生生不息

问:您的长篇小说《野草根》被香港《亚洲周刊》评为"2007年十大中文小说",这部作品在文坛获得诸多好评。

徐坤:当年这部小说被评为"2007年十大中文小说",但在今天看来价值也是被低估了。《野草根》堪称女版的《活着》。小说讲述的是那个动荡年代,三代女人在各种艰苦环境下的坚持与隐忍、不断与命运抗争的故事。知青于小顶、于小庄与后代夏小禾三个女人的卓绝成长与红颜薄命,围绕她们身边的男人们的暴戾、颓败与倾情,构成广袤东北大地上40年的最为壮观的风俗风情画和最为激越的命运交响曲。

作品的地域背景放到我的出生地东北沈阳，时间跨度则从"文革"知青下乡到当下，笔触深入底层女性的成长、情感、事业中，而真正的指涉却是对女性命运的关照。不管命运如何多舛，三代女性始终在生活的夹缝中挣扎奋斗、狂欢跳跃，她们宛如那随风摇曳的野草，根系深深扎在泥土里，生生不息，益然丰沛。

问：我觉得《野草根》书中的情节、东北风俗，和根据梁晓声同名小说改编的电视剧《人世间》很相像——如果拍成像《人世间》那样的电视剧的话，您觉得谁来演合适？

徐坤：要说合适的演员，那得首推俺们大连姑娘秦海璐，长着一双桃花眼的周迅，老戏骨宋春丽，风头正健的抚顺小伙于和伟。《野草根》有望成为继电视剧《人世间》之后，又一部打动几代观众的爆款剧目。

第一，"时代·女性·命运"是这部《野草根》最为重要的主题；第二，"挣扎，奋斗，不屈"是这部《野草根》最强大的主基调；第三，"人间百态现实，时代变革发展"在剧中有最好的体现；第四，浓郁的东北风情，催人泪下的年代故事，三代女性的命运，吸引老中青三代观众有沉浸式观影体验；第五，绝世独立的大女主、红颜薄命的女配、桀骜不驯的女新新人类、刚愎强悍的东北老太太……这些人物形象，都给演员表演提供了极大的空间。

问：《野草根》以追忆和倒叙的方式讲述一个家庭三代女性的故事，折射近半个世纪里女性残酷的命运。这部作品的创作源于什么？

徐坤：2006年五一长假，我应邀去看沈阳世博园，也顺路回家探望父母。回来的路上，堂妹为让我多观些风景，特意多绕了些路，将车子一路从棋盘山和东陵山间的森林里穿过，最后竟将车子拐到了东陵山野的墓地上，说这儿离姥姥姥爷的坟不远了，我领你顺道去看看吧。

她的姥姥姥爷也就是我的爷爷奶奶，我们徐家去世的几个亲人都葬于此。这还是我头一次在这个季节里来扫墓。一见到奶奶那座栽着柏树的坟我就哭了，泪如泉涌。手抚着墓碑，是热的，似觉有奶奶的体温在上面，分别之日竟像昨天！那一刻我真觉得奶奶好像还活着，她知道我们来看她，也能听到我们在跟她老人家说话。我和小堂妹都是奶奶给一手带大的，我在奶奶身边一直长到15岁，考进辽宁省实验中学后才住校离家，对祖母的感情远胜过对自己的亲生父母。我总是在思乡的梦里和她老人家频频相见……那天的墓地方圆几十里几乎没有人，静寂无边。只有隐约的远山、青葱的绿草、夏季的风声和脚下的坟茔与我们为伴。站在芳草萋萋一望无际的墓地，我的心里霎时涌起无尽的惶惑和迷茫，生与死的问题头一次如此鲜明地涌上心间。

我当时想的问题跟《野草根》书里夏小禾想的并不一样，我想的竟是：再过几十年，20年或者30年，我也不过就是回到这里来吧？到时候也埋在这里的祖母和亲人们的身边化作一掊黄土吧！那时候埋葬我的是谁？又会有谁会来扫墓看望？20年或者30年是个很快的时日，倏忽即逝，很快就来。那么，我们如此辛苦地打拼奋斗又有什么意思？活来活去的意义究竟何在？

回北京后，我仍然久久不能平静。就这样，原本要做的有关世博园的欢乐文章被搁下了，我开始写《野草根》，写生与死，写底层人民蓬勃的生命力，写中国人生生不息的生命哲学中的原动力。

问：为什么选择知青一代和她们的子女的故事来写？

徐坤：《野草根》因为沈阳而引发创作联想，通篇又是以沈阳为背景展开，主要线索就是于小庄母女二人的命运。书中设计了一个生命的轮回：让知青于小庄在29岁芳华死去，如今站在墓前悼念她的女儿夏小禾也恰好是29岁。

为什么要选择这个年龄段的人来写？因为我考虑到在当下中国的人口成分构成中，知青一代人和他们的子女们正构成中国社会的基本力量。我重点要写的夏小禾这一代"新新人类"一族的生存状态，由此而上溯，先定下夏小禾的年龄身份，然后逆向推理，找出她的母系家族谱系，由此带出母亲、姨妈、外婆这几个主要人物以及一些男人。然后选择从母亲于小庄下乡的1968年写起，直到现在，将近40年的时间跨度，写了三代生活在底层的女人的命运。

2001年，徐坤的《厨房》获得第二届鲁迅文学奖。它像一首悲歌，却只能在如水的夜晚任热泪汹涌

问： 您的《厨房》在2001年获得第二届鲁迅文学奖。还记得当时获奖的情景吗？您知道这篇作品参评吗？

徐坤： 当时的鲁迅文学奖，才是刚设立这个奖项的第二次评选，动静还没有闹得今天这么大，报得很安静，我自己也不知道谁给报的奖，应该是首发这篇作品的《作家》杂志报的吧。那时候我还在社科院工作，根本没敢张扬，怕领导批评不务正业。

问： 您当时的获奖感言说了些什么？

徐坤： 当时没让说获奖感言，人太多了，派获奖代表发的言。20年后，当我故地重游，我才把获奖感言说了出来。2021年9月25是鲁迅先生140周年诞辰纪念日，我们《小说选刊》杂志社与绍兴市人民政府共同举办"鲁奖作家鲁迅故乡行"采风活动，邀请全国30名鲁奖获奖作家到绍兴，相聚鲁迅故乡，寻找精神原乡。同样的时间，同样的地点，顶着同一片绍兴烟云，站在同一片大师故土，我才分外感受到大师的气脉，感受到大师精神的源远流长。大师的存在，就是在昭示一个民族精神气度和人类文明的高度，走近他们，

就仿佛触摸到人类文化的灵魂。

在写作风头正健的时候，徐坤转向了编辑职业。有评论说，如果文坛增加了一个好编辑，却因此失去了一位优秀作家，也是重大损失

问：您是您这一代 60 后新生代作家里，特别独特的、逆向行走的人，您是从专业作家走向职业编辑行列的，而上一代作家们，包括铁凝、王安忆、刘恒等，都是离开编辑队伍走向专业作家岗位的大家。您为什么还要逆向行走？

徐坤：我是 2013 年 6 月从北京作家协会副主席岗位调到《人民文学》杂志工作的。那时候吧，我觉得 20 年间，通过吃苦受累，我已经把一个作家能做的事情都做完了，已经把能写的库存题材都写光了，也把能获的奖都获了（鲁迅文学奖、中宣部"五个一工程"奖、老舍文学奖、冯牧文学奖、庄重文文学奖、中宣部"四个一批"领军人才、国务院政府特殊津贴专家、北京市三八红旗手、北京文联德艺双馨艺术家、北京市政协委员等等），我的人生和写作都已滑入巨大的惯性，苦尽甘来，激情不在，日子舒服，慵懒怠惰，每年发几篇小说就可以完成工作量，日子几乎可以说是一眼望得见底，就等着退休去加入大妈群跳广场舞了。

估计好多作家写到一定程度后，都会有和我当时一样的感觉。

然后吧，就想换一个岗位、换一种生活试试，看看有没有那种能够让日子紧起来、让神经绷起来、让身体里像装上四驱发动机一样，轰隆隆隆、嘎嘎嘎嘎，一脚油门就"轰——"的一声瞬间提速 80 迈奔高速，令人血脉偾张、新鲜、兴奋、刺激的新生活。

问：然后您就选择当编辑去了？

徐坤：2013 年 6 月 13 日上午，到《人民文学》杂志社报到那天，正是端午节小长假刚过，我一个人穿着白衬衫，头发梳得溜光水滑，揣着报到通知书，乘坐地铁，到梦想之地报到。

《人民文学》是中国文学的殿堂，也是所有文学爱好者的梦想之地。1994 年 6 月我在《人民文学》头题发表中篇小说《先锋》，并在当年 12 月获《人民文学》创刊 45 周年优秀小说奖。初登文坛的我，获得国刊的阳光照拂，得到王蒙等老一辈作家的关注和提携，王蒙老师在当年的《读书》杂志上发表有关我的作品评论《后的以后是小说》，赢得热烈反响，使我这个文学小青年迅速抽枝发芽开花，成长猛烈，坚定了把文学当作一生事业去奋斗的决心和信念。

20 年后，机缘巧合，我又回到了出发地，来到《人民文学》，到了我的文学梦想最初放飞的地方，怎能叫我不珍惜、不感慨，暗自庆幸自己又一次来到人生加油站呢！

评论家李敬泽认为，《神圣婚姻》和这个时代、和此时此刻人们的生活、和这个人间有一个开放性的、对话的关系

问：李敬泽对您的新长篇予以高度评价的同时，以《西游记》中西天取经的降妖除怪作比《神圣婚姻》的叙述，提出"神圣"是一种态度和方法——您其实是在表达一路通关打怪，通往奔赴神圣婚姻的路上？

徐坤：对，《神圣婚姻》这本书的宗旨是，心中有敬畏，人生有修行。我们每个人在成长的过程当中，在婚姻的相处相守相敬相爱当中，实际上就是不断修行，走向神圣的过程。面对我们时代各种各样的选择和疑难，要在俗世中，在人间，在婚姻中，在多元的价值冲突中去求神圣，从而获得一份属于自己的幸福和美好。

问：这部小说是新时代的在场叙事，与时代的连接十分紧密，故事的发生从 2016 年元宵节开始，结束于 2021 年秋天，内容涉及很多时代的热点和痛点问题，比如买房、假结婚、支教、扶贫等，各种新时代的元素巧妙地融入故事，同时读起来又非常畅快，能否谈谈和时代"贴身肉搏"是怎样的创作状态？

徐坤：巴尔扎克说，作家要充当时代的"历史的书记官"，我们的术语说，作家要与时代同行，为生民立传。我特别希望自己能真实记录下我所生活的这个时代，赶上了世界百年未有之大变局，风起云涌，风云际会，这个时代的世事迁徙与人心嬗变都特别有意思，跟以往都不一样。

现实题材写好不容易，不是有句话嘛，叫作"画鬼容易画人难"。一个作家，与时代"贴身肉搏"，需要胆识，气度，技巧，需要有对生活机敏的捕捉能力，高度的分析萃取能力，必须抓素材时像记者，追线索时像警察。当然，高高在上、主导一切的仍旧是我们的价值观。最终必须是由一个强大的价值观主导作品的走向。

其实我不用刻意去写新时代，因为我就置身在新时代之中，新时代的风扑面而来，我跟这个时代息息相关，就连呼吸里都滚动着新时代的清香酱香和浓香气味。新时代同时也会主动找上门来让我书写。故事的发生从 2016 年元宵节开始，小说第一章里的一切故事和细节，都是真实的，矛盾冲突就是从这里起来的。紧跟着故事的走向，新时代或说当下的热点问题紧跟着就来了。买房、假结婚、支教、扶贫等，各种新时代的元素蜂拥而来。但是怎样编织和处理，还需要技巧。

我小说里的故事发生地在北京，实际又超越了北京、跨出了北京，从北京到澳洲，从东北铁岭到四川安岭，幅员辽阔，人物众多，活动半径大。小说里的故事都是发生在我身边的真人真事，有些还是我家族中的事情。我一次又一次看到她们在生活中的坚韧和泪水，也看到了他们的奋斗与牺牲。我希望自己能够充当他们的代言人，与时代同行，为生民立传。

问：您一直关注女性生存状况，书写她们独特的生命体验和生存困境。上次采访中您提到中国妇女的解放之路，已经从"厨房"写到了"广场"，那么下一篇，是否就该是"庙堂"了？《神圣婚姻》让女性进入庙堂了吗？

徐坤：是的。这部《神圣婚姻》，我就有意让女性进入了"庙堂"，让她们成为新时代的话语中心，能够充分主宰自己和他人的命运：顾薇薇是律所合伙人，企业技术专利和国际知识产权方面的专家；毛榛是社科院宇宙数字化经济研究所副所长，分管党务与人事；樊梨花是世界 500 强企业的董事长，杀伐决断，雷厉风行。这些女性的独立和解放，是时代的进步使然，也是中国迈向现代化强国发展进程中的必然。

《神圣婚姻》融入了她丰富的生活经验、生命体验，是她认真思考、呕心沥血打造的一部符合新时代特征的长篇

问：是什么契机使您开始这部新长篇的写作？

徐坤：这本《神圣婚姻》的故事五六年前早就在我脑子里有雏形了，直接导火索或说灵感，就是我家族亲人中遭遇的在京假结婚买房事件，亲人受到很大伤害。我也感到十分愤懑，如果不是亲身所遇，就会感觉这些事情都像假的，朗朗乾坤，太平盛世，不可能有这些鸡鸣狗盗之事发生。但事实是故事已经发生了。我一直想写出来，但是一直没有时间写，也正好借机等待故事发酵，看看生活中真实的事件最后到底是个什么结局。突然之间，新冠疫情来了，

好多出门的活动都搞不了，只能居家办公。尤其是2022年，有三分之一的时间都在居家，我坐在电脑前的时间突然就充盈了。于是才有了大块时间完成了这部《神圣婚姻》。

问：我注意到书的腰封上打着"暌违十年，徐坤归来"，许多熟悉您的读者都在问，这十年看不到您出新长篇，人跑哪去了？

徐坤：其实我一直都在场，在当代文学现场，一刻也不曾远离。十年前我从北京作协调到中国作协，从北京市作协副主席、国家一级作家的身份，变成《人民文学》杂志副主编、《小说选刊》主编，从台前走到了幕后，从作家变成了编辑，主要是为作家服务，培养文学新人。新世纪办刊物不比20世纪80年代，那会儿可以安逸地坐家里编稿子，读者来信和订单一麻袋一麻袋地运来，等于坐等天上掉钱；新世纪办刊，事务性的工作繁杂，期刊的生存压力大，文学杂志纷纷"断奶""转企"，编辑们出外搞活动、拉赞助、找经费、搞经营占去了80%的时间，剩下20%的精力才用来编稿。在没有疫情的那些年，我有两个行李箱，一个放家一个放单位，里面备足出差洗漱用品，活儿一来，拉起拉杆箱就奔机场车站，领团队四处奔走采风，风尘仆仆事必躬亲，管吃喝拉撒睡，像个高级导游，根本没有写作时间。时间，时间成了创作者最大的敌人。

尤其是我在《小说选刊》当主编的这几年，责任大，岗位重，身为文学博士和作家，要做到对好作品的判断眼光精准，视野开阔。我带领我们《小说选刊》团队，励精图治，团结奋进，做"选家"，治"选学"，精思明辨，汇品类之盛，领风气之先，几年间就把选刊的影响力恢复到了80作家李国文当主编时的水平。《小说选刊》遴选的作品，连续列入各种排行榜、各种评奖、各种年度选本中。2022年两项国家大奖评选：中宣部"五个一工程"奖和第八届鲁迅文学奖评选中，《小说选刊》所选的《千里江山图》《铜行里》两部小说获得五个一优秀图书奖；第八届鲁迅文学奖的10部获奖中短篇小说，有7部是从选刊选载的作品中产生的。这些都充分彰显了《小说选刊》作为文坛风向标的不可动摇的地位。

问：为什么叫《神圣婚姻》？其实小说中几对情人和夫妻的关系在社会价值变化的过程当中都发生了变化，有为儿子在京买房假离婚真结婚的，有被多年男友抛弃的……《神圣婚姻》里的婚姻其实并不神圣，没有一个人的婚姻是从一而终或完整的。情感变得特别脆弱，太多不可控的因素改变了婚姻——您如何理解"神圣"？以"神圣婚姻"为题，是心存敬畏还是某种反讽？

徐坤：《神圣婚姻》书名的缘起，有个从"神圣家族"到"神圣婚姻"的过程。多年前，恰好读到作家朋友梁鸿写了《神圣家族》，是写故乡梁庄的，我就觉得这个题目太好了，当时就脱口而：我也要写一个《神圣婚姻》！当时，说这话的时候，也是在一个朋友餐聚的场合，在座的一位批评家朋友听了，连连称赞，大呼好好！说这个太牛了！说你要赶紧写出来！我一听，更是受了鼓励，忍不住摩拳擦掌，暗搓搓的筹划着什么时候一鼓作气写出来。

当然，我们都知道梁鸿的作品是引用马恩的经典著作《神圣家族》的名字，马克思和恩格斯用的这四个字是具有讽刺的意思，在书中他们阐述了物质生产在社会发展中起决定作用的思想，批判了鲍威尔及其"神圣家族"伙伴把"精神"和"群众"绝对对立起来的错误观点。

有了"神圣婚姻"这个想法后，我的故事便找到了切入点，以婚姻为线索编织经纬，形成一道一道的故事，各色人等、各种婚姻形态次第登场，既虐浪笑傲，也正大光明，在聚光灯下开始了表演。而新时代的北京，就是提供给他们表演的最大舞台。这里的人群来来往往，怀着梦想，怀着意趣，也聚散离合，也飞短流长，更是前赴后继，更是英勇无畏，在漫长的生命旅途中，在日常烟火和婚姻生活中，开始了探讨和追求神圣的过程。

问：小说中多次出现王蒙及其作品，从一开始的《青春万岁》到《中华玄机》，为什么选择王蒙并以这种特定方式走进《神圣婚姻》，您是如何考虑的？

徐坤：为什么会选择王蒙并以这种特定方式走进《神圣婚姻》？是因为王蒙对于我们这一代人的精神和心灵影响太大了。他个人的经历和创作就是一部完整的中国当代文学史。

小说中多次出现王蒙先生及其作品，从一开始，孔令健所长觉得自己是沿着《青春万岁》结束时杨蔷云张世群1953年在北京郊区毕业告别那会子往前活，走过国家的几个五年计划后，终于来到新时代的今天，"十三五"规划收官和"十四五"规划开启；到中间章节，程田田乡村支教时遇到文旅部下去挂职锻炼的潘高峰，见他桌上摆着王蒙的当年的新著《中华玄机》；初稿时的结尾，也是让程田田和潘高峰在天安门广场看完升旗后，眼望广场上飞起的白鸽，朗诵起《青春万岁》的诗句：所有的日子，都去吧，都去吧。生活中，我们快乐地向前（后来结尾这段接受编辑的建议删掉了）。

这本《神圣婚姻》时，我也是想试试，在我自己快要进入老年疲沓时（我今年虚岁59），还能不能嘹亮高亢地接上一曲新时代的《青春万岁》？或说是《青春万岁》的续篇？就从1953年杨蔷云张世群他们告别那时候写起，经历过孔令健一代研究所的学子，最后定格在更年轻的90后一代程田田和潘高峰身上，让每一时代的文化建设者、时代潮流的举旗人，都永远激情燃烧，青春万岁，永葆赤子之心。

葛水平：表现"世俗"是我的宿命

　　葛水平，1966年生于山西沁水县十里乡。中国当代作家、画家、学者。现任山西省文联主席、山西女作家协会主席、山西大学文学院教授。已出版作品集50余种。代表作有《喊山》《甩鞭》《裸地》《河水带走两岸》《和平》等。中篇小说《喊山》获第四届鲁迅文学奖。

| 采访手记 |

作家陈世旭早就发现，葛水平偏好民俗和史志，"一身装束满是乡村元素，就像个活动的民俗博物馆"。的确，葛水平会写作，小说、散文、诗歌都有涉猎；水平会画画，主要以戏曲人物和驴为对象，有意趣，有生活；水平还会唱戏、会摄影，会裁剪服装，然而最重要的是，水平会生活。

她喜欢待在山上或草地上，长久地完全放空自我，看落日，看流云，在荒草上晒太阳。写乡下的物事，她也是自在的、真实的甚至放纵的。不论诗歌、散文还是小说，葛水平的文字沾着故乡的泥土和气息，仿佛那些植被正是自己文字的养分。如果把诗歌比作台阶，那么散文便是土路，它们将葛水平送往远方，而小说让她重返故乡。因此葛水平是诗意而有韵致的，她的文字洋溢着浓郁的地域文化特色和乡土风情，那不是浮在生活表层描绘山水风情，不是站在远处眺望历史和现实，而是融入山凹的风和石，花和草。

当然不止是诗和远方。葛水平写作抗日时期的乡村故事由来已久，她笔下的乡土抗战小说《狗狗狗》《黑雪球》《道格拉斯 / China》关注的是抗战时期太行山偏远乡村山野乡民的悲惨遭遇和抗争，最新出版的小说《和平》仍是抗战主题。

写故事的人在成长，她的故事也在生长。很久之前，葛水平就在创作自述里说："时间悄然流逝，倏忽间，窑洞成了村庄的遗容。它的故去的人和事都远去了，远去在消失的时间中。"她的时间观在《和平》里仍有着强烈的暗示。在小说里，战争装填了时间，时间模糊得不能再模糊，鲜明得不能再鲜明，时间装填了人的一生，来者如斯，前不见古人，后不见来者，变化的永远是人间。

冯骥才评价葛水平说："只有她这支富于灵气又执着的笔，才能在生活的暗流里，触及到这些历史的灵魂，乡土的韵致，鲜活的性情，人性朴素的美以及转瞬即逝的诗意。"

童年生活令葛水平念念不忘，一种遥远的、切近的、涌动的记忆，没有任何东西可以超过她对故乡人事的热爱

问：我一直很好奇您的经历，是怎么从戏曲转向文学的？也可就此梳理一下自己的创作过程。

葛水平：20 世纪 70 年代，文化复苏。这时候我 12 岁了，父亲说：你去学唱戏吧，说不好能唱成一个大把式。中国家长的意愿永远都是孩子们的方向。我在当时学戏中是最小的学生，主角让年龄和个子大一点的同学演了，我一直跑龙套，当丫鬟。世人对没有文化的演员贬称"戏子"，对我是一种挫伤。16 岁开始写诗歌，20 多岁自费出版第一本诗歌集子《美人鱼与海》。我的诗歌都是一些成长中狂妄自大和无法排解的孤独。为了生计我写过各种文体，甚至学过打快板。90 年代早期开始写报告文学和散文，末期开始写小说。我的写作一直停留在乡村，这也是出生并成长在乡村人的优先选择。尤喜夏秋时分夜晚降临时村庄饭场，人的影子是靠声音来传递的，所有空间向我展开的，正是我理解的这个世界的雏形。尤其是，农家院子里的苇席上，大人和小孩都坐在上面，月明在头顶照着，在一天疲劳中即将进入梦乡时分，饭场是对劳动生活的一种补充、一种调剂，有时则是一种较真、一种抬杠。似乎乡土写作一直是我永不改变的风格。

问：处女作是在哪里发表的？能否谈谈您早期的文学创作？

葛水平：80 年代我跟随上党梆子剧团去长春电影制片厂拍一部戏剧片《斩花堂》，我写拍摄花絮。一本叫《大众电影》的杂志有时

一期会选发我几篇文章，这大概算是印成铅字的处女作。第一首诗歌也是这个时期在《山西青年报》上发表，这是激励我继续写作的肯定。

问：您是自《甩鞭》才被更多的读者熟知的吧？感觉从一开始，您的作品故事性就很强？

葛水平：故乡年节，穷人家买不起鞭炮，穷人也是人，也要听响儿。一堆篝火一个甩鞭人，是白云苍狗的世界不变场景下的热闹，那热闹也是生活温热的光焰。一个男人指节粗壮的铁黑色的大手，一杆长鞭在月亮即将退去的黎明前甩得激扬；一个女人去想那长眉浓烈似墨，大嘴吼出威震山川的期待，爱的背后铺垫着的是生活的锅灶，我的故乡对天地之爱居然如此大气。爱到老，依然会扯着皱褶重叠的脖颈仰望那一声撕裂的鞭声，爱和坚守都与山河有关。面对这样的乡村我有一种祭献的冲动。乡下人天性有一股"犟"气和"韧"性，与人理论，得理不饶人，常吃亏，常得理不饶人，这样，山里的人一生又弥漫了悲壮气氛。我的小说中的人物，不自觉地融入了乡人的脾气、性格、爱憎。生活是一条大河，始终奔腾不息地流淌着，我只是一个在今天这个突变时代上船的人，从这个意义上说，是故乡的人事成就了我的今天。

《裸地》依旧关注农民和土地、人们生存的艰难，以家族的兴衰展示新中国成立前太行山区的沧桑巨变

问：能否具体谈谈长篇处女作《裸地》？

葛水平：在没有动笔之前，我有无奈，或我有寂寞。走过村庄，看到时光的走失竟然可以这般没有风吹草动，那些曾经的繁华呢？布满青瓦的屋顶，青石砌好的官道，它们是一座村庄的经脉，曲折

起伏，枝节横生着故事，难道它只能是记忆了吗？我曾经以一个作家的身份在一个县里挂职。第一次下乡，见一山东逃难上太行山的老人，他说：我爷爷挑着担子上太行山，一头是我奶奶，一头是锅碗家什，出门时是大清国，走到邯郸成了民国。一个掰扯不开甚至胡搅蛮缠的想法闯入了我的脑海：写那些生命和土地的是非，写他们在物事面前丝毫不敢清浊不分的秉性，写他们喝了面糊不涮嘴的样子，写他们铺陈在万物之上的张扬。我想了很久，什么叫生活？中国农民与土地目不斜视的狂欢才叫生活。

问：《裸地》是一部很独特的小说，主人公盖运昌一生就是为了延续香火。能谈谈您在小说创作中的一些构想吗？

葛水平：尽一个世俗人的眼光来写作。"世俗"必须是我命中注定！我想写一个男人，写他误入人间的无奈，他永远都清楚日头翻阅不过四季的山冈，却要用生之力博那山之高不过脚面的希望。一个漫长的冬天被温暖的日头驮走了，曾经的收放自如，张弛有度，刚柔兼备，情理并重，那份深刻为基础激情和深沉为内蕴的率性，却落得做作的自炫和浅薄的张狂。一生努力是为了后人，自以为掐算掌控得最好，其实，数数可虚幻眼前的物事，当土地裸露的时候，人的日子在希望落空中过去了。

问：在《裸地》的阅读中可以发现，戏曲对您的影响很深。您在戏曲方面的造诣的确在作家中是首屈一指的。能否分别谈谈戏曲、写作、绘画在您生命中分别意味着什么？

葛水平：戏曲是童年所学技能，启蒙却是炕墙画。小时候出山到外村去看大户人家的炕墙画，常见的有历史典故"桃园结义""三顾茅庐""苏武牧羊"等。也有戏曲故事"莺莺听琴""貂蝉拜月"。各种"选段"的集锦式"会串"在炕墙上，一路看过来，比较历史典故我更喜欢戏曲故事，"小红低唱我吹箫"的幽幽怨怨似乎更适合生殖的热炕。写作启蒙来自舞台，戏曲让我知道了历史是不可改造的，唯一敢改造历史的是戏。绘画只是把日子闲下来的一种可能。

《活水》是对故乡的一篇祭文。葛水平在写作时是因事而发，由事生情，她只考虑笔下的人物，"他们是我生命向已有的过去延伸的努力"

问：《活水》写了几代人的生活，到了小满这一代，对乡村已经是鄙夷和不屑了。而从乡村到城市的进程中，也有不断流失的民间的传统文化。但是从您的角度完成乡村到城市转化的叙事，令人耳目一新。

葛水平：20多年前我的小爷葛起富从山神凹进城来，背了一蛇皮袋子鸡粪，他要我在阳台上种几花盆朝天辣椒。那一袋子鸡粪随小爷进得屋子里来时，臭也挤进来了。我想我还要不要在阳台上养朝天椒？小爷进门第一句话说：蒲沟河细了，细得河道里长出了狗尿苔。吓我一跳。几辈人指望着喝蒲沟河的水活命，水却断了。小爷说，还好，凹里没人住了，我能活几年？就怕断了的河，把人脉断了。《活水》写的是我的故乡，现在村庄因为人脉断了，已经成为荒沟，这部长篇是给我故乡的祭文。

问：在《活水》中，既有乡村记忆，又有社会转型期乡村变化的历史进程。您愿意如何概括书写中观察和思考？

葛水平：山神凹只有一种颜色，如同不能被外地人读作山神凹那样，山神凹只能是山神凹。一切已经淹没在含混的暮霭中，是属于黑白电影时代，是一个无法返回的时代。是更近的历史，消失在了更近的现实中。

问：申秀芝找到宋栓好的窑上"骂窑"一节，写得活色生香，好像很少有小说对"骂"写得如此生动。这也是乡村中独有的特色吧？

葛水平：能入了文字的人物，都有自己的锋芒。活人不生事叫活人吗？生事的人，对生存环境的了解和参悟是令人敬畏的。善是守，恶是进。但是，我们该明白，他们的日子不是这样永远地恬静，庄稼不出青苗的时候，他们会为了一渠水引到自家田头而大打出手，也会因为谁家的牲口吃了庄稼因小生出大事。人不可能舍却作为背景的生存而活着，谁都会为了保护自己活着的简单口粮而争斗。哲人说过，人生而自由，却无往不在枷锁之中。普通人的乡村，更是如同可乐里加冰。

问：乡村的爱情如此荡气回肠。李夏花的命运让人心疼，但是她有申寒露的爱情足以幸福。韩谷雨对申秀芝说的一句："爱情就是把一个人放在心尖尖上疼。"——又朴实又动人。您觉得自己笔下的乡村爱情有什么样的特点？

葛水平：爱了就爱，很少用一颗富于想象的头脑去构建爱情。生命的豁达，对于写作者来讲自始至终都是站在这样一个高度。乡村爱情，经历苦难后各自内心的安宁与永恒的确证，生命与生活的通透，比起苦难来乡村爱情就像乡村民歌一样来得更直白形象。民歌的世事洞明其实是经验的结果。好的民歌阔爽大气，直白坦荡，偏又情致缠绵，余韵不歇。当一个人爱了恨了，来了又走了，掺杂着不舍、难过时，你会感觉就连无数细小明亮的尘埃也一起合谋来堵你胸怀。这时候的乡下人就很直白地说：妹是哥的心尖尖肉。

对于山西人深层次的解读，乡土题材是山西写作者的优势，山西前辈作家中没有一位不是建立在此基础上

问："懂风情的人才是这世上杀伤力最大的武器。"这句话很是贴切。小说中的女人，无论是翠红、张老师、李夏花还是小满，都是"懂风情的"女人。您所理解的风情是怎样的？

葛水平：花香气，草鲜味，土地的腥膻。深情款款地去寂寞。

问：小说中很多细节，充满乡村或者民间生活的气息，比如韩谷雨的唱、李晚堂的哭丧等等。还有乐器、戏曲的镶入，比如申丙校给猪拉二胡，您如何看待音乐在小说中的作用？

葛水平：音乐作为一种艺术，也能够在人的内心形成震撼，有时候甚至能起到一种用言语所不能表达的效果。小说创作中音乐的出现却能让我们的感官全面活动起来，它可以推进情节，体现人物的情感，让人在阅读时得到充分的享受。我的祖辈在土地上埋下种子，然后浇水、锄草，然后等待秋天，没有诗意，只有喜悦般的生动。所以，乡人的生活幸福指数并不是从拥有的钱财和学识来判断的，而是看这个人是否会调剂生活，调剂生活带来的点滴快乐，拥有把快乐放大、把痛苦缩小的能力才是乡村的高人。

问：为什么在小说中安排了那么多憨人？大嘎、金环、树旺的媳妇、韩瑞凤、申芒种……也有很多经典名著中都有傻子的形象，这种叙述方式或视角，给小说带来什么？

葛水平：有许多侧面衬托，就是通过对其他人物、事件的叙述和描写，来衬托主要人物。通过次要人物的活动来衬托主人公的活动和形象，从而达到塑造人物形象的效果。也就是说，次要人物可以将原本单调的故事情节衬托得活灵活现，凸显人物品质，表达思想感情，使主要人物更加鲜明清晰。物化世界和我们依赖的"力"和

无限自然相比依然微不足道，造化神奇，故乡奇人怪事的出现比我作品更丰富，因而，我只是想写一个麻雀虽小五脏俱全的山神凹。

问：您的小说，厚重、大气，这在女作家当中十分可贵。在驾驭这种宏大题材方面，您显示出过人的力量和胆识。不知是否缘自地域和您的性格特征？

葛水平：对于山西人深层次的解读，乡土题材是山西写作者的优势，山西前辈作家中没有一位不是建立在此基础上。因此说一方水土养育一方人，一个地域的文化和自然环境、社会经济和文化传统，对当地人的性格有较大的影响。不同地域的自然环境和文化以及社会经济的发展，一定影响着不同地域的人。

葛水平凭借自己的"田野调查"，用散文的形式建构了一座农业时代沁河流域的乡村文化博物馆

问：2011年，您沿沁河行走，历时一年多，深刻体验了沁河流域的历史、文化、生态及乡村的风土人情，写出散文集《河水带走两岸》。这一年多的行走，有怎样的收获？

葛水平：我只想趁着年富力强走走我的"母亲河"。对于人事，糅合汉民族的创世神话，都与河有关系。农业的起源，黄河及黄河支流冲积的山谷平原是最早的农业区。神话的诞生与河流文化密不可分，这些自然形态离人类最近，跟伙伴一样可以供人类交流和役使。说一个民族有容纳百川的气力与胸襟，有赖于人类因为河流诞生出的创世神话。在母亲河孕育下，我们经历了伏羲女娲大禹治水三皇五帝周秦汉唐以后到现在，我们感激母亲河给了我们如此强悍的生命，让我们的激情与想象持续这么久远。上天让我们活在河岸上，珍爱上天的赐予就是珍爱我们的生命。河流与人的关系，最终

盘踞不散的只有一个字："爱"。

问：您小说中的沁水、太行山区，让我觉着无比亲切。您如何看待脚下这方土地？

葛水平：太行山实在是太古老了，老到山上的石头挂不住泥土，风化成麻石，最瘠薄的地方不长树，连草也不长。村庄挂在山上千姿百态，当空的风霜雨雪走过，农民请它们留下来，给他们的生活添加福气，有时候添加来的福不是福也许是祸，但是，他们已经融入了这种生活记忆。他们也有他们的理想和虚荣，他们的理想中含有焦虑的目光，他们的虚荣常常是挂在脸上的，靠天吃饭，靠地打粮食。靠天靠地还不是他们心中最好，最好是政策好。然而有一些人因为无知和良善，像掷出骰子一样抛出了自己的命运，为的是想活好或者活得更好！当然，没有比无知更易于制造残酷的生存了！当你看到山里人切实的生存状态，你就会知道他们中间为什么会有那么多人要放弃赖以生存、视为生命的土地，远离曾经日夜厮守的村庄和熟悉的农业，宁愿一切荒芜也要豁出去！土地真是一片好土地呀。

葛水平的作品带着农耕文明所赋予的特点，是内在于村俗的，是家园的，自省的而不是观察的

问：《喊山》获鲁迅文学奖短篇小说奖，这篇小说，您是在什么情况下创作出来的？

葛水平：一生中的不同阶段，生活都会送来各种各样的讯息，有些缘分蹲踞在某一个时间段，我开始写作。那是2004年，我和胡学文在北京，穿越长安街，去某小区看望《人民文学》杂志社宁小龄老师。那一刻的黄昏至今难忘，那个时候，对于时间，对于围绕自己的大千世界究竟是怀着一种怎样的认知呢。那天，我们仨一起谈了很久，关于文学，关于写作，关于方向。一直到满月生辉时分，我答应回去马上写一个中篇，之后满怀信心离开。除了地域身份外，我的作品必然带着农耕这一劳动方式所赋予的特点，是内在于村俗的，是家园的，自省的而不是观察的，不是"深入生活"，是在生活中。我由故乡的这些人事写了中篇小说《喊山》。发表在2005年第11期的《人民文学》上，2006年这个中篇由《人民文学》杂志社推荐并获得第四届鲁迅文学奖。

问：听说您得知获奖消息的时候正在山里拍电影？

葛水平：当时在太行山里拍我同名小说改编的《地气》电影，那时不像现在这样网络发达，进山后一天手机没有信号。晚上回到住地，宁小龄老师的短信来了，说：一天电话打不进，你获鲁迅文学奖了。我回头和我丈夫说获奖的事，他说："不可能，你才写了几篇小说。"结果我也不敢多话，就冷场了。后来知道是真的，那高兴劲也过去了。

问：您去领奖了吗？有无获奖感言？还记得当年的领奖情况吗？

葛水平：去领奖了。现在想来一切都模糊了，只记得坐着乌篷船在河道里假装从水路来领奖。

问：今天您怎么看待自己当年的作品？《喊山》在您的创作中有何独特的意义？

葛水平：我还是喜欢这部作品，它的独特性犹如当年《人民文学》的颁奖词：以"声音"为主题，在民间生活的丰厚质地上展现人心中艰巨的大义和宽阔的悲悯。

面对战争中横冲直撞的恐惧和无辜生命死亡的惶悚，葛水平为过去的岁月中无名亡者流泪跪拜

问：《和平》的创作契机是什么？涉及中、日、东北、山西等地的历史背景，甚至引用 1937 年 12 月的《东京日日新闻》、山西地图手绘本等，从宏观的史实到细微的日常生活包括山西的特色小吃在小说中也有体现——驾驭这部长篇，是否做了非常充分的准备？

葛水平：战争把一切温暖的事物变得黑暗和悲伤。如果说现实社会中一个人的死亡是一个悲剧，那么战争中 3500 万死亡只是一个数字。长达 14 年的抗日战争，9500 多万贫民流离失所。庞大数字的震撼力永远建立在"一"的基础上，《和平》也是在一个中国人与一个日本人的基础上讲故事。

所有的文学作品都有原型，起因是我婆婆家族的故事感染了我。婆婆的父亲是一名东北邮政工作者，九一八事变之后，奉天沦陷，但有骨气的奉天邮务管理局始终坚持中华邮政，拒绝与日本奉天邮局合作，因邮务长的意大利身份，日本人也奈何不得，直至 1932 年伪满洲国已经被日本人扶持"壮大"，南京国民政府无奈将奉天邮务管理局全部职员撤入山海关内。婆婆的父亲留下大量的日记，每一本日记封皮上都绣着"和平"二字，可惜后来日记被烧掉了。我在断断续续听婆婆讲这些故事时诱发我想为过去的岁月写一部小说，于是又开始查阅日军战犯战争结束后写下的战争回忆录。8 年抗战是从 1937 年 7 月 7 日七七事变全面抗战开始算到 1945 年日本投降，其实抗战不只这么短，真正要算应从 1931 年 9 月 18 日九一八事变开始算起，至 1945 年结束。日本人对中国的窥探从日本明治维新前后就派特务进入中国手绘中国地图，为占领前做准备。当我了解越多时，越觉得应该写这样一部作品，我的敬畏是一种面对战争中横冲直撞的恐惧和无辜生命死亡的惶悚，也是为过去的岁月中无名亡者流泪的跪拜。

问：抗战时期人们的劳顿困苦和他们坚韧的生命力，小说从不同的层面刻画了中国普通百姓的众生相，谈谈您在创作中的心态和感受？

葛水平：更多的是不堪回首。这是时代感，不是时间，时间是时代的反义词，时代也是历史的反义词。我在那场战争中看到了许多普通人，他们不是不关心任何事，是因为他们惊惧，比起活下去的能力限度，他们感受战争到来的能力限度更为有限。贫穷的日子每天都在损耗，就像春雪一样难以储存，活下去只有一个来源，那就是迎接，就像迎接明天的到来一样。为活着投入热情，这是人性的本能。其实，好战的一定是政客，一介贫民管不了许多。人生行为如黄河水奔泻千里，决之东则东，决之西则西，劫难随着岁月而来，活着都很艰难的人要他们怎么觉醒？人间众生相，我写他们时从人物出发，写作者的情感的限度，事实就是爱的能力的限度，我爱笔下所有出现的人物，因为他们出现在战争年代。

问：钟表在小说中有何寓意？从一开始张子民到钟表铺，又辗转去山西，绿萍生下第五个孩子时，张子民想起奉天路关屯钟表店满屋子的"滴答"声，子女是他过日子的欣喜，也是时间中未来的希望。这部小说，引发人思考的东西太多了。

葛水平：战争装填了时间，时间模糊得不能再模糊，鲜明得不能再鲜明，时间装填了人的一生，来者如斯，前不见古人，后不见来者，变化的永远是人间。钟表寓意着时间作为第四度空间、时间每秒多少格、时间永远均匀，有多少人消失了，他们来过，不知道什么是好日子。时间像从一个久遗的日子中走出来的影子一样，模糊但却巨大。人的一生唯一能代表时间的是钟表，在钟表的时速里，人类是毫无理性的。

问：小说中渗透了一种神秘气息，从瞎子的捏骨到车秋平请来神婆看病，民间文化的神秘在小说中起到怎样的作用？

葛水平：民间文化如穿针引线，只是想让民间有趣的现象有助读者感受那个时代的面容和表情。陈年往事和前尘旧梦犹如流动不居而又澄澈明净的河流，是小说人物的生命历程和心路之旅，也是战争中卑微人的天光云影。在民间，这类随处可见的神秘细节，犹如故事枝干上摇曳的琐碎而繁复的花花叶叶，对此有兴趣而又知之甚少的阅读者，希望他们能够因这些历史的细微表情和时代的真切面容，在遥远的空间和遥远的时间阻隔下知道那时的人世间。

问：小说中塑造了绿萍、翠红等女人，包括去芮城日本军营找儿子的女人，每一个都令人过目不忘，中国女性的隐忍、善良、坚强，作为母亲的伟大，让我看了落泪。你是如何看待战争中的女性的？又是如何刻画这些女性群像的？

葛水平：精神分析学告诉我们，女性与生俱来缺乏阳物，生理原因的困惑，让危机四伏成了徘徊不去的阴影。战争中女性永远担忧"无中生有"的事物迎面而来，危机四伏，女性的身体自然充当了战争的牺牲品，并且成为集体指认的合理行为。这种共识已经深植于战争士兵的潜意识，并且消减了事件本身的羞耻感。日本女性自愿奉献自己的身体，并成为许多女性的梦想，战争结束后她们伤痕累累的身体无处安放。中国女性在男权秩序的社会，受制于传统礼教的束缚，对一个家族的未来承担了不为人知的苦难。假如一个人没有忍耐和顽强的意志，生活会变成什么样子呢？中国女性承担了这样的义务。

邵丽：任何一种经历都不会被浪费

  邵丽，1965年生于河南周口，现任河南省文联副主席、河南省作家协会主席。1999年开始写作，创作小说、散文、诗歌200多万字。代表作有长篇小说《我的生活质量》《我的生存质量》，中篇小说《王跃进的生活质量问题》《刘万福案件》《城外的小秋》《第四十圈》《明惠的圣诞》，短篇小说《挂职笔记》等。曾获《小说选刊》双年奖，《人民文学》中、短篇小说年度奖，《小说月报》第十五届、十六届百花奖等。中篇小说《明惠的圣诞》获第四届鲁迅文学奖。

｜采访手记｜

多年之后，鲁迅文学院第二十八届中青年作家高级研讨班的很多学员都会记得，邵丽在结业典礼上穿着旗袍出场的绰约风姿，雍容端庄和大气洒脱的同时，透着一种不动声色却强大的气场。

这是女人邵丽在生活中的气派，也是作家邵丽在文学作品中给人的印象；是一种字字击中人心的冲击和力量，又是在岁月慢条斯理的打磨中不经意流露的沧桑和宁静。

2021年年初，邵丽的短篇《风中的母亲》获得了完全由读者投票评出的《当代》年度冠军。长篇小说《金枝》《黄河故事》和小说集《天台上的父亲》（北京十月文艺出版社）陆续推出，显示出邵丽在漫长的文学马拉松长跑中作为"爆发型"选手的优势。

除了写小说，她还写诗歌、散文，如今已有200多万字的积累。和小说相比，邵丽的诗歌所表达的感情更柔软，更多的时候她只是一个小女人。而且，她愿意是一个被情绪煽动的小女人。

但是，这个"小女人"对于写作却无比自信。邵丽说："我生命的长度就是我写作的长度。"

她的自信来自什么？

"我觉得我有话要说，有很多话要说。我没有'写作'的功利，只有'说'的需求。一息尚存，我都会坚持说下去。那未必是拿给别人看的，只是我想告慰自己，我来了，我说了，我尽力了。"

在长达近40年的写作中，邵丽在逐渐走向自己内心。她发现，越开放，对内心的张望越热切，因为参照系更博大，更深邃。开始是找故事，后来是那些故事找自己。"它们拥挤在你周围窃窃私语，拼命挤进你的生活里，直到你跟它们融为一体。"

作为鲁迅文学院作家高级研修班"黄埔一期"的首届班学员，邵丽很快成长为文坛"最具潜质的青年作家"

问：您一度成为文学刊物的"宠儿"，作品常常被《人民文学》《当代》《十月》《中国作家》《小说月报》《小说选刊》等全国大型刊物刊载。中短篇小说连续数年被中国作协收入年度小说精品年鉴，还多次获全国奖项，不是所有的作家都有这样的幸运。您觉得是什么原因？能否回忆下当年的创作，停滞多年，突然厚积薄发吗？对您而言是不是一种必然？而且，"爆发力"在您这里好像比较突出。前几年似乎相对沉寂，疫情期间又连续几部作品反响很大，能分析一下吗？

邵丽：2002 年，中国作协鲁迅文学院开办作家高级研修班，我是首届班学员之一。那时我们那个班被文坛称为"黄埔一期"，班上一半以上的学员已经是成名作家，包括徐坤、孙惠芬、张梅、麦家、艾伟、关仁山、柳建伟等等。授课老师除了专业作家、评论家，还有各部委的领导和专家，李肇星、王蒙、李敬泽、胡平、李建军等都亲临授课带学生。课余与同学们在一起的文学交流，极大地拓宽了我的视野和写作空间。我从一个业余作者，进入公务员队伍，然后又走出来搞写作，应该说具备很多生活资源优势，看问题的角度也不一样，这些经历资历可能会增加作品的厚度吧！说是厚积薄发也好，说是必然也好，不过我觉得任何一种经历都不会被浪费。之所以有所谓"井喷"般的创作，与我几十年来始终没有停止对家族的思考有关。我们这个家族的关系复杂、很有故事性。

问：《我的生活质量》2003 年由人民文学出版社出版，不到半年时间发行突破 10 万册。这部作品使您获得了人民文学出版社"年度中华文学人物最具潜质的青年作家"称号，并入围第七届茅盾文学奖。

邵丽：我进入公务员队伍时是20世纪80年代初期，正赶上干部队伍知识化、年轻化，各个层面的领导班子结构都发生了较大的变动。我接触到的大批领导干部都是七七、七八、七九"新三届"的大学毕业生。不能说我对官场有多熟悉，而是我对那一批官人比较熟悉。他们大多是50年代中后期生人，他们的日常生活、他们的工作和婚姻状况，我都耳熟能详。所以写起他们来几乎是顺流而下。我写的不是官场，也从来不认可我写的是官场小说，我写的就是跟我们一模一样的"他们"。官场不是一个独立的场，他们的日常和寻常人没有什么区别。

这部作品之所以成功，估计和它的真实、自然有关。从技术角度看，因为是第一次写长篇，结构肯定有不合理之处，那时几乎就没有很好地规划，完全凭着自己的感觉走。叙事倒也没有遇到特别大的难题，毕竟对那种生活太熟悉了。

问：用评论家孟繁华的话说，《我的生活质量》"不是一部仅仅展示腐败和黑暗的小说，不是对官场异化人性的仇恨书写。在某种意义上，这是一部充满了同情和悲悯的小说，是一部对人的文化记忆、文化遗忘以及自我救赎绝望的写真和证词"。您如何评价自己的这部长篇处女作？

邵丽：孟老师用了"不是一部仅仅展示……"我不同意，我完全没有写到腐败和黑暗。他用"同情和悲悯"我觉得非常好，我只是试图讲述一代人的生命历程，从而向那些在历史的洪流里载浮载沉的知识分子致敬。他们有情怀，但也得向世俗低头；他们会苟且，但也能守住最后的底线。

我所有的书写都心怀悲悯之情，我心疼我的人物读者才会心疼我。这部作品从2003年出版，多次再版，从当年的畅销书变成了常销书。有读者的认可才是我最大的满足。

《明惠的圣诞》获第四届鲁迅文学奖短篇小说奖。邵丽说，人生的过程是一个灵与肉痛苦挣扎的过程

问：2007 年，您的短篇小说《明惠的圣诞》获第四届鲁迅文学奖。能否具体谈谈，这篇小说是在什么背景下创作出来的？

邵丽：写完《我的生活质量》我接着又写了几部中短篇，其中就有《明惠的圣诞》。之所以写这部作品，是听我们家阿姨讲她的一个同学进城的事情，当时我触动很大，也正好赶上农民工进城的热潮。但我从另外一个角度想，"她们"所谓的进城，真的能进得了吗？"她们"与城市是对立的，不可能相融的。反复斟酌后，就写出了这样一个对城市充满憧憬又在打击面前希望破碎的女孩子的生死故事。

问：您知道作品参评吗？您所了解的鲁奖评选的情况有哪些？

邵丽：具体细节已经记不得了，只记得河南那一年报鲁奖有《明惠的圣诞》。我对这篇作品并不抱太多期望，觉得只是大背景后面的一个小叙事，认为报奖也只是凑数而已。而且，并未觉得奖是什么大事情。那时我和文学圈还比较生疏，对评奖获奖基本没什么概念。之所以获奖，我想肯定不是因为技术原因，后来评论出来之后我自己才搞明白，"农民工进城""身份焦虑"这些因素占了很大优势，毕竟当时很少有人这么深地介入这个问题。

问：颁奖活动上有什么印象深刻的事情吗？

邵丽：当时以为获奖了，作协给我发个证书就完了，不知道是那么隆重的事情。鲁奖前几届都是在绍兴颁奖，我们要坐船，走红毯，还要领导讲话，自己发表获奖感言……反正觉得很惊讶。印象最深的是，领奖时我们坐在前排，听见后面几个人在讨论《明惠的圣诞》。我回头对他们点头笑了一下，彼此并不认识，后来才知道他们都是那一届的评委。

问：无论是《我的生活质量》还是《明惠的圣诞》，关注的都是农村人进城、身份得不到认同的问题，揭示城乡之间无法弥补的差距。同类作品也有很多，您认为自己胜在何处？

邵丽：其一，我涉及这个问题比较早。过去这类作品，主要表现农民工外在的困苦，怎么做苦力，怎么当小姐等，很少涉及他们内心的焦虑。我很早就看到了这个问题，也可能跟我在政府劳动人事部门工作有关。当时很多城市"卖户口"，农民花10万8万块钱买一个城市户口。有了这个户口，你就是个城里人了，在上学、就业、参军、医疗等等方面享受便利。即使车祸身亡，赔偿也比农民高几倍。所以他们的困苦不是外在的，而是内在的焦虑，是巨大的社会不公在他们的内心投下的阴影。

其次是真，真情，真诚。很少考虑写作的技术问题，重点是用真情实感书写，先打动自己，然后才能打动读者。只有笨作者，没有笨读者。自己感动三天，读者感动三分钟，这个作品就应该是不错的作品。常常听一些人批评说，某一部作品是靠赚取读者的眼泪走红。现在媒体这么发达，人们接触信息的渠道空前广泛，能赚到眼泪真的是很不容易的一件事。

父亲像一棵老树，历经岁月的沧桑洗礼，呈现出枝繁叶茂的盛景。但谁能知道，一棵树延伸出去的两条根脉，曾经经历过怎样的成长

问：近年来，您创作了《天台上的父亲》《风中的母亲》《黄河故事》等一系列"父母故事"，能谈谈您是从什么时候开始转向家族叙事的吗？

邵丽："挂职系列"之后，我创作了《北去的河》《春暖花开》

《大河》《节日》等中短篇，都是比较温暖的题材，反响都还不错，但总有一种意犹未尽的感觉。写父母亲那一代人以及我们的家族，是我长久的心愿，那是一个特殊年代所能产生的特殊人物。赶上疫情关在家里几个月，就试着写，没想到有了开始就收不住了。我在想，对于上一代人的生活，我们这一代人还有耐心窥看。等我们老了的时候，下一代人对我们还有兴趣吗？如果有一天我们不在了，我们经历的这个大喜大悲、跌宕起伏的时代还能留下什么？所以这也是我着急进入家族叙事的原因。

问：从开始创作到今天的《黄河故事》和《金枝》，您对文字的把控能力一直都是节制内敛不动声色，平实真切。能谈谈您对文字和语言的追求吗？

邵丽：这是一个经济的时代，读者的时间也很珍贵，所以我不大喜欢塞进去很多跟书的主题不太相干的内容。我追求一种干净、纯粹、质朴的文风，尽量做到不煽情，不追求绮丽，不标新立异。简洁一直是我对文字的要求。

问：《黄河故事》是典型的小切口大叙事。既反映出中国家庭的情感结构，也映照出一个时代的变迁和社会的缩影。讲述的是家族史，也是女性自立自强的命运史。有评论家认为，小说对女性获取独立地位的新解具有鲜明的时代感，其人物形象栩栩如生，讲述方式"在是与非之间，在虚构与非虚构之间"，讲述的仿真性强化了小说的真实性。这种叙事和《金枝》一脉相承？

邵丽：其实，《黄河故事》是一部纯虚构之作。我的长处是可以把虚构写得很真实，我能很容易地进入彼时彼地，这与我上面所说的创作态度有关。《金枝》则有我家族的影子，但我完全是实事虚写，没有场景再现。两部作品主旨相一致的，就是通过一个家庭，反映历史的沧桑巨变，包括我亲历过的四十几年的改革开放。

我觉得虚构和非虚构很难清楚地界定，没有绝对的虚构，也没有绝对的非虚构。也可以说，所有的创作都是主观的、唯心的。所以我觉得虚构和非虚构的转化是自然而然的。

问：《黄河故事》中的母亲，是一个不同寻常的母亲，看上去好像刻薄冷漠得不近人情，却是悲凉无奈也是自己执念的"牺牲品"。您如何看待故事里的父亲母亲？

邵丽：我写《黄河故事》中的父母亲，脑子里想的却是我的公公婆婆。新中国成立前，我公公出身大家，算是个公子哥儿，受过新学教育，生得面目清秀，气宇轩昂。新中国成立后一家子人七零八落，他年龄最小，房无一间，又有着极其复杂的社会关系，所以日子不好过。经他的姐姐们张罗，娶了一个比他大四五岁、又矮又胖的女人，就是我后来的婆婆。婆婆家当时在他们那儿算是殷实人家，靠娘家照拂日子才能过下去。公公婆婆生了7个儿女，成活了5个。按我婆婆所说，公公一辈子没正眼看过她一眼，也没往家拿过一分钱。公公在外地医院当医生，很少看顾家。一个一米五多的小个子女人，独自抚养5个儿女，并且严格要求他们读书上进，好好做人。她不是没想过指靠丈夫，是真的指靠不上。她白天参加生产队集体劳动，跟男劳力一样挣全工分儿，挖河修路什么都干。靠她的一己之力，愣是把5个儿女送进大学。故事里的父亲母亲和我的公公婆婆有类似的地方，也有较大的差异性。他们都走向了各自的极端，他们的冲突主要是人生理念和价值观的冲突，这种冲突在一个封闭的社会是很难调和的。

邵丽的家族叙事用绵密的语言讲述了夹在时代缝隙里的几代人的挣扎、苦闷和彷徨，以及坚忍不拔的行进

问：《黄河故事》的视角转换非常自然，《金枝》上下两部的叙事视角也有对称性变化，共同的特点是，"我"既是叙事者，又是叙述对象。能否谈谈您作为"讲故事的人"，在叙述视角上是怎么考虑的？

邵丽：这是我一直以来的叙事习惯，信马由缰。是自然，亦是天然。我觉得叙述的目的是这样的，首先你要知道自己想说什么，然后你得让读者明白你想说什么。你要相信自己，更要相信读者。只要不故弄玄虚，读者都会读懂你和你的作品。

问：相对而言，《金枝》的开头比较平缓，越往后看越感觉渐入佳境。对于历史和现实的把握，是否对您来说还是有着不一样的感受？

邵丽：历史是凝重的，而现实却是轻飘飘的，有时候则相反，感受自然是不一样的。我写作习惯以平缓开头，在写作的过程中逐步发力，不喜欢故作惊人之语。但是 100 个读者心中有 100 个哈姆雷特，有人说前半部好，也有人说后半部好。我个人还是比较喜欢前半部，那才是我最想审视的生活。

问：《金枝》讲述父亲在追求进步中建立了两个家庭，而他和他的子女们几十年却陷入各自的人生和人性困境中。小说以自身经历和家族发展为主线，以父亲的两个家庭的故事为线索，突出了"审父"这样一个代际之间的永恒命题。通过"审父"，您想要表达什么？

邵丽：想通过一个人，一个个体，讲述一个困窘的时代。小说出版后，好多熟悉不熟悉的读者通过各种方式留言，有的说写的是他们的父亲母亲，有的说写的是他们。当年《我的生活质量》出版后，也有很多人问，你写的是不是我？我有时候很惶惑，读者被代入是作品的成功吗？我的同龄人有此遭际的不甚少，我们的共同困惑就是不理解自己的父亲母亲。一个家庭往往是母亲一力支撑，父亲怯于担当。我们必须把父亲放在那个时代去审视，才可能找到答案。毋庸讳言，在那个政治挂帅的时代，作为一家之主的父亲背负的社会压力更大，稍有不慎就会全家皆输。即使以离婚这种正常的事情而言，男人离婚可能会被认为是道德污点，根本抬不起头来。以此而言，"审父"又何尝不是"识父"？

问：小说中对于何为强大，何为教育，何为爱情，何为孝顺等问题都有深思，在阅读中很有共鸣。我特别喜欢《金枝》的结尾，感觉真是神来之笔啊！您自己觉得呢？

邵丽：不管经历怎样的黑暗和磨难，最终总会走向"应许之地"。这不是麻木之后的自我陶醉，而是心灵解脱后的一种精神生长。我几乎所有的作品都带着和解的意愿，也有评论家说我是个阳光型作家。不是上帝说有光就有了光，而是只要你心中想着光就会有光。一个作家，有责任和义务让读者看见这光。

"刚刚过去的事情既像一个伤口，更像是到处游走的内伤，无从安抚。"

问：《天台上的父亲》中的父亲形象是独特的，同时也是立体的。他被权力伤害过，也喜欢权力。塑造这样的人物，您的切入点是什么？

邵丽：与其说父亲是权力的象征，不如说他是权力的奴隶。他已经患上了斯德哥尔摩综合征。他被权力绑架，又十分依附权力。失去权力于他而言就是失去了生命的支撑，所以他的活与死只是形式上，而不是实质上的。从脱离开权力的那一天，他就成为一具活尸游魂，他上不上天台，死或者活着，已经没有了生活上的意义。

我写这样的父亲，是写别人的父亲，也是写我的父亲。他们在那个时代里载浮载沉，也在那个时代里与我们渐行渐远。

问：小说中的"父亲"隔膜又熟悉。多数传统家庭中的父亲不太容易让人亲近，是"天台上"的父亲。父亲自杀了，"我"和哥哥妹妹才逐渐接近父亲，了解父亲，在母亲的讲述里，在父亲的记录里。走近父亲，把父亲从"天台"上找回来，是您的一种理想或向往吗？

邵丽：这是一个好问题，也是一个很复杂的问题，同时更是我最近一直思考的问题。其实就中国而言，父权是传统文化的中心。但就问题的本质而言，父亲既是真实存在的，又是极具象征性的。因为他的权威因为过于程式化，实际上反而被虚置了。说起来父亲是权力的化身，或者是权力本身。但在一个家庭的实际生活中，真正组织和管理家庭的基本上都是母亲。所以，一方面是父亲无处不在，另外一方面，父亲永远都是缺失的。但父亲对子女的影响也是不能忽略不计的。如果说母亲决定你做人方式的话，父亲决定你的格局和视野；母亲决定你怎么走，父亲决定你能走多远。

非常悲哀的是，我们认识父亲往往都是从他死后开始的。我写这篇小说的目的，的确是想把父亲从"天台"上找回来。

问：《天台上的父亲》中的父亲和哥哥都有抑郁症。现代人的精神疾病越来越多，您写作之前是否对抑郁症有些了解，还是只作为一种叙述背景？

邵丽：毋庸讳言，一个高度发达的时代给人类带来各种方便，同时也带来焦虑和不安，我觉得每一个人，甚至我自己都有抑郁症，而且很多年了。但是对这个病症的了解还真说不上，我觉得这是一个最无厘头的病。

问：近几年，您的小说涉及家族、关乎父母亲的故事特别多，《天台上的父亲》《黄河故事》《风中的母亲》《金枝》，涵盖了长中短各种体裁。为什么您如此热衷于写父亲？

邵丽：写父亲主要是想写我的家族，把父亲的历史讲清楚了，我的家族历史也就梳理得差不多了。对于我的家族，我一直都有"触碰"的欲望，而且这种欲望随着对我的家族逐步深入了解，越来越强烈。我家族历史的重要节点，恰恰是在20世纪三四十年代、六七十年代和八九十年代的衔接处。如您所知，三四十年代是一个犬牙交错、血雨腥风的时代；六七十年代是一个封闭的年代；而八九十年代，又是一个开放的年代！把我的家族、我的自红军长征就参加革命的祖辈、父辈和他们的后代们，放在这个时间和历史框架内来打量，您就知道其中的分量了。祖辈和父辈在革命的洪流里载沉载浮，我们的家族被绑缚在政治运动的战车上几起几落，那种感受成为我生命中最难以忘却的记忆。写父亲，让我重新回到了家族之中，不仅仅是历史之中，也是情感之中，命运之中。我觉得我又重新活了一次，而且活得特别清醒和纯粹。

她只是一个用心写作、用力写作的作家。邵丽最大的希望就是成为一个让自己满意的作家

问：文学对您来说意味着什么？

邵丽：文学过去对我来说只是一种爱好，现在几乎就是我的命。我20出头时生下女儿，当时觉得抚育女儿就是我的使命。可女儿渐渐长大，我也慢慢明白，她有她的人生，我也有我的，任何人的人生都不能被他人取代。上面已经说过，生活中我是个十分笨拙的人，没有别的技能，也没有别的嗜好，跟人聊天都能翻车。自从大学毕业后，再也没有去过电影院。我有密集恐惧症，看见人多心里就发怵。我唯一的爱好和娱乐就是在家看书，写点东西。写作就是我对这个世界和人生的告白，也是我私人情感的外溢。除了这点事，我别无所求。

问：我发现您对自己的创作非常自信，曾说过"我生命的长度就是我写作的长度"。您的自信来自什么？

邵丽：我觉得我有话要说，有很多话要说。我没有"写作"的功利，只有"说"的需求。一息尚存，我都会坚持说下去。那未必是拿给别人看的，只是我想告慰自己，我来了，我说了，我尽力了。

问：回顾几十年的文学创作，能否梳理一下自己的写作轨迹经历了怎样的变化？

邵丽：我个人的经验，写作的过程是一个走向自己内心的过程。越开放，你对内心的张望越热切，因为你的参照系更博大，更深邃。开始是你找故事，后来是那些故事找你。它们拥挤在你周围窃窃私语，拼命挤进你的生活里，直到你跟它们融为一体。

问：大家常说文如其人。您认同吗？您觉得自己是怎样的女人，又是怎样的作家？

邵丽：文如其人，我觉得确实如此。我是一个非常简单的人，也用简单的方式待人。我的作品也带着我的简单和直接。至于说我是一个怎样的作家，我觉得自己是一个用心写作的作家，一个用力写作的作家。

魏微：我终于等来了这一刻

　　魏微，1971年出生，1994年开始写作，迄今已发表小说、随笔两百200余万字。作品曾登1998、2001、2003、2004、2006、2010、2012年中国小说排行榜。曾获第二届中国小说学会奖、第十届庄重文文学奖、第九届华语文学传媒大奖·年度小说家奖、第四届冯牧文学奖及各类文学刊物奖。部分作品被译成英、法、日、韩、意、俄、波兰、希腊、西班牙、塞尔维亚等多国文字。现供职于广东省作家协会。2004年，短篇小说《大老郑的女人》第三届鲁迅文学奖。

| 采访手记 |

冬日的暖阳透过玻璃毫无保留地泼洒下来。魏微找了一个最舒服的姿势，人就一下变得放松甚至有些慵懒了。

我们随便聊吧！她说。

相识20多年的老朋友，还有什么不可以敞开谈的呢？作为70后出道较早并一直坚持写作的作家，我们这些年保持联系的纽带是文学。我们聊"美女作家"的写作与生活，聊从南京、北京到广州的"迁徙"对写作的影响，聊成长的烦恼和创作的困惑……这一次，话题主要是围绕她的新作《烟霞里》。

多年前，魏微的母亲看过女儿写的小说，有些不屑地说：你写的小说真难看，要写出《红楼梦》《围城》这样的作品就好了。

写《烟霞里》时，《围城》就放在魏微的案头。未见得是因为母亲的话，而是因为魏微对作品纯粹的喜爱。这种喜爱多多少少影响了《烟霞里》的基调。这是魏微继2012年发表《胡文青传》之后的首部长篇。

小说主人公田庄生于1970年，经历完美涵盖了当下大多数人的成长轨迹。上县城、离开乡土；盖房子，成为城里人；高考冲刺，南下广州；买房炒股，赚外快；旧城改造，招商引资；互联网经济、智能手机时代；家庭主妇、女性意识，等等。沿着田庄的成长地图，无论是哪个年代的女性，都能从中找到共鸣。

小说中，2005年的某一天，魏微和田庄两个人谈话。田庄跟魏微说，你将来可以写一个人出生入死，中间几十年，他怎样去活，这是一个问题，要写得很繁茂、很热闹，各种跌跌绊绊，人来人往，各种伤心、摇摆、痛苦，末了一声叹息，每个人都不一样，但说到底每个人都大同小异，这就是人生。

后来，田庄去世了，小说家魏微将她的一生写成了编年史，这就是《烟霞里》。

魏微调动了几乎所有关于写作和生活的资源。《烟霞里》既可以看作70年代人的个人成长史，也可以视作是1970年之后和国家命运重叠的发展史。魏微身在其中，是观察者也是亲历者，是书写者也是剧中人。

主人公田庄在某种意义上，可以视为魏微，也可以视为你或我。不同的读者会从中或多或少地找到自己的影子，一个女人半生所经历的重要节点，她都写到了。

魏微觉得，走上文学这条路，与其说是家庭的熏陶，毋宁说是时代的熏陶。从发表第一篇作品起，她就在研究别人是怎么写小说

问：记得你在某篇文章中说，父亲是报纸的总编，你对于文学的爱好是否也受家庭的熏陶？

魏微：是，我爸当过几年报社老总，但我走上文学这条路，好像跟他没多大关系。印象中，反而我妈是文学青年，爱读伤痕文学，有时会跟我掏心窝。我跟我爸很少聊天，我小时候挺怕他的，他又很忙，平时难得见到他。我走上文学这条路，与其说是家庭的熏陶，毋宁说是时代的熏陶。我念中学那会儿正是"文学热"，几乎人人都是文学青年，像我们家的书橱里都能找到几本文学书。

问：你的很多作品是以故乡为背景的，很多故事中也有"5岁的我"的视角。能否谈谈你的童年经历？

魏微：我小时候是爷爷奶奶带大的，直到六七岁才回到父母身边。我的成长经历，在我这代人中绝不是孤例，尤其是女孩儿，要么跟着爷爷奶奶长大，要么跟着外公外婆长大。男娃舍不得，一般留在身边，女孩儿就送给爷爷奶奶、外公外婆带。我身边有很多这样的女朋友，成年以后自己当了妈，就有一个共识，孩子一定得自己带，当爹妈的不能缺席孩子的成长，得陪护，养育孩子这件事，别人不能代劳。为什么？前车之鉴！小孩子在性格生成那几年，父母不在身边，会带来一系列问题，任性，娇纵，跟原生家庭的关系不亲密，比较疏离，有时会很自卑。我妈常说，她最后悔的一件事就是小时候把我送去爷爷奶奶家，被惯坏了，处处跟她忤逆，不听话。我承认她说得有道理。

问：最早读了哪些文学书籍？最早萌生当作家的心思是从什么时候起？

魏微：最早的书籍应该是《红楼梦》，忘了是小学还是初中。高中开始读现当代文学，像郁达夫、刘心武、柯云路、韩东等。我20岁上下开始写"小作文"，模仿流行文学的腔调，像席慕蓉、三毛等，学得挺像，抹掉名字，我的同学还以为是《读者文摘》上抄录的。

问：有意识的文学训练是从什么时候起？还是一直是无心插柳的状态？

魏微：两者皆有。直到今天，我写文章还是依赖感觉，鲁迅有句话深得我心，大意是，他不知道文章该怎么写，但是字生字，句生句，有了第一句，下面就全有了。当然，有意识的文学训练也是有的，从发表第一篇作品起，我就在研究别人是怎么写小说的，把它当个事儿。叙事是门学问，这门学问我掌握得也不够好，所以写得磕磕绊绊，大凡这时，我就靠感觉去弥补。

问：你的处女作是在哪里发表的？在文学道路上是否一直走得很顺？

魏微：不顺。苏童、格非二十出头就名扬天下了，我是直到26

岁，一直遭退稿。处女作的发表倒是很顺利，24岁，在我老家的一本文学刊物上，叫《崛起》，现在这本杂志早不在了，当时的主编是诗人赵恺，我的责编叫龚正，他们对我帮助很大，等于是他们把我推上文学这条路的。我在淮阴成名以后，1995年北师大作家班招生，我就去北京学了半年，后来又回南京待了几年。我是在南京正式走上文学这条路的。当时上海《小说界》杂志的魏心宏主编正在物色青年作家，新辟了一个专栏叫"七十年代以后"，上面有卫慧、棉棉的作品，我看了以后，心有所动，就给魏老师投稿，被留用了。当时这个专栏在全国很有影响，因为是新一代人的声音，文学圈的人都很留意，我的作品发表以后，就有评论家在《文艺报》上作综述，我的名字也位列其中，算是成名了。说起来，魏老师是我文学的另一个引路人。

《大老郑的女人》是魏微写作的一个分水岭，确切说，是她被"风格化"的一篇小说

问：能否谈谈《大老郑的女人》，是在什么背景下创作出来的？

魏微：这篇小说写在2002年，是我写作的一个分水岭，确切说，是我被"风格化"的一篇小说。后来落在我身上的很多关键词，像故乡、成长、时代、亲情、温暖等，都能在这篇小说里找到影子。在此之前，我的小说是西一榔头东一棒，零敲碎打，当时还处在"后先锋"时代。先锋文学对我影响很大，可以说，我这代人是读"先锋文学"长大的，我们的文学启蒙就来自先锋而不是古典文学，但当时的态势，我又觉得先锋的写法有问题，不落地，太花哨，形式上搞得过头了，不愿学，学也学不像，还不如老老实实去写故事、写人，这就有了《大老郑的女人》。这篇小说是《人民文学》的约

稿，当时卖文为生嘛，约了，自然要写，写什么呢？我就想到了大老郑的女人，有原型的，1980 年代，她跟外地的一个生意人同居，所谓"露水夫妻"，这事在我们那里是有议论的。

问：这篇作品获得鲁奖，是在你意料之中吗？

魏微：我得奖比较早，第三届鲁奖，那时鲁奖的影响力不比今天——也重要，但不像今天那么重要。头两届鲁奖我都没怎么关注，我当时是文学新人，初出茅庐没几年，那时的文学环境也单纯，写作又不是为了获奖，反过来说，获奖也不能证明什么，奖金也低，我又不在体制内，诸多因素，使我压根没想到文学奖会跟我有关系，这么说吧，我当时连参加"作代会"的资格都没有，轮不上我，我也不以为意，参加"作代会"又能证明什么？当时，我这一拨作家就是这么想的，很单纯，唯一看重的就是写作本身。我得鲁奖，纯属天上掉馅饼。

问：如评论家阎晶明所说，你是渲染小城气氛的"高手"，你的故乡是"小小的、淳朴的、舒缓的小城，其间又夹杂着人情的冷暖、世态的炎凉。这里有人擅吹笛子，如《大老郑的女人》里的大老郑；也有人会拉二胡，如《姊妹》里的'三爷'。然而这个小小的地方在不变中也发生着种种骚动，有时代发展造成的变革，也有基于人性本身的纠葛。《异乡》里的那个小女子，是一个在异乡难以容身，在故乡却更有'异乡感'的漂泊者。"能否谈谈你的小城叙事？

魏微：我记得阎晶明还说过，我是个没有"故乡感"的人，好像哪里都跟我没关系，我和世界的关系是客居、寄居。我印象中他说过这话。眼神挺好的。我写过不少故乡事，却叫他看出了我没有故乡情，因为我的故乡是抽象意义上的故乡，虽然写了具体的人和事，有具体的风物描写，但笼统地说，我的小城可以置换成内地任何一个小县城，它可以在湖南湖北、江西四川、山东河南……我早期的写作风格温情脉脉，温柔似水，却叫他发现了我寡情。

大体而言，我认为抒情性一直是外界对我的误读，我没读者想象的那么多情。我无意于写出文学上那个"独一无二"的故乡，就像湘西之于沈从文。人与故乡的关系，鲁迅的态度深合我意，非常复杂，他因为少年时家道中落，看尽了世态炎凉，对人对事有很深的体察。《风波》的开头，上来就是一段江南村镇的风景描写，一群文人坐在船上看风景，说，"无思无虑，这真是田家乐啊。"鲁迅说，"文豪的话有些不合事实。"讽刺入骨。中国人与故乡的关系，大多数都像《风波》里的文人，一旁看看挺好，当真回去了也不是那么回事。我认为鲁迅写故乡，不是因为爱，而是因为熟。到了我这一代，迁徙成了常态，对于"故乡"的书写更是一个难题，倘若还是旧式文人的单相思，未免太矫情了。真实的情况是，人已经没有故乡了，虽然父母尚在，你也常回去，但故乡对你来说是陌生的，你是一个外人。《异乡》写的就是这个意思，到处都是异乡，没有故乡这回事。

问：评论家注意到，你在小说中常常体现出"感情用事"。如《家道》，为了表达"家道"的不易，她忘了"政道"的守则。在《姊妹》里，两个"三娘"本是仇人，却最终因心生同情而成"姊妹"。在《大老郑的女人》里，大老郑在外成家的行为因温情体现而可原谅。你的小说里，感情和价值观常常混为一谈，是这样吗？

魏微：感情和价值观是两回事，但小说家的情况比较复杂，对人对事必得有体谅，才能生出同情，这个同情还不是感情，他得换位思考，把自己置换成笔下的人，哪怕是个坏人，否则小说就不具备合理性、逻辑性。

问：你沉迷于日常生活的细节，这种沉迷会影响到你对宏大叙事的热爱和呈现吗？

魏微：不会，以《烟霞里》为证，因为宏大叙事的书写也得依靠日常生活的细节，否则小说就不能称作小说。但《烟霞里》也有毛病，因为篇幅受限，人、事和时代的关系写得不尽如人意。对于读者，《烟霞里》可能太长了，可是对我而言，它还不够长，如果能多出七八万字，这篇小说的表现力会更强。

熟悉某个城市，便缺少了新鲜感。魏微一度觉得，新鲜感对作家来说很重要

问：对于很多人来说换个城市生活要下多么大的决心，但对你来说几乎是说走就走的轻松？

魏微：我那时年轻嘛，又是自由职业，不受体制的束缚，当然可以说走就走。到了中年就不敢了，落户广州，安居了。我们这代人，几乎都在背井离乡，念大学的、打工的，人人都在迁徙，我们年轻时是听着齐秦的歌长大的，"外面的世界很精彩，外面的世界很无奈"，那时，远方对我们来说太迷人了，有一种浪漫想象，哪怕吃苦也不怕，是阅历的一部分，胆子特别大，好像我的前半生，把该走的路全走了，北京、南京，就这么瞎晃，35岁来到广州，我就宅了，基本不出门、不社交，我挺怀念青年时代那段生活的，没有方向感，不知路在何方，不知归处，但是在奔波和内心的动荡里却能生出写作的热情。

问：到广东是什么契机？

魏微：因为人才引进，我当时已经成名了嘛。卖文为生太辛苦，我就进了体制。这是2005年的事儿。

问：到广东之后感觉如何？

魏微：起头不适应，一直在调整。岭南文化是很独特的，从语

言、气候到饮食，跟内地完全不一样，我去隔壁的江西、湖南都能找到我熟悉的东西，但是岭南不行，太陌生了。比如气候，内地是四季分明，广东是含而糊之。我第一次来广东是冬天，看见街上绿树成荫，人人穿着短裤T恤，我都呆了，异域感很明显。我有一个山西朋友，每年山西下雪，他都会拍雪景传给我，我看着就解馋，我是到了广东后才知道萧索、荒凉是多么好，广东人中有一辈子没见过雪的，不知道冷是什么滋味。我喜欢冷，很想做个寒冬夜行人，那种孤寂苍凉感，也是人生的别样滋味，广东不支持。还有粤语，我直到现在都不大会听，就因为这个，我始终认为自己是外地人。还有气候，太潮湿了，有好几年我都水土不服，身体里湿毒太重，人很乏力，很倦怠，导致我来广州的最初几年，精神上很萎靡。

问：到广州之后的写作状态如何？

魏微：也不够好，写得很少，有一度是失声了。当然这也不能全赖广州，人到中年也是一个因素，再有就是瓶颈期，我青年时代的写作结束了，简单有力的东西没有了，温绵柔软的东西也没有了，故乡离我太远，我是说广义上的故乡——我熟悉的环境：气候、语言、饮食、朋友。我置身于一个完全陌生的文化里，找不到语言。就是找到了，再去重复从前的题材毫无意义，我已经写尽了，毫无兴致。当然这中间还是写了几篇，比如《姊妹》，这篇常被人提起，可能因为写得不错，但是写得不错对我来说也毫无意义。我对求变的兴致远大于我写出好作品，于是就有了"中年变法"，写了《胡文青传》和《沿河村纪事》，这两篇也常被人提起，可能风格上有大变化，人都说，写得不错，就照这个路子写下去。只有我自己知道，变法失败了，因为我把自己弄丢了。于是我又重新来过，这才有了《烟霞里》。

7年间，魏微经历了一个中年人所能经历的一切：空洞、虚无、焦灼、麻木，常常四顾茫茫，走在拥挤的大街上也会觉得空空荡荡。她觉得自己是在忍受，也是在享受

问：2012年发表《胡文青传》之后就没有新的作品问世，这10年间是不是也有很多焦虑？还是泰然处之？

魏微：有焦虑，但时间长了，就泰然处之了，学会跟焦虑和平共处。到广州是我人生、写作的一个转折点。之后，突然不会写了，找不到语言。生活环境发生了很大的变化，又步入中年，有很多人生困扰，需要处理很多问题。看世界的眼光也变了，跟年轻时完全不一样，题材的改变，首先是语言、腔调的改变，用年轻时的语调来写中年的生活，没法写。10年前我就想写编年体，写不出来，就写了一个短篇《胡文青传》，就当是找语言吧，没找准，带不出那个腔调来，让我自由自在去说话。就放下了。这一放就是10年。

问：为什么？写故乡、成长、亲情，是你早年写作的标签，为什么会想到"宏大叙事"？

魏微：我对时代天生敏感，1990年代中期开始写作时，就想对时代进行总括，我早年在《青年文学》开过专栏，名字就叫《我的年代》，尝试对20世纪80年代进行概述。后来写《大老郑的女人》，背后是能看出大时代的。我曾说过，我不喜欢宏大叙事，这有两层意思，第一，我目力范围之内的宏大叙事写得太难看了，观念迂腐，手法陈旧；第二，我认为小说是小以见大，对于大时代的书写，没必要去直面、硬碰硬；绕着写就好。实在那时还缺少硬碰硬的能力，心力、眼力都没到那程度。中年以后就有了，宏阔的东西在我心里生了十几年，长成一棵树了，想去对人生、对时代做整体的把握。人到了一定的年纪，视野开阔，心胸开朗，眼里、心里都有大东西，同时还不失对微小事物的体察，大和小要融合得天衣无缝，合成一个整体，写作的难度提高了。

问：的确，作品既有时间的纵深，也有空间的延伸，从李庄到广州，其实是从乡村、县城到都市的过程，这么一路写来，非常自然贴切，是对女主人公田庄一生的回顾，也是对一代人生的回顾。小说家魏微身在其中，是观察者也是亲历者。很想知道你写作《烟霞里》的心态，和过往有何不同？

魏微：写这部小说的时候，我的常用参考书是《红楼梦》和《围城》，每天都要翻一翻。《红楼梦》先搁下不谈，这里单说《围城》，写得太好了，我每读每笑，太欢快了。钱钟书是天才小说家。人物关系的交代，七八个人聚会，谁挨着谁坐，小心思、小眼神，一个不落，交代得清清楚楚，笔墨能照顾到每个人，一点都不乱，言语风趣，充满睿智和洞察，读来令人捧腹，但几段话写下来，人物性格出来了、关系出来了，彼此之间还挺错综。这种能力，当代作家里没几个能做到。

我有一次跟责编樊晓哲感叹，我的能力不行，我就以《红楼梦》举例，哪怕是次要人物像傻大姐、小红等落笔不多，但读者照样记得牢。晓哲糊弄我说，那是因为你看过太多遍了，当然记得牢。不是这样的。写作确实需要能力，我是中人资质，钱钟书是天才，曹雪芹称得上伟大。很多人说《围城》刻薄，我觉得还好，小说家最大的道德是塑造人物，钱钟书可能影射了一些熟人，但很多年后，读者不会去分辨他影射的人，单记住了苏文纨、孙柔嘉、李梅亭、顾尔谦，这些人现在还在，是我们的熟人、同学同事，又可爱又可憎，这些人会一直活下去，代代流传。文学的魅力是在这里。《烟霞里》也有这个意思。就当是致敬《围城》吧——我不敢说致敬《红楼梦》——因为《围城》有态度、有喜好，作者所爱的、所憎的都摆到了桌面上，不藏着掖着，特别好。读来欢快，本质悲凉。《围城》的调子影响了我。但我本性并不是惯于嘲讽的人，因而嘲弄两句后，又回归正常叙事。

《烟霞里》并不是非写不可，它没有必然性。各种契机造成的。外面都传我在憋大招，不是这样的，我不憋，但这么多年，那口气我也没歇，只是在等。等不来就算了，被人忘掉也没关系。人，总归会被人忘掉的。《烟霞里》我积累了十几年，有人积累了几十年都未必写得成——这是写作的代价，作家必须去承担。就是，写作是有运气成分的，《烟霞里》是不是好作品另当别论，但对我来说它是自我完成，我觉得自己运气太好了，上天在眷顾我，让我自由敞亮去发声。事实上，我是有可能一直沉默下去的，一直到老死。我是说真正的写作，不是为混个脸熟而去填充报刊版面，不是为了博取功名，那是无效写作，毫无意义。

越挣扎，越幸福。写作的终极意义，就是为了等来这一刻。《烟霞里》的写作中，魏微享受到人生第一次放飞

问：那你在沉默中爆发的点是什么？

魏微：契机、各种合力的结果。当时我正在写《梁启超传》，掉进戊戌变法的大坑里，写了十几万字，发现自己引用的康有为的材料是假的，他在作伪。特别地绝望。我写《梁启超传》时，情绪饱满，这个我知道，语言也上道，但因为材料是假的，这个写作就不成立。正好人文社来约稿，把我从晚清的大坑里拉出来。写戊戌变法，人来人往，上到王侯将相、下到底层百姓，中间夹着知识分子这个群体，全连在一起了。这个对我的编年体写作有帮助。

这是我第一次在人文社出书，像两个相亲的人一见钟情，很快结婚生子，生出一个大胖小子，顺利得不像话。所以这不是一个常规条件下写成的东西，纯属运气成分，是上天在眷顾。这么高强度的写作，每天熬到夜里三四点，有两次偏头疼，大吐不止，我常担心自己会突然挂掉，每天都当最后一天过，每写几万字，我就发给我的责编樊晓哲。我以前的写作是字斟句酌，特别磨叽。写《烟霞里》时，字词突然不存在了，它们汇成了语言，带着我一路飞奔，所以说，这不是常态的写作。一边被语言席卷，完全丧失了自我，一边还要努力找回自我，要压着，要克制，怕自己成为话痨，这两者之间的平衡，很难，越挣扎，越幸福。写作的终极意义，我想就是为了等来这一刻，等语言、等情绪；写作真是等来的，得有耐心；就是那种极致体验，如果它能再次光临，我愿意再沉默 10 年，让自己销声匿迹。

问：有意识地克制，也还是写了 54 万字。

魏微：人生第一回放飞，那就飞。

问：你说自己很早就有编年体写作的想法？《烟霞里》的前身就是《一个人的编年史》？

魏微：对，原名就叫《一个人的编年史》，我 20 年前写过《一个人的微湖闸》，也发表在《收获》上，所以《收获》责编钟红明一看到这个题目就笑了，说，好熟啊。但出版社不满意，先改名《山河故里》报了中国作协的"攀登计划"，但是我又不满意。《收获》发稿前，杂志社和出版社一块想名字，想了上百个，程永新的思路是声音，《合声》《和声》等，强调的是双声叙事，这名字倒是贴切，但不好记。后来出版社把李洱也拉进来了，李洱的思路是女性视角，给起了《her》《雌》《雌伏》等，被人文社给否了。最后才确定了《烟霞里》，各方都能接受。

我老早就想写编年体，因为我老早就在读年谱，起头是想写父辈那代人，生于抗战期间，1980年代他是中年人，走在街上他的孤独形象。这形象在我脑里盘桓许多年，但找不到合适的语言。《烟霞里》写得很顺，开头第一句话就有了，句式、语感、气氛全出来了，字生字，句生句，源源不断。写作挺神秘的，我是依赖语言，语言本质上就是神秘的，不是依靠努力、勤奋、刻苦就能找到的，需要一点运气。我10多年没写，是因为语言没来找我，我去找它，人家不应；人文社一来约稿，语言也跟着来了，还有什么好说的？10多年来，我已作好了最坏准备，这辈子我可能写不成小说了，武功全废，那就写写非虚构吧，权当自娱自乐。写出来很好，写不出来拉倒。

问：所以你去写非虚构。读了那么多年谱，有什么感受？

魏微：我中年以后就开始读年谱，有一度不是兴"民国热"么，我不能免俗，也跟着读。有一回读到梁启超写的《李鸿章传》，惊为天人，直接呆了，那文章写的！天才文字！情绪饱满，知人论世，笔力纵横，大开大阖，把晚清几十年的政治、军事、外交、人物全给端了，费字五六万而已。貌似写李鸿章，又不全是李鸿章，然而这才是最真实的李鸿章。大概就是中年以后，我觉得写人状物，必得游离出去，将人事置于环境里来打量，方能看得清大略。文字这回事，最怕就事论事，容易呆板，偏于局部。后来就顺势把梁启超的名篇找来读了些，像《清代学术概论》都写得那么好看，像我这种学术白痴也读得津津有味，对他就很叹服。再顺着读下去，就遇上了梁启梁的朋友圈，严复、黄遵宪、谭嗣同、章太炎、袁世凯、张之洞等，可以说，他的朋友圈就是一部晚清、民国史，因为他交游甚广，性格比较讨喜，二十出头就名扬天下，招人待见也是正常的。他有个朋友叫陈散原，陈寅恪的爹，晚清四公子之一。钱钟书在《围城》里写过他，方鸿渐几人在酒局上论诗，诗人董斜川说，五六百年来，就数陈散原是第一，并说唐以后的大诗人可以用地理名词来概括，叫作"陵谷山原"，原就是陈散原。方鸿渐说，不能加个坡么？董诗人说，苏东坡，他差一点。我读来真是忍俊不禁。说这些是什么意思？全连在一起了呀，近代、现代，哪怕是当代，其实是一个整体。陈散原的爹也是了不得的人物，叫陈宝箴，做过湖南巡抚，著名的维新人物，陈寅恪就生在当时的省府大院里。他家是大名门，人才辈出，这一来，我就把陈寅恪祖孙三代的年谱全给读了，还有一些相关传记，略微知道他家的子侄辈、女眷们的情况，跟谁家通婚，父生子，子生孙，末了是怎样谢世的，落场如何。全在脑子里，成了一个整体。这十几年的读史，对《烟霞里》的写作是有帮助的，成了我的思维惯式，就是总体性、整体性。而针对个人而言，则是生命的成长、盛开、凋零。末了一声叹息。《烟霞里》就是写的这个意思。

如果说早期的写作尚属于经验写作的范畴，那么魏微在后来的写作中尝试写更广阔的社会生活，更关键的是重新找回了表达的热情

问：《烟霞里》构思很巧，大家普遍对这种编年体的结构方式感兴趣。你在书写田庄个人史的时候，几十年国内外的重大事件是作为背景的，田庄40岁的生活，每一个细节、每一年这么写下来，人物命运与时代变迁怎么融合的问题，对你来说是难题吗？

魏微：难。主要是笔墨照顾不过来，既要写大的，还要写小的，写人物，写性格，写命运，七姑八姨，还要交代归处，还有人物关系，各种细节。出版社也建议控制字数，大部头对读者构成压力，这些对我的写作都有心理暗示。没法敞开写。各种掣肘。大和小的

融合方面，我认为自己尽力了，在我的能力范围之内做到了最好，但还是有缺憾，比如2008年的汶川地震、奥运会，我都没有直写，只能在对话里带出。又比如我身在广州，2010年广州亚运会，也包括上海世博会，全是一两句话带过。这是很遗憾的。当然我以后还可以出修订本，但味儿不一样，情绪一旦离开《烟霞里》，再回去找补就难了。

结构上我是每年一万字左右，每年分三小段。2008年写得最长，有两万字，主要是爱情太难写了，迟迟进入不了正题，一直在外围转悠。大事件的概述，并不是每年非写不可，但是2000年过后，时代的笔墨明显见少，我意识到了，但也无能为力。理想的状态是田庄活到45岁，年代的交代就会更从容，人物关系也会更自如。

问：小说就超越田庄个人的历史，也是改革开放几十年的一个缩影。其实田庄是作为改革开放的前沿阵地的外来者、旁观者，很好奇为什么没有把田庄夫妇塑造成"弄潮儿"？

魏微：这有两个考量，第一我对"弄潮儿"不熟，当然我可以去做功课，但是写弄潮儿，是很容易写成"财经小说"的；第二，但凡写改革开放，都在写弄潮儿，怎么下海，怎么创业，怎么成功，怎么失败。田庄反而提供了一个别致角度，普通人视角，局外人视角，因为当弄潮儿的毕竟是少数，而田庄代表的是大多数。她身上有普泛性。就是一个普通人，一个看客，但即便这样的人，也吃了时代红利，小日子过得不错。有朋友讲，田庄年过三十，形象有点糊了，不鲜明。但是就小说逻辑而言，我觉得是能自圆其说的，女人年过三十，尤其是当了妈，如果不是特别拼事业的话，形象大多会糊。也可以说，糊是大多数中年妇女的宿命。

问：如果请你总结自己写作风格的变化，你觉得这种变化明显吗？

魏微：我是渐变式的写作，不是突变式的。青年时代的写作，是在为《烟霞里》作准备，两者之间有延续性。有朋友指出来了，这种情况有点像萧红写《呼兰河传》，还是那些元素，但属于"集大成"的作品，一生只为写这一本。当然我不愿承认这一点，我希望自己还能写出更好、更别致的作品。我不想到此为止。

问：《大老郑的女人》写婚外恋是小女孩的视角，《烟霞里》写婚外恋是成年人的视角。有评论家认为，你在小说中常常体现出"感情用事"。如《家道》，为了表达"家道"的不易，她忘了"政道"的守则。在《姊妹》里，两个"三娘"本是仇人，却最终因心生同情而成"姊妹"。在《大老郑的女人》里，大老郑在外成家的行为因温情体现而可原谅。《烟霞里》写田庄和林有朋的婚外情，似乎也不那么让人反感。你的小说里，感情和价值观常常混为一谈，是这样吗？

魏微：所谓"感情用事"，可能是指我"是非观"不明，道德的界限感不强。可是一个写小说的人，如果是非感太分明，黑是黑，白是白，小说还怎么写？因为道德感太强的作者，是很难对她笔下的人物有理解、有同情。大部分人的生活是处在黑白之间，呈现灰色的含糊状态。这也是人生的常态。文学要处理的正是这种常态。

问：很喜欢你写的田庄，和闺蜜和亲人的相处，婆媳之间复杂的感情，包括她对生死、对爱情的思考，里面蕴藏着很多的人生智慧。很多细节的描写很真实细腻，这些细节是怎么来的？但是也有人认为田庄不是典型女性，对男女关系是一种混沌状态。你怎么看？

魏微：典型女性，可能也是一种刻板女性，是男人心目中的女性，比如温柔、多情、懂风月；比如漂亮、体贴、有女人味。什么叫有女人味？这是男人定义的，就是充满性魅力，温柔、可爱、妖娆、圣洁等。田庄反其道而行之，因为她是女作家塑造的，不照男人的喜好来，不顾他们的感受。也因此，田庄才有可能是某类更真实的女性，她自管自，你爱谁谁去！照我们女性看来，这才是有魅力的人，因为她独立，不迎合男人，也拒绝被他们塑造。她是生命的自然呈现。我不能说田庄代表大多数女性，但至少代表一部分女性，介于雌雄之间，天生不好那一口，男女关系上迷登登，懂也懂，但是懒得搞那么些。就是说，她不是多巴胺型，她是内啡肽型。这个多好啊，省了多少事。至少省了我不少笔墨，使我腾出精力另有兼顾。我在塑造田庄时，我的责编跟我聊，田庄是个新女性形象，至少在当代文学范畴内，还没出现这么个女性形象。而她，其实是更真实的某类女性形象，只有女人懂女人。我希望田庄在当代文学的人物谱系中占得一席之地。

乔叶：永远保持诚实的写作态度

  乔叶，1972 年出生，北京老舍文学院一级作家，北京市作协副主席。出版小说《最慢的是活着》《认罪书》《藏珠记》《宝水》，散文集《深夜醒来》《走神》等多部。获鲁迅文学奖、人民文学奖、庄重文文学奖、华语文学传媒奖、《北京文学》奖、郁达夫小说奖、杜甫文学奖、《小说选刊》年度大奖、百花文学奖等多个奖项，多部作品被译介到俄罗斯、西班牙、意大利等国家。2010年，中篇小说《最慢的是活着》获第五届鲁迅文学奖。2023 年，长篇小说《宝水》获第十一届茅盾文学奖。

┃采访手记┃

"作为小说家，一直有两个乔叶在争辩：那个乖巧的、知道我们是多么需要安慰的小说家，和那个凶悍的、立志发现人性和生活之本相的小说家。"多年前乔叶在鲁迅文学院学习的时候，评论家李敬泽就发现，这个看上去憨厚文静的姑娘，其实在文学上有执着而敏锐的眼光。

其实，这"两个乔叶"打早就存在着。不然，被父亲安排参加师范考试时，她怎么会故意在体育考试时掉了鞋子，希望被淘汰掉呢？表面憨实，内心倔强，却没能拗过命运的安排，还是考上了师范。也许恰恰因为师范毕业后安静甚至有些无聊的乡村教学，让乔叶有足够的时光挥霍自己的才情。

曾经，乔叶以一天两篇的速度写作那些或哲理或青春的美文，细腻清新，隽永智慧，对生命和人生的思辨和探索中，又蕴藏着深刻的内省，受到广大读者的拥趸，成为各大期刊的宠儿，被概括为"《读者》体"。"写着写着，有一天，我问自己：你才不到30岁，打算这么写一辈子么？我忽然觉得这很可怕。"产生这种困惑的时候，乔叶已出版了100多万字的散文。这时，她有机会被调到了河南省文学院任专业作家，转型向小说，开始了创作上的突破。

乔叶说，她的心很小很尖，见到什么都想扎一下，"一声叹息，一丝微笑，一句问候，一滴泪水，都是能够让我动容的风景，使我涌起一种对他们进行描绘和透析的渴望。"正因为她的细腻，无论是散文还是小说，语言都一样绵密准确，都体现出精微的叙事能力和对当下生活的锐利分析。她对于生活的体贴使下笔即带有一种宽容与怜悯，单纯而不失对复杂经验的探索，热情而又同时保持清醒的反思。2010年，乔叶的《最慢的是活着》获得鲁迅文学奖在内的7

个文学奖项，她仍然愿意将这部作品归属到"散文化的小说序列"。"就私密的情感脉络而言，这个小说最忠诚地描摹出了我和奶奶之间的精神路径。"她说，"慢"指的是生活里的精神层面，"在我的意识里，精神生活从来就是慢的、低的、软的，慢得像银杏的生长。因这慢，我们得以饱满和从容，我们得以丰饶和深沉，得以柔韧和慈悲。慢是人性的本质，是心灵的根系，是情感的样态。"

如果说散文是漫天生长的草，那么小说就是深埋在地层的煤或者岩浆。获得《人民文学》2011 年"非虚构"文学奖的《拆楼记》中，乔叶以真实有力的笔触沉重地拷问着现代人的生存意义。她始终保持最诚实最素白的写作态度，却是用小说的利刃插入事件的骨缝。她把自己比喻成"正在爬坡"的作家，虽然不断地遇到障碍，虽然时常觉得吃力，但也看到了越来越精彩的风景，体会到了越来越丰富的滋味，这个过程非常享受。

2023 年，乔叶的长篇小说《宝水》获第十一届茅盾文学奖。这是乔叶的长篇突围之作。太行山深处的宝水村正在由传统型乡村转变为以文旅为特色的新型乡村，生机和活力重新焕发出来。几年前乔叶就曾说过，写作小说以来最为自我满意的是：从不恐惧去写什么，也从不恐惧写出来的是什么或者不是什么。她恐惧的只是怕写得对不起自己动笔的初心。写完《宝水》，她认为对得起自己的动笔的初心。

乔叶的创作可谓顺风顺水。1990 年师范毕业，教书之余开始写作，1993 年在《中国青年报》的副刊上发表散文《别同情我》，同年开始在《诗刊》发表诗歌

问：你的第一部长篇是什么？为什么要转向小说？从散文到小

说，文风的转化上有何困难？因为很多作家创作小说，是从短篇入手。

乔叶：《我是真的热爱你》，是我的第一个长篇。我称之为"我和小说的初恋"。到文学院当专业作家之后，院里经常开业务会议，会议的内容主要就是研讨小说，听得越来越多，对小说的创作欲望也越来越强烈，又碰上了合适的契机，就动手写了这个长篇。当初写的时候，时任院长的李佩甫老师委婉地劝我从中短篇小说开始练笔，我没有听。但在创作过程中我就深感到了他说得多么有道理，于是在2004年参加了鲁院高研班，开始进行中短篇小说的学习。同学中很多都是具有相当水准的小说家，大家经常在一起交流，从语言到结构到创作意识，每个层面的问题都会进行探讨，导师李敬泽先生还经常给我们上小课进行高屋建瓴的点拨，让我非常受益。从那以后，好像在小说方面就有些开窍了。

散文和小说是截然不同的两种文体，在其间从此至彼地转化当然会有障碍和困难。我有一个不太恰当的比喻：如果说散文是漫天生长的草，那么小说就是深埋在地层的煤或者岩浆。正式开始中短篇小说创作时，我非常害怕自己写的小说不像小说，也确实担心过散文的笔法会与小说的情节性相悖，以至于自己写的小说不像小说，所以就努力向自己心目中像小说的小说靠近，讲究故事啊，悬念啊，小小的机关设置等等，等到获得普遍肯定之后，心态放松了许多，对这些倒是不那么刻意了。

问：对于你来说，小说创作和散文创作各是一种怎样不同的状态？

乔叶：我觉得散文和小说是一个事物不同的棱面，如果说散文是阳光照耀着的树，那小说可能就是树背后拖出的长长的阴影，这是一种互补的关系，并不是说散文在撒谎，而小说才是真实的，散文和小说都是真实的。只是相对来说，我觉得小说的空间更大一些，给人的尺度更宽一些，小说是有翅膀的，可以任我把现实的面貌进行篡改，进行重组，带他们去飞翔。我觉得这更好玩。

乔叶说，"慢"指的是生活里的精神层面。因这慢，我们得以饱满和从容，我们得以丰饶和深沉，得以柔韧和慈悲。慢是人性的本质，是心灵的根系，是情感的样态

问：我觉得《最慢的是活着》是你的转型之作，之后你的创作真正走向了成熟。对于这部获得鲁迅文学奖的作品，你如何作评？

乔叶：《最慢的是活着》应该是我最有奖项缘和读者缘的小说了。这个小说先后获得7个文学奖项，在读者中被口口相传的程度也最高。可以说是我最受关注的小说作品。但我不认为这是我的转型之作，而是我散文化小说中最具代表性的最成熟的作品。这个小说，在我心目中也有着非常特别的位置。因为就私密的情感脉络而言，这个小说最忠诚地描摹出了我和奶奶之间的精神路径。

问：这部作品是怎么创作出来的？能否谈谈你的创作过程？

乔叶：这是一篇我等待已久的小说。自我开始写作以来，我一直就想写写祖母，可是我发现自己写不了。她在世时，我写不了。她去世多年之后，我依旧写不了。无数次做梦梦到她，她栩栩如生地站在我的眼前，可我就是写不了。直至现在《最慢的是活着》这篇小说，仍不是我心中最想写出的那个她。对于她，我始终做不到手写我心。其中的缘故我心如明镜：固然是因为我的手拙，然而也是因为她是那么广大，那么深阔，远远超出了我短浅的心和狭隘的笔。当然，抛开她对我个人的情感意义不谈，我很清楚她是她那一代女人中最无奇最平凡的一个。岁月的风霜和历史的沧桑成就了她那一代女人的广大和深阔，但是对这广大和深阔，她们却是无意识的，也是不自知的。她们不可能知道自己以生命为器，酿成了怎样一坛醇酒。可是，也因此我才更心疼，更沉醉，更无法自拔。常常地，我就在她们的酒坛里浸泡着，眩晕着，难以醒来。

试着用散文去写她。然而不行。一五一十的散文只能让我在她的大地上行走，而她的小径是那么多，走着走着我就会迷路。幸好还有小说，感谢小说，小说显赫的想象特权赋予了我一双翅膀，让我能够在她的上空比较自由地翱翔。小说的空间感，自由感和宽阔感，能让我把这个材料处理得更舒服。照亮这个小说的思考，则是我本来仅是局限于怀念自己的祖母，怀念她的情怀。是单线条的。起初我以为她跟我不同，所以想为她立传纪念。后来在思考中我忽然发现，我和她本质上没有什么不同。我以为的不同，其实本质上非常相近。那么一老一少之间，由异到同，生命长河血脉传承的深情，家国天下的厚重历史，很多东西都可以容纳其中。这个小说就这样一下子被照亮，之后就顺畅了起来。

如果一定要用"才"来形容，乔叶说自己可能算是"地才型"作家——只有与地气亲密相接，想象力才会被更好地激发

问：无论《最慢的是活着》还是《拆楼记》，都是以"我"的第一人称叙述，总感觉阅读中还是散文的感觉，而且《拆楼记》被归为"非虚构"作品，涉及一些尖锐的问题，写作时是如何把握的？能否举例？

乔叶：《拆楼记》虽然涉及一些尖锐的问题，但我没有刻意把握什么。在写作过程中，我遵循的主要原则只有两个：一、将"非虚构"小说化，用小说化的技巧来优化我想传达出的那种真实感，使我

想传达出的真实感能够以一种更集中更有趣也更富有细节和温度的方式来展现在读者面前；使读者能够看到在这样的事件中活生生的人心和人性。总之，就是想用小说这个利刃插进事件的骨缝中，在小角度尽力解剖巨牛的同时，也使得整个叙述效果更为趋真。二、尽量保持最诚实最素白的写作态度。无论是对拆迁者还是被拆迁者，是对村民还是官员，我都尽量不带既定的立场，不让自己先入为主地待在某一方的阵营。比如在下部的"他们"一节里，官员们是主场发言者，我给了他们相当的篇幅让他们大吐苦水。发表之后，此节受到一些"底层代言人"的谴责，说我不应该那么地同情他们，不应该那么地理解他们。这些谴责都在我的意料之中，但我坚持这么做。因为官员也是人，且是体制中的人，他们绝对有他们的无奈和痛苦。

问：你觉得自己属于天才型的作家吗？想象力是否与虚构或非虚构的写作方向有关？

乔叶：想象力是作家尤其是小说家最重要的能力之一，几乎可以用作衡量一个小说家是否属于天才型的最重要的标准之一。当然不是唯一标准。我很清楚，我不是天才型作家，当然也不是蠢才型作家。如果一定要用"才"来形容的话，我可能算是"地才型"作家。——只有与地气亲密相接，我的想象力才会被更好地激发。我并非想象力缺乏才会去非虚构，想象力丰沛才去虚构。决定虚构还是非虚构，要看触动我的是什么。如果是风的气息，云的姿态，那就虚构。如果是泥的浑浊，石头的质地，那就非虚构。

乔叶的两篇非虚构小说《盖楼记》和《拆楼记》以毫不妥协的有力笔触，描绘出利益之下人与人、人与世界之间真实甚

至是残酷的角力。她所刻画的人物看似狡黠沉着、精通世故，其实却经历着剧烈的内心起伏与煎熬

问：愿意评价一下《拆楼记》对于你的意义吗？

乔叶：《拆楼记》结尾部分有一句话，可以很准确地说明《拆楼记》的创作对我的意义："有很多事情，我曾经以为我知道。但是，现在，我必须得承认：我并不知道。而我曾经以为的那些知道，其实使得我反而远离了那种真正的知道。"——再通俗一些解释：张庄事件之前的我，经常站着说话，因为站着说话不腰疼。而之后的我，会尽量不让自己站着说话，因为张庄事件让我知道了腰疼的滋味。

问：你觉得自己的创作，主要面临哪些方面的挑战？

乔叶：所谓的诱惑和冲击，不仅是多媒体时代，在任何时代，都是有的。至于挑战，我觉得最根本的挑战永远在自己内部，有个词叫祸起萧墙，我认为最根本的挑战就是"战起萧墙"，是自己对自己的挑战。我觉得最关键的是要清楚自己到底想要的是什么，最想要的是什么，清楚了这个，所有的诱惑和冲击都不足为惧。如我，我知道自己想要的是：写出忠实于内心的、忠实于文学道德的、并在艺术上有不断可能性的小说，这就够了。

通过《认罪书》的书写，乔叶觉得对于历史题材的把握反倒有些望而生畏了："很多时候做事之前都是无知者无畏，做过之后才有所畏。"

问：看《藏珠记》，忍不住和《认罪书》比较。因为总觉得这个故事对你来说相对太容易了。《认罪书》却是你写得"最辛苦"的

一次。可否先谈谈，回望你"最辛苦"的写作，是否达到了你期望的影响或评价？

乔叶：事实往往证明，很多极端的表达到后来都要自打耳光，"最辛苦"也是如此。最辛苦只是当时的感觉，殊不知后面还有更辛苦的呢。如今早就不觉得《认罪书》很辛苦了，也许是好了伤疤忘了疼吧。

不仅是《认罪书》，我对所有的小说创作都没有什么影响或者评价上的期待，有的只是最基本的愿望：顺利发表和出版就好。这种心态有一个好处，就是其他随之而来的都是意外收获。批评和质疑的声音也一直都有，都很珍贵。

问：你曾经表达，是希望通过《认罪书》的写作，引领读者对普通人"平庸的恶"进行思考，让人们从只看到别人的罪到看到自己的罪，诚实地面对自我、清洗自我。但是在阅读中，我们发现小说中涉及的人物纷纷离世，密集的死亡使人感觉沉重压抑，这种结局是故事走向的必然吗？很想了解你当时的创作心态。

乔叶：当时写的时候，我也反复问自己：必须如此吗？终究还是觉得：必须如此。即使像张小英、梁知、梁新和"我"等诸多人等都已经各自认罪，我也不能想象这些人还都活着。最诚恳的认罪，也许恰恰需要死亡来做最后的裁定。这么想可能很偏狭，但我当时就是这么想的。而其实，这些被我写死的人，他们只是被我写死了而已。生活中活着的，可多着呢。

问：《认罪书》的主题有两方面，一是原罪与救赎，二是爱恨情仇。如何将二者无缝对接，对你来说是否也是一种挑战？

乔叶：没错。原本只想写二，结果自己不满足，就扩展到一。两张皮要粘贴到一起，是很大的挑战，也让我深刻认识到自己的局限。但是已经写到了这个分儿上，总不能半途而废，无论如何要进行到底。粘贴的质量是水准问题，我能解决的就是态度问题。水准也许惨不忍睹，态度还算差强人意。

问：你是一个特别勤奋也特别用心的作家，无论是《认罪书》还是《藏珠记》，都能感觉到你的努力和进步。这两部作品给我的印象有些相似之处，比如有意植入各种知识，《认罪书》像百科全书，每个人成长的土壤、背景、喜好都兼顾，作品充满丰富的细节；《藏珠记》则相当于一部美食的百科全书。这些内容的存在自有它的妙处，但当资料比较密集地出现，你会担心读者的耐心吗？

乔叶：我也是个比较自私的作家，在写作的时候，基本只照顾自己的兴趣。在写完之后倒是会担心读者的兴趣，可是想到再怎么担心也无济于事，也就不担心了。每部作品都会碰到他的读者，这是它们的命。认命吧。好在它们的命似乎都还不错。

对于爱，为什么爱，怎么爱，小说中的体现是混沌的。乔叶说，对于爱，她只提供探讨，不提供答案

问：《藏珠记》的构思和个别的细节，比如 U 盘在作品中的特殊意义——这和《来自星星的你》有些相似。这些相似，是不可避免的吗？

乔叶：你这么一提醒我倒是想起来，刘震云的《我叫刘跃进》也是 U 盘的梗。我也毫不怀疑，U 盘也会成为别人小说的梗。在我的意识里，这东西只是个合适的道具，没有什么特殊意义。所以既没想着拿来借用，也没想着刻意避免。

无论是道具还是故事架构或者是叙述角度，在诸多前仆后继的写作者笔下，各种元素必然是重复使用的，并不新鲜。正如 2017 年获诺贝尔奖的石黑一雄反复使用的第一人称"我"一样，我觉得这

都不是问题。很多东西本身并没有生命，让它拥有生命的是具体的鲜活的作品。所以，说一千道一万，写出好作品才是最要紧。

问：《藏珠记》着力描写爱情，腰封上打出"我爱你，爱死了"的宣传语。你的主旨，也是希望拷问当下爱的能力。但是，我不知道是自身阅读的感悟问题，还是其他原因，尽管你将"爱"置于生死之境，我却未能读出感动，相反，爱在小说中是一种小儿女的情趣，最终不是爱决定唐珠的生死，而是性——当读者与你的写作主旨偏离，你是否觉得遗憾？

乔叶：我们是大差不差的同龄人，所以你的感悟很正常。不遗憾，很会心。

我猜想，这种感受也应该是中年读者的普遍感受。对于小说中的爱，我们其实是很难去信的。爱的最理想境界，就是无条件地全身心付出，这在现实中近乎神迹吧？作为写作者，我把自己代入成唐珠时，也说服不了自己去彻底地信，唐珠一直在计较自己对金泽的爱，一直不舍得全身心地付出，所以才会常常陷入自我质疑和自我鄙薄，所以也才会有恶人赵耀来以恶行推她完成这最后一步。

读者的阅读重心很有差别，就我接到的反馈来看，年轻的读者喜欢其中的甜美爱情，世故的读者津津乐道赵耀的"司机哲学"，吃货读者喜欢"厨师课"，最冷静最挑剔的专业读者如你，往往一眼就能找到作品的虚弱穴位。我也一直在等待这样的读者，被人按到酸疼处，也自有一种相知的快感。

问：阅读的时候我在想，这部小说的叙事对乔叶而言应该是毫不费力。是这样吗？除了大量的知识素材，驾驭起来是否相对容易？

乔叶：这个问题，让我有点羞惭，觉得你似乎是在委婉地对我提出批评——因为这小说对我来说没有叙事难度，所以对读者来说也没有阅读难度。我走了一条好走的路。

看起来仿佛如此，其实也不尽然。在这样一个小体量的作品里，想容纳尽量多的东西，需要把很多元素都安置合适。即使是知识素材，也得让素材贴着人物走，想要贴得痕迹淡些，也要反复斟酌——阅读者的毫不费力不等于写作者的毫不费力，尤其是我这样平凡的写作者。那些天才作家也许会写得省力而让读者读得费力？也许吧。

问：在《认罪书》中，就感觉你的写作稍用力过度。小说中太多文字游戏。有些地方过于雕琢。而在《藏珠记》中，似乎也存在这个问题，唐珠口中冒出的那些典故稍有造作，和她后面与金泽交往的表现，感觉不是一个人——是否要纠正一下我的感受？

乔叶：《认罪书》的问题就是用力过度，《藏珠记》与之还有所区别。唐珠这个人，我是这么想象她的：她的叙述有典故很自然，因为这是她的千年积累。当她与金泽初识且无意于再见时，她就可以毫无顾忌地泼洒自己这种不同寻常的积累，但是，当她和金泽再度相遇并且交往日深，她就要隐藏这种积累，展现自己的平素日常，也就是很小女人的一面，这才是一个女人面对爱情的样子吧。所以小说中的人物就是你感受到的纠结或者分裂。综上所述，你的感受很准确，无需纠正。

问：你曾在访谈中一再谈到李佩甫对你说过小说要"观照现实"，要有"光亮"，你觉得自己的创作，有这些目标吗？无论《认罪书》还是《藏珠记》，都有这些内容，但是似乎都点到为止——也许我的感觉并不准确。

乔叶：佩甫老师的原话是："用认识照亮生活"，这个"照亮"，以我个人的趣味理解，并非是温暖明亮的意思，而是说写作者对于现实要有很强的透视力和判断力。如果是指温暖明亮的层面，那你的感觉没有问题，《认罪书》和《藏珠记》的体温都偏低——如果把作品比作人的话。

问：唐珠的身份，在小说中是一个问题。但是后面她结婚生子，这些问题都淡而化之。还有，金泽父亲和司机赵耀的交易，应该是一个大包袱，存有重要资料的 U 盘找到，后戏如何也简单化了。尽管在这部爱情小说中，官场腐败只是次要的线索，但是感觉还是太轻描淡写了，逻辑也不够严密。你怎么看？

乔叶：这本书，我的初衷是想写得轻巧些，不要太长，15 万字以内。因为你想，活了 1000 多年的女主，你要铺开去写，那得写得多浩荡啊，哪里是 15 万字的事？怎么会是这么个篇幅呢？远超过了我预设的格局，当然我也没有那样的兴致或者说是雄心。我就想满足一下自己的初衷，探询一下一个人如果真能长生不老，究竟是什么心态，再就是人活一辈子，无论是活得多么长或者多么短，最重要的东西应该是什么。也就是说，这个小说，最重要的份额或者说是分量就在唐珠这里，我主要是跟着她站队，疼她所疼，惑她所惑。如邱华栋所言，她是"从时间深处引来一泓活水"，这泓活水自然要映照出一部分当下的现实，比如反腐之类，但我很顽固地坚持就是，首先是水本身，最重要的是水本身。这就决定了人物和故事上比例的失调。鉴于我压根儿没打算遵循常规的写作伦理，把它写成一个审美相对平衡的小说，因此这就是一个任性的小说，所以你的指摘当然有道理，不过我也没后悔。

问：听说当年你对《藏珠记》修改了五稿，直到改不动为止。你如何看待修改？《认罪书》也修改了多次，为什么会有这么大的定力，耐心修改？《藏珠记》的修改，主要是改哪些方面？

乔叶：在小说创作尤其是长篇创作上，我的第一稿往往是非常感性的，自己都看不过眼，非常丑陋。但没办法，我需要这丑陋的第一稿，哪怕我最后要砸碎它，它对我也很重要，因为它意味着此路不通的可能性。然后就是第二稿，第三稿，可能还是此路不通。

没关系，总有通的那一天。这种找路的过程，自有风景和乐趣，是写作中的糖果，喂养了我贫瘠的定力和耐心。至于《藏珠记》的修改，主要是把唐珠的单线叙述改成了其他几人加入进来的多线叙述，每个人的叙述腔调和切入角度以及在故事的衔接设置上都会有相应的问题，需要反复调整，不过也很有意思。

太行山深处的宝水村正在由传统型乡村转变为以文旅为特色的新型乡村，生机和活力重新焕发出来

问：《宝水》是命题作文吗？如何确定的作品主题和调性？

乔叶：《宝水》最近在做新书宣传，按惯例总是会有些标签词来定义，《宝水》的这些词是新时代、新山乡、美丽乡村、乡村振兴，等等；再加上又入选了中国作协首批"新时代文学攀登计划"名单，作为一个从业多年的写作者，我能以职业的经验推测出某些人会想当然地怀疑这小说是不是主旋律的命题作文。前些天开研讨会时，评论家李国平说："《宝水》不是命题作文，如果说有领命和受命的意思，也是领生活之命、文学之命、寻找文学新资源之命，作者面对文学、面对生活，反映现实、表现生命的理解的自觉之命。"这理解非常精准。我最初想要写这个小说，肯定是属于个人的自觉性。后来这种个人的自觉性与宏阔时代的文学命题相邂逅，如同山间溪流汇入了江河，某种意义上就是作品的际遇。对于这种际遇，我从来不追逐。但既已邂逅，也不回避。回避也是一种矫情。

这小说从动念到写成用了七八年的时间，事实上用的时间可能要更长。之所以用这么长时间，可能还是因为我太笨，写这一部与老家和乡村有关的小说，对我而言非常难。岂止是一言难尽的难，是两言三言千言也难尽的难。但说难其实是没多大意义的。一旦选

定了，就只有面对这难。也因为这难，我没办法确定鲜明的主题和调性，或者说，《宝水》的主题和调性不是可以一言以蔽之的。如果可以一言以蔽之，我也就不写它了。

问：写《宝水》，你大概做了哪些准备工作？是否对乡村建设也有一个整体的梳理？跑了多少乡村？

乔叶：准备很多，难以备述。简单地说就是素材准备，但细分下来其实有多个层面。这个小说写的是村庄的一年，是个横切面。怎么截取这个横切面，怎么去下这个刀子——庖丁解牛的刀子——我考虑了很久，翻来覆去地想。这个横切面，只要下了刀子，就必然什么都有。历史的、政治的、经济的、社会学的、人类学的、植物学的等等，乡村的复杂性必然携带着这些。因为是切近于当下，所以也要特别关注近些年的相关信息，比如近些年乡建思路的变化，乡村妇女生活状况的变化，等等。尽力去实地看，不过更便捷的途径还是收集资料。比如农村问题田野调查报告，民宿经营笔记，地方志，村庄志，老家政协文史工作委员会关于方言的书，上世纪六七十年代南太行修路的报道，都有所收集。贺雪峰、李昌平、温铁军这些学者的书和相关资料买了有好几箱子。还订阅了不少公众号，包括乡建的，乡建工作者的，支教大学生的都有。

趁着采风的机会，全国各地的村子我跑了不少，一二十个肯定是有的，没细数过。其实走马观花看的都进不到这个小说里，但我觉得确实也很有必要，就是因为能够养一股底气。看得越多越有底气。这会让我踏实，让我能确认宝水不是一个特殊的个例乡村，而是一个具有普遍意义上的乡村。即便和那些发展相对迟滞的诸多乡村相比，它是一个发展得比较快的新乡村，这个新乡村也是具有普遍意义的。跑村是了解基本面，泡村则是持续深入地跟踪关注几个村庄，只要有条件就去住一段，在不能去住的时候，还要和村民们保持长久的密切的联系经常了解他们的动态信息。但尽管如此，也不能说对乡建有整体梳理，只能说对近十年的乡建有一定程度的了解。

宝水的神经末梢链接着新时代乡村建设的生动图景，链接着当下中国的典型乡村样态，也链接着无数人心里的城乡接合部

问：早年在乡村生活的积累，和后来对乡村的采风，你如何看待乡村这几十年的变化？如何把这些变化通过《宝水》体现出来，你觉得最重要的是抓住哪些方面？

乔叶：变化有很多方面。交通，民居，医疗，教育、公共设施等，渗透在衣食住行等诸多领域，这些都是社会层面，是外在的。看不见的是隐藏于内在的，价值观，金钱观，情感观，伦理观，等等。外在的有目共睹，也有比较清晰的资料支撑。更重要的也更难的是去挖掘和发现内在的部分。

问：在掌握大量的素材之后，如何取舍，如何定位，你的选择标准是什么？

乔叶：乡村正在发生巨变，我能掌握的尺度和原则就是去捕捉细节。正如再高的山也需要一步一步攀行，我觉得对巨变的书写也必得附丽在具体细节中。密切贴合着人物的情感和命运的细节，都是让我动心的素材。比如小说第二章第二节"以姓氏笔画排序"，当我第一次听说这件事时，就知道它非常适合写到小说里。这个事讲的是村里的农家乐和民宿都有自己的名号，这些名号都要上到村里立的指示牌上，哪家排上，哪家排下，对于游客而言不过是一眼掠过，但对当事的村民而言非常重要，重要的程度不亚于某些领导在意自己在会议上的座次。所以这事虽然极小，却也一定要有个章程，乡建专家孟胡子给的章程就是"以姓氏笔画排序"，当村民来理论时，他说这是国家立的大规矩。不信你们去好好看看人民日报，研究一下上面是不是以姓氏笔画排序。村民们就很服。孟胡子说，农村的事就是这，该粗就得粗，该细就得细。细起来就得有根儿比羊毛还细的线儿给绷着。你说羊毛轻吧？那也怕搁到秤上称，一称就有斤两。

问：《宝水》这部作品是主旋律，但是写得非常好读。创作过程中难度最大的什么？

乔叶：创作难度的类型有多种，写作前的资料准备和驻村体察，写作时的感性沉浸和理性自审，初稿完成后的大局调整和细部精修……还有在前辈的乡村叙事传统中如何确立自己的点，这都是难度。各有各的难度。可以说，纵也是难，横也是难，朝里是难，朝外也是难。还真是不好比出一个最大的。或者说，每一个都是最大的。因为克服不了这一个，可能就没办法往下进行。比如说，对这个题材的总体认识就很难。为什么说写当下难？因为这个当下的点正在跃动弹跳，难以捕捉。也因为很少有现成的创作经验可做参考，"灯下黑"就是这样。对这些难度，除了保持耐心去细细处理，我没有什么更好的办法。我真就是一个笨人，所谓的经验都是笨的经验。

问：作品塑造了九奶、老原等一批有血有肉、生动多样的人物形象，讲述的故事都非常鲜活、真实、接地气，这些细节是怎么来的？你在采风时了解记录吗？

乔叶：走马观花的采风肯定是不行的，必须是长期地跟踪观察，获取足够的素材后再去精粹提炼。我获取细节的经验就一条：不预设，比如去村里，就只是去沉浸式地倾听、记录、整理和选择，然后保持诚实的写作态度，遵从内心感受去表达。在这个过程中，脚力、眼力、脑力、笔力，确实缺一不可。我个人的体悟还加上了一点听力——像特工一样潜伏在村庄里，窃听人们藏在深处的微妙心事，才有可能和他们同频共振，一起悲喜。如此写来，时代这个词原本很宏阔的词，竟然让我慢慢地觉得很是具体可亲。

乔叶说，文学是人学，这是金科玉律，是真理。不论是写什么题材，也不论作品以什么为背景，她聚焦的永远是人情人性和人心，这永远能让她沉醉

问：乡村题材的文学宝库太丰富了，是否可用"全新的中国乡村"概括《宝水》？

乔叶：请千万不要用"全新"这样的词来界定《宝水》。它有新风尚和新特质，而这新也建立在旧的基础上。我在江南看到特别富裕的乡村，发现很有意思的是，这些富裕的乡村的宗祠都修得一家比一家好，宗祠的存在就是典型的旧，却能和新完美融合，而新旧的彼此映衬也让我觉得格外意味深长。小说里的人物也有新旧之说。评论家李林荣说《宝水》在塑造人物和环境方面最显著的成就不是塑造新人，而是写活了一些熟人和旧人在新的境遇中发生巨大变化的细节和过程。比如地青萍，评论家李林荣说，她就是个旧人，她带病上场，整宿整宿失眠，饱受无处诉说的自我诅咒恶念的纠缠，陷于惶惶不可终日的抑郁状态。住到宝水后，情况才逐步好转，但这不是因为她本身有了什么质的变化，而是因为她在宝水村这个新的生活场景中，通过结识和理解身边的各色人等而重建了自己和外界的关系，为自己营造了全新的生存小气候。

我觉得写乡村一定会写到旧的部分，那才是乡村之所以为乡村的根本所在。正如中国之所以被称为乡土中国，那一定是因为乡土性如根一样。新时代的乡村固然有新，但旧也在，且新和旧是相依相偎，相辅相成的。新有新的可喜，也有焦虑和浮躁，旧有旧有的陈腐，也有绵长和厚重。我不崇拜新，也不崇拜旧。我在其中不会二元对立地站队。如果一定要站队，我只站其中精华的、美好的部分，无论新旧。

问：离开乡村20多年再写《宝水》，你觉得这种距离感对创作是有益的吗？从河南调到北京多久了？能否谈谈你现在的工作和生活状态？

乔叶：2020年末来北京，已经快三年啦。我把家安在了通州，通州是城市副中心，因为经常去作协处理工作上的事，所以日常就是坐一号线转二号线，在副中心和中心打来回。尽管之前也常来北京出差和学习，但客居和定居的体验感受还是有本质的不同，地理视野的多维度似乎让我原本的乡土性更鲜明了些。我的写作状态也发生了改变，这两年来也在不断调整中，尽力使得写《宝水》时气息充盈和饱满。

我写作长篇时的习惯是，既要沉浸其中，也要不断抽离。在这个意义上，必须要感谢北京。"故乡是离开才能拥有之地"，忘记了这句话从何听起，却一直刻在了记忆中。自从工作调动到了北京，在地理意义上距离故乡越来越远之后，就更深地理解了这句话。人的心上如果长有眼睛的话，心上的眼睛如果也会老花的话，也许确实需要偶尔把故乡放到适当远的距离，才能够更清晰地聚焦它，更真切地看到它——在河南写《宝水》时一直在迷雾中，尽管基本东西都有，却不够清晰，在北京这两年里写着写着却突感清晰起来。如果没来北京，这个小说可能不是这个面貌。现在回头去想，北京和故乡有接近性，同时又有差异感，这个尺度还挺美妙的。

鲁敏：为创造者的生命之河作传

　　鲁敏，1973 年生于江苏。18 岁开始工作，做过营业员、企宣、记者、秘书、公务员等职。25 岁决意写作，欲以小说之虚妄抵抗生活之虚妄。已出版《六人晚餐》《荷尔蒙夜谈》《九种忧伤》《跟陌生人说话》《取景器》《纸醉》《此情无法投递》《伴宴》《惹尘埃》等作品 19 部。曾获鲁迅文学奖、庄重文文学奖、《人民文学》奖、《小说选刊》读者最喜爱小说奖、《小说月报》百花奖、郁达夫文学奖、中国小说双年奖等。有作品译为英、德、法、俄、日、西班牙、阿拉伯等文字。

┃采访手记┃

认识鲁敏多年，她几乎没有太多变化。发长及肩，着装得体，言语热情又不失分寸。不论何时见到，她总是一副不知疲倦的样子，朝气蓬勃，令人想到春天的白杨。

表面上，鲁敏质朴随和，内心里，却从不是个"规矩"的人。她曾坦率地表达自己只怕比一般的人还要"愤怒、凶狠、拒绝、悲观"。当然，这些不会表现在待人接物中，也不会表现在诸如结婚生子上班工作等日常中，却会表现在与自己相处的过程，与小说相处的过程中。

她是一个认真甚至于对自己过于苛刻的作家。偶尔稍有停顿没有产出，她就像因思虑壅塞而无从下手的农妇，守望着一无所有的荒原，长存怀疑，又坚决不肯苟且。她也时常有一种既沉重又庆幸的紧迫感，触目所见、道听途说，世相浑浊逼人，简直像拿刀在逼着去写——文学就是这么残酷，纯粹的土壤颗粒无收，而充满活跃菌团、爬着各种昆虫、埋藏着腐烂物的大地，对收割者来说，或者会有着肥硕的果实。"当然我算不上是一个好的收割者。"鲁敏说，有时候好奇心像是深秋里缩着的脖子，激荡的生活如同狂风中快速翻飞的纸片，令她心悸且叹息，总在提笔之际感到寡然、索然。物质及其所代表的一切，滔天浊水一样勒索并淹没着文学、艺术及其相关的精神，人们快快活活地撒手，听凭自己昏迷不醒、顺流而下。

自 2010 年起，我们有过几次访谈，每次访谈对鲁敏和她的写作都有新的认知和收获，每次梳理都会有一种"士别三日"的讶异和惊喜。

"我的所谓青春期，没有对口红的尝试，没有周末舞会，没有亮闪闪的月下初吻，好似一部闷片，说起来都要让人打哈欠。"鲁敏说。大概正是这"闷片"，才使她痴迷于阅读，在虚构世界里寻找慰藉和温暖

问：你走上写作之路的缘起，似乎有些命定或天赋的因素：25 岁，从高楼往窗外俯瞰的一瞬，写作的灵感突发其来——在这之前，你大概也为走上文学之路做了很多的准备吧？或者有些是不经意的。你从来没想到过有一天写作会成为职业吗？

鲁敏：早先的确从未想过。我至今记得，18 岁时我开始工作，在南京新街口邮局做营业员、卖邮票。有一天，窗口有个人慢吞吞地跟我开口，要买一套《古人对弈图》邮票，我抬头一看，是苏童！他当然不认识我，我也没勇气跟他多说半句话，我若无其事地像一个疲惫而冷淡的营业员那样收下他的钱。可我内心里当时一片荒凉的呼啸之声，我悲哀地想着：这大概就是我与文学、跟作家所能发生的最亲密接触吧。许多年过去了，2010 年，我的新书《此情无法投递》在南京做首发，苏童老师已作为我的"亲友团"到现场捧场。我跟他提起这件事，他当然一无所知，只露出他宽厚无邪的笑——这小事我无耻地讲过好几次，媒体好像也很爱听这样的故事，因为这听来有一种改天换地的励志成分。其实不是。这只是命运的奇特与翻手覆手：你永远不知道，下一个路口是什么。

当然话说回来，在那之前，我确乎也存在着朦胧的幻想，并在茫然之中进行着无意识的阅读。小时候家里订了《民间文学》《外国文学》这些杂志。然后上学，就是图书馆。记得那时整本整本地抄泰戈尔和聂鲁达，最傻的是读欧仁·苏的《巴黎的秘密》、大仲马《基督山伯爵》时，因为里面的人物、事件比较庞杂，我就挨个儿

地替人物做年表、做故事线、做家族谱系等等，把书里所有的伏笔啊，呼应啊，关节点啊等什么的全都标出来，做成表或图，特别较真，像身负重任，在进行一桩壮丽宏大的事业……所以，唉，我的所谓青春期，没有对口红的尝试，没有周末舞会，没有亮闪闪的月下初吻，好似一部闷片，说起来都要让人打哈欠。

问：是什么原因促成你的写作？最早发表的作品是小说还是其他？

鲁敏：我最初只是写些随笔和书评，在《艺术世界》《书与人》《美文》这些地方，我还记得第一回拿稿费，我高高兴兴地买了几两小笼汤包回家"献给"妈妈和妹妹，那似乎是我们母女三人最开心的瞬间。至今，对小笼包，我都还存有一种亲切的略有伤感的情绪，我们母女间提到小笼包子，也都像是一个往事的按钮。

真正写起小说，可能跟我家庭里的一些变故有关，也跟我对复杂人性的贪求有关，对虚妄生活的恐慌有关。每一个人，他的身份、语调、笑容并不真像我们所看到的那样，目光所及的外表之后，他们有着另外的感情和身世，每个人都有一团影子那样黑乎乎的秘密，我渴望寻找一条绳子，把我从虚妄的生活中解脱出来，同时进入人们的秘密，进入命运的核心。

最初的作品《寻找李麦》寄给了《小说家》（即现在的《小说月报·原创版》）杂志，时任主编的康伟杰老师说我写得不错，很快发表。随后，当时在《十月》的周晓枫约了我两个短篇，她再配一个评论，在《十月》推新人的"新干线"栏目。就这么的，一步步写。到今天，我已经写了14年了，现在看来，我也许算是找对了这条绳子。

整个"东坝系列"如野草生长，浑朴茂盛，与鲁敏，包括读者对经典乡土叙事的浓厚情感有关，更与童年的回忆有关

问：2010年，你的短篇《伴宴》获得第五届鲁迅文学奖，排名短篇首位。这部作品，对你来说有什么特别的意义吗？

鲁敏：对写作而言，时间的考验更为重要。当然，这个奖我十分珍爱，它像是对我前面12年光阴的一个小小慰藉。从1998年第一篇小说开始，我已经在期刊写了12年的中短篇小说，跟火热的出版市场相比，在期刊写作，是一条相对冷清的路，但现在回头看来，这些年的中短篇写作，像是一个不断磨刀的过程，我需要大量中短篇的训练，它们在技巧和耐心上给了我许多的滋养。

《伴宴》之前，我于乡土"东坝系列"着力较多，但我的获奖感言是《下一个路口》："每当从狭窄至渐宽，荆棘化为花朵，我反倒警觉且严厉了，行了，下一个路口，必须拐弯！要跑到草莽里，要跑到小兽出没处，跑到天地更深处。那才是粗糙、坚硬的万物之核。"

《伴宴》获奖，给了我更多的动力，我的东坝故事就此按下了暂停键，这是灵感的自我暴动，我必须信任它的直觉与方向，信马由缰，去往下一个寸草未生的荒芜处，开辟新的疆域。

问：评论界很看重你的"东坝系列"。你如何看待真实的乡村生活？你笔下的乡村生活是表达乡村真实的生存处境吗？我想也融入了你的思考或理想？

鲁敏：我的"东坝系列"所展现的是八九十年代的乡村，而且带有浓重的乌托邦意味：东坝，日月缓慢，生死持重，人情相亲。这是与真实世界背道而驰的去处，也算是"对照记"，对照我们而今两手抓得满满的这些速度、效率、成功、精明、博弈等等。我所描绘的这个东坝更多是一个审美的存在，是世风道德的无邪期，对

步入了肮脏成年期的时代来说，是对逝去美好的悼念与追怀。

整个"东坝系列"如野草生长，浑朴不自知，许多人至今仍然会重提这些作品，评论界甚至认为我发掘和建树了我的"邮票大小的故乡"，但我想这个成功跟读者对古典乡土叙事的浓厚情感有关，这在中国文学里是一个大传统，是一种童年式的审美，有距离，有温度，有一种悠远田园的自我催眠。这种审美有历史传统，这是它的优点，也是缺点——很难创造出新的审美价值。

问：在创作上，你有过怎样的探索，能否分享一下？

鲁敏：可能表面看，我的写作还算顺利，但这个顺利是不可靠的，实际上，内心的困苦从未间断，我与写作的关系一直很紧张，从来达不到真正的心满意足，每一个与之相关的夜晚都是艰难而结结巴巴的。也许以灵感为生就是这样，难以拥有真正的宁静，时刻经受着对庸常的警惕与惧怕、对才华的自我打击与否定。

在转为都市"暗疾系列"时，最初，我感到了障碍，因为这一主题比较五味杂陈、复杂、沉重、世故，带有青春末期的荷尔蒙气息，又有点风不知往哪个方向的茫然感。我得忘掉原有的技艺，完全像一个生手，小心翼翼地处理，尊重并追随某种明暗规律，以及不可侵犯的歧义性。也许，这正是小说深处的秘密景致之一，我走了很久，好像才依稀看到一角，从光照不足的人性皱褶处，摘取这些从伟大的"现代化"生活中滋生出来的增生品，像包裹沙粒的珍珠，我摘到了《暗疾》《铁血信鸽》《惹尘埃》《死迷藏》《不食》《谢伯茂之死》等，这些作品，虽有建树，但也存有不少破绽。不过，我珍爱这一摇摇晃晃、艰难前行的过程。中国都市小说方兴未艾，有着很大的空间，我想在这个方向有更多的努力和呈现。

在 2012 年完成的长篇小说《六人晚餐》中，鲁敏采取了六重视角，通过 6 个人物的视角打乱了固有的模式，使人在阅读中会感受到一种智力上的愉悦

问：《六人晚餐》中，为何采取这样六重视角？我觉得每个人都是弱者，每个人的命运都很悲凉。你有怎么样的考虑？

鲁敏： 现在这个六重视角，被说成是"六扇门""六棱镜""立体魔方"等，其实初稿在写到五分之三时，都还是传统的全知全能视角并且是按时间先后顺序一路写下来。但回头审视时，我感到厌倦与不满意。小说中每一个人，都是那样的孤独、隔阂而又充满热烈的幻想，我的视角不该全知全能，那太简单也太冷淡了，我必须全心全意地化身为他（她），从他（她）的身影里出发，成为一个局限的、被蒙蔽的人，我们要一起在暴雨中淋个透。

由此，我决心推翻打乱重来，以表面上的第三人称、从每一个人物的个体视角分为 6 个篇章，不同的事件、情节、因果由不同的叙述主体去承担推进与展开的任务。

说到底，技术上的舍易求难不仅是对自己能力的挑战，其实也是对长篇这一体裁应有的敬重。很高兴，我的这个努力得到了肯定。我相信，更多的读者会在对《六人晚餐》的阅读中感受到一种智力上的愉悦。

问：《六人晚餐》中有不少的"作家声音"，由一些细节引发的联想、议论，都很精彩。这么安排，是出于怎样的构思？

鲁敏： 对，在六人视角外，我还随时加入画外音，一个即兴展开议论与感慨的叙述者之声——这是我一直以来的写作特点，以前在中短篇里就有多次尝试，这次继续毫无保留地加以放大。隐匿的零度叙事是一种表现，但主观化的、富有性格的叙事也是一种风格。

我一直认为，写作手法永无定式，需要各种现代性的打破与加入，需要强烈风格化、带有识别度的尝试与发挥。这是"我"的故事，这是"我"在讲述人物与他们的命运。

问：如果说，你过去的小说缺乏"史"的意识，那么在这部作品中，你尝试了对于时代对于当下的把握，就你看来，一位作家应该与当下保持怎样的关系？对他所处时代的社会问题应该有什么程度的关心？

鲁敏：也有一些评论文章中提到，《六人晚餐》对于特定区域、特定年代、特定事件的定位有一种"史"的意识，但又以"个人命运"的形式来呈现。我的想法是，"史"是必须的背景，是环境与基调，但我会以加长的"特写"镜头，把当中的人物、他们的表情、细部的动作拉到最前面，紧贴着，听人物的呼吸。我非常重视"史"，但会把"史"设在后台。

问：你怎么看《六人晚餐》中这些"失败的大多数"？

鲁敏：没有特别的目光，因为我就是其中的一个。这不是矫情的说法，因为这个时代里大家都一样，都是被亮光闪闪的"成功学"锁住了、击中了。试举一例，我们等飞机，常会看到机场书店，它就散发出我们所处时代最典型的势利之气——触目所见，那些大而华丽的成功学书籍、营销视频、首富传记、职场真经，扉页上晃动着"我知道我是谁，世界没有我就完蛋"的面孔，那些书，用一种精明的、必然的语气，以强盗般的推理教诲着所有的人，像对付冷冻食品一般，对拥挤着的人群加以果断地分割，并放入不同的位置，高级的、中等的、低下的……社会阶层的残酷分化像火焰与海水那样。直至飞机升空之后，悬坐在白色花朵般的天空，我仍会感到一种感慨万千的苦恼，并思念起大地上的你和我：被邪恶"成功学"所勒索所奴役而昏迷着的人们。不得不出卖一切本不该出卖的一无所有者，被掩埋着的、处境粗鄙的沉默者，我们其实都是失败的大多数。

鲁敏喜欢平静乃至平庸的生活，平静流淌的生活却在《奔月》里释放了内心里的"逆反元素"，她让小说主人公小六飘尘出世，实现了对"本我"的一次逸奔

问：《奔月》是你写作历程中的一次"奔月"。故事从一次事故展开，主人公小六在事故中消失，丈夫贺西南不愿相信她的死亡，在寻找中揭开了小六隐藏在温顺外表下的多重面目。《奔月》写作过程中修改了 6 次，你好像特别有耐心修改作品，包括新作《金色河流》，修改包括哪些方面？你会征求同行或批评家的意见吗？

鲁敏：各人习惯不同，我的初稿和终稿，差异会很大，中间会改很多次。尤其前期的修改，每一遍都会解决不同的问题。这种修改，说好听是耐心，其实可能有点强迫症，只要出版社不下厂不付印，我几乎一直会刷稿子，有种沉湎其中不愿上岸的心理，似乎改得越多，总会越好一些。像《金色河流》，第一稿是 40 多万字，6 稿之后，是 36 万字。为配合《收获》的秋季号发表，做了十几万字的删减。这个删减是损失，但我也发觉，有些章节可以再简洁，于是又改了 3 个月，删到 32 万字。因封面设计耽误下来之后，索性利用春节期间又改了一稿，一直改到 2 月份，这个时候早都出 PDF 了，编辑都快要崩溃了，我们只能对着校对稿一页一页地过，她用手工抄改。我很抱歉，这确实不能说是个很好的习惯。

当然修改总是有道理的，有考虑，然后有一点点进步。一般情况下，修改是以自己的想法为主。不过像这次《金色河流》，因为出了试读本，师友们有一些反馈意见，综合分析之后，我也会吸纳部分意见，但最终来说，增删的各种考量，听从自己的直觉。

问：《奔月》里的小六在某种程度上代表了生活中一部分女性，小六身上是否寄托了你的精神向往？

鲁敏：某个阶段，我是有这样的精神性寄寓：对另一种未知可能的不甘与探求，对身份局限的不满和努力打破。我觉得这不仅是女性的，是作为人所共有的。人类有存在、生存、稳定的本能，另一方面，也有隐藏、飘逸、虚无的需求。我们常常讲到放空、独处、休假、关机、旅行，都是最微小程度上的一种代偿行为。

问：《奔月》中有逃离、寻找的主题。你在这样的主题寻找中收获了什么？听说日本有本书专门指导一个人如何完美无痕地消失，你知道吗？

鲁敏：一本书的写作有时像解一个结，写完了就放下了。林中两条小道的悖论、身份局限、逃离与未知探索的主题，现阶段我起码可以搁置下来。但也不排除，到晚年会有不同的理解与新的思考。写作者有一个好处，不会惧怕衰老，因为那也是一种馈赠与经验，同样一棵树，一个人物，一个故事，在20岁和60岁时，分别来写，会是不同的创造。

知道日本那本书，为《奔月》做写作准备时，我特意找来电子书看过，关于水电费单子、私人银行账目、消费记录、车票订购等都有很详细的指导，还有公司提供这样的配套服务，帮助你无痕且无破绽地消失。日韩还有这方面的社会学统计，相关数据可谓惊心动魄。从熟悉的环境和亲人中消失，在某一类人的理解中，已经成为一种可以选择的存在方式。包括在国内新闻里，因为我特别留意、集中搜索，这方面的逃逸故事也比我们想象中要多得多。许多匪夷所思的细节，很有意思，当时小说出来，我在采访时，讲过不少这样的故事。

问：你会经常回望自己的作品吗？比如《奔月》，对于当时存在一些"漏洞"的评论，如何看待？

鲁敏：不太会有具体动作上的回望，拿到新书，我都不会读，过多少年也不读。因为在修改中已经读过太多遍。

当时关于漏洞的评论，我还有点印象，应当是现实主义还是现代主义的不同理解角度。《奔月》是现代主义的核，因此整个故事的面貌，以及与读者的契约，都是现代性的约定。如果从 1+1=2 的现实主义角度去考察，比方说，在小县城，能否办到新的证件，并凭此找到工作交上朋友租上房子，这样的推敲就会摇摇晃晃、没有穷尽。在现代小说里，1+1 等于多少，实在已不是数学问题。我们可以举个类似的例子，霍桑也曾写过一篇逃离主题的小说，也是现实主义手法但内核是反现实的，里面的男主人甚至就是隐身在家对面、只隔一条马路的一间租屋之后……

问：有评论说，"鲁敏已经进入了一个比较自觉地把小说当作艺术来经营的时期，说明她是很留心的，在小说的形式感方面她有了非常自觉的一个构造。"我怎么觉得，这评价有点匠气？你真的是这么经营小说？

鲁敏：如果在 20 来岁，对这个评价，我会介意并反思，但到了 30 大几，我觉得这是个好评价。写作是有阶段性的，早期更发于天然、随性而至，如同无心插柳，不会经营也不必经营；但到一定阶段，像对待任何艺术创造一样，必须研究、思考、经营。写小说是感性和激情的，或是常言所谓灵感的灵性的，但同样肯定的，必须有理性与智性的充分参与。而且，经营与构造小说，其最高的目的与境界仍然是尊重小说写作本身的规律，使小说仅仅表现为小说，而不是技术表演场或思想实验田。

2022 年，鲁敏出版长篇新作《金色河流》。金色河流，与金有关：商业法则、财产积累与财富观的变迁；与沙有关：恒河沙数、沙漏记时的时光流泻；与水有关：大善若水，而馈而赠。

问：《金色河流》的主题表面上看是关乎资本原始积累，关乎救赎，但读完发现，又不完全是如此，在起意写这部作品的时候，是怎么考虑的，是否已预料到一些可能遇到的难题？

鲁敏：从主人公的故事发展线来说，有早期的商业积累，有晚年老境的糊涂与折腾，有人之将去的财富处置问题，以及从无意识到有意识的某种救赎。这是表面上的故事，内置的镜头，其实我是跟随了一条宽广起伏的物质河流，对我们俗称"小老板"的这一代人，他们到底创造了什么，又流传下什么，我们如何理解物质与非物质的不同创造，以及这两种创造的代际接力。

这么多年来，文学书写现场较多侧重于精神层面的表达与伸张，而把金钱与财富物视为通往生活的一种物化"途径"（a way to life），但我总是感到，这种"上层建筑"的情怀视角，似乎是一只单筒望远镜，文学还应当有另一只镜筒，对准物质进步与壮美。从事实上来说，我们作为个体，包括我们所热爱的文学艺术，也都是经济基础与物质进步的在场者与受惠者。所以我这本书想把镜头对准"有总"这样纯粹的物质创造者。对他们来说，金钱和财富不是什么手段与途径，恰恰就是生活的道路和价值本身（a way for life），在他们及其子女的身上，我们可以看到这几十年来，东方式财富观在不同代际的寄寓、冲突与变迁。

难题当然有，比如我在认知深度、创业经验与体验上，肯定是有欠缺的，包括对于写作技术上的创新想法等，但正如一句很土的老话，兴趣是最好的老师，因为对这个主人公和主题都太有兴趣，我也没急于动笔，时间和耐心最终还是帮助我解决了这些难题。

问：你为此做了哪些准备？

鲁敏：惦记"有总"这个人实在是有许多年了。最早收集的与他有关的剪报而今都发黄发脆了。那时还没公众号还没收藏链接，我是"古法"剪报，有总最早就出现在1995年前后的那些剪报，当时关于创业者与暴发户的故事，太多了，都市晚报上一发半个版。后来，他们各有起伏沉浮盛衰，调性丰富多样，叫人惊，也叫人叹。再过几年，跑路的翻船的崩盘的开始出现，到近些年，做捐赠做公益做文化的慈善与情怀故事也慢慢多起来，总之，这些故事，也热闹也神秘，阶段不同，典型性不同。

到真正想写这本书之前，又读了好几本小老板的回忆录与口述，这种书通常是自费出版，写得比较"土"，但素材非常丰富，比如"第一次坐飞机、第一次穿西装"等，有的连合同的细节、早年的家书都有，对我而言都很有价值。此外就是近40年的年代大事记，看得比较细，比如什么时候开始推行"双休"，什么时候开始放开生育上的"单独"，什么时候能够诊断出"自闭症"，什么时候推行"两岸三通"，什么时候开始建造高速公路，又是什么时候寻呼机退场等等。许多有价值的"财富信息"都在每一年大事记里。另外还有些财经方面的专访、学术论文等。再比如昆曲方面，虽然原来看戏不少，但还是集中读了些研究著作、舞台剧本，连戏校的教材、教学表演录像等都拿来看，包括请专家把关，光是昆曲方面的专家我就请教过四位。自闭症研究方面，我请教长期专攻自闭症方向的心理学专家贺荟中教授，她给我寄来许多专著论文，我也找了相关自闭症的纪录片来反复看，以便把握好小说里穆沧这个人物的特点。

小说以红皮笔记本这种富有年代感的文学意象来铺垫结构，以充满意识流的内心独白来揭开现实的多维面相，以多声部叙事呈现波澜壮阔的时代景观

问：小说中的谢老师想写一部关于资本原始积累的罪恶的大书，将计就计潜伏在穆有衡的公司，收集相关资料，在小说中以"（素材编号）"出现。这样的结构，会不会影响读者的阅读？素材在小说中出现的编号有185条，但实际只有30条左右，素材出现的先后也无次序，小说开头出现的是"眼泪水（素材150）"，和小说的叙事必然有关联，但我阅读的时候，也难免想象，鲁敏该有多大的叙事耐心啊！故事中有故事，素材中有素材，此外还有"思路一二三四"，"橡皮之一二三四五六"等。是故意给自己设置了一定的难度？

鲁敏：这种技术上的叙事套嵌，对刚进入文本的读者来说，可能是有点吃力不讨好，我在出书之前，也做了一点柔化处理，但还是坚持了这个貌似障碍的创意，因为这确实是我"玩儿"得特别开心的地方。小说的重点是"有总"及其儿女们，谢老师这个人物本来没有，但正式构思的前一年，正好进入硕士论文的开题，那阶段重温了海登·怀特关于"主观化""修辞想象""材料的被选择"等方面的诸多观念，这些理论是讨论历史写作的，但如果运用到小说里去，似可创造出拟真材料与伪装文本的某种独特魅力。于是想着，是不是可以给将要开始的小说添加一个执笔者视角，用小说里的写作计划来处理主人公在岁月洪流中的传记式素材。这个执笔人的视角与立场，显然会随着时间推移、随着人物关系亲疏远近、随着文化消费情景变化而不断发生自我转向与覆盖。只要读者跨过这个最初的门槛，就会习惯这样的叙事，感知到其中的趣味。

书中出现的部分素材只是素材冰山的一角，大部分素材是隐藏着的，那是穆有衡急隐忽现的来路，也是他闪闪烁烁跟谢老师的透露，所以小说的开头一节是"红皮本子"，抛出整个素材的建构架势，但最后一节"橡皮"，借守灵夜之机，又对"有总"的人生素材进行了涂抹与覆盖，从而构成一个相对完整的套环结构。

这不只是为了多角度的互补与投射，也不只是对"材料"与"文本"的戏仿与再现，我更想表达的，是个人生命史的崎岖与蜿蜒，以及时代对人更多可能性的重塑与延展。

问：小说中谢老师从对穆有衡的揭露（报道非法使用童工），到成为他的公关助手、管家、兄弟乃至亲人，这一身份的转变说明了什么？从谢老师对穆有衡，从好奇、批判到理解或认同，是否也多少暗含一点儿你对于资本原始积累的认识？

鲁敏：谢老师的转变是随着写作过程而产生的，写着写着，他就不再是"工具人"了，他获得了他本身的情感与诉求。他身上体现出人们对于事物的认识，常会有一个曲折的认识，有一个自然而然的流动，这里面包括有个体的立场、情感的亲疏，对商业规律的认知，时代外部的价值观，家国的进步发展，等等。

你讲得对，对谢老师的这种转变，我其实是感动和感慨的，也正好包含了我或者说我们相当部分人对资本积累的认识。

比如我以前留下的剪报，总以小道消息的口气抖落这些发财致富者们的各种江湖恩仇与起伏沉浮，或者在各种饭局上，人们也会乐于谈论金钱及其所带来的各种"坏事"与"报应"。这或者本来就是一种传统。比如最富民间趣味的元代话本与相关戏曲，包括后来由文人整理的"三言二拍"等，一多半的故事，必然都有个土财主与老员外，有富贵因果的曲折呼应。更不要讲现当代文学中，向来有重文抑商的顽固传统，有金钱万恶的先天性批判倾向，以及洁癖般的舆论定位与道德推理，无商不奸为富不仁，冷酷无情的市场规则，金钱对人性的异化与绑架，导致世风的沦丧啦等等，一切的不满与愤怒都可以推到金钱、商业与财富头上去。这尤其是文学与艺术的母题与强项。

我个人是对这种批判伦理有点保留，艺术固然对金钱财富有着天然的反骨与批判权利，但与此同时，也是在共享和目睹着一日千里的物质进步与结结实实的财富积累，我总觉得这里面，既有泥沙俱下、混沌灰色的东西，同时也代表着所有创业者、创造者的尊严与价值观，在人类前赴后继所建造的物质大厦与商业文明里，有一种壮丽之美，是与精神并进的另一种延绵。

问：谢老师计划的文本未能如期完成，结尾只暗示了一句"谢老师快要开笔的书""要这样结尾也不错"。这结尾意味深长，你想要向读者传达什么？

鲁敏：谢谢你留意到这个结尾。如前所说，执笔人谢老师的写作计划，是一个套嵌结构，谢老师计划中的"红皮本子"，从他最初的"思路一"，到文末已经演变到"思路四"了，甚至打算把非虚构改为 IP 性质的剧本写作……在小说里，虽然不存在这样一个文本，但始终有这样一个结结实实的约定存在，到收尾时，当然也要达成闭环的默契，来与读者进一步确认：《金色河流》虽然停止在这里，但另一本由谢老师执笔的文本正以无限可能的方式写在水上，在无尽头无终点的时间流淌之中。

鲁敏的写作主要有两个领域，一个是敦厚乡土，一个是都市暗疾，后来又拓展到荷尔蒙系列

问：从中篇到长篇，你觉得是必须的过渡吗？因为在我的印象里多数作家都会以为，非长篇不足以证明自己的实力。而《六人晚餐》的写作，也有评论家注意到，像是中篇的体量。你认同吗？

鲁敏：这个要看不同的作家对不同文体的把握。就我来说，我对中短篇和长篇有不同的理想与寄托，但没有孰重孰轻，5000 字的经典短篇牛过 50 万字的皇皇长篇，这样的例子很多。

写《六人晚餐》的时候我预料到会有不同的现点，我其实也懂得"周全""稳妥"的长篇策略，包括从名字开始，出版社多次建议过，换上一个"鸿篇巨制"的名字什么的。

可是，什么像长篇，什么像中篇？《邮差总按两遍铃》《我的米海尔》等是否也会因为不够复杂而更"像"一个中篇？我想一个作品是平庸还是优秀，跟这些并无关系。同时，在我们的长篇样本里，跨度巨大、人物众多、故事复杂的优秀作品，其存量已经足够丰富，也达到了相当的高度，即使从生态种类讲，我也情愿"不走寻常路"。

小说是一门古老的艺术，却也是不断爆发新鲜力量的艺术。我希望能够成为这样一种力量。同时，每个作家都有自己对小说的理解与理想，并在寻找着最适合自己的路径与样式。沙雕很大，微雕很小，各有其不可替代的美，从来就没有轻重好坏之分。归根结底，还是要独立地看作品本身。

问：《三人二足》发表后有不同的评论。你如何看这些评论？

鲁敏：挺高兴有不同评论的，同期的中篇《不食》也有不少批评意见，对写作者而言，读者与同行或评论家的沉默那才没意思呢。当时已经写东坝背景的小说蛮久了，转到城市场域后，不同角度和风格的摸索与尝试也都有。《三人二足》是转向后比较早的一篇，对于性别、身体、怪癖、黑色犯罪的劲头很大，我自己是挺喜欢这一篇的。

问：重读了《荷尔蒙夜谈》《徐记鸭往事》等作品，觉得你一些作品写得很勇敢，也有些"凶猛"。你如何看待这些作品的特异性？

鲁敏：对，这一批作品是有些边界上的探索，后来有评论分析为暗疾、死亡、荷尔蒙等不同的系列。其实写之前根本想不到这么细。中短篇的写作，是很愉悦的过程，服从于原始的、简单的写作冲动。特异性的作品往往取决于写作者当时的兴趣和文学观。有一个阶段，看电影特别多，都有点儿超过阅读了，可能也影响和塑造了当时的趣味。但我很高兴，在温柔敦厚的东坝故事之外，我来到了更斑驳的人性深处，来到了残酷多元的深水区。

无论怎样理解，鲁敏的小说都可以提供新的视角。学者李银河可以从鲁敏作品中思考社会学的意义，评论家发现了她叙述中的家庭伦理道德，更多的读者则从诸多小人物的故事中窥见自己的命运

问：你的每一部作品，都用力地突破自我。能说说自己在创作上的追求吗？

鲁敏：处在不同的写作阶段，会有不同的想法，追求总在不停地修正和提升。总的来说，我拒绝墨守成规，厌恶平庸，我想每一个艺术家，都会有这个起码的自我期许。在既有的领土和荣耀上安全地重复，那是最可悲的艺术家生涯。我追求意外的冒险的审美，我们的小说需要更多的异质的尝试。

问：从开始写作至今，二十多年来你觉得经历了怎样的变化？

鲁敏：这说不好。热情还是一样，焦虑也是一样，野心也是一样，都还有。变化和进步有吗？原地了还是退步了？我在此山中，这得旁观者清。

总的来说，鲁敏拒绝墨守成规、厌恶平庸，这大概是每一个艺术家最起码的自我期许

问：在我的印象中，鲁敏是一个特别中规中矩的。无论是人生之路还是写作之路，都是一步一步脚踏实地走过来。如果我的印象准确，这种"规矩"给你带来了怎样的利弊？如果我的判断不够准确，那么，你认为自己是怎样的作家？

鲁敏：哈哈，你被我的假象迷惑了。内心里，我从不是个"规矩"的人，只怕比一般的人还要愤怒、凶狠、拒绝、悲观。但这不会表现在待人接物中，也不会表现在诸如结婚生子上班工作等这些日常中，却会表现在与自己相处的过程，与小说相处的过程中。正如你所说，太"规矩"对作家来说是问题，但是总是"激烈"有时也会成为障碍，会被速度和冲动所裹挟。我想我是一个情绪化的作家，我在尽力协调自己的情绪，我不愿意这情绪化为一池死水，可也经不起总是惊涛骇浪。

问：有作家在研究为什么国外的作家像托尔斯泰等年过八旬依然能创作出优秀的作品，希望能保持自己创作的持久力。您怎么看这个问题？您觉得自己能写到多少岁？

鲁敏：哈哈，我一直很注意锻炼，既锻炼肉身，比如慢跑或游泳——以期盼可以活到100岁；同时也在锻炼大脑，保持一个阅读与看片的基本量——期盼可以写到90岁。写作不是一个年纪到了便退休的职业，可也不是因体魄强健就可以写到90岁。写作寿命与写作质量，这两者关系很微妙，比如波兰作家布鲁诺·舒尔茨在街头被流弹击中而亡，死在30岁的年纪。如果能像托氏，既寿且强，甚好。如果短暂耀目如舒尔茨，也不坏。

问：在创作小说过程中最享受的是什么，最困难的呢？

鲁敏：被某个想法所触动，激动难安，但这时离最终的写作，还有很远距离。在动念和提笔之间，有一个从激动到推敲，自我辩论与无声讨论的过程，想风格，想技术，想开头又想结尾，一张白纸乱画图，可谓是最有意思的阶段，乐趣无穷，也是寄寓无穷。有时太享受了，太兴奋了，甚至舍不得写，因为一旦开写，这些天上飘的伟大想法与无穷野心就要落地了，谁会知道，从高空上掉下来，会摔成什么样呢。

困难一般情况下是与能力匹配以及完成度相关。比如清醒地意识到自己的某种能力或经验上的匮乏，眼高手低的绝望。有时外界发生一些扰乱心绪的情况也比较痛苦，尤其写长篇。我的理想中，最好能有一段比较机械的、刻板的接近于无聊的外部环境，这最利于写作者在虚构空间里非常充分地去想象与膨胀。

跋：大树必将成林

在我的心里，作家不分"男作家""女作家"，只有好作品、差作品。

为什么要有这么一本《中国女性作家访谈录》？起意缘自北京语言大学教授阎纯德先生。他主编《女作家学刊》多年，常约我做些访谈，所约的知名女作家，我多数采访过。阎先生在电话里一番长谈，说：中国文学史上还没有过女作家访谈集，如果出一本集子将会是中国文学史弥足珍贵的史料档案。对于研究者来说，能从中发现中国改革开放以来的文学精神；对于文学爱好者来说，能从中了解作家的创作密码。

阎先生的话打动了我。正因为女作家们的活跃，女性文学的繁荣，才形成了文学界的百花齐放。评论家李子云曾指出，在打破小说的某些传统的规范，开拓小说所表现的内容范围与更新小说的形式方面，某些女作家起了很大的作用。如宗璞在1979年就发表心理小说《我是谁？》，张辛欣、残雪、刘索拉等人"先后打开了一个又一个心理领域：知识分子心理领域、知识妇女心理领域、精神异常者的心理领域、当代某些玩世不恭的青年人的心理领域"。

有些女作家最初的写作往往离不开自身的经历，带有一种暗示或明显的标记，翻上几页就能判断是女性作者，她们的情感倾注到笔墨，自己的性格变成人物性格的中心；而随着自身经验和阅历的丰富，涉及的题材越来越宽广，虽有可能带着鲜明的个性烙印，作品所包含的历史内容、所体现出的思考，则是完全走出了自我，能从中感受到作家们力透纸背的书写中隐含的思想深度。女作家们貌似柔弱却又坚韧，性格各异却又有一些共同之处。她们的作品，不论是气魄宏大的主题写作，还是感情细腻的婚恋题材，无一不包含丰富的社会内容和强烈的时代感。而她们在描绘女性面对的无论内部或外部世界时，或多或少流露出的女性意识，使她们的作品在关照时代时显示出不同的视角与层次。

女作家们在艺术上的勇敢探索和大胆创新让我感佩。她们承担着看不见的家务和看得见的社会职务之余，无论题材、人物形象还是艺术手法，无论观察、反映当代生活，愈来愈视野宽阔甚至气势磅礴。在文学的世界，她们如主宰一切的女王般高贵而强大。

当前的女作家创作有些什么特点？其中有哪些成败得失？书中收入的女作家，从90岁到50岁，涵盖不同的时代，采访中涉及的作品，也力求能够代表作家本人的艺术水平和风格。她们的写作态度和创作特点，基本都在访谈中有清楚的体现。年龄最大的宗璞，最富有童心，幻想畅游世界的她，即便晚年只有卧游，即便视力不清，也仍然坚持创作，希望写出新的童话；中生代的作家徐坤，暌违8年后写出的长篇《神圣婚姻》，诙谐又深刻，犀利又柔和，仍是当年女王朔的风采，又全然是新的成熟风貌；还要说一说我痴迷多年的池莉，当年的《烦恼人生》打动了我，追随至今；更不用说迟子建，烟火人间弥漫出来的温暖气息，一直令我持久地感动。

《中国女性作家访谈录》均非一日之功，很多人是20年间数次采访梳理而成，因而信息量大，内容丰厚，也更具有文献价值。每一篇访谈，由文学出发，思维的触角、谈话的机锋伸向四面八方；既呈现作家的生活、创作经历，更能深入了解作家的创作及作品生成过程。作家们创作历程中重要代表作品和获奖作品均有涉及，可以说，《中国女性作家访谈录》既是中国女作家的成长史，也是一部中国文学史，甚至可以说是一部中国社会发展史。书中的每一位女作家，如涓涓细流汇聚，安静的溪水变成了汹涌的河流。她们的作品如浪花翻卷，迸发出非同寻常的力量，融入世界文学的大海。在这个过程中，她们一定看见了我从青春年少一直写到满目沧桑，我也见证着作家们的变化，从青葱的树苗如何成长为繁茂的大树，看岁月如何善待她们的才情，却轻巧巧就绕了过去，使她们写过、累过，经历了那么多文学世界的反复塑造或重生，树木衍化为森林，依然姿态优雅、貌美如花，那是文学赋予她们的特殊能量。

舒晋瑜